한국
도로공사
서비스

NCS + 최종점검 모의고사 5회

시대에듀

2025 최신판 시대에듀 한국도로공사서비스
NCS + 최종점검 모의고사 5회 + 무료NCS특강

Always **with you**

사람의 인연은 길에서 우연하게 만나거나 함께 살아가는 것만을 의미하지는 않습니다.
책을 펴내는 출판사와 그 책을 읽는 독자의 만남도 소중한 인연입니다.
시대에듀는 항상 독자의 마음을 헤아리기 위해 노력하고 있습니다. 늘 독자와 함께하겠습니다.

머리말 PREFACE

고객이 요구하는 수준 이상의 서비스를 제공하고 국민에게 사랑받는 최고의 서비스 공공기관으로 도약하기 위해 노력하는 한국도로공사서비스는 2024～2025년에 신입직원을 채용할 예정이다. 한국도로공사서비스의 채용절차는 「원서접수 → 서류전형 → 필기전형 → 면접전형 → 합격자 발표」 순서로 이루어진다. 필기전형은 인성검사를 포함한 직업기초능력평가로 진행하며, 의사소통능력, 문제해결능력, 조직이해능력, 정보능력, 자원관리능력으로 총 다섯 개의 영역을 평가한다. 또한 필기전형에서 채용예정인원의 2배수를 선발하여 면접전형을 진행하므로 필기전형을 대비하기 위해 다양한 유형에 대한 폭넓은 학습과 문제풀이능력을 높이는 등 철저한 준비가 필요하다.

한국도로공사서비스 필기전형 합격을 위해 시대에듀에서는 한국도로공사서비스 판매량 1위의 출간 경험을 토대로 다음과 같은 특징을 가진 도서를 출간하였다.

도서의 특징

❶ 기출복원문제를 통한 출제 유형 확인!

- 2024년 상반기 주요 공기업 NCS 기출문제를 복원하여 공기업별 NCS 필기 유형을 파악할 수 있도록 하였다.

❷ 한국도로공사서비스 필기전형 출제 영역 맞춤 문제를 통한 실력 상승!

- 직업기초능력평가 대표기출유형&기출응용문제를 수록하여 유형별로 대비할 수 있도록 하였다.

❸ 최종점검 모의고사를 통한 완벽한 실전 대비!

- 철저한 분석을 통해 실제 유형과 유사한 최종점검 모의고사를 수록하여 자신의 실력을 점검할 수 있도록 하였다.

❹ 다양한 콘텐츠로 최종 합격까지!

- 한국도로공사서비스 채용 가이드와 면접 기출질문을 수록하여 채용을 준비하는 데 부족함이 없도록 하였다.
- 온라인 모의고사를 무료로 제공하여 필기전형에 대비할 수 있도록 하였다.

끝으로 본 도서를 통해 한국도로공사서비스 채용을 준비하는 모든 수험생 여러분이 합격의 기쁨을 누리기를 진심으로 기원한다.

SDC(Sidae Data Center) 씀

한국도로공사서비스 이야기 INTRODUCE

◇ 미션

국민 행복과 함께 성장하는 유료도로 서비스 가치 구현

◇ 비전

고객과 함께 미래를 열어가는 최고의 교통 서비스 선도기업

◇ 핵심가치

- 소통
- 신뢰
- 혁신성장
- 상생

◇ 경영방침

- 고객 중심
- 지속 성장
- 미래 선도
- 사회적 책임

◇ 전략방향 및 과제

ESG 경영체계 정착

1. 환경보전 및 탄소중립 경영 실현
2. 사회적 책임 경영 정착
3. 투명 · 공정 경영체제 운영

수납체계 운영 고도화

4. 미납 통행료 최소화
5. 수납심사 전문성 강화
6. 현장조직 운영 효율성 제고

도로 서비스의 미래성장 동력 확보

7. 지속 성장 사업 인프라 확보
8. 교통방송 서비스 영역 확대
9. IT시스템 운영 기반 구축

상생의 경영기반 조성

10. 합리적인 경영관리 시스템 구축
11. 소통 · 신뢰를 통한 조직문화 정착
12. 고객 만족도 최상위 수준 달성

신입 채용 안내 INFORMATION

◇ 지원자격(공통)

❶ 학력 · 성별 · 연령 : 제한 없음[단, 한국도로공사서비스 정년(만 61세)에 도달한 자는 지원 불가]

❷ 한국도로공사서비스 인사규정 제5조의 결격사유가 없는 자

❸ 병역 : 병역필 또는 면제자(단, 병역특례 근무 중인 자는 제외하며, 채용일 이전 전역예정자는 지원 가능)

◇ 채용절차

◇ 필기전형

구분	평가내용
직업기초능력평가 (인성검사 포함)	의사소통능력, 문제해결능력, 조직이해능력, 정보능력, 자원관리능력

◇ 면접전형

❶ 필기전형 합격자를 대상으로 진행

❷ 업무수행에 필요한 직무역량 등에 대한 질의응답 형식으로 평가

❖ 위 채용 안내는 2023년 채용공고를 기준으로 작성하였으므로 세부사항은 확정된 채용공고를 확인하기 바랍니다.

2023년 기출분석 ANALYSIS

총평

한국도로공사서비스 필기전형은 피셋형으로 출제되었으며, 난도가 높았다는 후기가 많았다. 특히 계산 문제가 많이 출제되었으므로 주어진 시간에 맞춰 문제를 푸는 연습이 필요하다. 또한, 의사소통능력에서 한국도로공사서비스의 업무나 정책 등 공사 관련 문제가 출제되었으므로 평소 기업에 대한 학습을 해 두는 것이 좋겠다.

◇ 영역별 출제 비중

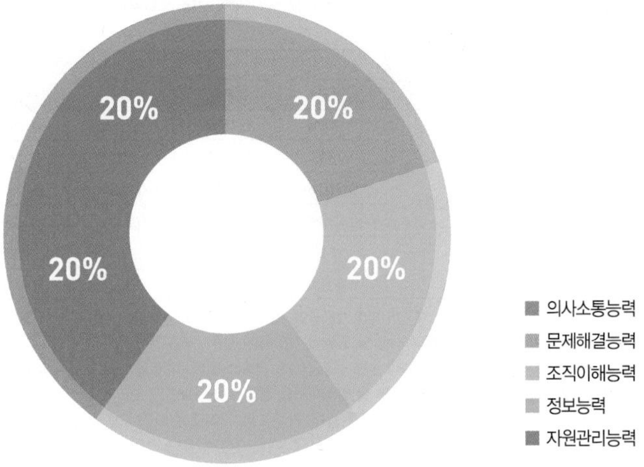

구분	출제 특징	출제 키워드
의사소통능력	• 주제 찾기 문제가 출제됨	• 하이패스, 톨게이트 등
문제해결능력	• 자료 해석 문제가 출제됨 • 규칙 적용 문제가 출제됨	• 점수, 코드 등
조직이해능력	• 계산 문제가 출제됨	• 직급, 기여도 등
정보능력	• 엑셀 함수 문제가 출제됨 • 코딩 문제가 출제됨	• 단축키, 알고리즘 등
자원관리능력	• 품목 확정 문제가 출제됨 • 비용 계산 문제가 출제됨	• 최단거리, 최소요금, 비품 등

PSAT형

Ⅰ 수리능력

04 다음은 신용등급에 따른 아파트 보증률에 대한 사항이다. 자료와 상황에 근거할 때, 갑(甲)과 을(乙)의 보증료의 차이는 얼마인가?(단, 두 명 모두 대지비 보증금액은 5억 원, 건축비 보증금액은 3억 원이며, 보증서 발급일로부터 입주자 모집공고 안에 기재된 입주 예정 월의 다음 달 말일까지의 해당 일수는 365일이다)

• (신용등급별 보증료)=(대지비 부분 보증료)+(건축비 부분 보증료)
• 신용평가 등급별 보증료율

구분	대지비 부분	건축비 부분				
		1등급	2등급	3등급	4등급	5등급
AAA, AA	0.138%	0.178%	0.185%	0.192%	0.203%	0.221%
A^+		0.194%	0.208%	0.215%	0.226%	0.236%
A^-, BBB^+		0.216%	0.225%	0.231%	0.242%	0.261%
BBB^-		0.232%	0.247%	0.255%	0.267%	0.301%
BB^+ ~CC		0.254%	0.276%	0.296%	0.314%	0.335%
C, D		0.404%	0.427%	0.461%	0.495%	0.531%

※ (대지비 부분 보증료)=(대지비 부분 보증금액)×(대지비 부분 보증료율)×(보증서 발급일로부터 입주자 모집공고 안에 기재된 입주 예정 월의 다음 달 말일까지의 해당 일수)÷365
※ (건축비 부분 보증료)=(건축비 부분 보증금액)×(건축비 부분 보증료율)×(보증서 발급일로부터 입주자 모집공고 안에 기재된 입주 예정 월의 다음 달 말일까지의 해당 일수)÷365

• 기여고객 할인율 : 보증료, 거래기간 등을 기준으로 기여도에 따라 6개 군으로 분류하며, 건축비 부분 요율에서 할인 가능

구분	1군	2군	3군	4군	5군	6군
차감률	0.058%	0.050%	0.042%	0.033%	0.025%	0.017%

〈상황〉

• 갑 : 신용등급은 A^+이며, 3등급 아파트 보증금을 내야 한다. 기여고객 할인율에서는 2군으로 선정되었다.
• 을 : 신용등급은 C이며, 1등급 아파트 보증금을 내야 한다. 기여고객 할인율은 3군으로 선정되었다.

① 554,000원
② 566,000원
③ 582,000원
④ 591,000원
⑤ 623,000원

특징
▶ 대부분 의사소통능력, 수리능력, 문제해결능력을 중심으로 출제(일부 기업의 경우 자원관리능력, 조직이해능력을 출제)
▶ 자료에 대한 추론 및 해석 능력을 요구

대행사
▶ 엑스퍼트컨설팅, 커리어넷, 태드솔루션, 한국행동과학연구소(행과연), 휴노 등

모듈형

| 문제해결능력

41 문제해결절차의 문제 도출 단계는 (가)와 (나)의 절차를 거쳐 수행된다. 다음 중 (가)에 대한 설명으로 적절하지 않은 것은?

(가)	→	(나)
전체 문제를 개별화된 이슈들로 세분화		문제에 영향력이 큰 핵심이슈를 선정

① 문제의 내용 및 영향 등을 파악하여 문제의 구조를 도출한다.
② 본래 문제가 발생한 배경이나 문제를 일으키는 메커니즘을 분명히 해야 한다.
③ 현상에 얽매이지 말고 문제의 본질과 실제를 봐야 한다.
④ 눈앞의 결과를 중심으로 문제를 바라봐야 한다.
⑤ 문제 구조 파악을 위해서 Logic Tree 방법이 주로 사용된다.

특징
- ▶ 이론 및 개념을 활용하여 푸는 유형
- ▶ 채용 기업 및 직무에 따라 NCS 직업기초능력평가 10개 영역 중 선발하여 출제
- ▶ 기업의 특성을 고려한 직무 관련 문제를 출제
- ▶ 주어진 상황에 대한 판단 및 이론 적용을 요구

대행사
- ▶ 인트로맨, 휴스테이션, ORP연구소 등

피듈형(PSAT형 + 모듈형)

| 자원관리능력

07 다음 자료를 근거로 판단할 때, 연구모임 A~E 중 세 번째로 많은 지원금을 받는 모임은?

〈지원계획〉

- 지원을 받기 위해서는 한 모임당 5명 이상 9명 미만으로 구성되어야 한다.
- 기본지원금은 모임당 1,500천 원을 기본으로 지원한다. 단, 상품개발을 위한 모임의 경우는 2,000천 원을 지원한다.
- 추가지원금

등급	상	중	하
추가지원금(천 원/명)	120	100	70

※ 추가지원금은 연구 계획 사전평가결과에 따라 달라진다.

- 협업 장려를 위해 협업이 인정되는 모임에는 위의 두 지원금을 합한 금액의 30%를 별도로 지원한다.

〈연구모임 현황 및 평가결과〉

특징
- ▶ 기초 및 응용 모듈을 구분하여 푸는 유형
- ▶ 기초인지모듈과 응용업무모듈로 구분하여 출제
- ▶ PSAT형보다 난도가 낮은 편
- ▶ 유형이 정형화되어 있고, 유사한 유형의 문제를 세트로 출제

대행사
- ▶ 사람인, 스카우트, 인크루트, 커리어케어, 트리피, 한국사회능력개발원 등

한국도로공사서비스

글의 주제 ▸ 유형

2023년 적중

12 다음 글의 주제로 가장 적절한 것은?

> 사대부가 퇴장하고, 시민이 지배세력으로 등장하면서 근대문학이 시작되었다. 염상섭, 현진건, 나도향 등은 모두 서울 중인의 후예인 시민이었기 때문에 근대 소설을 이룩하는 데 앞장설 수 있었다. 이광수, 김동인, 김소월 등 평안도 출신 시민계층도 근대문학 형성에 큰 몫을 담당했다. 근대문학의 주역인 시민은 본인의 계급 이익을 배타적으로 옹호하지 않았다. 그들은 사대부 문학의 유산을 계승하는 한편, 민중문학과 제휴해 중세 보편주의와는 다른 근대 민족주의 문학을 발전시키는 의무를 감당해야 했다.

① 근대문학 형성의 주역들
② 근대문학의 지역문제
③ 민족주의 문학의 탄생과 발전
④ 근대문학의 특성과 의의

최단거리 ▸ 키워드

2023년 적중

56 귀하는 A지점에 위치한 회사에서 K지점으로 외근을 가야한다. 이동 가능한 경로가 다음과 같을 때, K지점까지의 최단거리는 몇 km인가?[단, 구간별 숫자는 거리(km)를 나타낸다]

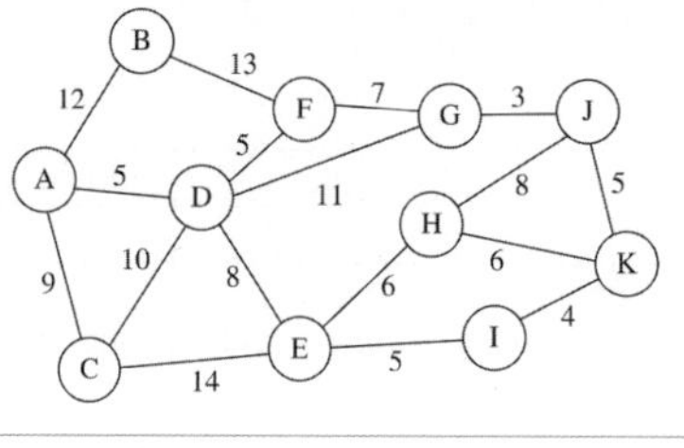

① 22km
② 23km
③ 24km
④ 25km

코레일 한국철도공사

글의 제목 ▶ 유형

2024년 적중

01 다음 글의 제목으로 가장 적절한 것은?

> 중세 유럽에서는 토지나 자원을 왕실이 소유하고 있었다. 사람들은 이러한 토지나 자원을 이용하려면 일정한 비용을 지불해야 했다. 예를 들어 광산을 개발하거나 수산물을 얻는 사람들은 해당 자원의 이용에 대한 비용을 왕실에 지불하였고 이는 왕실의 권력과 부의 유지를 돕는 동시에 국가의 재정을 보충하는 역할을 하였는데, 이때 지불한 비용이 바로 로열티이다.
> 로열티의 개념은 산업 혁명과 함께 발전하였다. 산업 혁명을 통해 특허, 상표 등의 지적 재산권이 보호되기 시작하면서 기업들은 이러한 권리를 보유한 개인이나 조직에게 사용에 대한 보상을 지불하게 되었다. 지적 재산권은 기업이 특정한 기술, 디자인, 상표 등을 보유하고 있을 때 그들에게 독점적인 권리를 제공하는 것이며, 이러한 권리의 보호와 보상을 위해 로열티 제도가 도입되었다.
> 로열티는 기업과 지적 재산권 소유자 간의 계약에 의해 설정되는 형태로 발전하였다. 기업이 특정 제품을 판매하거나 특정 기술을 이용하는 경우 지적 재산권 소유자에게 계약에 따라 정해진 로열티를 지불하게 된다. 이로써 지적 재산권을 보유한 개인이나 조직은 자신들의 창작물이나 기술의 사용에 대한 보상을 받을 수 있으며, 기업들은 이러한 지적 재산권의 이용을 허가받아 경쟁 우위를 확보할 수 있게 되었다.
> 현재 로열티는 제품 판매나 라이선스, 저작물의 이용 등 다양한 형태로 나타나며 지적 재산권의 보호와 경제적 가치를 확보하는 중요한 수단으로 작용하고 있다. 로열티는 지식과 창조성의 보상으로서의 역할을 수행하며 기업들의 연구 개발을 촉진하고 혁신을 격려한다. 이처럼 로열티 제도는 기업과 지적 재산권 소유자 간의 상호 협력과 혁신적인 경제 발전에 기여하는 중요한 구조적 요소이다.

① 지적 재산권을 보호하는 방법
② 로열티 지급 시 유의사항
③ 지적 재산권의 정의
④ 로열티 제도의 유래와 발전
⑤ 로열티 제도의 모순

참거짓 ▶ 유형

2024년 적중

18 A ~ D는 한 판의 가위바위보를 한 후 그 결과에 대해 각각 두 가지의 진술을 하였다. 두 가지의 진술 중 하나는 반드시 참이고, 하나는 반드시 거짓이라고 할 때, 다음 중 항상 참인 것은?

> A : C는 B를 이길 수 있는 것을 냈고, B는 가위를 냈다.
> B : A는 C와 같은 것을 냈지만, A가 편 손가락의 수는 나보다 적었다.
> C : B는 바위를 냈고, 그 누구도 같은 것을 내지 않았다.
> D : A, B, C 모두 참 또는 거짓을 말한 순서가 동일하다. 이 판은 승자가 나온 판이었다.

① B와 같은 것을 낸 사람이 있다.
② 보를 낸 사람은 1명이다.
③ D는 혼자 가위를 냈다.
④ B가 기권했다면 가위를 낸 사람이 지는 판이다.
⑤ 바위를 낸 사람은 2명이다.

주요 공기업 적중 문제 TEST CHECK

국민건강보험공단

접속사 ▸ 유형

2024년 적중

08 다음 중 빈칸에 들어갈 접속사로 가장 적절한 것은?

> 날이 추우면 통증이 커질 수 있는 질환이 몇 가지 있다. 골관절염이나 류마티스 관절염 등 관절 관련 질환이 여기에 해당한다. 통증은 신체에 어떤 이상이 있으니 상황이 악화되지 않도록 피할 방법을 준비하라고 스스로에게 알리는 경고이다.
> 골관절염과 류마티스 관절염은 여러 면에서 차이가 있으나 환절기에 추워지면 증상이 악화될 수 있다는 공통점이 있다. 날씨에 따라 관절염 증상이 악화되는 이유를 의학적으로 명확하게 설명할 수 있는 근거는 다소 부족하지만 추위로 인해 관절염 통증이 심해질 수 있다. 우리는 신체의 신경을 통해 통증을 느끼는데, 날이 추워지면 신체의 열을 빼앗기지 않고자 조직이 수축한다. 이 과정에서 신경이 자극을 받아 통증을 느끼게 되는 것이다. 즉, 관절염의 질환 상태에는 큰 변화가 없을지라도 평소보다 더 심한 통증을 느끼게 된다.
> ________ 날이 추워질수록 외부 온도 변화에 대응할 수 있도록 가벼운 옷을 여러 개 겹쳐 입어 체온을 일정하게 유지해야 한다. 특히 일교차가 큰 환절기에는 아침, 점심, 저녁으로 변화하는 기온에 따라 옷을 적절하게 입고 벗을 필요가 있다. 오전에 첫 활동을 시작할 때는 가벼운 스트레칭을 통해 체온을 올린 후 활동하는 것도 효과적이다. 춥다고 웅크린 상태에서 움직이지 않으면 체온이 유지되지 않을 수 있으므로 적절한 활동을 지속하는 것이 중요하다.

① 그러나　　② 따라서
③ 한편　　④ 그리고

건강보험심사평가원

데이터베이스 ▸ 키워드

2024년 적중

35 다음 글을 읽고 S대학교의 문제를 해결하기 위한 대안으로 가장 적절한 것은?

> S대학교는 현재 학생 관리 프로그램, 교수 관리 프로그램, 성적 관리 프로그램의 3개의 응용 프로그램을 갖추고 있다. 학생 관리 프로그램은 학생 정보를 저장하고 있는 파일을 이용하고 교수 관리 프로그램은 교수 정보 파일, 성적 관리 프로그램은 성적 정보 파일을 이용한다. 즉, 각각의 응용 프로그램들은 개별적인 파일을 이용한다.
> 이런 경우, 파일에는 많은 정보가 중복 저장되어 있다. 그렇기 때문에 중복된 정보가 수정되면 관련된 모든 파일을 수정해야 하는 불편함이 있다. 예를 들어, 한 학생이 자퇴하게 되면 학생 정보 파일뿐만 아니라 교수 정보 파일, 성적 정보 파일도 수정해야 하는 것이다.

① 데이터베이스 구축　　② 유비쿼터스 구축
③ RFID 구축　　④ NFC 구축
⑤ 와이파이 구축

서울교통공사 9호선

원탁 배치 ▶ 유형

2024년 적중

23 남자 2명과 여자 2명이 다음 〈조건〉과 같이 원탁에 앉아 있다. 이를 참고할 때, 옳은 것은?

> **조건**
> - 네 사람의 직업은 각각 교사, 변호사, 자영업자, 의사이다.
> - 네 사람은 각각 검은색 원피스, 파란색 재킷, 하얀색 니트, 밤색 티셔츠를 입고 있으며, 이 중 검은색 원피스는 여성용, 파란색 재킷은 남성용이다.
> - 남자는 남자끼리, 여자는 여자끼리 인접해서 앉아 있다.
> - 변호사는 하얀색 니트를 입고 있다.
> - 자영업자는 남자이다.
> - 의사의 왼쪽 자리에 앉은 사람은 검은색 원피스를 입었다.
> - 교사는 밤색 니트를 입은 사람과 원탁을 사이에 두고 마주 보고 있다.

① 교사와 의사는 원탁을 사이에 두고 마주 보고 있다.
② 변호사는 남자이다.
③ 밤색 티셔츠를 입은 사람은 여자이다.
④ 의사는 파란색 재킷을 입고 있다.
⑤ 검은색 원피스를 입은 여자는 자영업자의 옆에 앉아 있다.

한국전력공사

도서코드 ▶ 키워드

2024년 적중

10 다음은 도서코드(ISBN)에 대한 자료이다. 주문한 도서에 대한 설명으로 옳은 것은?

〈[예시] 도서코드(ISBN)〉

국제표준도서번호					부가기호		
접두부	국가번호	발행자번호	서명식별번호	체크기호	독자대상	발행형태	내용분류
123	12	1234567		1	1	1	123

※ 국제표준도서번호는 5개의 군으로 나누어지고 군마다 '–'로 구분한다.

〈도서코드(ISBN) 세부사항〉

접두부	국가번호	발행자번호	서명식별번호	체크기호
978 또는 979	한국 89 미국 05 중국 72 일본 40 프랑스 22	발행자번호 – 서명식별번호 7자리 숫자 예 8491 – 208 : 발행자번호가 8491번인 출판사에서 208번째 발행한 책		0 ~ 9

독자대상	발행형태	내용분류
0 교양	0 문고본	030 백과사전
1 실용	1 사전	100 철학
2 여성	2 신서판	170 심리학
3 (예비)	3 단행본	200 종교
4 청소년	4 전집	360 법학
5 중고등 학습참고서	5 (예비)	470 생명과학

도서 200% 활용하기 STRUCTURES

1 기출복원문제로 출제경향 파악

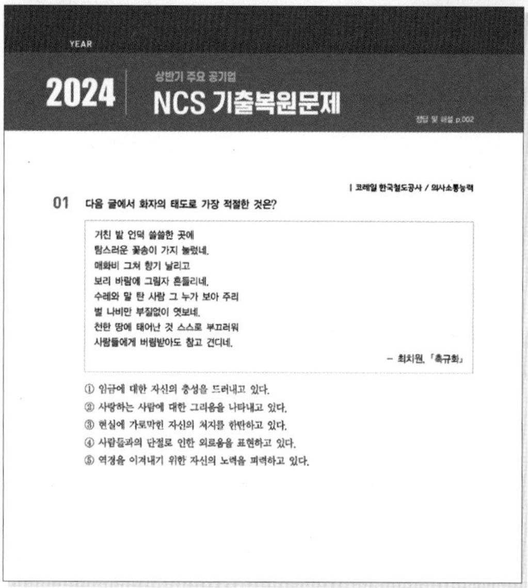

YEAR

2024 상반기 주요 공기업

NCS 기출복원문제

정답 및 해설 p.002

| 코레일 한국철도공사 / 의사소통능력

01 다음 글에서 화자의 태도로 가장 적절한 것은?

거친 밭 언덕 쓸쓸한 곳에
탐스러운 꽃송이 가지 눌렀네.
매화비 그쳐 향기 날리고
보리 바람에 그림자 흔들리네.
수레와 말 탄 사람 그 누가 보아 주리
벌 나비만 부질없이 엿보네.
천한 땅에 태어난 것 스스로 부끄러워
사람들에게 버림받아도 참고 견디네.

– 최치원, 「촉규화」

① 임금에 대한 자신의 충성을 드러내고 있다.
② 사랑하는 사람에 대한 그리움을 나타내고 있다.
③ 현실에 가로막힌 자신의 처지를 한탄하고 있다.
④ 사람들과의 단절로 인한 외로움을 표현하고 있다.
⑤ 역경을 이겨내기 위한 자신의 노력을 피력하고 있다.

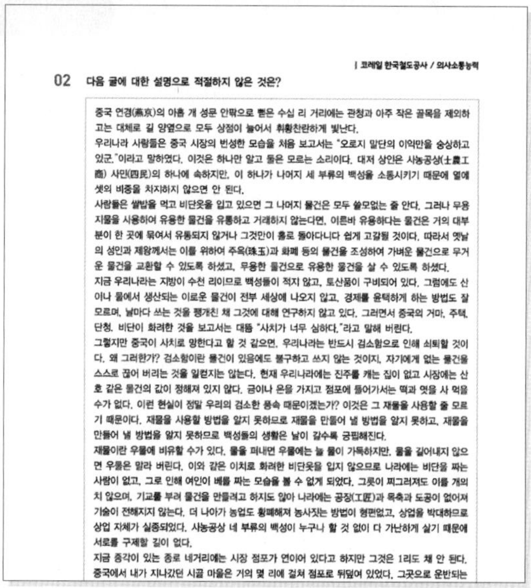

| 코레일 한국철도공사 / 의사소통능력

02 다음 글에 대한 설명으로 적절하지 않은 것은?

중국 연경(燕京)의 아홉 개 성문 안팎으로 뻗은 수십 리 거리에는 관청과 아주 작은 골목을 제외하고는 대체로 길 양옆으로 모두 상점이 늘어서 휘황찬란하게 빛난다.
우리나라 사람들은 중국 시장의 번성한 모습을 처음 보고서는 "오로지 말단의 이익만을 숭상하고 있군."이라고 말하였다. 이것은 하나만 알고 둘은 모르는 소리이다. 대저 상인은 사농공상(士農工商) 사민(四民)의 하나에 속하지만, 이 하나가 나머지 세 부류의 백성을 소통시키기 때문에 열에 셋의 비중을 차지하지 않으면 안 된다.
사람들은 쌀밥을 먹고 비단옷을 입고 있으면 그 나머지 물건은 모두 쓸모없는 줄 안다. 그러나 무용지물을 사용하여 유용한 물건을 유통하고 거래하지 않는다면, 이른바 유용하다는 물건은 거의 대부분이 한 곳에 묶여서 유통되지 않거나 그것만이 홀로 돌아다니다 쉽게 고갈될 것이다. 따라서 옛날의 성인과 제왕께서는 이를 위하여 주옥(珠玉)과 화폐 등의 물건을 조성하여 가벼운 물건으로 무거운 물건을 교환할 수 있도록 하셨고, 무용한 물건으로 유용한 물건을 살 수 있도록 하셨다.
지금 우리나라는 지방이 수천 리이므로 백성들이 적지 않고, 토산품이 구비되어 있다. 그럼에도 산이나 물에서 생산되는 이로운 물건이 전부 세상에 나오지 않고, 경제를 윤택하게 하는 방법도 잘 모르며, 날마다 쓰는 것을 팽개친 채 그것에 대해 연구하지 않고 있다. 그러면서 중국의 거마, 주택, 단청, 비단이 화려한 것을 보고서는 대뜸 "사치가 너무 심하다."라고 말해 버린다.
그렇지만 중국이 사치로 망한다고 할 것 같으면, 우리나라는 반드시 검소함으로 인해 쇠퇴할 것이다. 왜 그러한가? 검소함이란 물건이 있음에도 불구하고 쓰지 않는 것이지, 자기에게 없는 물건을 스스로 끊어 버리는 것을 일컫지는 않는다. 현재 우리나라에는 진주를 캐는 집이 없고 시장에는 산호 같은 물건의 값이 정해져 있지 않다. 금이나 은을 가지고 점포에 들어가서는 떡과 엿을 사 먹을 수가 없다. 이런 현실이 정말 우리의 검소한 풍속 때문이겠는가? 이것은 그 재물을 사용할 줄 모르기 때문이다. 재물을 사용할 방법을 알지 못하므로 재물을 만들어 낼 방법을 알지 못하고, 재물을 만들어 낼 방법을 알지 못하므로 백성들의 생활은 날이 갈수록 궁핍해진다.
재물이란 우물에 비유할 수가 있다. 물을 퍼내면 우물에는 늘 물이 가득하지만, 물을 길어내지 않으면 우물은 말라 버린다. 이와 같은 이치로 화려한 비단옷을 입지 않으므로 나라에는 비단을 짜는 사람이 없고, 그로 인해 여인이 베를 짜는 모습을 볼 수 없게 되었다. 그릇이 찌그러져도 이를 개의치 않으며, 기교를 부려 물건을 만들려고 하지도 않아 나라에는 공장(工匠)과 목축과 도공이 없어져 기술이 전해지지 않는다. 더 나아가 농업도 황폐해져 농사짓는 방법이 형편없고, 상업을 박대하므로 상업 자체가 실종되었다. 사농공상 네 부류의 백성이 누구나 할 것 없이 다 가난하게 살기 때문에 서로를 구제할 길이 없다.
지금 종각이 있는 종로 네거리에는 시장 점포가 연이어 있다고 하지만 그것은 1리도 채 안 된다. 중국에서 내가 지나갔던 시골 마을은 거의 몇 리에 걸쳐 점포로 뒤덮여 있었다. 그곳으로 운반되는

▸ 2024년 상반기 주요 공기업 NCS 기출문제를 복원하여 공기업별 NCS 출제경향을 파악할 수 있도록 하였다.

2 대표기출유형 + 기출응용문제로 필기전형 완벽 대비

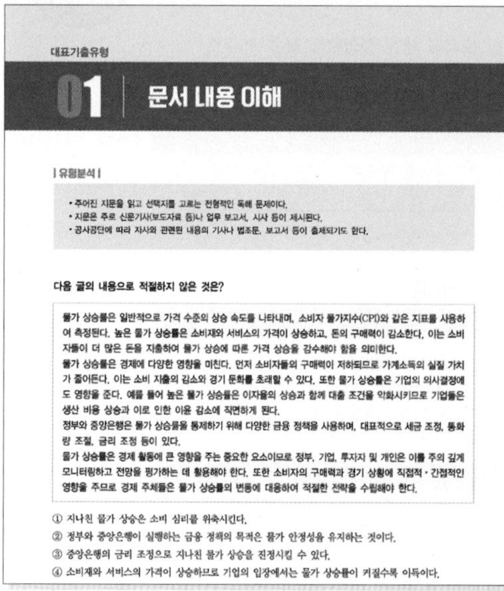

대표기출유형

01 문서 내용 이해

| 유형분석 |

- 주어진 지문을 읽고 선택지를 고르는 전형적인 독해 문제이다.
- 지문은 주로 신문기사(보도자료 등)나 업무 보고서, 시사 등이 제시된다.
- 공사공단에 따라 자사와 관련된 내용의 기사나 법조문, 보고서 등이 출제되기도 한다.

다음 글의 내용으로 적절하지 않은 것은?

물가 상승률은 일반적으로 가격 수준의 상승 속도를 나타내며, 소비자 물가지수(CPI)와 같은 지표를 사용하여 측정된다. 높은 물가 상승률은 소비재와 서비스의 가격이 상승하고, 돈의 구매력이 감소한다. 이는 소비자들이 더 많은 돈을 지출하여 물가 상승에 따른 가격 상승을 감수해야 함을 의미한다.
물가 상승률은 경제에 다양한 영향을 미친다. 먼저 소비자들의 구매력이 저하되므로 가계소득의 실질 가치가 줄어든다. 이는 소비 지출의 감소와 경기 둔화를 초래할 수 있다. 또한 물가 상승률은 기업의 의사결정에도 영향을 준다. 예를 들어 높은 물가 상승률은 이자율의 상승과 함께 대출 조건을 악화시키므로 기업들은 생산 비용 상승과 이로 인한 이윤 감소에 직면하게 된다.
정부와 중앙은행은 물가 상승률을 통제하기 위해 다양한 금융 정책을 사용하며, 대표적으로 세금 조정, 통화량 조절, 금리 조정 등이 있다.
물가 상승률은 경제 활동에 큰 영향을 주는 중요한 요소이므로 정부, 기업, 투자자 및 개인은 이를 주의 깊게 모니터링하고 전망을 평가하는 데 활용해야 한다. 또한 소비자의 구매력과 경기 상황에 직접적・간접적인 영향을 주므로 경제 주체들은 물가 상승률의 변동에 대응하여 적절한 전략을 수립해야 한다.

① 지나친 물가 상승은 소비 심리를 위축시킨다.
② 정부와 중앙은행이 실행하는 금융 정책의 목적은 물가 안정성을 유지하는 것이다.
③ 중앙은행의 금리 조정으로 지나친 물가 상승을 진정시킬 수 있다.
④ 소비재와 서비스의 가격이 상승하므로 기업의 입장에서는 물가 상승률이 커질수록 이득이다.

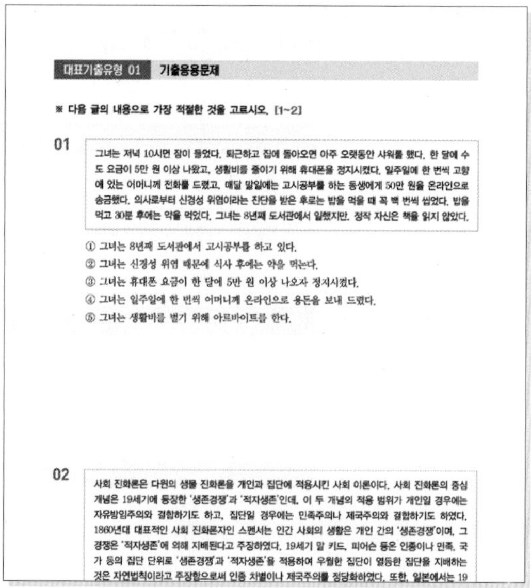

대표기출유형 01 기출응용문제

※ 다음 글의 내용으로 가장 적절한 것을 고르시오. [1~2]

01

그녀는 저녁 10시면 잠이 들었다. 퇴근하고 집에 돌아오면 아주 오랫동안 샤워를 했다. 한 달에 수도 요금이 5만 원 이상 나왔고, 생활비를 줄이기 위해 휴대폰을 정지시켰다. 일주일에 한 번씩 고향에 있는 어머니께 전화를 드렸고, 매달 말일에는 고시공부를 하는 동생에게 50만 원을 온라인으로 송금했다. 의사로부터 신경성 위염이라는 진단을 받은 후로는 밥을 먹을 때 꼭 백 번씩 씹었다. 밥을 먹고 30분 후에는 약을 먹었다. 그녀는 8년째 도서관에서 일했지만, 정작 자신은 책을 읽지 않았다.

① 그녀는 8년째 도서관에서 고시공부를 하고 있다.
② 그녀는 신경성 위염 때문에 식사 후에는 약을 먹는다.
③ 그녀는 휴대폰 요금이 한 달에 5만 원 이상 나오자 정지시켰다.
④ 그녀는 일주일에 한 번씩 어머니께 온라인으로 용돈을 보내 드렸다.
⑤ 그녀는 생활비를 벌기 위해 아르바이트를 한다.

02

사회 진화론은 다윈의 생물 진화론을 개인과 집단에 적용시킨 사회 이론이다. 사회 진화론의 중심 개념은 19세기에 등장한 '생존경쟁'과 '적자생존'인데, 이 두 개념의 적용 범위가 개인일 경우에는 자유방임주의와 결합하기도 하고, 집단일 경우에는 민족주의나 제국주의와 결합하기도 하였다. 1860년대 대표적인 사회 진화론자인 스펜서는 인간 사회의 생활은 개인 간의 '생존경쟁'이며, 그 경쟁은 '적자생존'에 의해 지배된다고 주장하였다. 19세기 말 키드, 피어슨 등은 인종이나 민족, 국가 등의 집단 단위로 '생존경쟁'과 '적자생존'을 적용하여 우월한 집단이 열등한 집단을 지배하는 것은 자연법칙이라고 주장함으로써 인종 차별이나 제국주의를 정당화하였다. 또한, 일본에서는 19

▸ NCS 출제 영역에 대한 대표기출유형과 기출응용문제를 수록하여 NCS 문제에 대한 접근 전략을 익히고 점검할 수 있도록 하였다.

3 최종점검 모의고사 + OMR을 활용한 실전 연습

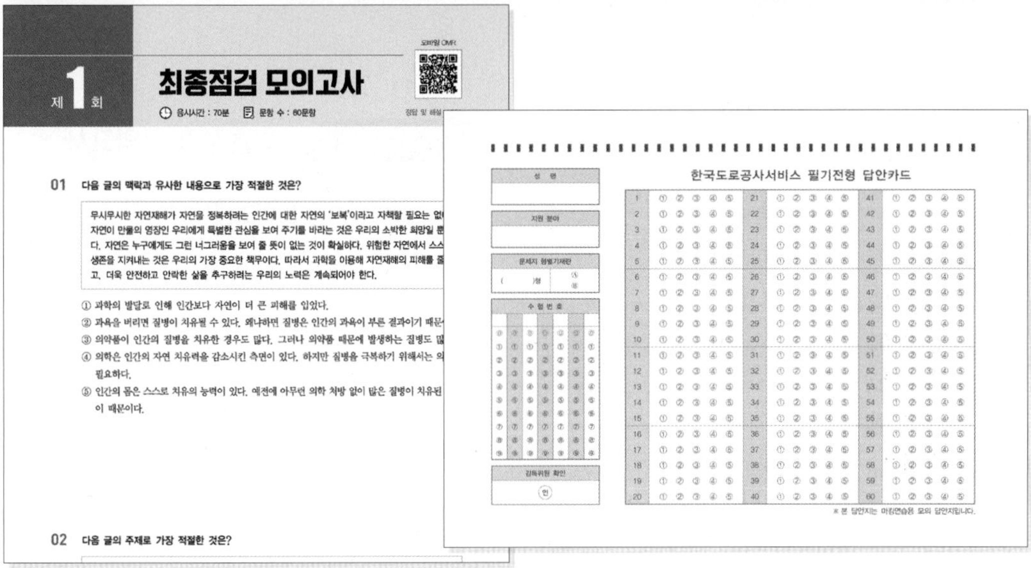
제 1 회 최종점검 모의고사

모바일 OMR

응시시간 : 70분 문항 수 : 60문항

01 다음 글의 맥락과 유사한 내용으로 가장 적절한 것은?

무시무시한 자연재해가 자연을 정복하려는 인간에 대한 자연의 '보복'이라고 자책할 필요는 없
자연이 만물의 영장인 우리에게 특별한 관심을 보여 주기를 바라는 것은 우리의 소박한 희망일 뿐
다. 자연은 누구에게도 그런 너그러움을 보여 줄 뜻이 없는 것이 확실하다. 위험한 자연에서 스스
생존을 지켜내는 것은 우리의 가장 중요한 책무이다. 따라서 과학을 이용해 자연재해의 피해를 줄
고, 더욱 안전하고 안락한 삶을 추구하려는 우리의 노력은 계속되어야 한다.

① 과학의 발달로 인해 인간보다 자연이 더 큰 피해를 입었다.
② 과욕을 버리면 질병이 치유될 수 있다. 왜냐하면 질병은 인간의 과욕이 부른 결과이기 때문
③ 의약품이 인간의 질병을 치유한 경우도 많다. 그러나 의약품 때문에 발생하는 질병도 많
④ 의학은 인간의 자연 치유력을 감소시킨 측면이 있다. 하지만 질병을 극복하기 위해서는 의
필요하다.
⑤ 인간의 몸은 스스로 치유의 능력이 있다. 예전에 아무런 의학 처방 없이 많은 질병이 치유된
이 때문이다.

02 다음 글의 주제로 가장 적절한 것은?

한국도로공사서비스 필기전형 답안카드

성 명

지원 분야

문제지 형별기재란

( )형 Ⓐ Ⓑ

수 험 번 호

감독위원 확인

(인)

※ 본 답안지는 마킹연습용 모의 답안지입니다.

▶ 최종점검 모의고사와 OMR 답안카드를 수록하여 실제로 시험을 보는 것처럼 최종 마무리 연습을 할 수 있도록 하였다.

▶ 모바일 OMR 답안채점/성적분석 서비스를 통해 필기전형에 대비할 수 있도록 하였다.

4 인성검사부터 면접까지 한 권으로 최종 마무리

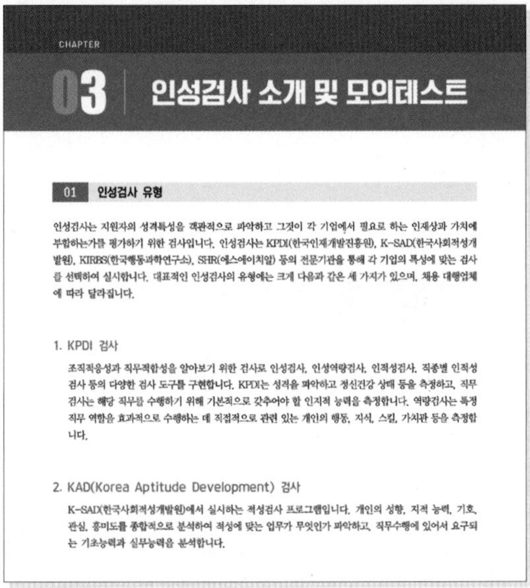
CHAPTER 03 인성검사 소개 및 모의테스트

01 인성검사 유형

인성검사는 지원자의 성격특성을 객관적으로 파악하고 그것이 각 기업에서 필요로 하는 인재상과 가치에 부합하는가를 평가하기 위한 검사입니다. 인성검사는 KPDI(한국인재개발진흥원), K-SAD(한국사회적성개발원), KIRBS(한국행동과학연구소), SHR(에스에이치알) 등의 전문기관을 통해 각 기업의 특성에 맞는 검사를 선택하여 실시합니다. 대표적인 인성검사의 유형에는 크게 다음과 같은 세 가지가 있으며, 채용 대행업체에 따라 달라집니다.

1. KPDI 검사

조직적응성과 직무적합성을 알아보기 위한 검사로 인성검사, 인성역량검사, 인적성검사, 직종별 인적성검사 등의 다양한 검사 도구를 구현합니다. KPDI는 성격을 파악하고 정신건강 상태 등을 측정하고, 직무검사는 해당 직무를 수행하기 위해 기본적으로 갖추어야 할 인지적 능력을 측정합니다. 역량검사는 특정 직무 역할을 효과적으로 수행하는 데 직접적으로 관련 있는 개인의 행동, 지식, 스킬, 가치관 등을 측정합니다.

2. KAD(Korea Aptitude Development) 검사

K-SAD(한국사회적성개발원)에서 실시하는 적성검사 프로그램입니다. 개인의 성향, 지적 능력, 기호, 관심, 흥미도를 종합적으로 분석하여 적성에 맞는 업무가 무엇인가 파악하고, 직무수행에 있어서 요구되는 기초능력과 실무능력을 분석합니다.

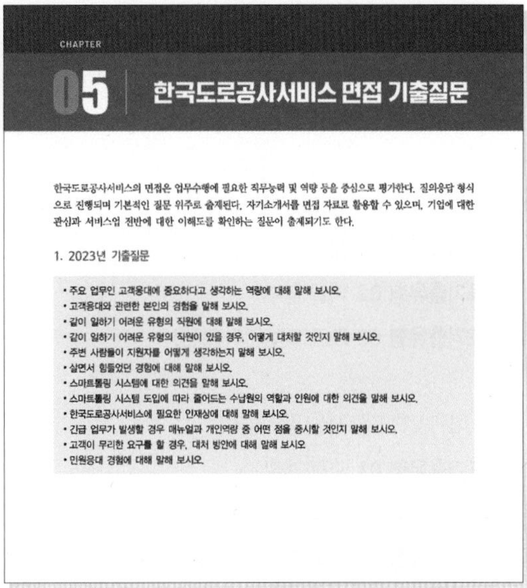
CHAPTER 05 한국도로공사서비스 면접 기출질문

한국도로공사서비스의 면접은 업무수행에 필요한 직무능력 및 역량 등을 중심으로 평가한다. 질의응답 형식으로 진행되며 기본적인 질문 위주로 출제된다. 자기소개서를 면접 자료로 활용할 수 있으며, 기업에 대한 관심과 서비스업 전반에 대한 이해도를 확인하는 질문이 출제되기도 한다.

1. 2023년 기출질문

- 주요 업무인 고객응대에 중요하다고 생각하는 역량에 대해 말해 보시오.
- 고객응대와 관련한 본인의 경험을 말해 보시오.
- 같이 일하기 어려운 유형의 직원에 대해 말해 보시오.
- 같이 일하기 어려운 유형의 직원이 있을 경우, 어떻게 대처할 것인지 말해 보시오.
- 주변 사람들이 지원자를 어떻게 생각하는지 말해 보시오.
- 살면서 힘들었던 경험에 대해 말해 보시오.
- 스마트톨링 시스템에 대한 의견을 말해 보시오.
- 스마트톨링 시스템 도입에 따라 줄어드는 수납원의 역할과 인원에 대한 의견을 말해 보시오.
- 한국도로공사서비스에 필요한 인재상에 대해 말해 보시오.
- 긴급 업무가 발생할 경우 매뉴얼과 개인역량 중 어떤 점을 중시할 것인지 말해 보시오.
- 고객이 무리한 요구를 할 경우, 대처 방안에 대해 말해 보시오
- 민원응대 경험에 대해 말해 보시오.

▶ 인성검사 모의테스트를 수록하여 인성검사 유형 및 문항을 확인할 수 있도록 하였다.

▶ 한국도로공사서비스 면접 기출질문을 통해 실제 면접에서 나오는 질문을 미리 파악하고 연습할 수 있도록 하였다.

이 책의 차례 CONTENTS

Add+

2024년 상반기 주요 공기업 NCS 기출복원문제

※ 기출복원문제는 수험생들의 후기를 통해 시대에듀에서 복원한 문제로 실제 문제와 다소 차이가 있을 수 있으며, 본 저작물의 무단전재 및 복제를 금합니다.

2024 상반기 주요 공기업 NCS 기출복원문제

정답 및 해설 p.002

| 코레일 한국철도공사 / 의사소통능력

01 다음 글에서 화자의 태도로 가장 적절한 것은?

> 거친 밭 언덕 쓸쓸한 곳에
> 탐스러운 꽃송이 가지 눌렀네.
> 매화비 그쳐 향기 날리고
> 보리 바람에 그림자 흔들리네.
> 수레와 말 탄 사람 그 누가 보아 주리
> 벌 나비만 부질없이 엿보네.
> 천한 땅에 태어난 것 스스로 부끄러워
> 사람들에게 버림받아도 참고 견디네.
>
> – 최치원, 「촉규화」

① 임금에 대한 자신의 충성을 드러내고 있다.
② 사랑하는 사람에 대한 그리움을 나타내고 있다.
③ 현실에 가로막힌 자신의 처지를 한탄하고 있다.
④ 사람들과의 단절로 인한 외로움을 표현하고 있다.
⑤ 역경을 이겨내기 위한 자신의 노력을 피력하고 있다.

02 다음 글에 대한 설명으로 적절하지 않은 것은?

중국 연경(燕京)의 아홉 개 성문 안팎으로 뻗은 수십 리 거리에는 관청과 아주 작은 골목을 제외하고는 대체로 길 양옆으로 모두 상점이 늘어서 휘황찬란하게 빛난다.
우리나라 사람들은 중국 시장의 번성한 모습을 처음 보고서는 "오로지 말단의 이익만을 숭상하고 있군."이라고 말하였다. 이것은 하나만 알고 둘은 모르는 소리이다. 대저 상인은 사농공상(士農工商) 사민(四民)의 하나에 속하지만, 이 하나가 나머지 세 부류의 백성을 소통시키기 때문에 열에 셋의 비중을 차지하지 않으면 안 된다.
사람들은 쌀밥을 먹고 비단옷을 입고 있으면 그 나머지 물건은 모두 쓸모없는 줄 안다. 그러나 무용지물을 사용하여 유용한 물건을 유통하고 거래하지 않는다면, 이른바 유용하다는 물건은 거의 대부분이 한 곳에 묶여서 유통되지 않거나 그것만이 홀로 돌아다니다 쉽게 고갈될 것이다. 따라서 옛날의 성인과 제왕께서는 이를 위하여 주옥(珠玉)과 화폐 등의 물건을 조성하여 가벼운 물건으로 무거운 물건을 교환할 수 있도록 하셨고, 무용한 물건으로 유용한 물건을 살 수 있도록 하셨다.
지금 우리나라는 지방이 수천 리이므로 백성들이 적지 않고, 토산품이 구비되어 있다. 그럼에도 산이나 물에서 생산되는 이로운 물건이 전부 세상에 나오지 않고, 경제를 윤택하게 하는 방법도 잘 모르며, 날마다 쓰는 것을 팽개친 채 그것에 대해 연구하지 않고 있다. 그러면서 중국의 거마, 주택, 단청, 비단이 화려한 것을 보고서는 대뜸 "사치가 너무 심하다."라고 말해 버린다.
그렇지만 중국이 사치로 망한다고 할 것 같으면, 우리나라는 반드시 검소함으로 인해 쇠퇴할 것이다. 왜 그러한가? 검소함이란 물건이 있음에도 불구하고 쓰지 않는 것이지, 자기에게 없는 물건을 스스로 끊어 버리는 것을 일컫지는 않는다. 현재 우리나라에는 진주를 캐는 집이 없고 시장에는 산호 같은 물건의 값이 정해져 있지 않다. 금이나 은을 가지고 점포에 들어가서는 떡과 엿을 사 먹을 수가 없다. 이런 현실이 정말 우리의 검소한 풍속 때문이겠는가? 이것은 그 재물을 사용할 줄 모르기 때문이다. 재물을 사용할 방법을 알지 못하므로 재물을 만들어 낼 방법을 알지 못하고, 재물을 만들어 낼 방법을 알지 못하므로 백성들의 생활은 날이 갈수록 궁핍해진다.
재물이란 우물에 비유할 수가 있다. 물을 퍼내면 우물에는 늘 물이 가득하지만, 물을 길어내지 않으면 우물은 말라 버린다. 이와 같은 이치로 화려한 비단옷을 입지 않으므로 나라에는 비단을 짜는 사람이 없고, 그로 인해 여인이 베를 짜는 모습을 볼 수 없게 되었다. 그릇이 찌그러져도 이를 개의치 않으며, 기교를 부려 물건을 만들려고 하지도 않아 나라에는 공장(工匠)과 목축과 도공이 없어져 기술이 전해지지 않는다. 더 나아가 농업도 황폐해져 농사짓는 방법이 형편없고, 상업을 박대하므로 상업 자체가 실종되었다. 사농공상 네 부류의 백성이 누구나 할 것 없이 다 가난하게 살기 때문에 서로를 구제할 길이 없다.
지금 종각이 있는 종로 네거리에는 시장 점포가 연이어 있다고 하지만 그것은 1리도 채 안 된다. 중국에서 내가 지나갔던 시골 마을은 거의 몇 리에 걸쳐 점포로 뒤덮여 있었다. 그곳으로 운반되는 물건의 양이 우리나라 곳곳에서 유통되는 것보다 많았는데, 이는 그곳 가게가 우리나라보다 더 부유해서 그러한 것이 아니고 재물이 유통되느냐 유통되지 못하느냐에 따른 결과인 것이다.

– 박제가, 『시장과 우물』

① 재물이 적절하게 유통되지 않는 현실을 비판하고 있다.
② 재물을 유통하기 위한 성현들의 노력을 근거로 제시하고 있다.
③ 경제의 규모를 늘리기 위한 소비의 중요성을 강조하고 있다.
④ 조선의 경제가 윤택하지 못한 이유를 부족한 생산량으로 보고 있다.
⑤ 산업의 발전을 위해 적당한 사치가 있어야 함을 제시하고 있다.

03 다음 중 한자성어의 뜻이 바르게 연결되지 않은 것은?

① 水魚之交 : 아주 친밀하여 떨어질 수 없는 사이
② 結草報恩 : 죽은 뒤에라도 은혜를 잊지 않고 갚음
③ 靑出於藍 : 제자나 후배가 스승이나 선배보다 나음
④ 指鹿爲馬 : 윗사람을 농락하여 권세를 마음대로 함
⑤ 刻舟求劍 : 말로는 친한 듯 하나 속으로는 해칠 생각이 있음

04 다음 중 밑줄 친 부분의 띄어쓰기가 옳지 않은 것은?

① 운전을 어떻게 해야 <u>하는지</u> 알려 주었다.
② 오랫동안 <u>애쓴 만큼</u> 좋은 결과가 나왔다.
③ 모두가 떠나가고 남은 사람은 고작 <u>셋 뿐이다</u>.
④ 참가한 사람들은 누구의 키가 <u>큰지 작은지</u> 비교해 보았다.
⑤ 민족의 큰 명절에는 온 나라 방방곡곡에서 <u>씨름판이</u> 열렸다.

05 다음 중 밑줄 친 부분의 표기가 옳지 않은 것은?

① 늦게 온다던 친구가 <u>금세</u> 도착했다.
② 변명할 틈도 없이 그에게 일방적으로 <u>채였다</u>.
③ 못 본 사이에 그의 얼굴은 <u>핼쑥하게</u> 변했다.
④ 빠르게 변해버린 고향이 <u>낯설게</u> 느껴졌다.
⑤ 문제의 정답을 찾기 위해 <u>곰곰이</u> 생각해 보았다.

ㅣ코레일 한국철도공사 / 의사소통능력

06 다음 중 단어와 그 발음법이 바르게 연결되지 않은 것은?

① 결단력 – [결딴녁]
② 옷맵시 – [온맵씨]
③ 몰상식 – [몰상씩]
④ 물난리 – [물랄리]
⑤ 땀받이 – [땀바지]

ㅣ코레일 한국철도공사 / 수리능력

07 다음 식을 계산하여 나온 수의 백의 자리, 십의 자리, 일의 자리를 순서대로 바르게 나열한 것은?

$$865\times865+865\times270+135\times138-405$$

① 0, 0, 0
② 0, 2, 0
③ 2, 5, 0
④ 5, 5, 0
⑤ 8, 8, 0

ㅣ코레일 한국철도공사 / 수리능력

08 길이가 200m인 A열차가 어떤 터널을 60km/h의 속력으로 통과하였다. 잠시 후 길이가 300m인 B열차가 같은 터널을 90km/h의 속력으로 통과하였다. A열차와 B열차가 이 터널을 완전히 통과할 때 걸린 시간의 비가 10 : 7일 때, 이 터널의 길이는?

① 1,200m
② 1,500m
③ 1,800m
④ 2,100m
⑤ 2,400m

※ 다음과 같이 일정한 규칙으로 수를 나열할 때, 빈칸에 들어갈 수를 고르시오. [9~10]

| 코레일 한국철도공사 / 수리능력

09

• 7	13	4	63
• 9	16	9	( )

① 45
② 51
③ 57
④ 63
⑤ 69

| 코레일 한국철도공사 / 수리능력

10

−2 1 6 13 22 33 46 61 78 97 ( )

① 102
② 106
③ 110
④ 114
⑤ 118

| 코레일 한국철도공사 / 수리능력

11 K중학교 2학년 A ~ F 6개의 학급이 체육대회에서 줄다리기 경기를 다음과 같은 토너먼트로 진행하려고 한다. 이때, A반과 B반이 모두 두 번의 경기를 거쳐 결승에서 만나게 되는 경우의 수는?

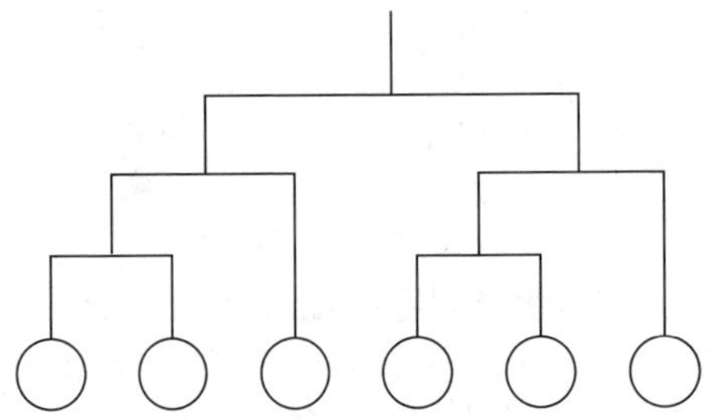

① 6가지
② 24가지
③ 120가지
④ 180가지
⑤ 720가지

12 다음은 연령대별로 도시와 농촌에서의 여가생활 만족도 평가 점수를 조사한 자료이다. 〈조건〉에 따라 빈칸 ㄱ ~ ㄹ에 들어갈 수를 순서대로 바르게 나열한 것은?

〈연령대별 도시·농촌 여가생활 만족도 평가〉

(단위 : 점)

구분	10대 미만	10대	20대	30대	40대	50대	60대	70대 이상
도시	1.6	ㄱ	3.5	ㄴ	3.9	3.8	3.3	1.7
농촌	1.3	1.8	2.2	2.1	2.1	ㄷ	2.1	ㄹ

※ 매우 만족 : 5점, 만족 : 4점, 보통 : 3점, 불만 : 2점, 매우 불만 : 1점

조건

- 도시에서 여가생활 만족도는 모든 연령대에서 같은 연령대의 농촌보다 높았다.
- 도시에서 10대의 여가생활 만족도는 농촌에서 10대의 2배보다 높았다.
- 도시에서 여가생활 만족도가 가장 높은 연령대는 40대였다.
- 농촌에서 여가생활 만족도가 가장 높은 연령대는 50대지만, 3점을 넘기지 못했다.

	ㄱ	ㄴ	ㄷ	ㄹ
①	3.8	3.3	2.8	3.5
②	3.5	3.3	3.2	3.5
③	3.8	3.3	2.8	1.5
④	3.5	4.0	3.2	1.5
⑤	3.8	4.0	2.8	1.5

13 가격이 500,000원일 때 10,000개가 판매되는 K제품이 있다. 이 제품의 가격을 10,000원 인상할 때마다 판매량은 160개 감소하고, 10,000원 인하할 때마다 판매량은 160개 증가한다. 이때, 총 판매금액이 최대가 되는 제품의 가격은?(단, 가격은 10,000원 단위로만 인상 또는 인하할 수 있다)

① 520,000원
② 540,000원
③ 560,000원
④ 580,000원
⑤ 600,000원

14 다음은 전자제품 판매업체 3사를 다섯 가지 항목으로 나누어 평가한 자료이다. 이를 토대로 3사의 항목별 비교 및 균형을 쉽게 파악할 수 있도록 나타낸 그래프로 옳은 것은?

〈전자제품 판매업체 3사 평가표〉

(단위 : 점)

구분	디자인	가격	광고 노출도	브랜드 선호도	성능
A사	4.1	4.0	2.5	2.1	4.6
B사	4.5	1.5	4.9	4.0	2.0
C사	2.5	4.5	0.6	1.5	4.0

①
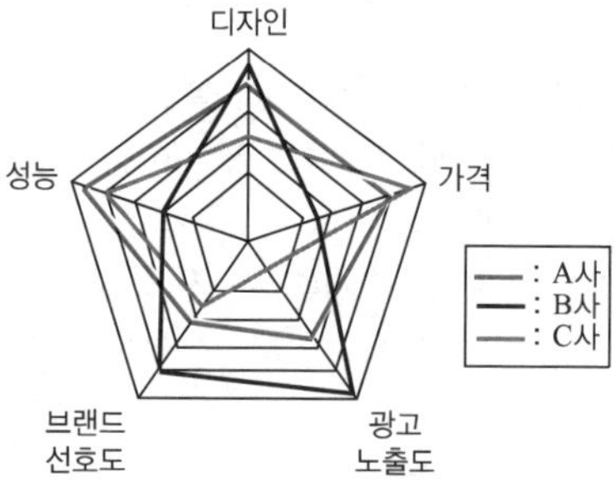

②
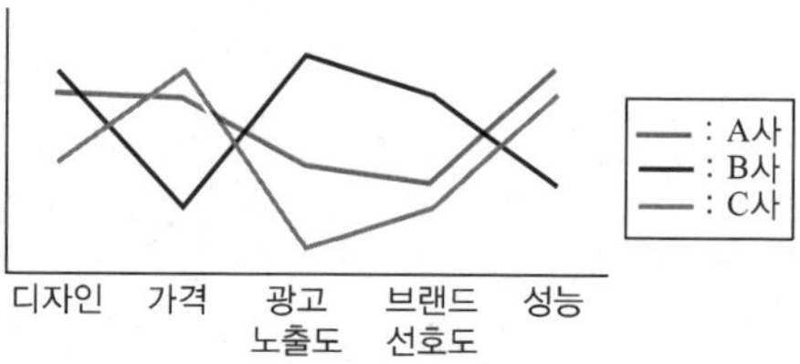

③
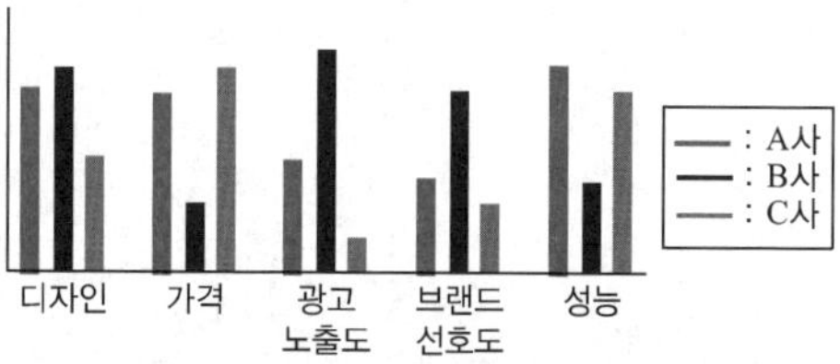

④
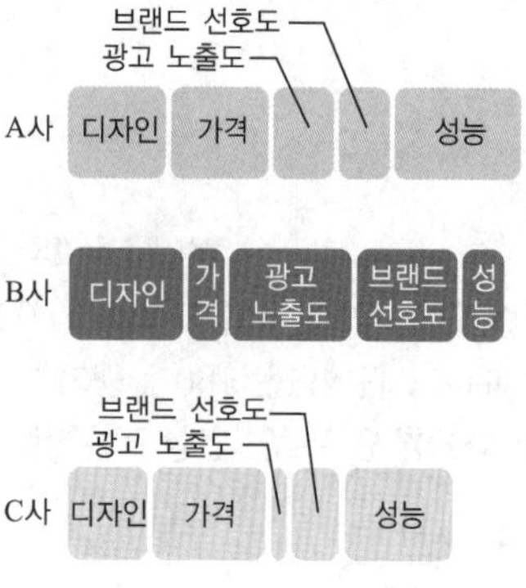

⑤

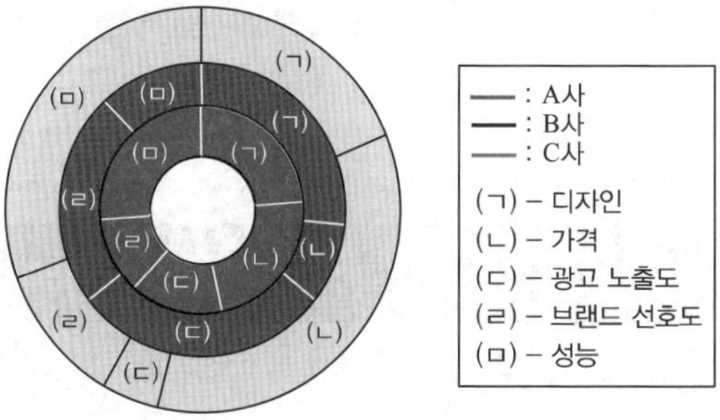

| 코레일 한국철도공사 / 수리능력

15 다음은 2023년 K톨게이트를 통과한 차량에 대한 자료이다. 이에 대한 설명으로 옳지 않은 것은?

〈2023년 K톨게이트 통과 차량〉

(단위 : 천 대)

구분	승용차			승합차			대형차		
	영업용	비영업용	합계	영업용	비영업용	합계	영업용	비영업용	합계
1월	152	3,655	3,807	244	2,881	3,125	95	574	669
2월	174	3,381	3,555	222	2,486	2,708	101	657	758
3월	154	3,909	4,063	229	2,744	2,973	139	837	976
4월	165	3,852	4,017	265	3,043	3,308	113	705	818
5월	135	4,093	4,228	211	2,459	2,670	113	709	822
6월	142	3,911	4,053	231	2,662	2,893	107	731	838
7월	164	3,744	3,908	237	2,721	2,958	117	745	862
8월	218	3,975	4,193	256	2,867	3,123	115	741	856
9월	140	4,105	4,245	257	2,913	3,170	106	703	809
10월	135	3,842	3,977	261	2,812	3,073	107	695	802
11월	170	3,783	3,953	227	2,766	2,993	117	761	878
12월	147	3,730	3,877	243	2,797	3,040	114	697	811

① 전체 승용차 수와 전체 승합차 수의 합이 가장 많은 달은 9월이고, 가장 적은 달은 2월이었다.
② 4월을 제외한 모든 달의 비영업용 승합차 수는 300만 대 미만이었다.
③ 전체 대형차 수 중 영업용 대형차 수의 비율은 모든 달에서 10% 이상이었다.
④ 영업용 승합차 수는 모든 달에서 영업용 대형차 수의 2배 이상이었다.
⑤ 승용차가 가장 많이 통과한 달의 전체 승용차 수에 대한 영업용 승용차 수의 비율은 3% 이상이었다.

※ 서울역 근처 K공사에 근무하는 A과장은 1월 10일에 팀원 4명과 함께 부산에 있는 출장지에 열차를 타고 가려고 한다. 다음 자료를 보고 이어지는 질문에 답하시오. **[16~17]**

〈1월 10일 서울역 → 부산역 열차 시간표〉

구분	출발시각	정차역	다음 정차역까지 소요시간	총주행시간	성인 1인당 요금
KTX	8:00	-	-	2시간 30분	59,800원
ITX-청춘	7:20	대전	40분	3시간 30분	48,800원
ITX-마음	6:40	대전, 울산	40분	3시간 50분	42,600원
새마을호	6:30	대전, 울산, 동대구	60분	4시간 30분	40,600원
무궁화호	5:30	대전, 울산, 동대구	80분	5시간 40분	28,600원

※ 위의 열차 시간표는 1월 10일 운행하는 열차 종류별로 승차권 구입이 가능한 가장 빠른 시간표이다.
※ 총주행시간은 정차·대기시간을 제외한 열차가 실제로 달리는 시간이다.

〈운행 조건〉

- 정차역에 도착할 때마다 대기시간 15분을 소요한다.
- 정차역에 먼저 도착한 열차가 출발하기 전까지 뒤에 도착한 열차는 정차역에 들어오지 않고 대기한다.
- 정차역에 먼저 도착한 열차가 정차역을 출발한 후, 5분 뒤에 대기 중인 열차가 정차역에 들어온다.
- 정차역에 2종류 이상의 열차가 동시에 도착하였다면, ITX-청춘 → ITX-마음 → 새마을호 → 무궁화호 순으로 정차역에 들어온다.
- 목적지인 부산역은 먼저 도착한 열차로 인한 대기 없이 바로 역에 들어온다.

| 코레일 한국철도공사 / 문제해결능력

16 다음 중 자료에 대한 설명으로 옳지 않은 것은?

① ITX-청춘보다 ITX-마음이 목적지에 더 빨리 도착한다.
② 부산역에 가장 늦게 도착하는 열차는 12시에 도착한다.
③ ITX-마음은 먼저 도착한 열차로 인한 대기시간이 없다.
④ 부산역에 가장 빨리 도착하는 열차는 10시 30분에 도착한다.
⑤ 무궁화호는 울산역, 동대구역에서 다른 열차로 인해 대기한다.

17 다음 〈조건〉에 따라 승차권을 구입할 때, A과장과 팀원 4명의 총요금은?

조건

- A과장과 팀원 1명은 7시 30분까지 K공사에서 사전 회의를 가진 후 출발한다.
- 목적지인 부산역에는 11시 30분까지 도착해야 한다.
- 열차 요금은 가능한 한 저렴하게 한다.

① 247,400원
② 281,800원
③ 312,800원
④ 326,400원
⑤ 347,200원

18 다음 글에서 알 수 있는 논리적 사고의 구성요소로 가장 적절한 것은?

A는 동업자 B와 함께 신규 사업을 시작하기 위해 기획안을 작성하여 논의하였다. 그러나 B는 신규 기획안을 읽고 시기나 적절성에 대해 부정적인 입장을 보였다. A가 B를 설득하기 위해 B의 의견들을 정리하여 생각해 보니 B는 신규 사업을 시작하는 데 있어 다른 경쟁사보다 늦게 출발하여 경쟁력이 부족하는 점 때문에 신규 사업에 부정적이라는 것을 알게 되었다. 이에 A는 경쟁력을 높이기 위한 다양한 아이디어를 추가로 제시하여 B를 다시 설득하였다.

① 설득
② 구체적인 생각
③ 생각하는 습관
④ 타인에 대한 이해
⑤ 상대 논리의 구조화

ㅣ코레일 한국철도공사 / 문제해결능력

19 면접 참가자 A ~ E 5명은 〈조건〉과 같이 면접장에 도착했다. 동시에 도착한 사람은 없다고 할 때, 다음 중 항상 참인 것은?

> 조건
> - B는 A 바로 다음에 도착했다.
> - D는 E보다 늦게 도착했다.
> - C보다 먼저 도착한 사람이 1명 있다.

① E는 가장 먼저 도착했다.
② B는 가장 늦게 도착했다.
③ A는 네 번째로 도착했다.
④ D는 가장 먼저 도착했다.
⑤ D는 A보다 먼저 도착했다.

ㅣ코레일 한국철도공사 / 문제해결능력

20 다음 논리에서 나타난 형식적 오류로 옳은 것은?

> - 전제 1 : TV를 오래 보면 눈이 나빠진다.
> - 전제 2 : 철수는 TV를 오래 보지 않는다.
> - 결론 : 그러므로 철수는 눈이 나빠지지 않는다.

① 사개명사의 오류
② 전건 부정의 오류
③ 후건 긍정의 오류
④ 선언지 긍정의 오류
⑤ 매개념 부주연의 오류

21 다음 글의 내용으로 적절하지 않은 것은?

K공단은 의사와 약사가 협력하여 지역주민의 안전한 약물 사용을 돕는 의·약사 협업 다제약물 관리사업을 6월 26일부터 서울 도봉구에서 시작했다고 밝혔다.

지난 2018년부터 K공단이 진행 중인 다제약물 관리사업은 10종 이상의 약을 복용하는 만성질환자를 대상으로 약물의 중복 복용과 부작용 등을 예방하기 위해 의약전문가가 약물관리 서비스를 제공하는 사업이다. 지역사회에서는 K공단에서 위촉한 자문 약사가 가정을 방문하여 대상자가 먹고 있는 일반 약을 포함한 전체 약을 대상으로 약물의 복용상태, 부작용, 중복 등을 종합적으로 검토하고 그 결과를 바탕으로 상담, 교육 및 처방조정 안내를 실시함으로써 약물관리가 이루어지고, 병원에서는 입원 및 외래환자를 대상으로 의사, 약사 등으로 구성된 다학제팀(전인적인 돌봄을 위해 의사, 간호사, 약사, 사회복지사 등 다양한 전문가들로 이루어진 팀)이 약물관리 서비스를 제공한다.

다제약물 관리사업 효과를 평가한 결과, 지역사회에서는 약물관리를 받은 사람의 복약순응도가 56.3% 개선되었고, 효능이 유사한 약물을 중복해서 복용하는 환자가 40.2% 감소되었다. 또한, 병원에서 제공된 다제약물 관리사업으로 응급실 방문 위험이 47%, 재입원 위험이 18% 감소되는 등의 효과를 확인하였다.

다만, 지역사회에서는 약사의 약물 상담결과가 의사의 처방조정에까지 반영되는 다학제 협업 시스템이 미흡하다는 의견이 제기되었다. 이러한 문제점의 개선을 위해 K공단은 도봉구 의사회와 약사회, 전문가로 구성된 지역협의체를 구성하고, 지난 4월부터 3회에 걸친 논의를 통해 의·약사 협업 모형을 개발하고, 사업 참여 의·약사 선정, 서비스 제공 대상자 모집 및 정보공유 방법 등의 현장 적용방안을 마련했다. 의사나 K공단이 선정한 약물관리 대상자는 자문 약사의 약물점검(필요시 의사 동행)을 받게 되며, 그 결과가 K공단의 정보 시스템을 통해 대상자의 단골 병원 의사에게 전달되어 처방 시 반영될 수 있도록 하는 것이 주요 골자이다. 지역 의·약사 협업 모형은 2023년 12월까지 도봉구지역의 일차의료 만성질환관리 시범사업에 참여하는 의원과 자문약사를 중심으로 우선 실시한다. 이후 사업의 효과성을 평가하고 부족한 점은 보완하여 다른 지역에도 확대 적용할 예정이다.

① K공단에서 위촉한 자문 약사는 환자가 먹는 약물을 조사하여 직접 처방할 수 있다.
② 다제약물 관리사업으로 인해 환자는 복용하는 약물의 수를 줄일 수 있다.
③ 다제약물 관리사업의 주요 대상자는 10종 이상의 약을 복용하는 만성질환자이다.
④ 다제약물 관리사업은 지역사회보다 병원에서 보다 활발히 이루어지고 있다.

22 다음 문단 뒤에 이어질 내용을 논리적 순서대로 바르게 나열한 것은?

아토피 피부염은 만성적으로 재발하는 양상을 보이며 심한 가려움증을 동반하는 염증성 피부 질환으로, 연령에 따라 특징적인 병변의 분포와 양상을 보인다.

(가) 이와 같이 아토피 피부염은 원인을 정확히 파악할 수 없기 때문에 아토피 피부염의 진단을 위한 특이한 검사소견은 없으며, 임상 증상을 종합하여 진단한다. 기존에 몇 가지 국외의 진단기준이 있었으며, 2005년 대한아토피피부염학회에서는 한국인 아토피 피부염에서 특징적으로 관찰되는 세 가지 주진단 기준과 14가지 보조진단 기준으로 구성된 한국인 아토피 피부염 진단기준을 정하였다.

(나) 아토피 피부염 환자는 정상 피부에 비해 민감한 피부를 가지고 있으며 다양한 자극원에 의해 악화될 수 있으므로 앞의 약물치료와 더불어 일상생활에서도 이를 피할 수 있도록 노력해야 한다. 비누와 세제, 화학약품, 모직과 나일론 의류, 비정상적인 기온이나 습도에 대한 노출 등이 대표적인 피부 자극 요인들이다. 면제품 속옷을 입도록 하고, 세탁 후 세제가 남지 않도록 물로 여러 번 헹구도록 한다. 또한 평소 실내 온도, 습도를 쾌적하게 유지하는 것도 중요하다. 땀이나 자극성 물질을 제거하는 목적으로 미지근한 물에 샤워를 하는 것이 좋으며, 샤워 후에는 3분 이내에 보습제를 바르는 것이 좋다.

(다) 아토피 피부염을 진단받아 치료하기 위해서는 보습이 가장 중요하고, 피부 증상을 악화시킬 수 있는 자극원, 알레르겐 등을 피하는 것이 필요하다. 국소 치료제로는 국소 스테로이드제가 가장 기본적인 치료제이다. 국소 칼시뉴린 억제제도 효과적으로 사용되는 약제이며, 국소 스테로이드제 사용으로 발생 가능한 피부 위축 등의 부작용이 없다. 아직 국내에 들어오지는 않았으나 국소 포스포디에스테라제 억제제도 있다. 이 외에는 전신치료로 가려움증 완화를 위해 사용할 수 있는 항히스타민제가 있고, 필요시 경구 스테로이드제를 사용할 수 있다. 심한 아토피 피부염 환자에서는 면역 억제제가 사용된다. 광선치료(자외선치료)도 아토피 피부염 치료로 이용된다. 최근에는 아토피 피부염을 유발하는 특정한 사이토카인 신호 전달을 차단할 수 있는 생물학적제제인 두필루맙(Dupilumab)이 만성 중증 아토피 피부염 환자를 대상으로 사용되고 있으며, 치료 효과가 뛰어나다고 알려져 있다.

(라) 많은 연구에도 불구하고 아토피 피부염의 정확한 원인은 아직 밝혀지지 않았다. 현재까지는 피부 보호막 역할을 하는 피부장벽 기능의 이상, 면역체계의 이상, 유전적 및 환경적 요인 등이 복합적으로 상호작용한 결과 발생하는 것으로 보고 있다.

① (다) – (가) – (라) – (나)
② (다) – (나) – (라) – (가)
③ (라) – (가) – (나) – (다)
④ (라) – (가) – (다) – (나)

23 다음 글의 주제로 가장 적절한 것은?

한국인의 주요 사망 원인 중 하나인 뇌경색은 뇌혈관이 갑자기 폐쇄됨으로써 뇌가 손상되어 신경학적 이상이 발생하는 질병이다.
뇌경색의 발생 원인은 크게 분류하면 2가지가 있는데, 그중 첫 번째는 동맥경화증이다. 동맥경화증은 혈관의 중간층에 퇴행성 변화가 일어나서 섬유화가 진행되고 혈관의 탄성이 줄어드는 노화현상의 일종으로, 뇌로 혈류를 공급하는 큰 혈관이 폐쇄되거나 뇌 안의 작은 혈관이 폐쇄되어 발생하는 것이다. 두 번째는 심인성 색전으로, 심장에서 형성된 혈전이 혈관을 타고 흐르다 갑자기 뇌혈관을 폐쇄시켜 발생하는 것이다.
뇌경색이 발생하여 환자가 응급실에 내원한 경우, 폐쇄된 뇌혈관을 확인하기 위한 뇌혈관 조영 CT를 촬영하거나 손상된 뇌경색 부위를 좀 더 정확하게 확인해야 하는 경우에는 뇌 자기공명 영상(Brain MRI) 검사를 한다. 이렇게 시행한 검사에서 큰 혈관의 폐쇄가 확인되면 정맥 내에 혈전용해제를 투여하거나 동맥 내부의 혈전제거술을 시행하게 된다. 시술이 필요하지 않은 경우라면, 뇌경색의 악화를 방지하기 위하여 뇌경색 기전에 따라 항혈소판제나 항응고제 약물 치료를 하게 된다.
뇌경색의 원인 중 동맥경화증의 경우 여러 가지 위험 요인에 의하여 장시간 동안 서서히 진행된다. 고혈압, 당뇨, 이상지질혈증, 흡연, 과도한 음주, 비만 등이 위험 요인이며, 평소 이러한 원인이 있는 사람은 약물 치료 및 생활 습관 개선으로 위험 요인을 줄여야 한다. 특히 뇌경색이 한번 발병했던 사람은 재발 방지를 위한 약물을 지속적으로 복용하는 것이 필요하다.

① 뇌경색의 주요 증상
② 뇌경색 환자의 약물치료 방법
③ 뇌경색의 발병 원인과 치료 방법
④ 뇌경색이 발생했을 때의 조치사항

24 다음은 2019 ~ 2023년 건강보험료 부과 금액 및 1인당 건강보험 급여비에 대한 자료이다. 이에 대한 설명으로 옳지 않은 것은?

〈건강보험료 부과 금액 및 1인당 건강보험 급여비〉

구분	2019년	2020년	2021년	2022년	2023년
건강보험료 부과 금액(십억 원)	59,130	63,120	69,480	76,775	82,840
1인당 건강보험 급여비(원)	1,300,000	1,400,000	1,550,000	1,700,000	1,900,000

① 건강보험료 부과 금액과 1인당 건강보험 급여비는 모두 매년 증가하였다.
② 2020 ~ 2023년 동안 전년 대비 1인당 건강보험 급여비가 가장 크게 증가한 해는 2023년이다.
③ 2020 ~ 2023년 동안 전년 대비 건강보험료 부과 금액의 증가율은 항상 10% 미만이었다.
④ 2019년 대비 2023년의 1인당 건강보험 급여비는 40% 이상 증가하였다.

※ 다음 명제가 모두 참일 때, 빈칸에 들어갈 명제로 가장 적절한 것을 고르시오. [25~27]

| 국민건강보험공단 / 문제해결능력

25

- 잎이 넓은 나무는 키가 크다.
- 잎이 넓지 않은 나무는 추운 지방에서 자란다.
- ____________________
- 더운 지방에서 자라는 나무는 열매가 많이 맺힌다.

① 잎이 넓지 않은 나무는 열매가 많이 맺힌다.
② 열매가 많이 맺히지 않는 나무는 키가 작다.
③ 벌레가 많은 지역은 열매가 많이 맺히지 않는다.
④ 키가 작은 나무는 추운 지방에서 자란다.

| 국민건강보험공단 / 문제해결능력

26

- 풀을 먹는 동물은 몸집이 크다.
- 사막에서 사는 동물은 물속에서 살지 않는다.
- ____________________
- 물속에서 사는 동물은 몸집이 크다.

① 몸집이 큰 동물은 물속에서 산다.
② 물이 있으면 사막이 아니다.
③ 사막에 사는 동물은 몸집이 크다.
④ 풀을 먹지 않는 동물은 사막에 산다.

| 국민건강보험공단 / 문제해결능력

27

- 모든 사람은 두꺼운 책을 사거나 얇은 책을 산다.
- 비싼 책은 색이 다양하다.
- 안경을 쓰지 않은 사람은 얇은 책을 산다.
- ____________________
- 비싼 책을 사는 사람은 안경을 썼다.

① 두꺼운 책을 사는 사람은 안경을 썼다.
② 비싼 책을 사는 사람은 안경을 쓰지 않았다.
③ 얇은 책은 색이 다양하지 않다.
④ 안경을 쓴 사람이 산 책은 색이 다양하다.

28 **다음은 대한민국 입국 목적별 비자 종류의 일부이다. 외국인 A ~ D씨가 피초청자로서 입국할 때, 초청 목적에 따라 발급받아야 하는 비자의 종류를 바르게 짝지은 것은?(단, 비자면제 협정은 없는 것으로 가정한다)**

〈대한민국 입국 목적별 비자 종류〉

- 외교 · 공무
  - 외교(A–1) : 대한민국 정부가 접수한 외국 정부의 외교사절단이나 영사기관의 구성원, 조약 또는 국제관행에 따라 외교사절과 동등한 특권과 면제를 받는 사람과 그 가족
  - 공무(A–2) : 대한민국 정부가 승인한 외국 정부 또는 국제기구의 공무를 수행하는 사람과 그 가족
- 유학 · 어학연수
  - 학사유학(D–2–2) : (전문)대학, 대학원 또는 특별법의 규정에 의하여 설립된 전문대학 이상의 학술기관에서 정규과정(학사)의 교육을 받고자 하는 자
  - 교환학생(D–2–6) : 대학 간 학사교류 협정에 의해 정규과정 중 일정 기간 동안 교육을 받고자 하는 교환학생
- 비전문직 취업
  - 제조업(E–9–1) : 외국인근로자의 고용에 관한 법률의 규정에 의한 국내 취업요건을 갖추어 제조업체에 취업하고자 하는 자
  - 농업(E–9–3) : 외국인근로자의 고용에 관한 법률의 규정에 의한 국내 취업요건을 갖추어 농업, 축산업 등에 취업하고자 하는 자
- 결혼이민
  - 결혼이민(F–6–1) : 한국에서 혼인이 유효하게 성립되어 있고, 우리 국민과 결혼생활을 지속하기 위해 국내 체류를 하고자 하는 외국인
  - 자녀양육(F–6–2) : 국민의 배우자(F–6–1) 자격에 해당하지 않으나 출생한 미성년 자녀(사실혼 관계 포함)를 국내에서 양육하거나 양육하려는 부 또는 모
- 치료 요양
  - 의료관광(C–3–3) : 국내 의료기관에서 진료 또는 요양할 목적으로 입국하는 외국인 환자와 간병 등을 위해 동반입국이 필요한 동반가족 및 간병인(90일 이내)
  - 치료요양(G–1–10) : 국내 의료기관에서 진료 또는 요양할 목적으로 입국하는 외국인 환자와 간병 등을 위해 동반입국이 필요한 동반가족 및 간병인(1년 이내)

〈피초청자 초청 목적〉

피초청자	국적	초청 목적
A	말레이시아	부산에서 6개월가량 입원 치료가 필요한 아들의 간병(아들의 국적 또한 같음)
B	베트남	경기도 소재 O제조공장 취업(국내 취업 요건을 모두 갖춤)
C	사우디아라비아	서울 소재 K대학교 교환학생
D	인도네시아	대한민국 개최 APEC 국제기구 정상회의 참석

	A	B	C	D
①	C–3–3	D–2–2	F–6–1	A–2
②	G–1–10	E–9–1	D–2–6	A–2
③	G–1–10	D–2–2	F–6–1	A–1
④	C–3–3	E–9–1	D–2–6	A–1

| 건강보험심사평가원 / 수리능력

29 다음과 같이 일정한 규칙으로 수를 나열할 때 빈칸에 들어갈 수로 옳은 것은?

• 6	13	8	8	144
• 7	11	7	4	122
• 8	9	6	2	100
• 9	7	5	1	(　)

① 75　② 79

③ 83　④ 87

| 건강보험심사평가원 / 수리능력

30 두 주사위 A, B를 던져 나온 수를 각각 a, b라고 할 때, $a \neq b$일 확률은?

① $\frac{2}{3}$　② $\frac{13}{18}$

③ $\frac{7}{9}$　④ $\frac{5}{6}$

| 건강보험심사평가원 / 수리능력

31 어떤 상자 안에 빨간색 공 2개와 노란색 공 3개가 들어 있다. 이 상자에서 공 3개를 꺼낼 때, 빨간색 공 1개와 노란색 공 2개를 꺼낼 확률은?(단, 꺼낸 공은 다시 넣지 않는다)

① $\frac{1}{2}$　② $\frac{3}{5}$

③ $\frac{2}{3}$　④ $\frac{3}{4}$

32 다음과 같이 둘레의 길이가 2,000m인 원형 산책로에서 오후 5시 정각에 A씨가 3km/h의 속력으로 산책로를 따라 걷기 시작했다. 30분 후 B씨는 A씨가 걸어간 반대 방향으로 7km/h의 속력으로 같은 산책로를 따라 달리기 시작했을 때, A씨와 B씨가 두 번째로 만날 때의 시각은?

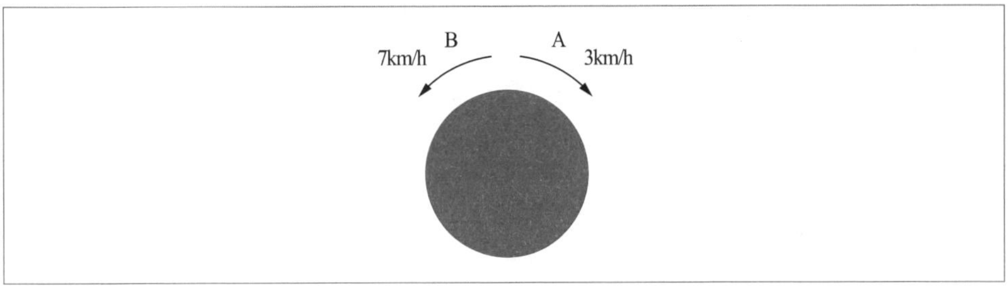

① 오후 6시 30분
② 오후 6시 15분
③ 오후 6시
④ 오후 5시 45분

33 폴더 여러 개가 열려 있는 상태에서 다음과 같이 폴더를 나란히 보기 위해 화면을 분할하고자 할 때, 입력해야 할 단축키로 옳은 것은?

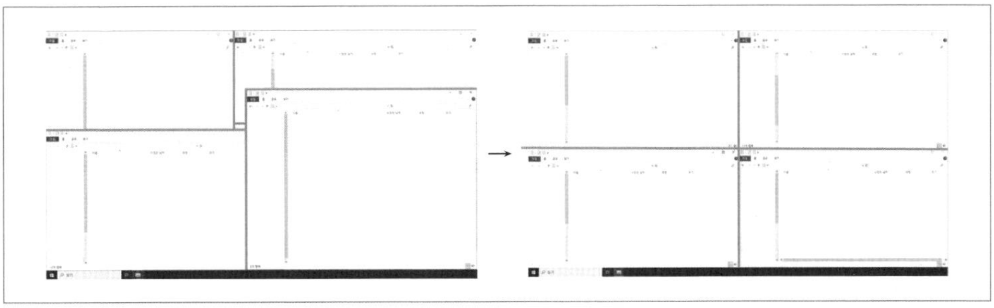

① 〈Shift〉+〈화살표 키〉
② 〈Ctrl〉+〈화살표 키〉
③ 〈Window 로고 키〉+〈화살표 키〉
④ 〈Alt〉+〈화살표 키〉

| 건강보험심사평가원 / 정보능력

34 다음 중 파일 여러 개가 열려 있는 상태에서 즉시 바탕화면으로 돌아가고자 할 때, 입력해야 할 단축키로 옳은 것은?

① 〈Window 로고 키〉+〈R〉
② 〈Window 로고 키〉+〈I〉
③ 〈Window 로고 키〉+〈L〉
④ 〈Window 로고 키〉+〈D〉

| 건강보험심사평가원 / 정보능력

35 엑셀 프로그램에서 "서울특별시 영등포구 홍제동"으로 입력된 텍스트를 "서울특별시 서대문구 홍제동"으로 수정하여 입력하고자 할 때, 입력해야 할 함수식으로 옳은 것은?

① =SUBSTITUTE("서울특별시 영등포구 홍제동","영등포","서대문")
② =IF("서울특별시 영등포구 홍제동"="영등포","서대문"," ")
③ =MOD("서울특별시 영등포구 홍제동","영등포","서대문")
④ =NOT("서울특별시 영등포구 홍제동","영등포","서대문")

※ 다음은 중학생 15명을 대상으로 한 달 용돈 금액을 조사한 자료이다. 이어지는 질문에 답하시오. [36~37]

	A	B
1	이름	금액(원)
2	강○○	30,000
3	권○○	50,000
4	고○○	100,000
5	김○○	30,000
6	김△△	25,000
7	류○○	75,000
8	오○○	40,000
9	윤○○	100,000
10	이○○	150,000
11	임○○	75,000
12	장○○	50,000
13	전○○	60,000
14	정○○	45,000
15	황○○	50,000
16	황△△	100,000

| 건강보험심사평가원 / 정보능력

36 다음 중 한 달 용돈이 50,000원 이상인 학생 수를 구하고자 할 때, 입력해야 할 함수식으로 옳은 것은?

① =MODE(B2:B16)

② =COUNTIF(B2:B16,">=50000")

③ =MATCH(50000,B2:B16,0)

④ =VLOOKUP(50000,$B$1:$B$16,1,0)

| 건강보험심사평가원 / 정보능력

37 다음 중 학생들이 받는 한 달 평균 용돈을 백 원 미만은 버림하여 구하고자 할 때, 입력해야 할 함수식으로 옳은 것은?

① =LEFT((AVERAGE(B2:B16)),2)

② =RIGHT((AVERAGE(B2:B16)),2)

③ =ROUNDUP((AVERAGE(B2:B16)),−2)

④ =ROUNDDOWN((AVERAGE(B2:B16)),−2)

| 서울교통공사 9호선 / 수리능력

38 S편의점을 운영하는 P씨는 개인사정으로 이번 주 토요일 하루만 오전 10시부터 오후 8시까지 직원들을 대타로 고용할 예정이다. 직원 A ~ D의 시급과 근무 가능 시간이 다음과 같을 때, 가장 적은 인건비는 얼마인가?

〈S편의점 직원 시급 및 근무 가능 시간〉

직원	시급	근무 가능 시간
A	10,000원	오후 12:00 ~ 오후 5:00
B	10,500원	오전 10:00 ~ 오후 3:00
C	10,500원	오후 12:00 ~ 오후 6:00
D	11,000원	오후 12:00 ~ 오후 8:00

※ 추가 수당으로 시급의 1.5배를 지급한다.
※ 직원 1명당 근무시간은 최소 2시간 이상이어야 한다.

① 153,750원
② 155,250원
③ 156,000원
④ 157,500원
⑤ 159,000원

| 서울교통공사 9호선 / 정보능력

39 다음은 S마트에 진열된 과일 7종의 판매량에 대한 자료이다. 30개 이상 팔린 과일의 개수를 구하기 위해 [C9] 셀에 입력해야 할 함수식으로 옳은 것은?

〈S마트 진열 과일 판매량〉

	A	B	C
1	번호	과일	판매량(개)
2	1	바나나	50
3	2	사과	25
4	3	참외	15
5	4	배	23
6	5	수박	14
7	6	포도	27
8	7	키위	32
9			

① =MID(C2:C8)
② =COUNTIF(C2:C8,">=30")
③ =MEDIAN(C2:C8)
④ =AVERAGEIF(C2:C8,">=30")
⑤ =MIN(C2:C8)

❙ 서울교통공사 9호선 / 대인관계능력

40 다음 〈보기〉 중 실무형 팔로워십을 가진 사람의 자아상으로 옳은 것을 모두 고르면?

보기

ㄱ. 기쁜 마음으로 과업을 수행
ㄴ. 판단과 사고를 리더에 의존
ㄷ. 조직의 운영 방침에 민감
ㄹ. 일부러 반대의견을 제시
ㅁ. 규정과 규칙에 따라 행동
ㅂ. 지시가 있어야 행동

① ㄱ, ㄴ
② ㄴ, ㄷ
③ ㄷ, ㅁ
④ ㄹ, ㅁ
⑤ ㅁ, ㅂ

❙ 서울교통공사 9호선 / 대인관계능력

41 다음 중 갈등의 과정 단계를 순서대로 바르게 나열한 것은?

ㄱ. 이성과 이해의 상태로 돌아가며 협상과정을 통해 쟁점이 되는 주제를 논의하고, 새로운 제안을 하고, 대안을 모색한다.
ㄴ. 설득보다는 강압적 · 위협적인 방법 등 극단적인 모습을 보이며 상대방의 생각이나 의견, 제안을 부정하고, 상대방은 그에 대한 반격으로 대응함으로써 자신들의 반격을 정당하게 생각한다.
ㄷ. 의견 불일치가 해소되지 않아 감정이 개입되어 상대방의 주장에 대한 문제점을 찾기 시작하고, 상대방의 입장은 부정하면서 자기주장만 하려고 한다.
ㄹ. 서로 간의 생각이나 신념, 가치관 차이로 인해 의견 불일치가 생겨난다.
ㅁ. 회피, 경쟁, 수용, 타협, 통합의 방법으로 서로 간의 견해를 일치하려 한다.

① ㄹ－ㄱ－ㄴ－ㄷ－ㅁ
② ㄹ－ㄴ－ㄷ－ㄱ－ㅁ
③ ㄹ－ㄷ－ㄴ－ㄱ－ㅁ
④ ㅁ－ㄱ－ㄴ－ㄷ－ㄹ
⑤ ㅁ－ㄹ－ㄴ－ㄷ－ㄱ

| 서울교통공사 9호선 / 직업윤리

42 다음 〈보기〉 중 근로윤리의 덕목과 공동체윤리의 덕목을 바르게 구분한 것은?

보기

㉠ 근면	㉡ 봉사와 책임의식
㉢ 준법	㉣ 예절과 존중
㉤ 정직	㉥ 성실

	근로윤리	공동체윤리
①	㉠, ㉡, ㉥	㉢, ㉣, ㉤
②	㉠, ㉢, ㉤	㉡, ㉣, ㉥
③	㉠, ㉤, ㉥	㉡, ㉢, ㉣
④	㉡, ㉣, ㉤	㉠, ㉢, ㉥
⑤	㉡, ㉤, ㉥	㉠, ㉢, ㉣

| 서울교통공사 9호선 / 직업윤리

43 다음 중 B에 대한 A의 행동이 직장 내 괴롭힘에 해당하지 않는 것은?

① A대표는 B사원에게 본래 업무에 더해 개인적인 용무를 자주 지시하였고, B사원은 과중한 업무로 인해 근무환경이 악화되었다.

② A팀장은 업무처리 속도가 늦은 B사원만 업무에서 배제시키고 청소나 잡일만을 지시하였다. 이에 B사원은 고의적인 업무배제에 정신적 고통을 호소하였다.

③ A팀장은 기획의도와 맞지 않는다는 이유로 B사원에게 수차례 보완을 요구하였다. 계속해서 보완을 명령받은 B사원은 늘어난 업무량으로 인해 스트레스를 받아 휴직을 신청하였다.

④ A대리는 육아휴직 후 복직한 동기인 B대리를 다른 직원과 함께 조롱하고 무시하며 따돌렸다. 이에 B대리는 우울증을 앓았고 결국 퇴사하였다.

⑤ A대표는 실적이 부진하다는 이유로 B과장을 다른 직원이 보는 앞에서 욕설 등의 모욕감을 주었고 이에 B과장은 정신적 고통을 호소하였다.

| 서울교통공사 9호선 / 직업윤리

44 다음 중 S의 사례에서 볼 수 있는 직업윤리 의식으로 옳은 것은?

> 어릴 적부터 각종 기계를 분해하고 다시 조립하는 취미가 있던 S는 공대를 졸업한 뒤 로봇 엔지니어로 활동하고 있다. S는 자신의 직업이 적성에 꼭 맞는다고 생각하여 더 높은 성취를 위해 성실히 노력하고 있다.

① 소명의식
② 봉사의식
③ 책임의식
④ 직분의식
⑤ 천직의식

| 서울교통공사 9호선 /자기개발능력

45 다음 중 경력개발의 단계별 내용으로 적절하지 않은 것은?

① 직업선택 : 외부 교육 등 필요한 교육을 이수함
② 조직입사 : 조직의 규칙과 규범에 대해 배움
③ 경력 초기 : 역량을 증대시키고 꿈을 추구해 나감
④ 경력 중기 : 이전 단계를 재평가하고 더 업그레이드된 꿈으로 수정함
⑤ 경력 말기 : 지속적으로 열심히 일함

| 한국남동발전 /수리능력

46 다음 10개의 수의 중앙값이 8일 때, 빈칸에 들어갈 수로 옳은 것은?

10	( )	6	9	9	7	8	7	10	7

① 6
② 7
③ 8
④ 9

ㅣ한국남동발전 /수리능력

47 1 ~ 200의 자연수 중에서 2, 3, 5 중 어느 것으로도 나누어떨어지지 않는 수는 모두 몇 개인가?

① 50개　　② 54개
③ 58개　　④ 62개

ㅣ한국동서발전 /수리능력

48 다음 그림과 같은 길의 A지점에서 출발하여 최단거리로 이동하여 B지점에 도착하는 경우의 수는?

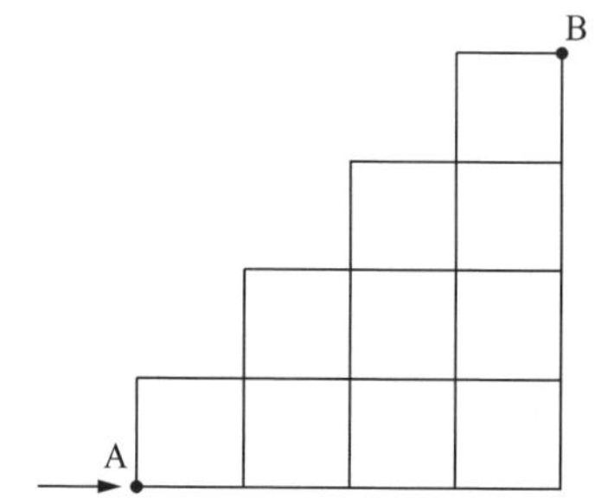

① 36가지　　② 42가지
③ 48가지　　④ 54가지

ㅣ한국동서발전 /수리능력

49 어떤 원형 시계가 4시 30분을 가리키고 있다. 이 시계의 시침과 분침이 만드는 작은 부채꼴의 넓이와 전체 원의 넓이의 비는 얼마인가?

① $\frac{1}{8}$　　② $\frac{1}{6}$
③ $\frac{1}{4}$　　④ $\frac{1}{2}$

50 다음은 2019 ~ 2023년 발전설비별 발전량에 대한 자료이다. 이에 대한 설명으로 옳은 것은?

〈발전설비별 발전량〉

(단위 : GWh)

구분	수력	기력	원자력	신재생	기타	합계
2019년	7,270	248,584	133,505	28,070	153,218	570,647
2020년	6,247	232,128	145,910	33,500	145,255	563,040
2021년	7,148	200,895	160,184	38,224	145,711	552,162
2022년	6,737	202,657	158,015	41,886	167,515	576,810
2023년	7,256	199,031	176,054	49,285	162,774	594,400

① 2020 ~ 2023년 동안 기력 설비 발전량과 전체 설비 발전량의 전년 대비 증감 추이는 같다.
② 2019 ~ 2023년 동안 수력 설비 발전량은 항상 전체 설비 발전량의 1% 미만이다.
③ 2019 ~ 2023년 동안 신재생 설비 발전량은 항상 전체 설비 발전량의 5% 이상이다.
④ 2019 ~ 2023년 동안 원자력 설비 발전량과 신재생 설비의 발전량은 전년 대비 꾸준히 증가하였다.
⑤ 2020 ~ 2023년 동안 전년 대비 전체 설비 발전량의 증가량이 가장 많은 해와 신재생 설비 발전량의 증가량이 가장 적은 해는 같다.

아이들이 답이 있는 질문을 하기 시작하면 그들이 성장하고 있음을 알 수 있다.

– 존 J. 플롬프 –

PART 1

직업기초능력평가

CHAPTER 01

의사소통능력

합격 Cheat Key

의사소통능력은 평가하지 않는 공사 · 공단이 없을 만큼 필기시험에서 중요도가 높은 영역으로, 세부 유형은 문서 이해, 문서 작성, 의사 표현, 경청, 기초 외국어로 나눌 수 있다. 문서 이해 · 문서 작성과 같은 지문에 대한 주제 찾기, 내용 일치 문제의 출제 비중이 높으며, 문서의 특성을 파악하는 문제도 출제되고 있다.

1 문제에서 요구하는 바를 먼저 파악하라!

의사소통능력에서 가장 중요한 것은 제한된 시간 안에 빠르고 정확하게 답을 찾아내는 것이다. 의사소통능력에서는 지문이 아니라 문제가 주인공이므로 지문을 보기 전에 문제를 먼저 파악해야 하며, 문제에 따라 전략적으로 빠르게 풀어내는 연습을 해야 한다.

2 잠재되어 있는 언어 능력을 발휘하라!

세상에 글은 많고 우리가 학습할 수 있는 시간은 한정적이다. 이를 극복할 수 있는 방법은 다양한 글을 접하는 것이다. 실제 시험장에서 어떤 내용의 지문이 나올지 아무도 예측할 수 없으므로 평소에 신문, 소설, 보고서 등 여러 글을 접하는 것이 필요하다.

3 상황을 가정하라!

업무 수행에 있어 상황에 따른 언어 표현은 중요하다. 같은 말이라도 상황에 따라 다르게 해석될 수 있기 때문이다. 그런 의미에서 자신의 의견을 효과적으로 전달할 수 있는 능력을 평가하는 것이다. 업무를 수행하면서 발생할 수 있는 여러 상황을 가정하고 그에 따른 올바른 언어표현을 정리하는 것이 필요하다.

4 말하는 이의 입장에서 생각하라!

잘 듣는 것 또한 하나의 능력이다. 상대방의 이야기에 귀 기울이고 공감하는 태도는 업무를 수행하는 관계 속에서 필요한 요소이다. 그런 의미에서 다양한 상황에서 듣는 능력을 평가하는 것이다. 말하는 이가 요구하는 듣는 이의 태도를 파악하고, 이에 따른 판단을 할 수 있도록 언제나 말하는 사람의 입장이 되는 연습이 필요하다.

01 | 문서 내용 이해

| 유형분석 |

- 주어진 지문을 읽고 선택지를 고르는 전형적인 독해 문제이다.
- 지문은 주로 신문기사(보도자료 등)나 업무 보고서, 시사 등이 제시된다.
- 공사공단에 따라 자사와 관련된 내용의 기사나 법조문, 보고서 등이 출제되기도 한다.

다음 글의 내용으로 적절하지 않은 것은?

물가 상승률은 일반적으로 가격 수준의 상승 속도를 나타내며, 소비자 물가지수(CPI)와 같은 지표를 사용하여 측정된다. 높은 물가 상승률은 소비재와 서비스의 가격이 상승하고, 돈의 구매력이 감소한다. 이는 소비자들이 더 많은 돈을 지출하여 물가 상승에 따른 가격 상승을 감수해야 함을 의미한다.
물가 상승률은 경제에 다양한 영향을 미친다. 먼저 소비자들의 구매력이 저하되므로 가계소득의 실질 가치가 줄어든다. 이는 소비 지출의 감소와 경기 둔화를 초래할 수 있다. 또한 물가 상승률은 기업의 의사결정에도 영향을 준다. 예를 들어 높은 물가 상승률은 이자율의 상승과 함께 대출 조건을 악화시키므로 기업들은 생산 비용 상승과 이로 인한 이윤 감소에 직면하게 된다.
정부와 중앙은행은 물가 상승률을 통제하기 위해 다양한 금융 정책을 사용하며, 대표적으로 세금 조정, 통화량 조절, 금리 조정 등이 있다.
물가 상승률은 경제 활동에 큰 영향을 주는 중요한 요소이므로 정부, 기업, 투자자 및 개인은 이를 주의 깊게 모니터링하고 전망을 평가하는 데 활용해야 한다. 또한 소비자의 구매력과 경기 상황에 직접적·간접적인 영향을 주므로 경제 주체들은 물가 상승률의 변동에 대응하여 적절한 전략을 수립해야 한다.

① 지나친 물가 상승은 소비 심리를 위축시킨다.
② 정부와 중앙은행이 실행하는 금융 정책의 목적은 물가 안정성을 유지하는 것이다.
③ 중앙은행의 금리 조정으로 지나친 물가 상승을 진정시킬 수 있다.
④ 소비재와 서비스의 가격이 상승하므로 기업의 입장에서는 물가 상승률이 커질수록 이득이다.

정답 ④

높은 물가 상승률은 이자율의 상승과 함께 대출 조건을 악화시키므로 기업들은 생산 비용 상승과 이로 인한 이윤 감소에 직면하게 된다.

풀이 전략!

주어진 선택지에서 키워드를 체크한 후, 지문의 내용과 비교해 가면서 내용의 일치 유무를 빠르게 판단한다.

대표기출유형 01 기출응용문제

※ 다음 글의 내용으로 가장 적절한 것을 고르시오. [1~2]

01

그녀는 저녁 10시면 잠이 들었다. 퇴근하고 집에 돌아오면 아주 오랫동안 샤워를 했다. 한 달에 수도 요금이 5만 원 이상 나왔고, 생활비를 줄이기 위해 휴대폰을 정지시켰다. 일주일에 한 번씩 고향에 있는 어머니께 전화를 드렸고, 매달 말일에는 고시공부를 하는 동생에게 50만 원을 온라인으로 송금했다. 의사로부터 신경성 위염이라는 진단을 받은 후로는 밥을 먹을 때 꼭 백 번씩 씹었다. 밥을 먹고 30분 후에는 약을 먹었다. 그녀는 8년째 도서관에서 일하고 있지만, 정작 자신은 책을 읽지 않았다.

① 그녀는 8년째 도서관에서 고시공부를 하고 있다.
② 그녀는 신경성 위염 때문에 식사 후에는 약을 먹는다.
③ 그녀는 휴대폰 요금이 한 달에 5만 원 이상 나오자 정지시켰다.
④ 그녀는 일주일에 한 번씩 어머니께 온라인으로 용돈을 보내 드렸다.
⑤ 그녀는 생활비를 벌기 위해 아르바이트를 한다.

02

사회 진화론은 다윈의 생물 진화론을 개인과 집단에 적용시킨 사회 이론이다. 사회 진화론의 중심 개념은 19세기에 등장한 '생존경쟁'과 '적자생존'인데, 이 두 개념의 적용 범위가 개인일 경우에는 자유방임주의와 결합하기도 하고, 집단일 경우에는 민족주의나 제국주의와 결합하기도 하였다. 1860년대 대표적인 사회 진화론자인 스펜서는 인간 사회의 생활은 개인 간의 '생존경쟁'이며, 그 경쟁은 '적자생존'에 의해 지배된다고 주장하였다. 19세기 말 키드, 피어슨 등은 인종이나 민족, 국가 등의 집단 단위로 '생존경쟁'과 '적자생존'을 적용하여 우월한 집단이 열등한 집단을 지배하는 것은 자연법칙이라고 주장함으로써 인종 차별이나 제국주의를 정당화하였다. 또한, 일본에서는 19세기 말 문명개화론자들이 사회 진화론을 수용하였다. 이들은 '생존경쟁'과 '적자생존'을 국가와 민족 단위에 적용하여 '약육강식'과 '우승열패'의 논리를 바탕으로 서구식 근대 문명국가 건설과 군국주의를 역설하였다.

① 사회 진화론은 생물 진화론을 개인에게만 적용시킨 사회 이론이다.
② 사회 진화론은 19세기 이전에는 존재하지 않았다.
③ '생존경쟁'과 '적자생존'의 개념이 개인의 범위에 적용되면 민족주의와 결합한다.
④ 키드, 피어슨 등의 주장은 사회 진화론의 개념을 집단 단위에 적용한 결과이다.
⑤ 일본에서 문명개화론자들은 생물 진화론을 수용하였다.

※ 다음 글의 내용으로 적절하지 않은 것을 고르시오. [3~5]

03

VOD(Video On Demand)서비스는 기존의 공중파 방송과 무엇이 다른가? 그것은 바로 방송국이 아닌 시청자 본인의 시간을 중심으로 방송매체를 볼 수 있다는 점이다. 기존 공중파 방송의 정규 편성 프로그램을 시청하기 위해서 시청자는 특정한 시간에 텔레비전 앞에서 기다려야만 했다. 하지만 VOD서비스의 등장으로 시청자는 아침 일찍 혹은 야근이 끝난 늦은 오후에도 방송매체를 스트리밍 혹은 다운로드 방식으로 전송하여 시청할 수 있게 되었다.
VOD서비스의 등장은 기존에 방송국이 편성권을 지니던 시대와는 다른 양상을 초래하고 있다. 과거에는 시청률이 가장 높은 오후 7시에서 9시까지의 황금시간대에 편성된 프로그램이 큰 인기를 차지했으며 광고비 또한 가장 높았던 반면, VOD서비스는 순수하게 방송매체의 인기가 높을수록 시청률이 늘어나기 때문에 방송국에서 프로그램의 순수한 재미와 완성도에 더 집중하게 되는 것이다.

① VOD서비스는 방송매체의 편성권을 시청자에게 쥐어주었다.
② VOD서비스 때문에 시청자는 방송 편성 시간의 제약에서 자유로워졌다.
③ VOD서비스의 등장으로 방송국은 과도한 광고유치 경쟁에 뛰어들게 되었다.
④ VOD서비스는 방송매체의 수준 향상에 기여하게 될 것이다.
⑤ VOD서비스는 방송매체를 다운로드 혹은 스트리밍하여 시청할 수 있도록 한다.

04

우리 민족은 고유한 주거문화로 바닥 난방 기술인 구들을 발전시켜 왔는데, 구들은 우리 민족에 다양한 영향을 주었다. 우선 오랜 구들 생활은 우리 민족의 인체에 적지 않은 변화를 초래하였다. 태어나면서부터 따뜻한 구들에 누워 자는 것이 습관이 된 우리 아이들은 사지의 활동량이 적어 발육이 늦어졌다. 구들에서 자란 우리 아이들은 다른 어떤 민족의 아이들보다 따뜻한 곳에서 안정감을 느꼈으며, 우리 민족은 아이들에게 따뜻함을 만들어주기 위해 여러 가지를 고안하여 발전시켰다.
구들은 농경을 주업으로 하는 우리 민족의 생산도구의 제작과 사용에 많은 영향을 주었다. 구들에 앉아 오랫동안 활동하는 습관은 하반신보다 상반신의 작업량을 증가시켰고 상반신의 움직임이 상대적으로 정교하게 되었다. 구들 생활에 익숙해진 우리 민족은 방 안에서의 작업뿐만 아니라 농사를 비롯한 야외의 많은 작업에서도 앉아서 하는 습관을 갖게 되었는데 이는 큰 농기구를 이용하여 서서 작업을 하는 서양과는 완전히 다른 방식이었다.

① 구들의 영향으로 우리 민족은 앉아서 하는 작업방식이 일반화되었다.
② 구들은 실내뿐만 아니라 실외활동에도 영향을 끼쳤다.
③ 우리 민족은 앉아서 작업하는 습관이 있다.
④ 구들은 아이들의 체온을 높여 발육을 방해한다.
⑤ 우리 민족은 하반신 활동보다 상반신 활동이 많은 대신 상반신 작업이 정교한 특징이 있다.

05

> 종종 독버섯이나 복어 등을 먹고 사망했다는 소식을 접한다. 그럼에도 우리는 흔히 천연물은 안전하다고 생각한다. 자연에 존재하는 독성분이 천연화합물이라는 것을 쉽게 인지하지 못하는 것이다. 이처럼 외부에 존재하는 물질 외에 우리 몸 안에도 여러 천연화합물이 있는데, 부신에서 생성되는 아드레날린이라는 호르몬이 그 예이다.
> 아드레날린은 1895년 폴란드의 시불스키(Napoleon Cybulski)가 처음으로 순수하게 분리했고, 1897년 미국 존스홉킨스 대학의 아벨(John Jacob Abel)이 그 화학 조성을 밝혔다.
> 처음에는 동물의 부신에서 추출한 아드레날린을 판매하였으나, 1906년에 합성 아드레날린이 시판되고부터 현재는 모두 합성 제품이 사용되고 있다.
> 우리가 경계하거나 위험한 상황에 처하면, 가슴이 두근거리면서 심박과 순환하는 혈액의 양이 늘어나게 되는데 이는 아드레날린 때문이다. 아드레날린은 뇌의 신경 자극을 받은 부신에서 생성되어 혈액으로 들어가 빠르게 수용체를 활성화시킨다. 이처럼 아드레날린은 위험을 경계하고 그에 대응해야 함을 알리는 호르몬으로 '경계, 탈출의 호르몬'이라고도 불린다. 또한 아드레날린은 심장마비, 과민성 쇼크, 심한 천식, 알레르기 등에 처방되고 있으며, 안구 수술 전 안압 저하를 위한 안약으로 쓰이는 등 의학에서 널리 쓰이고 있다.
> 그러나 아드레날린은 우리 몸에서 생산되는 천연물임에도 독성이 매우 커 LD50(50%가 생존 또는 사망하는 양)이 체중 킬로그램당 4mg이다. 이처럼 아드레날린은 생명을 구하는 약인 동시에, 심장이 약한 사람이나 환자에게는 치명적인 독이 된다. 천연물은 무독하거나 무해하다는 생각은 버려야 한다.

① 아드레날린은 우리 몸속에 존재한다.
② 우리가 놀랄 때 가슴이 두근거리는 것은 아드레날린 때문이다.
③ 현재는 합성 아드레날린을 사용하고 있다.
④ 오늘날 천연 아드레날린과 합성 아드레날린은 함께 사용되고 있다.
⑤ 독버섯 등에 포함된 독성분은 천연화합물이다.

02 | 글의 주제 · 제목

| 유형분석 |

- 주어진 지문을 파악하여 전달하고자 하는 핵심 주제를 고르는 문제이다.
- 정보를 종합하고 중요한 내용을 구별하는 능력이 필요하다.
- 설명문부터 주장, 반박문까지 다양한 성격의 지문이 제시되므로 글의 성격별 특징을 알아두는 것이 좋다.

다음 글의 주제로 가장 적절한 것은?

멸균이란 곰팡이, 세균, 박테리아, 바이러스 등 모든 미생물을 사멸시켜 무균 상태로 만드는 것을 의미한다. 멸균 방법에는 물리적, 화학적 방법이 있으며, 멸균 대상의 특성에 따라 적절한 멸균 방법을 선택하여 실시할 수 있다. 먼저 물리적 멸균법에는 열이나 화학약품을 사용하지 않고 여과기를 이용하여 세균을 제거하는 여과법, 병원체를 불에 태워 없애는 소각법, 100℃에서 10 ~ 20분간 물품을 끓이는 자비소독법, 미생물을 자외선에 직접 노출시키는 자외선 소독법, 160 ~ 170℃의 열에서 1 ~ 2시간 동안 건열 멸균기를 사용하는 건열법, 포화된 고압증기 형태의 습열로 미생물을 파괴시키는 고압증기 멸균법 등이 있다. 다음으로 화학적 멸균법은 화학약품이나 가스를 사용하여 미생물을 파괴하거나 성장을 억제하는 방법으로, E.O 가스, 알코올, 염소 등 여러 가지 화학약품이 사용된다.

① 멸균의 중요성
② 뛰어난 멸균 효과
③ 다양한 멸균 방법
④ 멸균 시 발생할 수 있는 부작용
⑤ 멸균 시 사용하는 약품의 종류

정답 ③

제시문에서는 멸균에 대해 언급하며, 멸균 방법을 물리적 · 화학적으로 구분하여 다양한 멸균 방법에 대해 설명하고 있다. 따라서 글의 주제로는 ③이 가장 적절하다.

풀이 전략!

'결국', '즉', '그런데', '그러나', '그러므로' 등의 접속어 뒤에 주제가 드러나는 경우가 많다는 것에 주의하면서 지문을 읽는다.

01 다음 글의 주제로 가장 적절한 것은?

싱가포르에서는 1982년부터 자동차에 대한 정기 검사 제도가 시행되었는데, 그 체계가 우리나라의 검사 제도와 매우 유사하다. 단, 국내와는 다르게 재검사에 대해 수수료를 부과하고 있고 금액은 처음 검사 수수료의 절반이다.
자동차 검사에서 특이한 점은 2007년 1월 1일부터 디젤 자동차에 대한 배출가스 정밀 검사가 시행되고 있다는 점이다. 안전도 검사의 방법 및 기준은 교통부에서 주관하고, 배출가스 검사의 방법 및 기준은 환경부에서 주관하고 있다.
싱가포르는 사실상 자동차 등록 총량제에 의해 관리되고 있다. 우리나라와는 다르게 자동차를 운행할 수 있는 권리증을 자동차 구매와 별도로 구매하여야 하며 그 가격이 매우 높다. 또한 일정 구간(혼잡구역)에 대한 도로세를 우리나라의 하이패스 시스템과 유사한 시스템인 ERP시스템을 통하여 징수하고 있다.
강력한 자동차 안전도 규제, 이륜차에 대한 체계적인 검사와 ERP를 이용한 관리를 통해 검사 진로 내에서 사진 촬영보다 유용한 시스템을 적용한다. 그리고 분기별 기기 정밀도 검사를 시행하여 국민에게 신뢰받을 수 있는 정기 검사 제도를 시행하고 국민의 신고에 의한 수시 검사 제도를 통하여 불법자동차 근절에 앞장서고 있다.

① 싱가포르의 자동차 관리 시스템
② 싱가포르의 불법자동차 근절방법
③ 싱가포르의 자동차 정기 검사 제도
④ 싱가포르와 우리나라의 교통 규제 시스템
⑤ 국민에게 신뢰받는 싱가포르의 교통법규

02 다음 글의 제목으로 가장 적절한 것은?

맥주의 주원료는 양조용수·보리·홉 등이다. 맥주를 양조하기 위해서는 일반적으로 맥주 생산량의 10 ~ 20배 정도 되는 물이 필요하며, 이것을 양조용수라고 한다. 양조용수는 맥주의 종류와 품질을 좌우하며, 무색·무취·투명해야 한다. 또한, 보리를 싹틔워 맥아로 만든 것을 사용하여 맥주를 제조하는데, 맥주용 보리로는 곡립이 고르고 녹말질이 많으며 단백질이 적은 것, 그리고 곡피(穀皮)가 얇으며 발아력이 왕성한 것이 좋다. 홉은 맥주 특유의 쌉쌀한 향과 쓴맛을 만들어 내는 주요 첨가물이며, 맥주를 맑게 하고 잡균의 번식을 막아주는 역할을 한다.

맥주의 제조공정을 살펴보면 맥아제조, 담금, 발효, 저장, 여과의 다섯 단계로 나눌 수 있다. 이 중 발효공정은 맥즙이 발효되어 술이 되는 과정을 말하는데, 효모가 발효탱크 속에서 맥즙에 있는 당분을 알코올과 탄산가스로 분해한다. 이 공정은 1주일간 이어지며, 그동안 맥즙 안에 있던 당분은 점점 줄어들고 알코올과 탄산가스가 늘어나 맥주가 되는 것이다. 이때 발효 중 맥즙의 온도 상승을 막기 위해 탱크를 냉각 코일로 감고 그 표면을 하얀 폴리우레탄으로 단열시키는데, 그 모습이 마치 남극의 이글루처럼 보이기도 한다.

맥주는 발효의 방법에 따라 하면발효 맥주와 상면발효 맥주로 구분되는데, 이는 어떤 온도에서 발효시키느냐에 달려있다. 세계 맥주 생산량의 70%를 차지하는 하면발효 맥주는 발효 중 밑으로 가라앉는 효모를 사용해 저온에서 발효시킨 맥주를 말한다. 요즘 유행하는 드래프트 비어가 바로 여기에 속한다. 반면, 상면발효 맥주는 주로 영국, 미국, 캐나다, 벨기에 등에서 생산되며 발효 중 표면에 떠오르는 효모로 비교적 높은 온도에서 발효시킨 맥주를 말한다. 에일, 스타우트 등이 상면발효 맥주에 포함된다.

① 홉과 발효 방법의 종류에 따른 맥주 구분법

② 주원료에 따른 맥주의 발효 방법 분류

③ 맥주의 주원료와 발효 방법에 따른 맥주의 종류

④ 맥주의 제조공정

⑤ 맥주의 발효 과정

03 다음 글의 주제로 가장 적절한 것은?

최근에 사이버공동체를 중심으로 한 시민의 자발적 정치 참여 현상이 많은 관심을 끌고 있다. 이러한 현상과 관련하여 A의 연구가 새삼 주목 받고 있다. A의 연구에 따르면 공동체의 구성원이 됨으로써 얻게 되는 '사회적 자본'이 시민사회의 성숙과 민주주의 발전을 가져오는 원동력이다. A의 이론에서는 공동체에 대한 자발적 참여를 통해 사회 구성원 간의 상호 의무감과 신뢰, 구성원들이 공유하는 규칙과 관행, 사회적 유대 관계와 같은 사회적 자본이 늘어나면 사회 구성원 간의 협조적인 행위가 가능하게 된다고 보았다. 더 나아가 A는 자원봉사자와 같이 공동체 참여도가 높은 사람이 투표할 가능성이 높고 정부 정책에 대한 의견 개진도 활발해지는 등 정치 참여도가 높아진다고 주장하였다.

몇몇 학자들은 A의 이론을 적용하여 면대면 접촉에 따른 인간관계의 산물인 사회적 자본이 사이버공동체에서도 충분히 형성될 수 있다고 보았다. 그리고 사이버공동체에서 사회적 자본의 증가가 정치 참여도 활성화시킬 것으로 기대했다. 하지만 이러한 기대와는 달리 정치 참여는 활성화되지 않았다. 요즘 젊은이들을 보면 각종 사이버공동체에 자발적으로 참여하는 수준은 높지만 투표나 다른 정치 활동에는 무관심하거나 심지어 정치를 혐오하기도 한다. 이런 측면에서 A의 주장은 사이버공동체가 활성화된 오늘날에는 잘 맞지 않는다.

이러한 이유 때문에 오늘날 사이버공동체를 중심으로 한 정치 참여를 더 잘 이해하기 위해서 '정치적 자본' 개념의 도입이 필요하다. 정치적 자본은 사회적 자본의 구성요소와는 달리 정치 정보의 습득과 이용, 정치적 토론과 대화, 정치적 효능감 등으로 구성된다. 정치적 자본은 사회적 자본과 마찬가지로 공동체 참여를 통해서 획득되지만, 정치 과정의 관여를 촉진한다는 점에서 사회적 자본과는 구분될 필요가 있다. 사회적 자본만으로는 정치 참여를 기대하기 어렵고, 사회적 자본과 정치 참여 사이를 정치적 자본이 매개할 때 비로소 정치 참여가 활성화된다.

① 사이버공동체를 통해 축적된 사회적 자본에 정치적 자본이 더해질 때 정치 참여가 활성화된다.
② 사회적 자본은 정치적 자본을 포함하기 때문에 그 자체로 정치 참여의 활성화를 가져온다.
③ 사회적 자본이 많은 사회는 정치 참여가 활발하기 때문에 민주주의가 실현된다.
④ 사이버공동체의 특수성으로 인해 시민들의 정치 참여가 어렵게 되었다.
⑤ 사이버공동체의 자발적 참여 증가는 정치 참여를 활성화시킨다.

03 문단 나열

| 유형분석 |

- 각 문단의 내용을 파악하고 논리적 순서에 맞게 배열하는 복합적인 문제이다.
- 전체적인 글의 흐름을 이해하는 것이 중요하며, 각 문장의 지시어나 접속어에 주의한다.

다음 문단을 논리적 순서대로 바르게 나열한 것은?

(가) 여기에 반해 동양에서는 보름달에 좋은 이미지를 부여한다. 예를 들어, 우리나라의 처녀귀신이나 도깨비는 달빛이 흐린 그믐 무렵에나 활동하는 것이다. 그런데 최근에는 동서양의 개념이 마구 뒤섞여 보름달을 배경으로 악마의 상징인 늑대가 우는 광경이 동양의 영화에 나오기도 한다.

(나) 동양에서 달은 '음(陰)'의 기운을, 해는 '양(陽)'의 기운을 상징한다는 통념이 자리를 잡았다. 그래서 달을 '태음', 해를 '태양'이라고 불렀다. 동양에서는 해와 달의 크기가 같은 덕에 음과 양도 동등한 자격을 갖춘다. 즉, 음과 양은 어느 하나가 좋고 다른 하나는 나쁜 것이 아니라 서로 보완하는 관계를 이루는 것이다.

(다) 옛날부터 형성된 이러한 동서양 간의 차이는 오늘날까지 영향을 끼치고 있다. 동양에서는 달이 밝으면 달맞이를 하는데, 서양에서는 달맞이를 자살 행위처럼 여기고 있다. 특히 보름달은 서양인들에게 거의 공포의 상징과 같은 존재이다. 예를 들어, 13일의 금요일에 보름달이 뜨게 되면 사람들이 외출조차 꺼린다.

(라) 하지만 서양의 경우는 다르다. 서양에서 낮은 신이, 밤은 악마가 지배한다는 통념이 자리를 잡았다. 따라서 밤의 상징인 달에 좋지 않은 이미지를 부여하게 되었다. 이는 해와 달의 명칭을 보면 알 수 있다. 라틴어로 해를 'Sol', 달을 'Luna'라고 하는데 정신병을 뜻하는 단어 'Lunacy'의 어원이 바로 'Luna'이다.

① (가) – (나) – (라) – (다)
② (나) – (라) – (가) – (다)
③ (나) – (라) – (다) – (가)
④ (다) – (나) – (가) – (라)
⑤ (다) – (나) – (라) – (가)

정답 ③

제시문은 동양과 서양에서 서로 다른 의미를 부여하고 있는 달에 대해 설명하고 있는 글이다. 따라서 (나) 동양에서 나타나는 해와 달의 의미 → (라) 동양과 상반되는 서양에서의 해와 달의 의미 → (다) 최근까지 지속되고 있는 달에 대한 서양의 부정적 의미 → (가) 동양에서의 변화된 달의 이미지의 순서대로 나열해야 한다.

풀이 전략!

상대적으로 시간이 부족하다고 느낄 때는 선택지를 참고하여 문장의 순서를 생각해 본다.

대표기출유형 03 기출응용문제

※ 다음 문단을 논리적 순서대로 바르게 나열한 것을 고르시오. [1~2]

01

(가) 환경부 국장은 "급식인원이 하루 50만 명에 이르는 K놀이공원이 음식문화 개선에 앞장서는 것은 큰 의미가 있다."면서, "이번 협약을 계기로 대기업 중심의 범국민적인 음식문화 개선 운동이 빠르게 확산될 것으로 기대한다."고 말했다.

(나) K놀이공원은 하루 평균 15,000여 톤에 이르는 과도한 음식물쓰레기 발생으로 연간 20조 원의 경제적인 낭비가 초래되고 있는 심각성을 인지하고, 환경부와 상호협력하여 음식물쓰레기를 줄이기 위한 방안을 적극 추진하기로 했다.

(다) 이날 체결한 협약에 따라 K놀이공원에서 운영하는 전국 500여 곳의 단체급식 사업장과 외식사업장에서는 구매, 조리, 배식 등 단계별로 음식물쓰레기 줄이기 활동을 전개하고, 사업장별 특성에 맞는 감량 활동 및 다양한 홍보 캠페인 실시하며, 인센티브 제공을 통해 이용 고객들의 적극적인 참여를 유도할 계획이다.

(라) 이에 환경부 국장과 K놀이공원 사업부장은 지난 26일, 환경부, 환경연구소 및 K놀이공원 관계자 등이 참석한 가운데 음식문화 개선대책에 관한 자발적 협약을 체결하였다.

① (나) – (라) – (가) – (다)
② (나) – (라) – (다) – (가)
③ (라) – (나) – (다) – (가)
④ (라) – (다) – (가) – (나)
⑤ (라) – (다) – (나) – (가)

02

(가) 고창 갯벌은 서해안에 발달한 갯벌로서 다양한 해양 생물의 산란·서식지이며, 어업인들의 삶의 터전으로 많은 혜택을 주었다. 그러나 최근 축제식 양식과 육상에서부터 오염원 유입 등으로 인한 환경 변화로 체계적인 이용·관리 방안이 지속적으로 요구됐다.

(나) 정부는 전라북도 고창 갯벌 약 11.8km^{2}를 '습지보전법'에 의한 '습지보호지역'으로 지정하며 고시한다고 밝혔다. 우리나라에서 일곱 번째로 지정되는 고창 갯벌은 칠면초·나문재와 같은 다양한 식물이 자생하고, 천연기념물인 황조롱이와 멸종 위기종을 포함한 46종의 바닷새가 서식하는, 생물 다양성이 풍부하며 보호 가치가 큰 지역으로 나타났다.

(다) 정부는 이번 습지보호지역으로 지정된 고창 갯벌을 람사르 습지로 등록할 계획이며, 제2차 연안습지 기초 조사를 실시하여 보전 가치가 높은 갯벌뿐만 아니라 훼손된 갯벌에 대한 관리도 강화해 나갈 계획이다.

(라) 습지보호지역으로 지정되면 이 지역에서 공유수면매립, 골재 채취 등의 갯벌 훼손 행위는 금지되나, 지역 주민이 해오던 어업 활동이나 갯벌 이용 행위에는 특별한 제한이 없다.

① (가) – (나) – (다) – (라)
② (가) – (라) – (나) – (다)
③ (나) – (가) – (라) – (다)
④ (다) – (가) – (나) – (라)
⑤ (라) – (나) – (가) – (다)

04 내용 추론

| 유형분석 |

- 주어진 지문을 바탕으로 도출할 수 있는 내용을 찾는 문제이다.
- 선택지의 내용을 정확하게 확인하고 지문의 정보와 비교하여 추론하는 능력이 필요하다.

다음 글을 읽고 추론한 내용으로 적절하지 않은 것은?

1977년 개관한 퐁피두 센터의 정식명칭은 국립 조르주 퐁피두 예술문화 센터로, 공공정보기관(BPI), 공업창작센터(CCI), 음악·음향의 탐구와 조정연구소(IRCAM), 파리 국립 근현대 미술관(MNAM) 등이 있는 종합문화예술 공간이다. 퐁피두라는 이름은 이 센터의 창설에 힘을 기울인 조르주 퐁피두 대통령의 이름을 딴 것이다.
1969년 당시 대통령이었던 퐁피두는 파리의 중심지에 미술관이면서 동시에 조형예술과 음악, 영화, 서적 그리고 모든 창조적 활동의 중심이 될 수 있는 문화 복합센터를 지어 프랑스 미술을 더욱 발전시키고자 했다. 요즘 미술관들은 미술관의 이러한 복합적인 기능과 역할을 인식하고 변화를 시도하는 곳이 많다. 미술관은 더 이상 전시만 보는 곳이 아니라 식사도 하고 영화도 보고 강연도 들을 수 있는 곳으로, 대중과의 거리 좁히기를 시도하고 있는 것도 그리 특별한 일은 아니다. 그러나 이미 40년 전에 21세기 미술관의 기능과 역할을 미리 내다볼 줄 아는 혜안을 가지고 설립된 퐁피두 미술관은 프랑스가 왜 문화강국이라 불리는지를 알 수 있게 해준다.

① 퐁피두 미술관의 모습은 기존 미술관의 모습과 다를 것이다.
② 퐁피두 미술관을 찾는 사람들의 목적은 다양할 것이다.
③ 퐁피두 미술관은 전통적인 예술작품들을 선호할 것이다.
④ 퐁피두 미술관은 파격적인 예술작품들을 배척하지 않을 것이다.
⑤ 퐁피두 미술관은 현대 미술관의 선구자라는 자긍심을 가지고 있을 것이다.

정답 ③

제시문에 따르면 퐁피두 미술관은 모든 창조적 활동을 위한 공간이므로, 퐁피두가 전통적인 예술작품을 선호할 것이라는 내용은 추론할 수 없다.

풀이 전략!

주어진 지문이 어떠한 내용을 다루고 있는지 파악한 후 선택지의 키워드를 확실하게 체크하고, 지문의 정보에서 도출할 수 있는 내용을 찾는다.

01 다음 글의 필자가 가장 중요하게 생각하는 것은?

사람은 타고난 용모가 추한 것을 바꾸어 곱게 할 수도 없고, 또 타고난 힘이 약한 것을 바꾸어 강하게 할 수도 없으며, 키가 작은 것을 바꾸어 크게 할 수도 없다. 왜 그런 것일까? 그 이유는 사람은 저마다 이미 정해진 분수가 있어서 그것을 고치지 못하기 때문이다.
그러나 오직 한 가지 변할 수 있는 것이 있으니, 그것은 마음과 뜻이다. 마음과 뜻은 어리석은 것을 바꾸어 지혜롭게 할 수가 있고, 모진 것을 바꾸어 어질게 만들 수도 있다. 그것은 무슨 이유인가? 사람의 마음이란 비어 있고 차 있고 한 것이 본래 타고난 것에 구애되지 않기 때문이다. 그렇다. 사람에게 지혜로운 것보다 더 아름다운 것은 없다. 어진 것보다 더 귀한 것이 없다. 그런데 어째서 나는 어질고 지혜로운 사람이 되지 못하고 하늘에서 타고난 본성을 깎아 낸단 말인가? 사람마다 이런 뜻을 마음속에 두고 이것을 견고하게 가져서 조금도 물러서지 않는다면 누구나 거의 올바른 사람의 지경에 들어갈 수가 있다.
그러나 사람들은 혼자서 자칭 내가 뜻을 세웠노라고 하면서도, 이것을 가지고 애써 앞으로 나아가려 하지 않고, 그대로 우두커니 서서 어떤 효력이 나타나기만을 기다린다. 명목으로는 뜻을 세웠노라고 말하지만, 그 실상은 학문을 하려는 정성이 없기 때문이다. 그렇지 않고 만일 내 뜻의 정성이 정말로 학문에 있다고 하면 어진 사람이 될 것은 정한 이치이고, 또 내가 하고자 하는 올바른 일을 행하면 그 효력이 나타날 것인데, 왜 이것을 남에게서 구하고 다음에 하자고 기다린단 말인가?

① 자연의 순리대로 살아가는 일
② 천하의 영재를 얻어 교육하는 일
③ 뜻을 세우고 그것을 실천하는 일
④ 세상과 적절히 타협하며 살아가는 일
⑤ 다른 사람들에게 선행을 널리 베푸는 일

02 다음 글을 읽고 추론한 내용으로 적절하지 않은 것은?

세계적으로 기후 위기의 심각성이 커지면서 '탄소 중립'은 거스를 수 없는 흐름이 되고 있다. 이에 맞춰 정부의 에너지 정책도 기존 화석연료 발전 중심의 전력공급 체계를 태양광과 풍력 등 재생에너지 중심으로 빠르게 재편하는 작업이 추진되고 있다. 이러한 재생에너지 보급 확대는 기존 전력 설비 부하의 가중으로 이어질 수밖에 없다. 재생에너지 사용 확대에 앞서 송배전 시스템의 확충이 필수적인 이유다.
K공사는 재생에너지 발전 사업자의 접속 지연 문제를 해소하기 위해 기존 송배전 전력 설비의 재생에너지 접속 용량을 확대하는 특별 대책을 시행하고 나섰다. K공사는 그동안 재생에너지 발전 설비 밀집 지역을 중심으로 송배전 설비의 접속 가능 용량이 부족할 경우 설비 보강을 통해 문제를 해결해 왔다. 2016년 10월부터 1MW 이하 소규모 신재생 에너지 발전사업자가 전력 계통 접속을 요청하면 K공사가 비용을 부담해 공용 전력망을 보강하고 접속을 보장해 주는 방식이었다. 덕분에 신재생에너지 발전 사업자들의 참여가 늘어났지만 재생 에너지 사용량이 기하급수적으로 늘면서 전력 계통 설비의 연계 용량 부족 문제가 뒤따랐다.
이에 K공사는 산업통상자원부가 운영하는 '재생에너지 계통 접속 특별 점검단'에 참여해 대책을 마련했다. 배전선로에 상시 존재하는 최소 부하를 고려한 설비 운영 개념을 도입해 변전소나 배전선로의 증설 없이 재생에너지 접속 용량을 확대하는 방안이다. 재생에너지 발전 시 선로에 상시 존재하는 최소 부하 용량만큼 재생에너지 발전량이 상쇄되고, 잔여 발전량이 전력 계통으로 유입되기 때문에 상쇄된 발전량만큼 재생에너지의 추가 접속을 가능하게 하는 방식이다. 이에 따라 K공사는 현장 실증을 통해 최소 부하가 1MW를 초과하는 경우 배전선로별 재생 에너지 접속 허용 용량을 기존 12MW에서 13MW로 확대했다. 또 재생 에너지 장기 접속 지연이 발생한 변전소에 대해서는 최소 부하를 고려해 재생에너지 접속 허용 용량을 200MW에서 평균 215MW로 상향했다. 이 같은 개정안이 전기 위원회 심의를 통과하면서 변전소 및 배전선로의 보강 없이도 재생 에너지 317MW의 추가 접속이 가능해졌다.

① 기존의 화석연료 중심의 에너지 발전은 탄소 배출량이 많아 환경에 악영향을 주었다.
② 태양광에너지는 고갈 염려가 없다고 볼 수 있기 때문에 주목받는 신재생에너지이다.
③ 재생에너지 사업 확충에 노후된 송전 설비는 걸림돌이 된다.
④ 별도로 설비를 보강하지 않아도 재생에너지 과부하 문제를 해결할 수 있는 방안이 제시되었다.
⑤ 현재까지 재생에너지 사업 확충에 따른 문제들을 해결하기 위해서는 설비 보강이 가장 좋은 해결법이다.

03 다음 글에서 추론할 수 있는 내용으로 가장 적절한 것은?

조선이 임진왜란 중에도 필사적으로 보존하고자 한 서적은 바로 조선왕조실록이다. 실록은 원래 서울의 춘추관과 성주 · 충주 · 전주 4곳의 사고(史庫)에 보관되었으나, 임진왜란 이후 전주 사고의 실록만 온전한 상태였다. 전란이 끝난 후 단 1벌 남은 실록을 다시 여러 벌 등서하자는 주장이 제기되었다. 우여곡절 끝에 실록의 인쇄가 끝난 시기는 1606년이었다. 재인쇄 작업의 결과 원본을 포함해 모두 5벌의 실록을 갖추게 되었다. 원본은 강화도 마니산에 봉안하고 나머지 4벌은 서울의 춘추관과 평안도 묘향산, 강원도의 태백산과 오대산에 봉안했다.

이 5벌 중에서 서울 춘추관의 것은 1624년 이괄의 난 때 불에 타 없어졌고, 묘향산의 것은 1633년 후금과의 관계가 악화되자 전라도 무주의 적상산에 사고를 새로 지어 옮겼다. 강화도 마니산의 것은 1636년 병자호란 때 청군에 의해 일부 훼손되었던 것을 현종 때 보수하여 숙종 때 강화도 정족산에 다시 봉안했다. 결국 내란과 외적 침입으로 인해 5곳 가운데 1곳의 실록은 소실되었고, 1곳의 실록은 장소를 옮겼으며, 1곳의 실록은 손상을 입었던 것이다.

정족산, 태백산, 적상산, 오대산 4곳의 실록은 그 후 안전하게 지켜졌다. 그러나 일본이 다시 여기에 손을 대었다. 1910년 조선 강점 이후 일제는 정족산과 태백산에 있던 실록을 조선총독부로 이관하고, 적상산의 실록은 구황궁 장서각으로 옮겼으며, 오대산의 실록은 일본 동경제국대학으로 반출했다. 일본으로 반출한 것은 1923년 관동 대지진 때 거의 소실되었다. 정족산과 태백산의 실록은 1930년에 경성제국대학으로 옮겨져 지금까지 서울대학교에 보존되어 있다. 한편 장서각의 실록은 6 · 25 전쟁 때 북한으로 옮겨져 현재 김일성종합대학에 소장되어 있다.

① 재인쇄하였던 실록은 모두 5벌이다.
② 태백산에 보관하였던 실록은 현재 일본에 있다.
③ 현재 한반도에 남아 있는 실록은 모두 4벌이다.
④ 적상산에 보관하였던 실록은 일부가 훼손되었다.
⑤ 현존하는 실록 중에서 가장 오래된 것은 서울대학교에 있다.

05 | 빈칸 삽입

| 유형분석 |

- 주어진 지문을 바탕으로 빈칸에 들어갈 내용을 찾는 문제이다.
- 선택지의 내용을 정확하게 확인하고 빈칸 앞뒤 문맥을 파악하는 능력이 필요하다.

다음 글의 빈칸에 들어갈 내용으로 가장 적절한 것은?

힐링(Healing)은 사회적 압박과 스트레스 등으로 손상된 몸과 마음을 치유하는 방법을 포괄적으로 일컫는 말이다. 우리보다 먼저 힐링이 정착된 서구에서는 질병 치유의 대체 요법 또는 영적·심리적 치료 요법 등을 지칭하고 있다. 국내에서도 최근 힐링과 관련된 갖가지 상품이 유행하고 있다. 간단한 인터넷 검색을 통해 수천 가지의 상품을 확인할 수 있을 정도이다. 종교적 명상, 자연 요법, 운동 요법 등 다양한 형태의 힐링 상품이 존재한다. 심지어 고가의 힐링 여행이나 힐링 주택 등의 상품도 나오고 있다. 그러나 ________________________ 우선 명상이나 기도 등을 통해 내면에 눈뜨고, 필라테스나 요가를 통해 육체적 건강을 회복하여 자신감을 얻는 것부터 출발할 수 있다.

① 힐링이 먼저 정착된 서구의 힐링 상품들을 참고해야 할 것이다.
② 많은 돈을 들이지 않고서도 쉽게 할 수 있는 일부터 찾는 것이 좋을 것이다.
③ 이러한 상품들의 값이 터무니없이 비싸다고 느껴지지는 않을 것이다.
④ 자신을 진정으로 사랑하는 법을 알아야 할 것이다.

정답 ②

빈칸의 전후 문장을 통해 내용을 파악해야 한다. 우선 '그러나'라는 접속어를 통해 빈칸에는 앞의 내용에 상반되는 내용이 오는 것임을 알 수 있다. 따라서 수천 가지의 힐링 상품이나 고가의 상품들을 참고하는 것과는 상반된 내용을 찾으면 된다. 또한, 빈칸 뒤의 내용이 주위에서 쉽게 할 수 있는 힐링 방법을 통해 자신감을 얻는 것부터 출발해야 한다는 내용이므로, 빈칸에는 많은 돈을 들이지 않고도 쉽게 할 수 있는 일부터 찾아야 한다는 내용이 담긴 문장이 오는 것이 적절하다.

풀이 전략!

빈칸 앞뒤의 문맥을 파악한 후 선택지에서 가장 어울리는 내용을 찾는다. 빈칸 앞에 접속어가 있다면 이를 활용한다.

대표기출유형 05 기출응용문제

※ 다음 글의 빈칸에 들어갈 내용으로 가장 적절한 것을 고르시오. [1~3]

01

소독이란 물체의 표면 및 그 내부에 있는 병원균을 죽여 전파력 또는 감염력을 없애는 것이다. 이때, 소독의 가장 안전한 형태로는 멸균이 있다. 멸균이란 대상으로 하는 물체의 표면 또는 그 내부에 분포하는 모든 세균을 완전히 죽여 무균의 상태로 만드는 조작으로, 살아있는 세포뿐만 아니라 포자, 박테리아, 바이러스 등을 완전히 파괴하거나 제거하는 것이다.
물리적 멸균법은 열, 햇빛, 자외선, 초단파 따위를 이용하여 균을 죽여 없애는 방법이다. 열(Heat)에 의한 멸균에는 건열 방식과 습열 방식이 있는데, 건열 방식은 소각과 건식 오븐을 사용하여 멸균하는 방식이다. 건열 방식이 활용되는 예로는 미생물 실험실에서 사용하는 많은 종류의 기구를 물 없이 멸균하는 것이 있다. 이는 습열 방식을 활용했을 때 유리를 포함하는 기구가 파손되거나 금속 재질로 이루어진 기구가 습기에 의해 부식할 가능성을 보완한 방법이다. 그러나 건열 방식은 습열 방식에 비해 멸균 속도가 느리고 효율이 떨어지며, 열에 약한 플라스틱이나 고무제품은 대상물의 변이 이루어져 사용할 수 없다. 예를 들어 많은 세균의 내생포자는 습열 멸균 온도 조건(121℃)에서는 5분 이내에 사멸되나, 건열 방식을 활용할 경우 이보다 더 높은 온도(160℃)에서도 약 2시간 정도가 지나야 사멸되는 양상을 나타낸다. 반면, 습열 방식은 바이러스, 세균, 진균 등의 미생물들을 손쉽게 사멸시킨다. 습열은 효소 및 구조단백질 등의 필수 단백질의 변성을 유발하고, 핵산을 분해하며 세포막을 파괴하여 미생물을 사멸시킨다. 끓는 물에 약 10분간 노출하면 대개의 영양세포나 진핵포자를 충분히 죽일 수 있으나, 100℃의 끓는 물에서는 세균의 내생포자를 사멸시키지는 못한다. 따라서 물을 끓여서 하는 열처리는 ______________ 멸균을 시키기 위해서는 100℃가 넘는 온도(일반적으로 121℃)에서 압력(약 1.1kg/cm^2)을 가해 주는 고압증기멸균기를 이용한다. 고압증기멸균기는 물을 끓여 증기를 발생시키고 발생한 증기와 압력에 의해 멸균을 시키는 장치이다. 고압증기멸균기 내부가 적정 온도와 압력(121℃, 약 1.1kg/cm^2)에 이를 때까지 뜨거운 포화 증기를 계속 유입시킨다. 해당 온도에서 포화 증기는 15분 이내에 모든 영양세포와 내생포자를 사멸시킨다. 고압증기멸균기에 의해 사멸되는 미생물은 고압에 의해서라기보다는 고압하에서 수증기가 얻을 수 있는 높은 온도에 의해 사멸되는 것이다.

① 더 많은 세균을 사멸시킬 수 있다.
② 멸균 과정에서 더 많은 비용이 소요된다.
③ 멸균 과정에서 더 많은 시간이 소요된다.
④ 소독을 시킬 수는 있으나, 멸균을 시킬 수는 없다.
⑤ 멸균을 시킬 수는 있으나, 소독을 시킬 수는 없다.

02

기분관리 이론은 사람들의 기분과 선택 행동의 관계에 대해 설명하기 위한 이론이다. 이 이론의 핵심은 사람들이 현재의 기분을 최적 상태로 유지하려고 한다는 것이다. 따라서 기분관리 이론은 흥분 수준이 최적 상태보다 높을 때는 사람들이 이를 낮출 수 있는 수단을 선택한다고 예측한다. 반면에 흥분 수준이 낮을 때는 이를 회복시킬 수 있는 수단을 선택한다고 예측한다. 예를 들어, 음악 선택의 상황에서 전자의 경우에는 차분한 음악을 선택하고 후자의 경우에는 흥겨운 음악을 선택한다는 것이다. 기분조정 이론은 기분관리 이론이 현재 시점에만 초점을 맞추고 있다는 점을 지적하고 이를 보완하고자 한다. 기분조정 이론을 음악 선택의 상황에 적용하면, ______________________ 고 예측할 수 있다.

A연구자는 음악 선택 상황을 통해 기분조정 이론을 검증하기 위한 실험을 했다. 그는 실험 참가자들을 두 집단으로 나누고 집단1에게는 한 시간 후 재미있는 놀이를 하게 된다고 말했고, 집단2에게는 한 시간 후 심각한 과제를 하게 된다고 말했다. 집단1은 최적 상태 수준에서 즐거워했고, 집단2는 최적 상태 수준을 벗어날 정도로 기분이 가라앉았다. 이때 A연구자는 참가자들에게 기다리는 동안 음악을 선택하게 했다. 그랬더니 집단1은 다소 즐거운 음악을 선택한 반면, 집단2는 과도하게 흥겨운 음악을 선택했다. 그런데 30분이 지나고 각 집단이 기대하는 일을 하게 될 시간이 다가오자 두 집단 사이에는 뚜렷한 차이가 나타났다. 집단1의 선택에는 큰 변화가 없었으나, 집단2는 기분을 가라앉히는 차분한 음악을 선택하는 쪽으로 변하는 경향을 보인 것이다. 이러한 선택의 변화는 기분조정 이론을 뒷받침하는 것으로 간주되었다.

① 사람들은 현재의 기분을 지속하는 데 도움이 되는 음악을 선택한다
② 사람들은 다음에 올 상황을 고려해 흥분을 유발할 수 있는 음악을 선택한다
③ 사람들은 다음에 올 상황에 맞추어 현재의 기분을 조정하는 음악을 선택한다
④ 사람들은 현재의 기분과는 상관없이 자신이 평소 선호하는 음악을 선택한다
⑤ 사람들은 현재의 기분이 즐거운 경우에는 그것을 조정하기 위해 그와 반대되는 기분을 자아내는 음악을 선택한다

03

오늘날 인류가 왼손보다 오른손을 선호하는 경향은 어디서 비롯되었을까? 오른손을 귀하게 여기고 왼손을 천대하는 현상은 어쩌면 산업화 이전 사회에서 배변 후 사용할 휴지가 없었다는 사실과 관련이 있을 법하다. 맨손으로 배변 뒤처리를 하는 것은 불쾌할 뿐더러 병균을 옮길 위험을 수반하는 일이었다. 이러한 위험성을 낮추는 간단한 방법은 음식을 먹거나 인사할 때 다른 손을 사용하는 것이었다. 기술 발달 이전의 사회에서는 대개 왼손을 배변 뒤처리에, 오른손을 먹고 인사하는 일에 사용했다.
이러한 배경은 인간 사회에 널리 나타나는 '오른쪽'에 대한 긍정과 '왼쪽'에 대한 반감을 어느 정도 설명해 줄 수 있으리라고 생각되었다. 그러나 이 설명은 왜 애초에 오른손이 먹는 일에, 그리고 왼손이 배변 처리에 사용되었는지 설명해 주지 못한다. ______________________________ 따라서 근본적인 설명은 다른 곳에서 찾아야 할 것이다.
한쪽 손을 주로 쓰는 경향은 뇌의 좌우반구의 기능 분화와 관련되어 있는 것으로 보인다. 보고된 증거에 따르면, 왼손잡이는 읽기와 쓰기, 개념적·논리적 사고 같은 좌반구 기능에서 오른손잡이보다 상대적으로 미약한 대신 상상력, 패턴 인식, 창의력 등 전형적인 우반구 기능에서는 상대적으로 기민한 경우가 많다.
이성 대 직관의 힘겨루기, 뇌의 두 반구 사이의 힘겨루기가 오른손과 왼손의 힘겨루기로 표면화된 것이 아닐까 생각해 볼 수 있다. 즉, 오른손이 원래 왼손보다 더 능숙했기 때문이 아니라 뇌의 좌반구가 인간의 행동을 지배하는 권력을 갖게 되었기 때문에 오른손 선호에 이르렀다는 것이다.

① 기능적으로 왼손이 오른손보다 섬세하기 때문이다.
② 현대사회에 들어서 왼손잡이가 늘어나고 있기 때문이다.
③ 모든 사람들이 오른쪽을 선호하는 것이 아니기 때문이다.
④ 동서양을 막론하고 왼손잡이 사회는 확인된 바 없기 때문이다.
⑤ 양손의 기능을 분담시키지 않는 사람이 존재할 수도 있기 때문이다.

06 맞춤법 · 어휘

| 유형분석 |

- 맞춤법에 맞는 단어를 찾거나 주어진 지문의 내용에 어울리는 단어를 찾는 문제가 주로 출제된다.
- 단어 사이의 관계에 대한 문제가 출제되므로 뜻이 비슷하거나 반대되는 단어를 함께 학습하는 것이 좋다.
- 자주 출제되는 단어나 헷갈리는 단어에 대한 학습을 꾸준히 하는 것이 좋다.

다음 중 밑줄 친 단어와 바꿔 사용할 수 있는 것은?

최저임금법 시행령 제5조 제1항 제2호 및 제3호는 주 단위 또는 월 단위로 지급된 임금에 대해 1주 또는 월의 소정근로시간 수로 나눈 금액을 시간에 대한 임금으로 규정하고 있다. 그러나 최저임금 산정을 위한 소정근로시간 수에 대해 고용노동부와 대법원의 해석이 <u>어긋나</u> 눈길을 끈다. 고용노동부는 소정근로시간에 유급주휴시간을 포함하여 계산하여 통상임금 산정기준 근로시간 수와 동일하게 본 반면, 대법원은 최저임금 산정을 위한 소정근로시간 수에 유급주휴시간을 제외하고 산정하였다.

① 배치되어
② 도치되어
③ 대두되어
④ 전도되어
⑤ 발생되어

정답 ①

- 어긋나다 : 방향이 비껴서 서로 만나지 못하다.
- 배치하다 : 서로 반대로 되어 어그러지거나 어긋나다.

오답분석

② 도치하다 : 차례나 위치 따위를 서로 뒤바꾸다.
③ 대두하다 : 어떤 세력이나 현상이 새롭게 나타나다.
④ 전도하다 : 거꾸로 되거나 거꾸로 하다.
⑤ 발생하다 : 어떤 일이나 사물이 생겨나다.

풀이 전략!

문제에서 물어보는 단어를 정확히 확인해야 하고, 문제에서 다루고 있는 단어의 앞뒤 내용을 읽고 글의 전체적 흐름을 생각하며 문제에 접근해야 한다.

대표기출유형 06 기출응용문제

01 다음 중 밑줄 친 부분의 의미가 다른 것은?

① 고혈압 환자는 우유나 곡류, 야채류 등으로 식단을 <u>짜는</u> 것이 좋다.
② 외삼촌은 학교에서 책상 <u>짜는</u> 법을 배웠다고 한다.
③ 친구들이 여행 계획을 <u>짜는</u> 동안 나는 장을 보러 갔다.
④ 그는 이번 사업에서 예산을 <u>짜는</u> 등 자금 관리를 맡고 있다.
⑤ 감독은 대표팀을 우승으로 이끌기 위해 새로운 전략을 <u>짰다</u>.

02 다음 문장 중 어법에 맞는 것은?

① 조금 가시다가 오른쪽으로 우회전 하십시오.
② 그 단체는 인재 양성과 국가 정책 개발을 위해 만들어졌다.
③ 그 나라에 가기 전에 풍토병 예방 알약이나 백신을 맞아야 한다.
④ 김 군은 심도 있는 철학책 독서에, 최 군은 운동을 열심히 해야 한다.
⑤ 나를 위해 시 낭송이나 노래를 부르는 등 특별한 행사는 자제하는 게 좋겠네.

03 다음 밑줄 친 단어와 가장 가까운 의미로 사용된 것은?

금메달을 딴 그는 기쁨에 <u>찬</u> 얼굴로 눈물을 흘렸다.

① 그의 연설 내용은 신념과 확신에 <u>차</u> 있었다.
② 팔목에 수갑을 <u>찬</u> 죄인이 구치소로 이송되었다.
③ 출발 신호와 함께 선수들은 출발선을 <u>차며</u> 힘차게 내달렸다.
④ 기자 회견장은 취재 기자들로 가득 <u>차서</u> 들어갈 틈이 없었다.
⑤ 오늘 갑자기 날씨가 매우 <u>차다</u>.

CHAPTER 02

문제해결능력

합격 Cheat Key

문제해결능력은 업무를 수행하면서 여러 가지 문제 상황이 발생하였을 때, 창의적이고 논리적인 사고를 통하여 이를 올바르게 인식하고 적절히 해결하는 능력으로, 하위 능력에는 사고력과 문제처리능력이 있다.

문제해결능력은 NCS 기반 채용을 진행하는 대다수의 공사·공단에서 채택하고 있으며, 다양한 자료와 함께 출제되는 경우가 많아 어렵게 느껴질 수 있다. 특히, 난이도가 높은 문제로 자주 출제되기 때문에 다른 영역보다 더 많은 노력이 필요할 수는 있지만 그렇기에 차별화를 할 수 있는 득점 영역이므로 포기하지 말고 꾸준하게 노력해야 한다.

1 질문의 의도를 정확하게 파악하라!

문제해결능력은 문제에서 무엇을 묻고 있는지 정확하게 파악하여 먼저 풀이 방향을 설정하는 것이 가장 효율적인 방법이다. 특히, 조건이 주어지고 답을 찾는 창의적·분석적인 문제가 주로 출제되고 있기 때문에 처음에 정확한 풀이 방향이 설정되지 않는다면 문제를 제대로 풀지 못하게 되므로 첫 번째로 출제 의도 파악에 집중해야 한다.

2 중요한 정보는 반드시 표시하라!

출제 의도를 정확히 파악하기 위해서는 문제의 중요한 정보를 반드시 표시하거나 메모하여 하나의 조건, 단서도 잊고 넘어가는 일이 없도록 해야 한다. 실제 시험에서는 시간의 압박과 긴장감으로 정보를 잘못 적용하거나 잊어버리는 실수가 많이 발생하므로 사전에 충분한 연습이 필요하다.

3 반복 풀이를 통해 취약 유형을 파악하라!

문제해결능력은 특히 시간관리가 중요한 영역이다. 따라서 정해진 시간 안에 고득점을 할 수 있는 효율적인 문제 풀이 방법을 찾아야 한다. 이때, 반복적인 문제 풀이를 통해 자신이 취약한 유형을 파악하는 것이 중요하다. 정확하게 풀 수 있는 문제부터 빠르게 풀고 취약한 유형은 나중에 푸는 효율적인 문제 풀이를 통해 최대한 고득점을 맞는 것이 중요하다.

01 명제 추론

| 유형분석 |

- 주어진 조건을 토대로 논리적으로 추론하여 참 또는 거짓을 구분하는 문제이다.
- 자료를 제시하고 새로운 결과나 자료에 주어지지 않은 내용을 추론해 가는 형식의 문제가 출제된다.

K공사는 공휴일 세미나 진행을 위해 인근의 가게 A～F에서 필요한 물품을 구매하고자 한다. 다음 〈조건〉을 참고할 때, 공휴일에 영업하는 가게의 수는?

조건

- C는 공휴일에 영업하지 않는다.
- B가 공휴일에 영업하지 않으면, C와 E는 공휴일에 영업한다.
- E 또는 F가 영업하지 않는 날이면, D는 영업한다.
- B가 공휴일에 영업하면, A와 E는 공휴일에 영업하지 않는다.
- B와 F 중 한 곳만 공휴일에 영업한다.

① 2곳
② 3곳
③ 4곳
④ 5곳
⑤ 6곳

정답 ①

주어진 조건을 순서대로 논리 기호화하면 다음과 같다.
- 첫 번째 조건 : $\sim C$
- 두 번째 조건 : $\sim B \rightarrow (C \wedge E)$
- 세 번째 조건 : $(\sim E \vee \sim F) \rightarrow D$
- 네 번째 조건 : $B \rightarrow (\sim A \wedge \sim E)$

첫 번째 조건이 참이므로 두 번째 조건의 대우[$(\sim C \vee \sim E) \rightarrow B$]에 따라 B는 공휴일에 영업한다. 이때 네 번째 조건에 따라 A와 E는 영업하지 않고, 다섯 번째 조건에 따라 F도 영업하지 않는다. 마지막으로 세 번째 조건에 따라 D는 영업한다. 따라서 공휴일에 영업하는 가게는 B와 D 2곳이다.

풀이 전략!

조건과 관련한 기본적인 논법에 대해서는 미리 학습해 두며, 이를 바탕으로 각 문장에 있는 핵심단어 또는 문구를 기호화하여 정리한 후, 선택지와 비교하여 참 또는 거짓을 판단한다. 또한, 이를 바탕으로 문제에서 구하고자 하는 내용을 추론 및 분석한다.

대표기출유형 01 기출응용문제

01 A ~ D 4명이 나란히 이웃하여 살고 있다고 할 때, 다음 중 〈조건〉을 만족시키는 배열로 옳은 것은?

조건

- B는 D의 왼쪽에 산다.
- A와 C는 떨어져 산다.

① A, C, B, D
② A, D, B, C
③ B, A, D, C
④ B, D, C, A
⑤ C, D, B, A

02 이벤트에 당첨된 A ~ C에게 〈조건〉에 따라 경품을 지급하였다. 다음 중 옳은 것을 〈보기〉에서 모두 고르면?

조건

- 지급된 경품은 냉장고, 세탁기, 에어컨, 청소기가 각각 프리미엄형과 일반형 1대씩이었고, 전자레인지는 1대였다.
- 당첨자 중 1등은 A, 2등은 B, 3등은 C였으며, 이 순서대로 경품을 각각 3개씩 가져갔다.
- A는 프리미엄형 경품을 총 2개 골랐는데, 청소기 프리미엄형은 가져가지 않았다.
- B는 청소기를 고르지 않았다.
- C가 가져간 경품 중 A와 겹치는 종류가 1개 있다.
- B와 C가 가져간 경품 중 겹치는 종류가 1개 있다.
- 한 사람이 같은 종류의 경품을 2개 이상 가져가지 않았다.

보기

㉠ C는 반드시 전자레인지를 가져갔을 것이다.
㉡ A는 청소기를 가져갔을 수도, 그렇지 않을 수도 있다.
㉢ B가 가져간 프리미엄형 가전은 최대 1개이다.
㉣ C는 프리미엄형 가전을 가져가지 못했을 것이다.

① ㉠, ㉢
② ㉠, ㉣
③ ㉡, ㉢
④ ㉡, ㉣
⑤ ㉢, ㉣

02 규칙 적용

| 유형분석 |

- 주어진 상황과 규칙을 종합적으로 활용하여 풀어 가는 문제이다.
- 일정, 비용, 순서 등 다양한 내용을 다루고 있어 유형을 한 가지로 단일화하기 어렵다.

A팀과 B팀은 보안등급 상에 해당하는 문서를 나누어 보관하고 있다. 이에 따라 두 팀은 보안을 위해 아래와 같은 규칙에 따라 각 팀의 비밀번호를 지정하였다. 다음 중 A팀과 B팀에 들어갈 수 있는 암호배열은?

〈규칙〉

- 1 ~ 9까지의 숫자로 (한 자릿수)×(두 자릿수)=(세 자릿수)=(두 자릿수)×(한 자릿수) 형식의 비밀번호로 구성한다.
- 가운데에 들어갈 세 자릿수의 숫자는 156이며 숫자는 중복 사용할 수 없다. 즉, 각 팀의 비밀번호에 1, 5, 6이란 숫자가 들어가지 않는다.

□ × □□ = 156 = □□ × □

A팀 B팀

① 23
② 27
③ 29
④ 37
⑤ 39

정답 ⑤

규칙에 따라 사용할 수 있는 숫자는 1, 5, 6을 제외한 나머지 2, 3, 4, 7, 8, 9의 총 6개이다. (한 자릿수)×(두 자릿수)=156이 되는 수를 알기 위해서는 156의 소인수를 구해보면 된다. 156의 소인수는 3, 2^2, 13으로 여기서 156이 되는 수의 곱 중에 조건을 만족하는 것은 2×78과 4×39이다. 따라서 선택지 중에 A팀 또는 B팀에 들어갈 수 있는 암호배열은 39이다.

풀이 전략!

문제에 제시된 조건이나 규칙을 정확히 파악한 후, 선택지나 상황에 적용하여 문제를 풀어 나간다.

대표기출유형 02 기출응용문제

※ 다음 그림과 〈조건〉을 보고 이어지는 질문에 답하시오. [1~2]

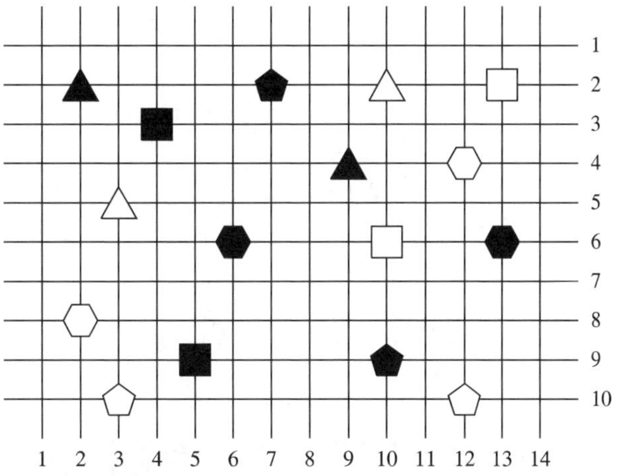

조건

1. W는 White, B는 Black이다.
2. 알파벳 뒤에 숫자는 도형의 각의 개수이다.
3. 좌표는 도형이 위치해 있는 열과 행을 가리킨다.

01 다음 중 그림에 대한 좌표로 옳은 것은?

① W3(3, 6)
② B3(8, 4)
③ W5(13, 6)
④ B6(2, 8)
⑤ W6(12, 4)

02 다음 중 그림에 대한 좌표로 옳지 않은 것은?

① B4(5, 9), B5(7, 2), B6(13, 6)
② W3(3, 5), W4(10, 6), W5(12, 10)
③ W4(13, 2), W5(3. 10), W6(13, 6)
④ B3(2, 2), B3(9, 4), B6(6, 6)
⑤ W4(10, 6), B5(7, 2), B6(6, 6)

03 자료 해석

| 유형분석 |

- 주어진 자료를 해석하고 활용하여 풀어가는 문제이다.
- 꼼꼼하고 분석적인 접근이 필요한 다양한 자료들이 출제된다.

다음 중 정수장 수질검사 현황에 대해 바르게 설명한 사람은?

〈정수장 수질검사 현황〉

급수 지역	항목						검사결과	
	일반세균 100 이하 (CFU/mL)	대장균 불검출 (수/100mL)	NH3-N 0.5 이하 (mg/L)	잔류염소 4.0 이하 (mg/L)	구리 1 이하 (mg/L)	망간 0.05 이하 (mg/L)	적합	기준 초과
함평읍	0	불검출	불검출	0.14	0.045	불검출	적합	없음
이삼읍	0	불검출	불검출	0.27	불검출	불검출	적합	없음
학교면	0	불검출	불검출	0.13	0.028	불검출	적합	없음
엄다면	0	불검출	불검출	0.16	0.011	불검출	적합	없음
나산면	0	불검출	불검출	0.12	불검출	불검출	적합	없음

① A사원 : 함평읍의 잔류염소는 가장 낮은 수치를 보였고, 기준치에 적합하네.
② B사원 : 모든 급수지역에서 일반세균이 나오지 않았어.
③ C사원 : 기준치를 초과한 곳은 없었지만 적합하지 않은 지역은 있어.
④ D사원 : 대장균과 구리가 검출되면 부적합 판정을 받는구나.
⑤ E사원 : 구리가 검출되지 않은 지역은 세 곳이야.

정답 ②

오답분석

① 잔류염소에서 가장 낮은 수치를 보인 지역은 나산면(0.12mg/L)이고, 함평읍(0.14mg/L)은 세 번째로 낮다.
③ 기준치를 초과한 곳도 없고, 모두 적합 판정을 받았다.
④ 항평읍과 학교면, 엄다면은 구리가 검출되었지만 적합 판정을 받았다.
⑤ 구리가 검출되지 않은 지역은 이삼읍과 나산면으로 두 곳이다.

풀이 전략!

문제 해결을 위해 필요한 정보가 무엇인지 먼저 파악한 후, 제시된 자료를 분석적으로 읽고 해석한다.

01 K기업 총무팀, 개발팀, 영업팀, 홍보팀, 고객지원팀 각각의 탕비실에는 이온음료, 탄산음료, 에너지음료, 커피가 구비되어 있다. 각 팀의 탕비실 내 음료 구비 현황은 다음과 같으며, 〈조건〉에 따라 각 팀의 탕비실에 채워 넣을 음료를 일괄적으로 구매하고자 한다. 음료별로 주문해야 할 최소 개수를 바르게 연결한 것은?

〈K기업 각 팀의 탕비실 내 음료 구비 현황〉

(단위 : 캔)

구분	총무팀	개발팀	영업팀	홍보팀	고객지원팀
이온음료	3	10	10	10	8
탄산음료	10	2	16	7	8
에너지음료	10	1	12	8	7
커피	2	3	1	10	12

조건

- 각 팀은 구매 시 각 음료의 최소 구비 수량의 1.5배를 구매한다.
- 모든 음료는 낱개로 구매할 수 없으며 묶음 단위로 구매해야 한다.
- 이온음료, 탄산음료, 에너지음료, 커피 각각 6캔, 6캔, 6캔, 30캔을 묶음으로 판매하고 있다.
- 이온음료, 탄산음료, 에너지음료, 커피는 각각 최소 6캔, 12병, 10캔, 30캔이 구비되어 있어야 하며, 최소 수량 미달 시 음료를 구매한다.

	이온음료	탄산음료	에너지음료	커피
①	12캔	72캔	48캔	240캔
②	12캔	72캔	42캔	240캔
③	12캔	66캔	42캔	210캔
④	18캔	66캔	48캔	210캔
⑤	18캔	66캔	42캔	210캔

02 K중학교 백일장에 참여한 A ~ E학생에게 다음 〈조건〉에 따라 점수를 부여할 때, 점수가 가장 높은 학생은?

〈K중학교 백일장 채점표〉

학생	오탈자(건)	글자 수(자)	주제의 적합성	글의 통일성	가독성
A	33	654	A	A	C
B	7	476	B	B	B
C	28	332	B	B	C
D	25	572	A	A	A
E	12	786	C	B	A

조건

- 기본 점수는 80점이다.
- 오탈자가 10건 이상일 때 1점을 감점하고, 5건이 추가될 때마다 1점을 추가로 감점한다.
- 전체 글자 수가 350자 미만일 때 10점을 감점하고, 600자 이상일 때 1점을 부여하며, 25자가 추가될 때마다 1점을 추가로 부여한다.
- 주제의 적합성, 글의 통일성, 가독성을 A, B, C등급으로 나누며 등급 개수에 따라 추가점수를 부여한다.
  - A등급 3개 : 25점
  - A등급 2개, B등급 1개 : 20점
  - A등급 2개, C등급 1개 : 15점
  - A등급 1개, B등급 2개 또는 A등급, B등급, C등급 1개 : 10점
  - B등급 3개 : 5점

예 오탈자 46건, 전체 글자 수 626자, 주제의 적합성, 글의 통일성, 가독성이 각각 A, B, A일 때 점수는 80−8+2+20=94점이다.

① A
② B
③ C
④ D
⑤ E

03 갑은 효율적인 월급 관리를 위해 펀드에 가입하고자 한다. A ~ D펀드 중에 하나를 골라 가입하려고 하는데, 안정적이고 우수한 펀드에 가입하기 위해 〈조건〉에 따라 비교하여 다음과 같은 결과를 얻었다. 이를 바탕으로 〈보기〉에서 옳은 것을 모두 고르면?

조건

- 둘을 비교하여 우열을 가릴 수 있으면 우수한 쪽에는 5점, 아닌 쪽에는 2점을 부여한다.
- 둘을 비교하여 어느 한 쪽이 우수하다고 말할 수 없는 경우에는 둘 다 0점을 부여한다.
- 각 펀드는 다른 펀드 중 두 개를 골라 총 4번의 비교를 했다.
- 총합의 점수로는 우열을 가릴 수 없으며 각 펀드와의 비교를 통해서만 우열을 가릴 수 있다.

〈결과〉

A펀드	B펀드	C펀드	D펀드
7점	7점	4점	10점

보기

ㄱ. D펀드는 C펀드보다 우수하다.
ㄴ. B펀드가 D펀드보다 우수하다고 말할 수 없다.
ㄷ. A펀드와 B펀드의 우열을 가릴 수 있으면 A ~ D까지의 우열순위를 매길 수 있다.

① ㄱ
② ㄱ, ㄴ
③ ㄱ, ㄷ
④ ㄴ, ㄷ
⑤ ㄱ, ㄴ, ㄷ

CHAPTER 03

조직이해능력

합격 Cheat Key

조직이해능력은 업무를 원활하게 수행하기 위해 조직의 체제와 경영을 이해하고 국제적인 추세를 이해하는 능력이다. 현재 많은 공사·공단에서 출제 비중을 높이고 있는 영역이기 때문에 미리 대비하는 것이 중요하다. 실제 업무 능력에서 조직이해능력을 요구하기 때문에 중요도는 점점 높아질 것이다.

세부 유형은 조직 체제 이해, 경영 이해, 업무 이해, 국제 감각으로 나눌 수 있다. 조직도를 제시하는 문제가 출제되거나 조직의 체계를 파악해 경영의 방향성을 예측하고, 업무의 우선순위를 파악하는 문제가 출제된다.

1 문제 속에 정답이 있다!

경력이 없는 경우 조직에 대한 이해가 낮을 수밖에 없다. 그러나 문제 자체가 실무적인 내용을 담고 있어도 문제 안에는 해결의 단서가 주어진다. 부담을 갖지 않고 접근하는 것이 중요하다.

2 경영·경제학원론 정도의 수준은 갖추도록 하라!

지원한 직군마다 차이는 있을 수 있으나, 경영·경제이론을 접목시킨 문제가 꾸준히 출제되고 있다. 따라서 기본적인 경영·경제이론은 익혀 둘 필요가 있다.

3 지원하는 공사 · 공단의 조직도를 파악하라!

출제되는 문제는 각 공사 · 공단의 세부내용일 경우가 많기 때문에 지원하는 공사 · 공단의 조직도를 파악해 두어야 한다. 조직이 운영되는 방법과 전략을 이해하고, 조직을 구성하는 체제를 파악하고 간다면 조직이해능력에서 조직도가 나올 때 단기간에 문제를 풀 수 있을 것이다.

4 실제 업무에서도 요구되므로 이론을 익혀라!

각 공사 · 공단의 직무 특성상 일부 영역에 중요도가 가중되는 경우가 있어서 많은 취업준비생들이 일부 영역에만 집중하지만, 실제 업무 능력에서 직업기초능력 10개 영역이 골고루 요구되는 경우가 많고, 현재는 필기시험에서도 조직이해능력을 출제하는 기관의 비중이 늘어나고 있기 때문에 미리 이론을 익혀 둔다면 모듈형 문제에서 고득점을 노릴 수 있다.

01 경영 전략

| 유형분석 |

- 경영 전략에서 대표적으로 출제되는 문제는 마이클 포터(Michael Porter)의 본원적 경쟁전략이다.
- 경쟁전략의 기본적인 이해와 구조를 물어보는 문제가 자주 출제되므로 전략별 특징 및 개념에 대한 이론 학습이 요구된다.

다음 중 마이클 포터(Michael E. Porter)의 본원적 경쟁전략에 대한 설명으로 가장 적절한 것은?

① 해당 사업에서 경쟁우위를 확보하기 위한 전략이다.

② 차별화 전략은 특정 산업을 대상으로 한다.

③ 원가우위 전략에서는 연구개발이나 광고를 통하여 기술, 품질, 서비스 등을 개선할 필요가 있다고 본다.

④ 집중화 전략에서는 대량생산을 통해 단위 원가를 낮추거나 새로운 생산기술을 개발할 필요가 있다고 본다.

정답 ①

마이클 포터(Michael E. Porter)의 본원적 경쟁전략

- 원가우위 전략 : 원가절감을 통해 해당 산업에서 우위를 점하는 전략으로, 이를 위해서는 대량생산을 통해 단위 원가를 낮추거나 새로운 생산기술을 개발할 필요가 있다. 1970년대 우리나라의 섬유업체나 신발업체, 가발업체 등이 미국시장에 진출할 때 취한 전략이 여기에 해당한다.
- 차별화 전략 : 조직이 생산품이나 서비스를 차별화하여 고객에게 가치가 있고 독특하게 인식되도록 하는 전략이다. 이를 위해서는 연구개발이나 광고를 통하여 기술, 품질, 서비스, 브랜드 이미지를 개선할 필요가 있다.
- 집중화 전략 : 특정 시장이나 고객에게 한정된 전략으로, 원가우위나 차별화 전략이 산업 전체를 대상으로 하는 데 비해 집중화 전략은 특정 산업을 대상으로 한다. 즉, 경쟁조직들이 소홀히 하고 있는 한정된 시장을 원가우위나 차별화 전략을 써서 집중적으로 공략하는 방법이다.

풀이 전략!

대부분의 기업들은 마이클 포터의 본원적 경쟁전략을 사용하고 있다. 각 전략에 해당하는 대표적인 기업을 연결하고, 그들의 경영전략을 상기하며 문제를 풀어보도록 한다.

대표기출유형 01 기출응용문제

01 **다음 중 기업의 핵심 역량을 연구개발에 집중하는 기술혁신형 중소기업으로 가장 적절한 것은?**

① 모듈 기업
② 이노비즈 기업
③ 벤처 기업
④ 가상 기업
⑤ 전문 기업

02 **다음 밑줄 친 마케팅 기법에 대한 설명으로 적절한 것을 〈보기〉에서 모두 고르면?**

> 기업들이 신제품을 출시하면서 한정된 수량만 제작 판매하는 한정판 제품을 잇따라 내놓고 있다. 이번 기회가 아니면 더 이상 구입할 수 없다는 메시지를 끊임없이 던지며 소비자의 호기심을 자극하는 <u>마케팅 기법</u>이다. K자동차 회사는 가죽 시트와 일부 외형을 기존 제품과 다르게 제작한 모델을 8,000대 한정 판매하였는데, 단기간에 매진을 기록하였다.

보기

ㄱ. 소비자의 충동 구매를 유발하기 쉽다.
ㄴ. 이윤 증대를 위한 경영 혁신의 한 사례이다.
ㄷ. 의도적으로 공급의 가격탄력성을 크게 하는 방법이다.
ㄹ. 소장 가치가 높은 상품을 대상으로 하면 더 효과적이다.

① ㄱ, ㄴ
② ㄱ, ㄷ
③ ㄴ, ㄹ
④ ㄱ, ㄴ, ㄹ
⑤ ㄱ, ㄷ, ㄹ

02 조직 구조

| 유형분석 |

- 조직 구조 유형에 대한 특징을 물어보는 문제가 자주 출제된다.
- 기계적 조직과 유기적 조직의 차이점과 사례 등을 숙지하고 있어야 한다.
- 조직 구조 형태에 따라 기능적 조직, 사업별 조직으로 구분하여 출제되기도 한다.

다음 중 기계적 조직의 특징으로 옳은 것을 〈보기〉에서 모두 고르면?

보기

㉠ 변화에 맞춰 쉽게 변할 수 있다.
㉡ 상하 간 의사소통이 공식적인 경로를 통해 이루어진다.
㉢ 대표적으로 사내 벤처팀, 프로젝트팀이 있다.
㉣ 구성원의 업무가 분명하게 규정되어 있다.
㉤ 다양한 규칙과 규제가 있다.

① ㉠, ㉡, ㉢
② ㉠, ㉣, ㉤
③ ㉡, ㉢, ㉣
④ ㉡, ㉣, ㉤
⑤ ㉢, ㉣, ㉤

정답 ④

오답분석

㉠·㉢ 유기적 조직에 대한 설명이다.

- 기계적 조직
  - 구성원의 업무가 분명하게 규정되어 있고, 많은 규칙과 규제가 있다.
  - 상하 간 의사소통이 공식적인 경로를 통해 이루어진다.
  - 대표적으로 군대, 정부, 공공기관 등이 있다.
- 유기적 조직
  - 업무가 고전되지 않아 업무 공유가 가능하다.
  - 규제나 통제의 정도가 낮아 변화에 맞춰 쉽게 변할 수 있다.
  - 대표적으로 권한위임을 받아 독자적으로 활동하는 사내 벤처팀, 특정한 과제 수행을 위해 조직된 프로젝트팀이 있다.

풀이 전략!

조직 구조는 유형에 따라 기계적 조직과 유기적 조직으로 나눌 수 있다. 기계적 조직과 유기적 조직은 서로 상반된 특징을 가지고 있으며, 기계적 조직이 관료제의 특징과 비슷함을 파악하고 있다면, 이와 상반된 유기적 조직의 특징도 수월하게 파악할 수 있다.

대표기출유형 02 기출응용문제

01 **다음 중 ㉠, ㉡에 들어갈 조직 유형을 바르게 나열한 것은?**

> 조직은 ___㉠___ 과 ___㉡___ 으로 구분할 수 있다. ___㉠___ 은 기업과 같이 이윤을 목적으로 하는 조직이며, ___㉡___ 은 정부 조직을 비롯하여 공익을 추구하는 병원, 대학, 시민단체, 종교단체 등이 해당한다.

	㉠	㉡
①	공식조직	비공식조직
②	비공식조직	공식조직
③	비영리조직	영리조직
④	영리조직	비영리조직
⑤	생산조직	통합조직

02 **직업인은 조직의 구성원으로서 조직체제의 구성요소를 이해하는 체제이해능력이 요구된다. 조직체제의 구성요소가 다음과 같을 때, 이에 대한 설명으로 적절하지 않은 것은?**

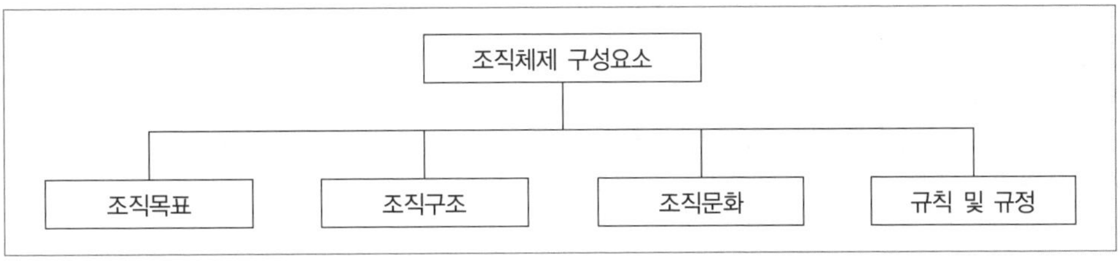

① 조직의 규칙과 규정은 조직 구성원들의 자유로운 활동범위를 보장하는 기능을 가진다.
② 조직구조에서는 의사결정권이 하부구성원들에게 많이 위임되는 유기적 조직도 볼 수 있다.
③ 조직의 목표는 조직이 달성하려는 장래의 상태로, 조직이 존재하는 정당성과 합법성을 제공한다.
④ 조직문화는 조직 구성원들의 사고와 행동에 영향을 미치며, 일체감과 정체성을 부여한다.
⑤ 조직구조는 의사결정권의 집중정도, 명령계통, 최고경영자의 통제 등에 따라 달라진다.

03 업무 종류

| 유형분석 |

- 부서별 주요 업무에 대해 묻는 문제이다.
- 부서별 특징과 담당 업무에 대한 이해가 필요하다.

다음 상황에서 팀장의 지시를 적절히 수행하기 위하여 오대리가 거쳐야 할 부서명을 순서대로 바르게 나열한 것은?

> 오대리, 내가 내일 출장 준비 때문에 무척 바빠서 그러는데 자네가 좀 도와 줘야 할 것 같군. 우선 박비서한테 가서 오후 사장님 회의 자료를 좀 가져다 주게나. 오는 길에 지난주 기자단 간담회 자료 정리가 되었는지 확인해 보고 완료됐으면 한 부 챙겨 오고. 다음 주에 승진자 발표가 있을 것 같은데 우리 팀 승진 대상자 서류가 잘 전달되었는지 그것도 확인 좀 해 줘야겠어. 참, 오후에 바이어가 내방하기로 되어 있는데 공항 픽업 준비는 잘 해 두었지? 배차 예약 상황도 다시 한 번 점검해 봐야 할 거야. 그럼 수고 좀 해 주게.

① 기획팀 – 홍보팀 – 총무팀 – 경영관리팀
② 비서실 – 홍보팀 – 인사팀 – 총무팀
③ 인사팀 – 법무팀 – 총무팀 – 기획팀
④ 경영관리팀 – 법무팀 – 총무팀 – 인사팀
⑤ 회계팀 – 경영관리팀 – 인사팀 – 총무팀

정답 ②

우선 박비서에게 회의 자료를 받아와야 하므로 비서실을 들러야 한다. 다음으로 기자단 간담회는 대회 홍보 및 기자단 상대 업무를 맡은 홍보팀에서 자료를 정리할 것이므로 홍보팀을 거쳐야 한다. 또한, 승진자 인사 발표 소관 업무는 인사팀이 담당한다고 볼 수 있으며, 회사의 차량 배차에 대한 업무는 총무팀과 같은 지원부서의 업무로 보는 것이 적절하다.

풀이 전략!

> 조직은 목적의 달성을 위해 업무를 효과적으로 분배하고 처리할 수 있는 구조를 확립해야 한다. 조직의 목적이나 규모에 따라 업무의 종류는 다양하지만, 대부분의 조직에서는 총무, 인사, 기획, 회계, 영업으로 부서를 나누어 업무를 담당하고 있다. 따라서 5가지 업무 종류에 대해서는 미리 숙지해야 한다.

대표기출유형 03 기출응용문제

01 A팀장은 급하게 해외 출장을 떠나면서 B대리에게 다음과 같은 메모를 남겼다. B대리가 가장 먼저 처리해야 할 일은 무엇인가?

> B대리, 지금 급하게 해외 출장을 가야 해서 오늘 처리해야 하는 것들 메모 남겨요. 오후 2시에 거래처와 미팅 있는 거 알고 있죠? 오전 내로 거래처에 전화해서 다음 주 중으로 다시 미팅날짜 잡아줘요. 그리고 오늘 신입사원들과 점심 식사하기로 한 거 난 참석하지 못하니까 다른 직원들이 참석해서 신입사원들 고충도 좀 들어주고 해요. 식당은 지난번 갔었던 한정식 집이 좋겠네요. 점심 시간에 많이 붐비니까 오전 10시까지 예약 전화하는 것도 잊지 말아요. 식비는 법인카드로 처리하도록 하고. 오후 5시에 진행할 회의 PPT는 거의 다 준비되었다고 알고 있는데 바로 나한테 메일로 보내줘요. 확인하고 피드백할게요. 아, 그 전에 내가 중요한 자료를 안 가지고 왔어요. 그것부터 메일로 보내줘요. 고마워요.

① 거래처에 미팅일자 변경 전화를 한다.
② 점심 예약 전화를 한다.
③ 회의 자료를 준비한다.
④ 메일로 회의 PPT를 보낸다.
⑤ 메일로 A팀장이 요청한 자료를 보낸다.

02 현재 시각은 오전 11시이다. 오늘 중으로 마쳐야 하는 다음 네 가지의 업무가 있을 때, 업무의 우선순위를 순서대로 바르게 나열한 것은?(단, 업무시간은 오전 9시부터 오후 6시까지이며, 점심시간은 12시부터 1시간이다)

업무 내용	처리 시간
ㄱ. 기한이 오늘까지인 비품 신청	1시간
ㄴ. 오늘 내에 보고해야 하는 보고서 초안을 작성해 달라는 부서장의 지시	2시간
ㄷ. 가능한 빨리 보내 달라는 인접 부서의 협조 요청	1시간
ㄹ. 오전 중으로 고객에게 보내기로 한 자료 작성	1시간

① ㄱ－ㄴ－ㄷ－ㄹ
② ㄴ－ㄷ－ㄹ－ㄱ
③ ㄷ－ㄴ－ㄹ－ㄱ
④ ㄹ－ㄱ－ㄷ－ㄴ
⑤ ㄹ－ㄴ－ㄷ－ㄱ

CHAPTER 04

정보능력

합격 Cheat Key

정보능력은 업무를 수행함에 있어 기본적인 컴퓨터를 활용하여 필요한 정보를 수집, 분석, 활용하는 능력을 의미한다. 또한 업무와 관련된 정보를 수집하고, 이를 분석하여 의미 있는 정보를 얻는 능력이다. 국가직무능력표준에 따르면 정보능력의 세부 유형은 컴퓨터 활용·정보 처리로 나눌 수 있다.

1 평소에 컴퓨터 활용 스킬을 틈틈이 익혀라!

윈도우(OS)에서 어떠한 설정을 할 수 있는지, 응용프로그램(엑셀 등)에서 어떠한 기능을 활용할 수 있는지를 평소에 직접 사용해 본다면 문제를 보다 수월하게 해결할 수 있다. 여건이 된다면 컴퓨터 활용 능력에 관련된 자격증 공부를 하는 것도 이론과 실무를 익히는 데 도움이 될 것이다.

2 문제의 규칙을 찾는 연습을 하라!

일반적으로 코드체계나 시스템 논리체계를 제공하고 이를 분석하여 문제를 해결하는 유형이 출제된다. 이러한 문제는 문제해결능력과 같은 맥락으로 규칙을 파악하여 접근하는 방식으로 연습이 필요하다.

3 현재 보고 있는 그 문제에 집중하라!

정보능력의 모든 것을 공부하려고 한다면 양이 너무나 방대하다. 그렇기 때문에 수험서에서 본인이 현재 보고 있는 문제들을 집중적으로 공부하고 기억하려고 해야 한다. 그러나 엑셀의 함수 수식, 연산자 등 암기를 필요로 하는 부분들은 필수적으로 암기를 해서 출제가 되었을 때 오답률을 낮출 수 있도록 한다.

4 사진 · 그림을 기억하라!

컴퓨터 활용 능력을 파악하는 영역이다 보니 컴퓨터 속 옵션, 기능, 설정 등의 사진 · 그림이 문제에 같이 나오는 경우들이 있다. 그런 부분들은 직접 컴퓨터를 통해서 하나하나 확인을 하면서 공부한다면 더 기억에 잘 남게 된다. 조금 귀찮더라도 한 번씩 클릭하면서 확인을 해보도록 한다.

01 | 정보 이해

| 유형분석 |

- 정보능력 전반에 대한 이해를 확인하는 문제이다.
- 정보능력 이론이나 새로운 정보 기술에 대한 문제가 자주 출제된다.

다음 중 정보의 가공 및 활용에 대한 설명으로 옳지 않은 것은?

① 정보는 원형태 그대로 혹은 가공하여 활용할 수 있다.
② 수집된 정보를 가공하여 다른 형태로 재표현하는 방법도 가능하다.
③ 정적정보의 경우, 이용한 이후에도 장래활용을 위해 정리하여 보존한다.
④ 비디오테이프에 저장된 영상정보는 동적정보에 해당한다.
⑤ 동적정보는 입수하여 처리 후에는 해당 정보를 즉시 폐기해도 된다.

정답 ④

저장매체에 저장된 자료는 시간이 지나도 언제든지 동일한 형태로 재생이 가능하므로 정적정보에 해당한다.

오답분석

① 정보는 원형태 그대로 활용하거나, 분석, 정리 등 가공하여 활용할 수 있다.
② 정보를 가공하는 것뿐 아니라 일정한 형태로 재표현하는 것도 가능하다.
③ 시의성이 사라지면 정보의 가치가 떨어지는 동적정보와 달리 정적정보의 경우, 이용 후에도 장래에 활용을 하기 위해 정리하여 보존하는 것이 좋다.
⑤ 동적정보의 특징은 입수 후 처리한 경우에는 폐기하여도 된다는 것이다. 오히려 시간의 경과에 따라 시의성이 점점 떨어지는 동적정보를 축적하는 것은 비효율적이다.

풀이 전략!

자주 출제되는 정보능력 이론을 확인하고, 확실하게 암기해야 한다. 더불어 새로운 정보 기술이나 컴퓨터 전반에 대해 관심을 가지는 것이 좋다.

01 **다음 중 개인정보 유출을 방지하기 위한 방법으로 적절하지 않은 것은?**

① 뻔한 비밀번호는 쓰지 않는다.
② 비밀번호는 정기적으로 교체한다.
③ 정체불명의 사이트는 가입하지 않는다.
④ 가입해지 시 정보파기가 되는 것은 당연하다고 여긴다.
⑤ 회원가입 시 이용약관을 읽으며 제3자에게 정보를 제공하는지 여부를 확인한다.

02 **다음은 기획안을 제출하기 위한 정보수집 전에 어떠한 정보를 어떻게 수집할지에 대한 '정보의 전략적 기획'의 사례이다. S사원이 필요한 정보로 적절하지 않은 것은?**

> K전자의 S사원은 상사로부터 세탁기 신상품에 대한 기획안을 제출하라는 업무를 받았다. 먼저 S사원은 기획안을 작성하기 위해 자신에게 어떠한 정보가 필요한지를 생각해 보았다. 개발하려는 세탁기 신상품의 컨셉은 중년층을 대상으로 한 실용적이고 경제적이며 조작하기 쉬운 것을 대표적인 특징으로 삼고 있다.

① 기존에 세탁기를 구매한 고객들의 데이터베이스로부터 정보가 필요할 수도 있다.
② 현재 세탁기를 사용하면서 불편한 점은 무엇인지에 대한 정보가 필요하다.
③ 데이터베이스로부터 성별로 세탁기 선호 디자인에 대한 정보가 필요하다.
④ 고객들의 세탁기에 대한 부담 가능한 금액은 얼마인지에 대한 정보도 필요할 것이다.
⑤ 데이터베이스를 통해 중년층이 선호하는 디자인이나 색은 무엇인지에 대한 정보도 있으면 좋을 것이다.

02 엑셀 함수

| 유형분석 |

- 컴퓨터 활용과 관련된 상황에서 문제를 해결하기 위한 행동이 무엇인지 묻는 문제이다.
- 주로 업무수행 중에 많이 활용되는 대표적인 엑셀 함수(COUNTIF, ROUND, MAX, SUM, COUNT, AVERAGE …)가 출제된다.
- 종종 엑셀시트를 제시하여 각 셀에 들어갈 함수식이 무엇인지 고르는 문제가 출제되기도 한다.

다음 시트에서 판매수량과 추가판매의 합계를 구하기 위해서 [B6] 셀에 들어갈 수식으로 옳은 것은?

	A	B	C
1	일자	판매수량	추가판매
2	06월19일	30	8
3	06월20일	48	
4	06월21일	44	
5	06월22일	42	12
6	합계	184	

① =SUM(B2,C2,C5)

② =LEN(B2:B5, 3)

③ =COUNTIF(B2:B5,"≥12")

④ =SUM(B2:B5)

⑤ =SUM(B2:B5,C2,C5)

정답 ⑤

「=SUM(합계를 구할 처음 셀:합계를 구할 마지막 셀)」으로 표시해야 한다. 판매수량과 추가판매를 더하는 것은 비연속적인 셀을 더하는 것이므로 연속하는 영역을 입력하고 ','로 구분해 준 다음 영역을 다시 지정해야 한다. 따라서 [B6] 셀에 작성해야 할 수식으로는 「=SUM(B2:B5,C2,C5)」이 옳다.

풀이 전략!

제시된 상황에서 사용할 엑셀 함수가 무엇인지 파악한 후, 선택지에서 적절한 함수식을 골라 식을 만들어야 한다. 평소 대표적으로 문제에 자주 출제되는 몇몇 엑셀 함수를 익혀두면 풀이시간을 단축할 수 있다.

대표기출유형 02 기출응용문제

01 다음은 K주식회사의 공장별 1월 생산량 현황을 정리한 자료이다. 각 셀에 들어간 함수의 결괏값으로 옳지 않은 것은?

	A	B	C	D	E	F
1	〈K주식회사 공장 1월 생산량 현황〉					
2	구분	생산량	단가	금액	순위	
3					생산량 기준	금액 기준
4	안양공장	123,000	10	1,230,000		
5	청주공장	90,000	15	1,350,000		
6	제주공장	50,000	15	750,000		
7	강원공장	110,000	11	1,210,000		
8	진주공장	99,000	12	1,188,000		
9	합계	472,000		5,728,000		

① F4 : =RANK(D4,D4:D8,1) → 4
② E4 : =RANK(B4,B4:B8,0) → 1
③ E6 : =RANK(B6,B4:B8,0) → 5
④ F8 : =RANK(D8,D4:D8,0) → 2
⑤ E8 : =RANK(B8,B4:B8,0) → 3

02 다음 중 엑셀의 단축키에 대한 설명으로 옳은 것은?

① 〈Alt〉+〈F〉 : 삽입 메뉴
② 〈Alt〉+〈Enter〉 : 자동합계
③ 〈Shift〉+〈F5〉 : 함수 마법사
④ 〈F12〉 : 다른 이름으로 저장
⑤ 〈Ctrl〉+〈9〉 : 창 최소화

03 다음 시트에서 [E10] 셀에 수식 「=INDEX(E2:E9,MATCH(0,D2:D9,0))」를 입력했을 때, [E10] 셀에 표시되는 결괏값으로 옳은 것은?

	A	B	C	D	E
1	부서	직위	사원명	근무연수	근무월수
2	재무팀	사원	이수연	2	11
3	교육사업팀	과장	조민정	3	5
4	신사업팀	사원	최지혁	1	3
5	교육컨텐츠팀	사원	김다연	0	2
6	교육사업팀	부장	민경희	8	10
7	기구설계팀	대리	김형준	2	1
8	교육사업팀	부장	문윤식	7	3
9	재무팀	대리	한영혜	3	0
10					

① 0
② 1
③ 2
④ 3
⑤ 4

04 K공사는 2025년 1월에 정년퇴임식을 할 예정이다. T사원은 퇴직자 명단을 엑셀로 정리하고 〈조건〉에 따라 행사물품을 준비하려고 한다. 〈보기〉 중 옳은 것을 모두 고르면?

	A	B	C	D	E
1	퇴직자	소속부서	팀원 수	팀장인원	입사년도
2	A씨	회계	8	1	2007년
3	B씨	기획	12	2	1998년
4	C씨	인사	11	1	2004년
5	D씨	사무	15	2	2008년
6	E씨	영업	30	5	2006년
7	F씨	관리	21	4	2002년
8	G씨	생산	54	7	2009년
9	H씨	품질관리	6	1	2017년
10	I씨	연구	5	1	2001년
11	J씨	제조	34	6	2009년

조건

- 행사에는 퇴직자가 속한 부서의 팀원들만 참석한다.
- 퇴직하는 직원이 소속된 부서당 화분 1개가 필요하다.
- 퇴직자를 포함하여 근속연수 20년 이상인 직원에게 감사패를 준다.
- 볼펜은 행사에 참석한 직원 1인당 1개씩 지급한다.
- 팀원에는 팀장도 포함되어 있다.

보기

㉠ 화분은 총 9개가 필요하다.
㉡ 감사패는 4개 필요하다.
㉢ 볼펜은 [C2:C11]의 합계만큼 필요하다.

① ㉠
② ㉡
③ ㉢
④ ㉠, ㉢
⑤ ㉡, ㉢

03 프로그램 언어(코딩)

| 유형분석 |

- 프로그램의 실행 결과를 코딩을 통해 파악하여 이를 풀이하는 문제이다.
- 대체로 문제에서 규칙을 제공하고 있으며, 해당 규칙을 적용하여 새로운 코드번호를 만들거나 혹은 만들어진 코드번호를 해석하는 등의 문제가 출제된다.

다음 C 프로그램의 실행 결과에서 p의 값으로 옳은 것은?

```
#include <stdio.h>
int main()
{
   int x, y, p;
   x = 3;
   y = x ++;
   printf("x = %d y = %d\n", x, y);
   x = 10;
   y = ++x;
   printf("x = %d y = %d\n", x, y);
   y++;
   p=x+y;
   printf("x = %d y = %d\n", x, y);
   printf("p = %d\n", p);
   return 0;
 }
```

① p=22　　② p=23

③ p=24　　④ p=25

정답 ②

x값을 1 증가하여 x에 저장하고, 변경된 x값을 y값에 저장한 후 y값을 1 증가하여 y값에 저장한다. 이후 x값과 y값을 더하여 p에 저장한다. 따라서 x=10+1=11, y=x+1=12 → p=x+y=23이다.

풀이 전략!

문제에서 실행 프로그램 내용이 주어지면 핵심 키워드를 확인한다. 코딩 프로그램을 통해 요구되는 내용을 알아맞혀 정답 유무를 판단한다.

대표기출유형 03 기출응용문제

※ 다음 프로그램의 실행 결과로 옳은 것을 고르시오. **[1~2]**

01

```
#include <stdio.h>
void main() {
    int arr[10] = {1, 2, 3, 4, 5};
    int num = 10;
    int i;

    for (i = 0; i < 10; i++) {
      num += arr[i];
    }
    printf("%d₩n", num);
}
```

① 15
② 20
③ 25
④ 30
⑤ 35

02

```
#include <stdio.h>
void main( ) {
  char arr[ ] = "hello world";
  printf("%d₩n",strlen(arr));
}
```

① 11
② 12
③ 13
④ 14
⑤ 15

CHAPTER 05

자원관리능력

합격 Cheat Key

자원관리능력은 현재 NCS 기반 채용을 진행하는 많은 공사·공단에서 핵심영역으로 자리 잡아, 일부를 제외한 대부분의 시험에서 출제되고 있다.

세부 유형은 비용 계산, 해외파견 지원금 계산, 주문 제작 단가 계산, 일정 조율, 일정 선정, 행사 대여 장소 선정, 최단거리 구하기, 시차 계산, 소요시간 구하기, 해외파견 근무 기준에 부합하는 또는 부합하지 않는 직원 고르기 등으로 나눌 수 있다.

1 시차를 먼저 계산하라!

시간 자원 관리의 대표유형 중 시차를 계산하여 일정에 맞는 항공권을 구입하거나 회의시간을 구하는 문제에서는 각각의 나라 시간을 한국 시간으로 전부 바꾸어 계산하는 것이 편리하다. 조건에 맞는 나라들의 시간을 전부 한국 시간으로 바꾸고 한국 시간과의 시차만 더하거나 빼면 시간을 단축하여 풀 수 있다.

2 선택지를 잘 활용하라!

계산을 해서 값을 요구하는 문제 유형에서는 선택지를 먼저 본 후 자리 수가 몇 단위로 끝나는지 확인해야 한다. 예를 들어 412,300원, 426,700원, 434,100원인 선택지가 있다고 할 때, 제시된 조건에서 100원 단위로 나올 수 있는 항목을 찾아 그 항목만 계산하는 방법이 있다. 또한, 일일이 계산하는 문제가 많다. 예를 들어 640,000원, 720,000원, 810,000원 등의 수를 이용해 푸는 문제가 있다고 할 때, 만 원 단위를 절사하고 계산하여 64, 72, 81처럼 요약하는 방법이 있다.

3 최적의 값을 구하는 문제인지 파악하라!

물적 자원 관리의 대표유형에서는 제한된 자원 내에서 최대의 만족 또는 이익을 얻을 수 있는 방법을 강구하는 문제가 출제된다. 이때, 구하고자 하는 값을 x, y로 정하고 연립방정식을 이용해 x, y 값을 구한다. 최소 비용으로 목표생산량을 달성하기 위한 업무 및 인력 할당, 정해진 시간 내에 최대 이윤을 낼 수 있는 업체 선정, 정해진 인력으로 효율적 업무 배치 등을 구하는 문제에서 사용되는 방법이다.

4 각 평가항목을 비교하라!

인적 자원 관리의 대표유형에서는 각 평가항목을 비교하여 기준에 적합한 인물을 고르거나, 저렴한 업체를 선정하거나, 총점이 높은 업체를 선정하는 문제가 출제된다. 이런 유형은 평가항목에서 가격이나 점수 차이에 영향을 많이 미치는 항목을 찾아 $1\sim2$개의 선택지를 삭제하고, 남은 $3\sim4$개의 선택지만 계산하여 시간을 단축할 수 있다.

01 시간 계획

| 유형분석 |

- 시간 자원과 관련된 다양한 정보를 활용하여 풀어 가는 유형이다.
- 대체로 교통편 정보나 국가별 시차 정보가 제공되며, 이를 근거로 '현지 도착시간 또는 약속된 시간 내에 도착하기 위한 방안'을 고르는 문제가 출제된다.

해외영업부 A대리는 B부장과 함께 샌프란시스코에 출장을 가게 되었다. 샌프란시스코의 시각은 한국보다 16시간 느리고, 비행시간은 10시간 25분일 때 샌프란시스코 현지 시각으로 11월 17일 오전 10시 35분에 도착하는 비행기를 타려면 한국 시각으로 몇 시까지 인천공항에 도착해야 하는가?

구분	날짜	출발 시각	비행 시간	날짜	도착 시각
인천 → 샌프란시스코	11월 17일		10시간 25분	11월 17일	10:35
샌프란시스코 → 인천	11월 21일	17:30	12시간 55분	11월 22일	22:25

※ 단, 비행기 출발 한 시간 전에 공항에 도착해 티켓팅을 해야 한다.

① 12:10
② 13:10
③ 14:10
④ 15:10
⑤ 16:10

정답 ④

인천에서 샌프란시스코까지 비행 시간은 10시간 25분이므로, 샌프란시스코 도착 시각에서 거슬러 올라가면 샌프란시스코 시각으로 00시 10분에 출발한 것이 된다. 이때 한국은 샌프란시스코보다 16시간 빠르기 때문에 한국 시각으로는 16시 10분에 출발한 것이다. 하지만 비행기 티켓팅을 위해 출발 한 시간 전에 인천공항에 도착해야 하므로 15시 10분까지 공항에 가야 한다.

풀이 전략!

문제에서 묻는 것을 정확히 파악한다. 특히 제한사항에 대해서는 빠짐없이 확인해 두어야 한다. 이후 제시된 정보(시차 등)에서 필요한 것을 선별하여 문제를 풀어 간다.

대표기출유형 01 기출응용문제

01 해외로 출장을 가는 김대리는 다음 〈조건〉에 따라 이동하려고 계획하고 있다. 연착 없이 계획대로 출장지에 도착했다면, 도착했을 때의 현지 시각은?

조건

- 서울 시각으로 5일 오후 1시 35분에 출발하는 비행기를 타고, 경유지 한 곳을 거쳐 출장지에 도착한다.
- 경유지는 서울보다 1시간 빠르고, 출장지는 경유지보다 2시간 느리다.
- 첫 번째 비행은 3시간 45분이 소요된다.
- 경유지에서 3시간 50분을 대기하고 출발한다.
- 두 번째 비행은 9시간 25분이 소요된다.

① 오전 5시 35분
② 오전 6시
③ 오후 5시 35분
④ 오후 6시
⑤ 오후 7시

02 오전 5시 40분에 당고개역에서 출발하는 4호선 오이도행 열차가 있다. 다음은 오이도역에서 출발하는 4호선 당고개행 열차의 출발 시각이다. 오이도에서 당고개까지 총 47개의 역일 때, 당고개역에서 출발하는 열차가 오이도역에서 출발하는 열차와 몇 번째 역에서 마주치게 되겠는가?(단, 다음 정차역까지 걸리는 시간은 모두 2분 간격이며, 오이도역을 1번으로 하여 순번을 매긴다)

〈당고개행 열차 오이도역 출발 시각〉

열차	출발 시각
㉮	06:00
㉯	06:24
㉰	06:48

	㉮	㉯	㉰
①	21번째 역	15번째 역	9번째 역
②	19번째 역	13번째 역	7번째 역
③	17번째 역	11번째 역	5번째 역
④	14번째 역	10번째 역	4번째 역
⑤	14번째 역	9번째 역	3번째 역

02 | 비용 계산

| 유형분석 |

- 예산 자원과 관련된 다양한 정보를 활용하여 문제를 풀어간다.
- 대체로 한정된 예산 내에서 수행할 수 있는 업무 및 예산 가격을 묻는 문제가 출제된다.

연봉 실수령액을 구하는 식이 〈보기〉와 같을 때, 연봉이 3,480만 원인 A씨의 연간 실수령액은?(단, 원 단위는 절사한다)

보기

- (연봉 실수령액)=(월 실수령액)×12
- (월 실수령액)=(월 급여)−[(국민연금)+(건강보험료)+(고용보험료)+(장기요양보험료)+(소득세)+(지방세)]
- (국민연금)=(월 급여)×4.5%
- (건강보험료)=(월 급여)×3.12%
- (고용보험료)=(월 급여)×0.65%
- (장기요양보험료)=(건강보험료)×7.38%
- (소득세)=68,000원
- (지방세)=(소득세)×10%

① 30,944,400원
② 31,078,000원
③ 31,203,200원
④ 32,150,800원
⑤ 32,497,600원

정답 ①

A씨의 월 급여는 3,480만÷12=290만 원이다.
국민연금, 건강보험료, 고용보험료를 제외한 금액을 계산하면
290만−[290만×(0.045+0.0312+0.0065)]
→ 290만−(290만×0.0827)
→ 290만−239,830=2,660,170원
- 장기요양보험료 : (290만×0.0312)×0.0738≒6,670원(∵ 원 단위 이하 절사)
- 지방세 : 68,000×0.1=6,800원

따라서 A씨의 월 실수령액은 2,660,170−(6,670+68,000+6,800)=2,578,700원이고,
연 실수령액은 2,578,700×12=30,944,400원이다.

풀이 전략!

제한사항인 예산을 고려하여 문제에서 묻는 것을 정확히 파악한 후, 제시된 정보에서 필요한 것을 선별하여 문제를 풀어간다.

01 A팀장은 6월부터 10월까지 매월 부산에서 열리는 세미나에 참석하기 위해 숙소를 예약해야 한다. A팀장이 다음 〈조건〉에 따라 예약사이트 M투어, H트립, S닷컴, T호텔스 중 한 곳을 통해 숙소를 예약하고자 할 때, A팀장이 이용할 예약사이트와 6월부터 10월까지의 총 숙박비용이 바르게 연결된 것은?

〈예약사이트별 예약 정보〉

예약사이트	가격(원/1박)	할인행사
M투어	120,500	3박 이용 시(연박 아니어도 3박 기록 있으면 유효) 다음 달에 30% 할인 쿠폰 1매 제공
H트립	111,000	6월부터 8월 사이 1박 이상 숙박 이용내역이 있을 시 10% 할인
S닷컴	105,500	2박 이상 연박 시 10,000원 할인
T호텔스	105,000	멤버십 가입 시 1박당 10% 할인(멤버십 가입비 20,000원)

조건

- 세미나를 위해 6월부터 10월까지 매월 1박 2일로 숙소를 예약한다.
- 숙소는 항상 ㅁㅁ호텔을 이용한다.
- A팀장은 6월부터 10월까지 총 5번의 숙박비용의 합을 최소화하고자 한다.

	예약사이트	총 숙박비용
①	M투어	566,350원
②	H트립	492,500원
③	H트립	532,800원
④	S닷컴	527,500원
⑤	T호텔스	492,500원

02 다음 자료를 참고하여 A대리가 일정을 소화하는 데 드는 교통수단별 교통비가 바르게 짝지어진 것은?(단, 하루 종일 같은 교통수단을 이용하고, 추가요금은 100m마다 발생한다)

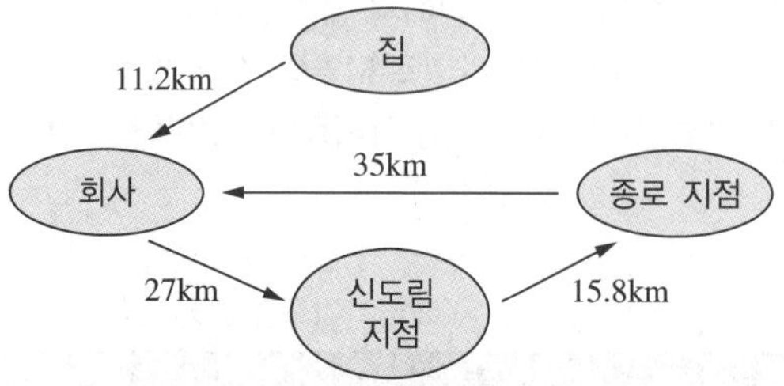

구분	택시	버스	자가용
기본요금	2,800원(5km까지)	1,000원	없음
추가요금	500원/km	없음	1,000원/km

〈A대리의 일정〉

- 회사에 출근하여 브리핑 서류를 작성해야 한다.
- 오전 중 신도림 지점을 방문한 후, 신도림 지점장과 함께 점심식사를 한다.
- 오후에는 종로 지점을 방문하여 영업실적을 확인하고 다시 회사로 돌아와 보고서를 작성해야 한다.

① 택시 46,750원
② 택시 45,700원
③ 버스 5,000원
④ 자가용 89,100원
⑤ 자가용 88,100원

03 K컨벤션에서 회의실 예약업무를 담당하고 있는 A사원은 2주 전 B기업으로부터 오전 10시 ~ 낮 12시에 35명, 오후 1시 ~ 4시에 10명이 이용할 수 있는 회의실 예약문의를 받았다. A사원은 회의실 예약 설명서를 B기업으로 보냈고 B기업은 이를 바탕으로 회의실을 선택하여 결제했다. 하지만 이용일 4일 전 B기업이 오후 회의실 사용을 취소하였다. 이때, 〈조건〉을 참고하여 B기업이 환불받게 될 금액은 얼마인가?(단, 회의에서는 노트북과 빔프로젝터를 이용하며, 부대장비 대여료도 환불규칙에 포함된다)

〈회의실 사용료(VAT 포함)〉

회의실	수용 인원(명)	면적(m^2)	기본임대료(원)		추가임대료(원)	
			기본시간	임대료	추가시간	임대료
대회의실	90	184	2시간	240,000	시간당	120,000
별실	36	149		400,000		200,000
세미나 1	21	43		136,000		68,000
세미나 2						
세미나 3	10	19		74,000		37,000
세미나 4	16	36		110,000		55,000
세미나 5	8	15		62,000		31,000

〈부대장비 대여료(VAT 포함)〉

장비명	사용료(원)				
	1시간	2시간	3시간	4시간	5시간
노트북	10,000	10,000	20,000	20,000	30,000
빔프로젝터	30,000	30,000	50,000	50,000	70,000

조건

- 기본임대시간은 2시간이며, 1시간 단위로 연장할 수 있습니다.
- 예약 시 최소 인원은 수용 인원의 $\frac{1}{2}$ 이상이어야 합니다.
- 예약 가능한 회의실 중 비용이 저렴한 쪽을 선택해야 합니다.

〈환불규칙〉

- 결제완료 후 계약을 취소하시는 경우 다음과 같이 취소수수료가 발생합니다.
  - 이용일 기준 7일 이전 : 취소수수료 없음
  - 이용일 기준 6 ~ 3일 이전 : 취소수수료 10%
  - 이용일 기준 2 ~ 1일 이전 : 취소수수료 50%
  - 이용일 당일 : 환불 불가
- 회의실에는 음식물을 반입하실 수 없습니다.
- 이용일 7일 전까지(7일 이내 예약 시에는 금일 중) 결제해야 합니다.
- 결제 변경은 해당 회의실 이용시간 전까지 가능합니다.

① 162,900원　② 183,600원
③ 211,500원　④ 246,600원
⑤ 387,000원

03 품목 확정

| 유형분석 |

- 물적 자원과 관련된 다양한 정보를 활용하여 풀어 가는 문제이다.
- 주로 공정도・제품・시설 등에 대한 가격・특징・시간 정보가 제시되며, 이를 종합적으로 고려하는 문제가 출제된다.

K공사에 근무하는 김대리는 사내시험에서 2점짜리 문제를 8개, 3점짜리 문제를 10개, 5점짜리 문제를 6개를 맞혀 총 76점을 맞았다. 다음을 통해 최대리가 맞힌 문제의 총개수는 몇 개인가?

〈사내시험 규정〉

문제 수 : 43문제
만점 : 141점
- 2점짜리 문제 수는 3점짜리 문제 수보다 12문제 적다.
- 5점짜리 문제 수는 3점짜리 문제 수의 절반이다.

- 최대리가 맞힌 2점짜리 문제의 개수는 김대리와 동일하다.
- 최대리의 점수는 총 38점이다.

① 14개
② 15개
③ 16개
④ 17개
⑤ 18개

정답 ①

최대리는 2점짜리 문제를 김대리가 맞힌 개수만큼 맞혔으므로 8개, 즉 16점을 획득했다. 최대리가 맞힌 3점짜리와 5점짜리 문제를 합하면 38－16＝22점이 나와야 한다. 3점과 5점의 합으로 22가 나오기 위해서는 3점짜리는 4문제, 5점짜리는 2문제를 맞혀야 한다.

따라서 최대리가 맞힌 문제의 총개수는 8개(2점짜리)＋4개(3점짜리)＋2개(5점짜리)＝14개이다.

풀이 전략!

문제에서 묻고자 하는 바를 정확히 파악하는 것이 중요하다. 문제에서 제시한 물적 자원의 정보를 문제의 의도에 맞게 선별하면서 풀어 간다.

01 신입사원 J씨는 A～E 총 5개의 과제 중 어떤 과제를 먼저 수행해야 할지를 결정하기 위해 평가표를 작성하였다. 다음 자료를 근거로 할 때 가장 먼저 수행할 과제는?(단, 평가 항목 점수를 합산하여 최종 점수가 가장 높은 과제부터 수행한다)

〈과제별 평가표〉

(단위 : 점)

구분	A	B	C	D	E
중요도	84	82	95	90	94
긴급도	92	90	85	83	92
적용도	96	90	91	95	83

※ 과제당 다음과 같은 가중치를 별도로 부여하여 계산한다.
[(중요도)×0.3]+[(긴급도)×0.2]+[(적용도)×0.1]
※ 항목별로 최하위 점수에 해당하는 과제는 선정하지 않는다.

① A
② B
③ C
④ D
⑤ E

02 K공사 인재개발원에 근무하고 있는 A대리는 〈조건〉에 따라 신입사원 교육을 위한 스크린을 구매하려고 한다. 다음 중 가장 적절한 제품은 무엇인가?

조건

- 조명도는 5,000lx 이상이어야 한다.
- 예산은 150만 원이다.
- 제품에 이상이 생겼을 때 A/S가 신속해야 한다.
- 위 조건을 모두 충족할 시 가격이 저렴한 제품을 가장 우선으로 선정한다.

※ lux(럭스) : 조명이 밝은 정도를 말하는 조명도에 대한 실용단위로, 기호는 lx이다.

	제품	가격(만 원)	조명도(lx)	특이사항
①	A	180	8,000	2년 무상 A/S 가능
②	B	120	6,000	해외직구(해외 A/S)
③	C	100	3,500	미사용 전시 제품
④	D	150	5,000	미사용 전시 제품
⑤	E	130	7,000	2년 무상 A/S 가능

04 인원 선발

| 유형분석 |

- 인적 자원과 관련된 다양한 정보를 활용하여 풀어 가는 문제이다.
- 주로 근무명단, 휴무일, 업무할당 등의 주제로 다양한 정보를 활용하여 종합적으로 풀어 가는 문제가 출제된다.

어느 버스회사에서 (가)시에서 (나)시를 연결하는 버스 노선을 개통하기 위해 새로운 버스를 구매하려고 한다. 다음 〈조건〉과 같이 노선을 운행하려고 할 때, 최소 몇 대의 버스를 구매해야 하며 이때 필요한 운전사는 최소 몇 명인가?

조건

1) 새 노선의 왕복 시간 평균은 2시간이다(승하차 시간을 포함).
2) 배차시간은 15분 간격이다.
3) 운전사의 휴식시간은 매 왕복 후 30분씩이다.
4) 첫차는 05시 정각에, 막차는 23시에 (가)시를 출발한다.
5) 모든 차는 (가)시에 도착하자마자 (나)시로 곧바로 출발하는 것을 원칙으로 한다.
   즉, (가)시에 도착하는 시간이 바로 (나)시로 출발하는 시간이다.
6) 모든 차는 (가)시에서 출발해서 (가)시로 복귀한다.

	버스	운전사
①	6대	8명
②	8대	10명
③	10대	12명
④	12대	14명
⑤	14대	16명

정답 ②

왕복 시간이 2시간, 배차 간격이 15분이라면 첫차가 재투입되는 데 필요한 앞차의 수는 첫차를 포함해서 8대이다(∵ 15분×8대=2시간이므로 8대 버스가 운행된 이후 9번째에 첫차 재투입 가능).
운전사는 왕복 후 30분의 휴식을 취해야 하므로 첫차를 운전했던 운전사는 2시간 30분 뒤에 운전을 시작할 수 있다. 따라서 8대의 버스로 운행하더라도 운전자는 150분 동안 운행되는 버스 150÷15=10대를 운전하기 위해서는 10명의 운전사가 필요하다.

풀이 전략!

문제에서 신입사원 채용이나 인력배치 등의 주제가 출제될 경우에는 주어진 규정 혹은 규칙을 꼼꼼히 확인하여야 한다. 이를 근거로 각 선택지가 어긋나지 않는지 검토하며 문제를 풀어 간다.

01 K공사에서는 A～N직원 중 면접위원을 선발하고자 한다. 면접위원의 구성 조건이 다음과 같을 때, 적절하지 않은 것은?

〈면접위원 구성 조건〉

- 면접관은 총 6명으로 구성한다.
- 이사 이상의 직급으로 50% 이상 구성해야 한다.
- 인사팀을 제외한 모든 부서는 두 명 이상 선출할 수 없고, 인사팀은 반드시 두 명을 포함한다.
- 모든 면접위원의 입사 후 경력은 3년 이상으로 한다.

직원	직급	부서	입사 후 경력
A	대리	인사팀	2년
B	과장	경영지원팀	5년
C	이사	인사팀	8년
D	과장	인사팀	3년
E	사원	홍보팀	6개월
F	과장	홍보팀	2년
G	이사	고객지원팀	13년
H	사원	경영지원팀	5개월
I	이사	고객지원팀	2년
J	과장	영업팀	4년
K	대리	홍보팀	4년
L	사원	홍보팀	2년
M	과장	개발팀	3년
N	이사	개발팀	8년

① L사원은 면접위원으로 선출될 수 없다.

② N이사는 반드시 면접위원으로 선출된다.

③ B과장이 면접위원으로 선출됐다면 K대리도 선출된다.

④ 과장은 두 명 이상 선출되었다.

⑤ 모든 부서에서 면접위원이 선출될 수는 없다.

02 K공사 인사부의 P사원은 직원들의 근무평정 업무를 수행하고 있다. 다음 가점평정 기준표를 참고할 때, P사원이 Q과장에게 부여해야 할 가점은?

〈가점평정 기준표〉

구분		내용	가점	인정 범위	비고
근무경력		본부 근무 1개월(본부, 연구원, 인재개발원 또는 정부부처 파견근무기간 포함)	0.03점 (최대 1.8점)	1.8점	동일 근무기간 중 다른 근무경력 가점과 원거리, 장거리 및 특수지
		지역본부 근무 1개월(지역본부 파견근무기간 포함)	0.015점 (최대 0.9점)	1.8점	가점이 중복될 경우, 원거리, 장거리 및 특수지 근무 가점은 1/2만 인정
		원거리 근무 1개월	0.035점 (최대 0.84점)		
		장거리 근무 1개월	0.025점 (최대 0.6점)		
		특수지 근무 1개월	0.02점 (최대 0.48점)		
내부평가		내부평가결과 최상위 10%	월 0.012점	0.5점	현 직위에 누적됨 (승진 후 소멸)
		내부평가결과 차상위 10%	월 0.01점		
제안	제안상 결정 시	금상	0.25점	0.5점	수상 당시 직위에 한정함
		은상	0.15점		
		동상	0.1점		
	시행결과 평가	탁월	0.25점	0.5점	제안상 수상 당시 직위에 한정함
		우수	0.15점		

〈Q과장 가점평정 사항〉

- 입사 후 36개월 동안 본부에서 연구원으로 근무
- 지역본부에서 24개월 동안 근무
  - 지역본부에서 24개월 동안 근무 중 특수지에서 12개월 동안 파견근무
- 본부로 복귀 후 현재까지 총 23개월 근무
- 팀장(직위 : 과장)으로 승진 후 현재까지 업무 수행 중
  - 내부평가결과 최상위 10% 총 12회
  - 내부평가결과 차상위 10% 총 6회
  - 금상 2회, 은상 1회, 동상 1회 수상
  - 시행결과평가 탁월 2회, 우수 1회

① 3.284점
② 3.454점
③ 3.604점
④ 3.854점
⑤ 3.974점

PART 2

최종점검 모의고사

제1회
최종점검 모의고사

※ 한국도로공사서비스 최종점검 모의고사는 2023년 채용공고 및 후기를 기준으로 구성한 것으로 실제 시험과 다를 수 있습니다.

■ 취약영역 분석

번호	O/×	영역
01		의사소통능력
02		
03		
04		
05		
06		
07		
08		
09		
10		
11		
12		
13		문제해결능력
14		
15		
16		
17		
18		
19		
20		
21		
22		
23		
24		

번호	O/×	영역
25		조직이해능력
26		
27		
28		
29		
30		
31		
32		
33		
34		
35		
36		
37		정보능력
38		
39		
40		
41		
42		
43		
44		
45		
46		
47		
48		

번호	O/×	영역
49		자원관리능력
50		
51		
52		
53		
54		
55		
56		
57		
58		
59		
60		

평가문항	60문항	평가시간	70분
시작시간	:	종료시간	:
취약영역			

모바일 OMR

제1회 최종점검 모의고사

응시시간 : 70분 문항 수 : 60문항

정답 및 해설 p.034

01 **다음 글의 맥락과 유사한 내용으로 가장 적절한 것은?**

> 무시무시한 자연재해가 자연을 정복하려는 인간에 대한 자연의 '보복'이라고 자책할 필요는 없다. 자연이 만물의 영장인 우리에게 특별한 관심을 보여 주기를 바라는 것은 우리의 소박한 희망일 뿐이다. 자연은 누구에게도 그런 너그러움을 보여 줄 뜻이 없는 것이 확실하다. 위험한 자연에서 스스로 생존을 지켜내는 것은 우리의 가장 중요한 책무이다. 따라서 과학을 이용해 자연재해의 피해를 줄이고, 더욱 안전하고 안락한 삶을 추구하려는 우리의 노력은 계속되어야 한다.

① 과학의 발달로 인해 인간보다 자연이 더 큰 피해를 입었다.
② 과욕을 버리면 질병이 치유될 수 있다. 왜냐하면 질병은 인간의 과욕이 부른 결과이기 때문이다.
③ 의약품이 인간의 질병을 치유한 경우도 많다. 그러나 의약품 때문에 발생하는 질병도 많다.
④ 의학은 인간의 자연 치유력을 감소시킨 측면이 있다. 하지만 질병을 극복하기 위해서는 의학이 필요하다.
⑤ 인간의 몸은 스스로 치유의 능력이 있다. 예전에 아무런 의학 처방 없이 많은 질병이 치유된 것도 이 때문이다.

02 **다음 글의 주제로 가장 적절한 것은?**

> 높은 휘발유세는 자동차를 사용함으로써 발생하는 다음과 같은 문제들을 줄이는 교정적 역할을 수행한다. 첫째, 휘발유세는 사람들의 대중교통수단 이용을 유도하고, 자가용 사용을 억제함으로써 교통 혼잡을 줄여 준다. 둘째, 교통사고 발생 시 대형 차량이나 승합차가 중소형 차량에 비해 더욱 치명적인 피해를 줄 가능성이 높다. 이와 관련해서 휘발유세는 휘발유를 많이 소비하는 대형 차량을 운행하는 사람에게 보다 높은 비용을 치르게 함으로써 교통사고 위험에 대한 간접적인 비용을 징수하는 효과를 가진다. 셋째, 휘발유세는 휘발유 소비를 억제함으로써 대기오염을 줄이는 데 기여한다.

① 휘발유세의 용도
② 높은 휘발유세의 정당성
③ 휘발유세의 지속적 인상
④ 에너지 소비 절약
⑤ 휘발유세의 감소 원인

03 다음 글에서 〈보기〉가 들어갈 위치로 가장 적절한 곳은?

문화가 발전하려면 저작자의 권리 보호와 저작물의 공정 이용이 균형을 이루어야 한다. 저작물의 공정 이용이란 저작권자의 권리를 일부 제한하여 저작권자의 허락이 없어도 저작물을 자유롭게 이용하는 것을 말한다. 대표적으로 비영리적인 사적 복제를 허용하는 것이 있다. ___㉮___ 우리나라의 저작권법에서는 오래전부터 공정 이용으로 볼 수 있는 저작권 제한 규정을 두었다.
그런데 디지털 환경에서 저작물의 공정 이용은 여러 장애에 부딪혔다. 디지털 환경에서는 저작물을 원본과 동일하게 복제할 수 있고 용이하게 개작할 수 있다. ___㉯___ 그 결과 디지털화된 저작물의 이용 행위가 공정 이용의 범주에 드는 것인지 가늠하기가 더 어려워졌고 그에 따른 처벌 위험도 커졌다. ___㉰___
이러한 문제를 해소하기 위한 시도의 하나로 포괄적으로 적용할 수 있는 '저작물의 공정한 이용' 규정이 저작권법에 별도로 신설되었다. 그리하여 저작권자의 동의가 없어도 저작물을 공정하게 이용할 수 있는 영역이 확장되었다. 그러나 공정 이용 여부에 대한 시비가 자율적으로 해소되지 않으면 예나 지금이나 법적인 절차를 밟아 갈등을 해소해야 한다. ___㉱___ 저작물 이용의 영리성과 비영리성, 목적과 종류, 비중, 시장 가치 등이 법적인 판단의 기준이 된다.
저작물 이용자들이 처벌에 대한 불안감을 여전히 느낀다는 점에서 저작물의 자유 이용 허락 제도와 같은 '저작물의 공유' 캠페인이 주목을 받고 있다. 이 캠페인은 저작권자들이 자신의 저작물에 일정한 이용 허락 조건을 표시해서 이용자들에게 무료로 개방하는 것을 말한다. 누구의 저작물이든 개별적인 저작권을 인정하지 않고 모두가 공동으로 소유하자고 주장하는 사람들과 달리, 이 캠페인을 펼치는 사람들은 기본적으로 자신과 타인의 저작권을 존중한다. 캠페인 참여자들은 저작권자와 이용자들의 자발적인 참여를 통해 자유롭게 활용할 수 있는 저작물의 양과 범위를 확대하려고 노력한다. ___㉲___ 그러나 캠페인에 참여한 저작물을 이용할 때 허용된 범위를 벗어난 경우 법적 책임을 질 수 있다.

보기

㉠ 따라서 저작물이 개작되더라도 그것이 원래 창작물인지 2차적 저작물인지 알기 어렵다.
㉡ 이들은 저작물의 공유가 확산되면 디지털 저작물의 이용이 활성화되고 그 결과 인터넷이 더욱 창의적이고 풍성한 정보 교류의 장(場)이 될 것이라고 본다.

	㉠	㉡
①	㉮	㉯
②	㉯	㉰
③	㉯	㉱
④	㉯	㉲
⑤	㉮	㉲

※ 다음은 색채심리학을 소개하는 기사 내용이다. 이어지는 질문에 답하시오. [4~5]

색채는 상징성과 이미지를 지니는 동시에 인간과 심리적 교감을 나눈다. 과거 노란색은 중국 황제를 상징했고, 보라색은 로마 황제의 색이었다. 또한, 붉은색은 공산주의의 상징이었다. 백의민족이라 불린 우리 민족은 태양의 광명인 흰색을 숭상했던 것으로 보여진다. 이처럼 각 색채는 희망・열정・사랑・생명・죽음 등 다양한 상징을 갖고 있다. 여기에 각 색깔이 주는 독특한 자극은 인간의 감성과 심리에 큰 영향을 미치고 있으며, 이는 색채심리학이라는 학문의 등장으로 이어졌다.
색채심리학이란 색채와 관련된 인간의 행동(반응)을 연구하는 심리학을 말한다. 색채심리학에서는 색각(色覺)의 문제로부터, 색채가 가지는 인상・조화감 등에 이르는 여러 문제를 다룬다. 그뿐만 아니라, 생리학・예술・디자인・건축 등과도 관계를 가진다. 특히, 색채가 어떠하며, 우리 눈에 그것이 어떻게 보이고, 어떤 느낌을 주는지는 색채심리학이 다루는 연구대상 중 가장 주요한 부분이다.
우리는 보통 몇 가지의 색을 동시에 보게 된다. 이럴 경우 몇 가지의 색이 상호작용을 하므로, 한 가지의 색을 볼 때와는 다른 현상이 일어난다. 그 대표적인 것이 대비(對比) 현상이다. 색채의 대비는 2개 이상의 색을 동시에 보거나, 계속해서 볼 때 일어나는 현상이다. 전자를 '동시대비', 후자를 '계속대비'라 한다. 이때 제시되는 색은 서로 영향을 미치며, 각기 지니고 있는 색의 특성을 더욱 강조하는 경향이 생긴다.
이러한 색의 대비 현상을 살펴보면, 색에는 색상・명도(색의 밝기 정도)・채도(색의 선명도)의 3가지 속성이 있으며, 이에 따라, 색상대비・명도대비・채도대비의 3가지 대비를 볼 수 있다. 색상대비는 색상이 다른 두 색을 동시에 이웃하여 놓았을 때 두 색이 서로의 영향으로 색상 차가 나는 현상이다. 다음으로 명도대비는 명도가 다른 두 색을 이웃하거나 배색하였을 때, 밝은 색은 더욱 밝게, 어두운 색은 더욱 어둡게 보이는 현상으로 볼 수 있다. 그리고 채도대비는 채도가 다른 두 색을 인접시켰을 때 서로의 영향을 받아 채도가 높은 색은 더욱 높아 보이고 채도가 낮은 색은 더욱 낮아 보이는 현상을 말한다.
오늘날 색의 대비 현상은 일상생활에서 많이 활용되고 있다. 색채를 활용하여 먼 거리에서 더 잘 보이게 하거나 뚜렷하게 보이도록 해야 할 때가 있는데, 그럴 경우에는 배경과 그 앞에 놓이는 그림의 속성 차를 크게 해야 한다. 일반적으로 배경색과 그림색의 속성이 다르면 다를수록 그림은 명확하게 인지되고, 멀리서도 잘 보인다. 색의 대비 중 이와 같은 현상에 가장 영향을 미치는 것은 명도대비이며 그다음이 색상대비, 채도대비의 순이다. 특히, 멀리서도 잘 보여야 하는 표지류 등은 대비량이 큰 색을 사용한다.
색이 우리 눈에 보이는 현상으로는 이 밖에도 잔상색・순응색 등이 있다. 흰 종이 위에 빨간 종이를 놓고 잠깐 동안 주시한 다음 빨간 종이를 없애면, 흰 종이 위에 빨간 청록색이 보인다. 이것이 이른바 보색잔상으로서 비교적 밝은 면에서 잔상을 관찰했을 때 나타나는 현상이다. 그러나 암흑 속이나 백광색의 자극을 받을 때는 매우 복잡한 양상을 띤다. 또, 조명광이나 물체색(物體色)을 오랫동안 계속 쳐다보고 있으면, 그 색에 순응되어 색의 지각이 약해진다. 그래서 조명에 의해 물체색이 바뀌어도 자신이 알고 있는 고유의 색으로 보이게 되는데 이러한 현상을 '색순응'이라고 한다.

04 다음 중 윗글을 읽고 이해한 내용으로 적절하지 않은 것은?

① 색채의 대비 중 2개 이상의 색을 계속 보는 경우를 '계속대비'라 한다.
② 색을 계속 응시하면 색의 보이는 상태가 변화됨을 알 수 있다.
③ 색채심리학은 색채가 우리에게 어떤 느낌을 주는지도 연구한다.
④ 배경과·그림의 속성 차를 작게 할수록 뚜렷하게 보이는 효과가 있다.
⑤ 멀리서도 잘 보여야 하는 경우는 대비량이 큰 색을 사용한다.

PART 2

05 다음 중 윗글을 읽고 추론한 내용으로 가장 적절한 것은?

① 무채색 위에 둔 유채색이 훨씬 선명하게 보이는 현상은 명도대비로 볼 수 있다.
② 연두색 배경 위에 놓인 노란색은 좀 더 붉은 색을 띠게 되는데 이는 색상대비로 볼 수 있다.
③ 어두운 밝기의 회색이 검은색 바탕 위에 놓일 경우 밝아 보이는데 이는 채도대비로 볼 수 있다.
④ 색의 물체를 응시한 후 흰 벽으로 눈을 옮기면 전자의 색에 칠하여진 동형의 상을 볼 수 있는데 이는 색순응으로 볼 수 있다.
⑤ 파란색 선글라스를 통해 푸르게 보이던 것이 곧 익숙해져서 본래의 색으로 느끼는 것은 보색잔상으로 볼 수 있다.

06 다음 글에 이어질 내용으로 가장 적절한 것은?

테레민이라는 악기는 손을 대지 않고 연주하는 악기이다. 이 악기를 연주하기 위해 연주자는 허리 높이쯤에 위치한 상자 앞에 선다. 오른손은 상자에 수직으로 세워진 안테나 주위에서 움직인다. 오른손의 엄지손가락과 집게손가락으로 고리를 만들고 손을 흔들면서 나머지 손가락을 하나씩 펴면 안테나에 손이 닿지 않고서도 음이 들린다. 이때 들리는 음은 피아노 건반을 눌렀을 때 나는 것처럼 정해진 음이 아니고 현악기를 연주하는 것과 같은 연속음이며, 소리는 손과 손가락의 움직임에 따라 변한다. 왼손은 손가락을 펼친 채로 상자에서 수평으로 뻗은 안테나 위에서 서서히 오르내리면서 소리를 조절한다.

오른손으로는 수직 안테나와의 거리에 따라 음고(音高)를 조절하고, 왼손으로는 수평 안테나와의 거리에 따라 음량을 조절한다. 따라서 오른손과 수직 안테나는 음고를 조절하는 회로에 속하고 왼손과 수평 안테나는 음량을 조절하는 또 다른 회로에 속한다. 이 두 회로가 하나로 합쳐지면서 두 손의 움직임에 따라 음고와 음량을 변화시킬 수 있다.

어떻게 테레민에서 다른 음고의 음이 발생하는지 알아보자. 음고를 조절하는 회로는 가청주파수 범위 바깥의 주파수를 갖는 서로 다른 두 개의 음파를 발생시킨다. 이 두 개의 음파 사이에 존재하는 주파수의 차이 값에 의해 가청주파수를 갖는 새로운 진동이 발생하는데 그것으로 소리를 만든다. 가청주파수 범위 바깥의 주파수 중 하나는 고정된 주파수를 갖고 다른 하나는 연주자의 손 움직임에 따라 주파수가 바뀐다. 이렇게 발생한 주파수의 변화에 의해 진동이 발생하고 이 진동의 주파수는 가청주파수 범위 내에 있기 때문에 그 진동을 증폭시켜 스피커로 보내면 소리가 들린다.

① 수직 안테나에 손이 닿으면 소리가 발생하는 원리
② 왼손의 손가락 모양에 따라 음고가 바뀌는 원리
③ 수평 안테나와 왼손 사이의 거리에 따라 음량이 조절되는 원리
④ 음고를 조절하는 회로에서 가청주파수의 진동이 발생하는 원리
⑤ 오른손 손가락으로 가상의 피아노 건반을 눌러 음량을 변경하는 원리

07 다음 문단을 논리적 순서대로 바르게 나열한 것은?

(가) 나무를 가꾸기 위해서는 처음부터 여러 가지를 고려해 보아야 한다. 심을 나무의 생육조건, 나무의 형태, 성목이 되었을 때의 크기, 꽃과 단풍의 색, 식재지역의 기후와 토양 등을 종합적으로 생각하고 심어야 한다. 나무의 생육조건은 저마다 다르기 때문에 지역의 환경조건에 적합한 나무를 선별하여 환경에 적응하도록 해야 한다. 동백나무와 석류, 홍가시나무는 남부지방에 키우기 적합한 나무로 알려져 있지만 지구온난화로 남부수종의 생육한계선이 많이 북상하여 중부지방에서도 재배가 가능한 나무도 있다. 부산의 도로 중앙분리대에서 보았던 잎이 붉은 홍가시나무는 여주의 시골집 마당 양지바른 곳에서 3년째 잘 적응하고 있다.

(나) 더불어 나무의 특성을 외면하고 주관적인 해석에 따라 심었다가는 훗날 낭패를 보기 쉽다. 물을 좋아하는 수국 곁에 물을 싫어하는 소나무를 심었다면 둘 중 하나는 살기 어려운 환경이 조성된다. 나무를 심고 가꾸기 위해서는 전체적인 밑그림을 그려보고 생태적 특징을 살펴본 후에 심는 것이 바람직하다.

(다) 나무들이 밀집해 있으면 나무끼리의 경쟁은 물론 바람과 햇빛의 방해로 성장은 고사하고 병충해에 시달리기 쉽다. 또한 나무들은 성장속도가 다르기 때문에 항상 다 자란 나무의 모습을 상상하며 나무들 사이의 공간 확보를 염두에 두어야 한다. 그러나 묘목을 심고 보니 듬성듬성한 공간을 메꾸기 위하여 자꾸 나무를 심게 되는 실수를 저지른다.

(라) 식재계획의 시작은 장기적인 안목으로 적재적소의 원칙을 염두에 두고 나무를 선정해야 한다. 식물은 햇빛, 물, 바람의 조화를 이루면 잘 산다고 하지 않는가. 그래서 나무의 특성 중에서 햇볕을 좋아하는지 그늘을 좋아하는지, 물을 좋아하는지 여부를 살펴보는 것이 중요하다. 어린 묘목을 심을 경우 실수하는 것은 나무가 자랐을 때의 생육공간을 생각하지 않고 촘촘하게 심는 것이다.

① (가) – (나) – (다) – (라)
② (가) – (라) – (다) – (나)
③ (다) – (나) – (가) – (다)
④ (다) – (나) – (다) – (가)
⑤ (라) – (가) – (나) – (다)

PART 2

※ 다음 글을 읽고 이어지는 질문에 답하시오. [8~9]

18세기에는 열의 실체가 칼로릭(Caloric)이며, 칼로릭은 온도가 높은 쪽에서 낮은 쪽으로 흐르는 성질이 있으며 질량이 없는 입자들의 모임이라는 생각이 받아들여지고 있었다. 이를 칼로릭 이론이라 부르는데, 이에 따르면 찬 물체와 뜨거운 물체를 접촉시켜 놓았을 때 두 물체의 온도가 같아지는 것은 칼로릭이 뜨거운 물체에서 차가운 물체로 이동하기 때문이라는 것이다. 이러한 상황에서 과학자들의 큰 관심사 중의 하나는 증기기관과 같은 열기관의 열효율 문제였다.

열기관은 높은 온도의 열원에서 열을 흡수하고 낮은 온도의 대기와 같은 열기관 외부에 열을 방출하며 일을 하는 기관을 말하는데, 열효율은 열기관이 흡수한 열의 양 대비 한 일의 양으로 정의된다. 19세기 초에 카르노는 열기관의 열효율 문제를 칼로릭 이론에 기반을 두고 다루었다. 카르노는 물레방아와 같은 수력 기관에서 물이 높은 곳에서 낮은 곳으로 흐르면서 일을 할 때 물의 양과 한 일의 양의 비가 높이 차이에만 좌우되는 것에 주목하였다. 물이 높이 차에 의해 이동하는 것과 흡사하게 칼로릭도 고온에서 저온으로 이동하면서 일을 하게 되는데, 열기관의 열효율 역시 이러한 두 온도에만 의존한다는 것이었다.

한편 1840년대에 줄(Joule)은 일정량의 열을 얻기 위해 필요한 각종 에너지의 양을 측정하는 실험을 행하였다. 대표적인 것이 열의 일당량 실험이었다. 이 실험은 열기관을 대상으로 한 것이 아니라, 추를 낙하시켜 물속의 날개바퀴를 회전시키는 실험이었다. 열의 양은 칼로리(Calorie)로 표시되는데, 그는 역학적 에너지인 일이 열로 바뀌는 과정의 정밀한 실험을 통해 1kcal의 열을 얻기 위해서 필요한 일의 양인 열의 일당량을 측정 하였다. 줄은 이렇게 일과 열은 형태만 다를 뿐 서로 전환이 가능한 물리량이므로 등가성이 있다는 것을 입증하였으며, 열과 일이 상호 전환될 때 열과 일의 에너지를 합한 양은 일정하게 보존된다는 사실을 알아내었다. 이후 열과 일뿐만 아니라 화학 에너지, 전기 에너지 등이 등가성이 있으며 상호 전환될 때 에너지의 총량은 변하지 않는다는 에너지 보존 법칙이 입증되었다.

열과 일에 대한 이러한 이해는 카르노의 이론에 대한 과학자들의 재검토로 이어졌다. 특히 톰슨은 ㉠ 칼로릭 이론에 입각한 카르노의 열기관에 대한 설명이 줄의 에너지 보존 법칙에 위배된다고 지적하였다. 카르노의 이론에 의하면, 열기관은 높은 온도에서 흡수한 열 전부를 낮은 온도로 방출하면서 일을 한다. 이것은 줄이 입증한 열과 일의 등가성과 에너지 보존 법칙에 어긋나는 것이어서 열의 실체가 칼로릭이라는 생각은 더 이상 유지될 수 없게 되었다. 하지만 열효율에 대한 카르노의 이론은 클라우지우스의 증명으로 유지될 수 있었다. 그는 카르노의 이론이 유지되지 않는다면 열은 저온에서 고온으로 흐르는 현상이 생길 수도 있을 것이라는 가정에서 출발하여, 열기관의 열효율은 열기관이 고온에서 열을 흡수하고 저온에 방출할 때의 두 작동 온도에만 관계된다는 카르노의 이론을 증명하였다.

클라우지우스는 자연계에서는 열이 고온에서 저온으로만 흐르고 그와 반대되는 현상은 일어나지 않는 것과 같이 경험적으로 알 수 있는 방향성이 있다는 점에 주목하였다. 또한 일이 열로 전환될 때와는 달리, 열기관에서 열 전부를 일로 전환할 수 없다는, 즉 열효율이 100%가 될 수 없다는 상호 전환 방향에 대한 비대칭성이 있다는 사실에 주목하였다. 이러한 방향성과 비대칭성에 대한 논의는 이를 설명할 수 있는 새로운 물리량인 엔트로피(Entropy)의 개념을 낳았다.

08 **다음 중 윗글을 통해 알 수 있는 내용으로 가장 적절한 것은?**

① 열기관은 외부로부터 받은 일을 열로 변환하는 기관이다.

② 수력 기관에서 물의 양과 한 일의 양의 비는 물의 온도 차이에 비례한다.

③ 칼로릭 이론에 의하면 차가운 쇠구슬이 뜨거워지면 쇠구슬의 질량은 증가하게 된다.

④ 칼로릭 이론에서는 칼로릭을 온도가 낮은 곳에서 높은 곳으로 흐르는 입자라고 본다.

⑤ 열기관의 열효율은 두 작동 온도에만 관계된다는 이론은 칼로릭 이론의 오류가 밝혀졌음에도 유지되었다.

PART 2

09 **다음 중 밑줄 친 ㉠의 내용으로 가장 적절한 것은?**

① 열의 실체가 칼로릭이라면 열기관이 한 일을 설명할 수 없다는 점

② 화학 에너지와 전기 에너지는 서로 전환될 수 없는 에너지라는 점

③ 자연계에서는 열이 고온에서 저온으로만 흐르는 것과 같은 방향성이 있는 현상이 존재한다는 점

④ 열효율에 대한 카르노의 이론이 맞지 않는다면 열은 저온에서 고온으로 흐르는 현상이 생길 수 있다는 점

⑤ 열기관의 열효율은 열기관이 고온에서 열을 흡수하고 저온에 방출할 때의 두 작동 온도에만 관계된다는 점

10 다음은 부당이득징수업무 처리규정의 일부이다. 이에 대한 설명으로 옳은 것을 〈보기〉에서 모두 고르면?

부당이득 징수금 납입고지(제6조)
지역본부장은 제5조에 따른 부당이득 관리 수관 즉시 납부의무자에게 그 금액과 납부기한을 별지 제28호 서식에 따라 납입고지하여야 한다. 이 경우 납부기한은 고지서 발급일부터 10일 이상 30일 이내로 하여야 한다.

독촉장 발급(제7조)
지역본부장은 납입고지서상에 기재된 납부기한까지 완납하지 아니하였을 때에는 별지 제29호서식에 따라 납부기한이 지난 후 10일 이내에 독촉장을 발급하여야 하며, 납부기한은 독촉장 발급일부터 10일 이상 20일 이내로 한다.

체납자의 행방조사(제9조)
① 지역본부장은 체납자가 주민등록지에 거주하는지 여부를 확인하여야 하며, 체납자가 주민등록지에 거주하지 아니하는 경우 담당자는 관계공부열람복명서를 작성하거나 체납자의 주민등록지 관할 동(읍·면)장의 행방불명확인서를 발급받는다.

재산 및 행방조사 시기 등(제10조)
① 지역본부장은 체납자에 대한 재산조사 및 행방조사 업무를 체납이 발생할 때마다 수시로 실시하여 체납정리의 신속을 도모하고 특정한 시기에 집중적으로 조회하여 상대기관(협조기관)의 업무폭주에 따른 처리지연, 미회신 등의 사례가 발생하지 않도록 하여야 한다.
② 지역본부장은 체납자의 주소 및 등록기준지가 다른 소속기관 관할인 경우에는 그 관할 지역본부장에게 제8조, 제9조제1항 및 제2항에 따른 조사를 직접 수행하도록 의뢰할 수 있으며, 이 경우 의뢰를 받은 지역본부장은 조사사항을 의뢰일부터 15일 이내에 송부하여야 한다.

보기

ㄱ. 지역본부장이 1월 3일에 납부의무자 A에 대한 부당이득 관리를 수관하였다면 A는 고지된 금액을 늦어도 2월 2일 이내에 납부하여야 한다.
ㄴ. 지역본부장이 4월 2일에 납부의무자 B에게 4월 16일을 납부기한으로 하는 고지서를 발급하였으나 B가 납부하지 않은 경우, 지역본부장의 독촉장에 따른 B의 납부기한은 늦어도 5월 26일이다.
ㄷ. 체납자가 주민등록지에 거주하지 않는 경우, 지역본부장은 관계공부열람복명서를 작성하거나 관계기관에서 행방불명확인서를 발급받을 수 있다.
ㄹ. 관할 지역본부장은 상시적 업무부담 가중을 피하기 위해 재산조사 및 행방조사를 월말에 일괄적으로 실시해야 한다.

① ㄱ
② ㄴ
③ ㄱ, ㄷ
④ ㄷ, ㄹ
⑤ ㄱ, ㄷ, ㄹ

11 **다음 중 띄어쓰기가 옳은 것은?**

① 이 건물을 짓는데 몇 년이나 걸렸습니까?
② 김철수군은 지금 창구로 와 주시기 바랍니다.
③ 걱정하지 마. 그 일은 내가 알아서 해결할 게.
④ 물건을 교환하시려면 1주일 내에 방문하셔야 합니다.
⑤ 다음 주에 발표할 보고서가 아직 완성이 안됐다.

PART 2

12 **다음 밑줄 친 부분과 같은 의미로 쓰인 것은?**

요새 남부 지방에 가뭄이 <u>져서</u> 큰일이다.

① 그는 중요한 시합에서 <u>지는</u> 바람에 큰 수모를 겪어야 했다.
② 달이 서산 너머로 <u>지고</u> 난 새벽 어스름에 나는 길을 나섰다.
③ 나비가 노닐던 봄이 지나자 만개했던 개나리도 하나둘 <u>지고</u> 있다.
④ 급히 뛰어오는 바람에 처음 입은 새 옷에 주름이 <u>졌다</u>.
⑤ 해를 <u>지고</u> 집으로 돌아가는 농부의 어깨가 무겁다.

13 **K리그의 네 팀(서울, 울산, 전북, 제주)에 대한 〈조건〉을 참고할 때, 다음 중 항상 옳지 않은 것은?**

조건

- 경기는 하루에 한 경기만 열린다.
- 화요일에는 전북이 제주와 원정 경기를 하고, 토요일에는 서울이 전북과 홈경기를 한다.
- 원정 경기를 치른 다음날은 반드시 쉰다.
- 이틀 연속으로 홈경기를 하면 다음날은 반드시 쉰다.
- 각 팀은 모두 일주일에 세 번 각각 다른 팀과 경기를 한다.
- 각 팀은 적어도 한 번은 홈경기를 한다.

① 제주가 원정 경기를 할 수 있는 날은 모두 평일이다.
② 제주가 수요일에 경기를 한다면, 목요일에는 경기를 할 수 없다.
③ 서울이 주말에 모두 경기를 한다면, 월요일에는 경기를 할 수 없다.
④ 전북이 목요일에 경기를 한다면, 금요일의 경기는 서울과 제주의 경기이다.
⑤ 울산이 금요일에 홈경기를 한다면, 제주와의 시합이다.

14 **약국에 희경, 은정, 소미, 정선 4명의 손님이 방문하였다. 약사는 이들로부터 처방전을 받아 A～D 네 봉지의 약을 조제하였다. 다음 〈조건〉이 참일 때 옳은 것은?**

조건

- 방문한 손님들의 병명은 몸살, 배탈, 치통, 피부병이다.
- 은정이의 약은 B에 해당하고, 은정이는 몸살이나 배탈 환자가 아니다.
- A는 배탈 환자에 사용되는 약이 아니다.
- D는 연고를 포함하고 있는데, 이 연고는 피부병에만 사용된다.
- 희경이는 임산부이고, A와 D에는 임산부가 먹어서는 안 되는 약품이 사용되었다.
- 소미는 몸살 환자가 아니다.

① 은정이는 피부병에 걸렸다.
② 정선이는 몸살이 났고, 이에 해당하는 약은 C이다.
③ 소미는 치통 환자이다.
④ 희경이는 배탈이 났다.
⑤ 소미가 처방받은 약은 A이다.

15 K병원은 현재 영양제 할인행사를 진행하고 있다. K병원에서 근무하는 A씨가 할인행사에 대한 고객들의 문의내용에 다음과 같이 답변했을 때, 답변내용으로 가장 적절한 것은?

〈K병원 영양제 할인행사 안내〉

▶ 대상 : K병원 모든 외래・입원환자
▶ 기간 : 8월 1일~8월 31일 한 달간

구분	웰빙코스	케어코스	헬스코스	종합코스	폼스티엔에이페리주 치료
대상	• 만성피로 직장인 • 간 질환자	• 노인성 질환자 • 수험생 • 비만인	• 집중력・기억력 감퇴자 • 급성・만성 간염 환자 • 운동선수	• 당뇨병 환자 • 심혈관 환자 • 만성피로 증후군 • 노인, 직장인 • 비만인, 수험생 • 운동선수	• 경구 또는 위장관 영양공급이 불가능・불충분하거나 제한되어 경정맥에 영양공급을 해야하는 환자
효능	• 간 해독효과 • 피로회복 • 식욕부진 • 피부질환	• 손발 저림 • 어깨통증 • 피로회복 • 집중력 증대 • 다이어트	• 간세포 괴사 억제 • 전신 권태감 개선 • 인식력 저하 개선 • 학습능력 향상	• 피로회복 • 간 기능 개선 • 집중력 증대 • 손발 저림 • 어깨통증 • 다이어트 • 피부질환	• 칼로리, 아미노산 공급 • 필수지방, 오메가-3 지방산 공급
가격	85,000원 → 59,500원	70,000원 → 49,000원	75,000원 → 52,500원	100,000원 → 70,000원	120,000원 → 84,000원

① 문의 : K병원에서 영양제 할인행사를 한다고 들었는데 얼마나 할인되는건가요?
답변 : 폼스티엔에이페리주 치료를 제외한 전체 코스에서 모두 30% 할인됩니다.

② 문의 : 제가 요새 식욕부진으로 고생 중인데 어떤 영양제 코스를 받는 게 좋을까요?
답변 : 할인을 통해 52,500원인 헬스코스를 추천드립니다.

③ 문의 : 손발 저림에 효과있는 영양제 코스가 있을까요?
답변 : 케어코스가 있습니다. 혹시 피부질환도 치료를 원하실 경우 종합코스를 추천드립니다.

④ 문의 : 제가 좀 비만이라 다이어트에 도움되는 코스도 있을까요?
답변 : 다이어트에 도움을 주는 케어코스 어떠실까요? 9월까지 할인행사 진행 중입니다.

⑤ 문의 : 폼스티엔에이페리주 치료를 받아볼까 하는데 어떤 효능이 있죠?
답변 : 비타민 A와 K, 칼슘과 나트륨을 충분히 공급받으실 수 있습니다.

16 다음 자료를 참고할 때, 국제행사의 개최도시로 선정될 곳은?

K사무관은 대한민국에서 열리는 국제행사의 개최도시를 선정하기 위해 다음과 같은 후보도시 평가표를 만들었다. 후보도시 평가표에 따른 점수와 국제해양기구의 의견을 모두 반영하여, 합산점수가 가장 높은 도시를 개최도시로 선정하고자 한다.

〈후보도시 평가표〉

구분	서울	인천	대전	부산	제주
1) 회의 시설 1,500명 이상 수용 가능한 대회의장 보유 등	A	A	C	B	C
2) 숙박 시설 도보거리에 특급 호텔 보유 등	A	B	A	A	C
3) 교통 공항 접근성 등	B	A	C	B	B
4) 개최 역량 대규모 국제행사 개최 경험 등	A	C	C	A	B

※ A : 10점, B : 7점, C : 3점

〈국제해양기구의 의견〉

- 외국인 참석자의 편의를 위해 '교통'에서 A를 받은 도시의 경우 추가로 5점을 부여해 줄 것
- 바다를 끼고 있는 도시(인천, 부산, 제주)의 경우 추가로 5점을 부여해 줄 것
- 예상 참석자가 2,000명 이상이므로 '회의 시설'에서 C를 받은 도시는 제외할 것

① 서울
② 인천
③ 대전
④ 부산
⑤ 제주

17 다음은 부서별 핵심역량 중요도와 신입사원들의 핵심역량 평가결과를 나타낸 자료이다. 이를 토대로 C사원과 E사원이 배치될 부서를 바르게 연결한 것은?(단, '–'는 중요도를 따지지 않는다는 표시이다)

〈핵심역량 중요도〉

구분	창의성	혁신성	친화력	책임감	윤리성
영업팀	–	중	상	중	–
개발팀	상	상	하	중	상
지원팀	–	중	–	상	하

〈핵심역량 평가결과〉

구분	창의성	혁신성	친화력	책임감	윤리성
A사원	상	하	중	상	상
B사원	중	중	하	중	상
C사원	하	상	상	중	하
D사원	하	하	상	하	중
E사원	상	중	중	상	하

	C사원	E사원
①	개발팀	지원팀
②	영업팀	지원팀
③	개발팀	영업팀
④	지원팀	개발팀
⑤	지원팀	영업팀

PART 2

18 다음은 K공사 퇴직금 산정 기준 및 직원 5명에 대한 정보이다. 5명의 직원 모두 미사용 연차 일수가 5일일 때, 퇴직금이 두 번째로 적은 직원은?(단, 모든 계산은 소수점 첫째 자리에서 반올림한다)

〈퇴직금 산정 기준〉

• $(\text{퇴직금})=(\text{1일 평균임금})\times 30\times \frac{(\text{근속연수})}{(\text{1년})}$

• $(\text{1일 평균임금})=(A+B+C)\div 90$

$A=(\text{3개월간의 임금 총액})=[(\text{기본급})+(\text{기타수당})]\times 3$

$B=(\text{연간 상여금})\times \frac{(\text{3개월})}{(\text{12개월})}$

$C=(\text{연차수당})\times(\text{미사용 연차 일수})\times \frac{(\text{3개월})}{(\text{12개월})}$

〈K공사 직원 퇴직금 관련 정보〉

구분	근속연수	기본급	기타수당	연차수당	연간 상여금
최과장	12년	3,000,000원	–	140,000원	1,800,000원
박과장	10년	2,700,000원	–	115,000원	1,500,000원
홍대리	8년	2,500,000원	450,000원	125,000원	1,350,000원
신대리	6년	2,400,000원	600,000원	97,500원	1,200,000원
양주임	3년	2,100,000원	–	85,000원	900,000원

① 최과장
② 박과장
③ 홍대리
④ 신대리
⑤ 양주임

※ K사는 모든 임직원에게 다음과 같은 규칙으로 사원번호를 부여하고 있다. 이어지는 질문에 답하시오. [19~20]

〈사원번호 부여 기준〉

M	0	1	2	4	0	1	0	1
성별	부서		입사연도		입사월		입사순서	

• 사원번호 부여 순서 : [성별] – [부서] – [입사연도] – [입사월] – [입사순서]

• 성별 구분

남성	여성
M	W

• 부서 구분

총무부	인사부	기획부	영업부	생산부
01	02	03	04	05

• 입사년도 : 연도별 끝자리를 2자리 숫자로 기재(예 2024년 – 24)
• 입사월 : 2자리 숫자로 기재(예 5월 – 05)
• 입사순서 : 해당 월의 누적 입사순서(예 해당 월의 3번째 입사자 – 03)

※ K사에 같은 날 입사자는 없다.

19 다음 중 사원번호가 'W05240401'인 사원에 대한 설명으로 적절하지 않은 것은?

① 생산부서 최초의 여직원이다.
② 2024년에 입사하였다.
③ 4월에 입사한 여성이다.
④ 'M03240511'인 사원보다 입사일이 빠르다.
⑤ 생산부서로 입사하였다.

20 다음 K사의 2024년 신입사원 명단을 참고할 때, 기획부에 입사한 여성은 모두 몇 명인가?

M01240903	W03241005	M05240912	W05240913	W01241001	W04241009
W02240901	M04241101	W01240905	W03240909	M02241002	W03241007
M03240907	M01240904	W02240902	M04241008	M05241107	M01241103
M03240908	M05240910	M02241003	M01240906	M05241106	M02241004
M04241101	M05240911	W03241006	W05241105	W03241104	M05241108

① 2명
② 3명
③ 4명
④ 5명
⑤ 6명

PART 2

※ 다음은 K대학 졸업자 중 해외기업 인턴 지원자에 대한 정보이다. 이어지는 질문에 답하시오. **[21~22]**

〈K대학 졸업자 해외기업 인턴 지원자 정보〉

구분	나이	평균 학점	공인영어점수	관련 자격증 개수	희망 국가
A지원자	26세	4.10점	92점	2개	독일
B지원자	24세	4.25점	81점	0개	싱가포르
C지원자	25세	3.86점	75점	2개	일본
D지원자	28세	4.12점	78점	3개	호주
E지원자	27세	4.50점	96점	1개	영국

21 다음 〈조건〉에 따라 점수를 부여할 때, C지원자가 인턴을 갈 국가는 어디인가?

조건

- 나이가 어린 사람부터 순서대로 5 ~ 1점을 부여한다.
- 평균 학점이 높은 사람부터 순서대로 5 ~ 1점을 부여한다.
- 공인영어점수의 10%를 점수로 환산한다.
- 관련 자격증은 1개당 3점을 부여한다.
- 총점이 가장 높은 2명은 희망한 국가로, 3번째는 미국으로, 4번째는 중국으로 인턴을 가고, 5번째는 탈락한다.

① 영국
② 일본
③ 미국
④ 중국
⑤ 탈락

22 다음 〈조건〉과 같이 선발 기준이 변경되었을 때, 희망한 국가에 가지 못하는 지원자는 누구인가?

조건

- 나이는 고려하지 않는다.
- 평균 학점은 소수점 첫째 자리에서 반올림하여 점수를 부여한다.
- 공인영어점수의 10%를 점수로 환산한다.
- 관련 자격증은 1개당 2점을 부여한다.
- 총점이 가장 낮은 1명은 탈락하고, 나머지는 각자 희망하는 국가로 인턴을 간다.

① A지원자
② B지원자
③ C지원자
④ D지원자
⑤ E지원자

※ K아파트의 자전거 보관소에서는 입주민들의 자전거를 편리하게 관리하기 위해 다음과 같은 방법으로 자전거에 일련번호를 부여한다. 이어지는 질문에 답하시오. [23~24]

• 일련번호 순서

A	L	1	1	1	0	1	–	1
종류	무게	동	호수				–	등록순서

• 자전거 종류 구분

일반 자전거			전기 자전거
성인용	아동용	산악용	
A	K	T	B

• 자전거 무게 구분

10kg 이하	10kg 초과 20kg 미만	20kg 이상
S	M	L

• 동 구분 : 101동부터 110동까지의 끝자리를 1자리 숫자로 기재(예 101동 – 1)
• 호수 : 4자리 숫자로 기재(예 1101호 – 1101)
• 등록순서 : 동일 세대주당 자전거 등록순서를 1자리로 기재

23 다음 중 자전거의 일련번호 표기가 옳은 것은?

① MT1109–2
② AM2012–2
③ AB10121–1
④ KS90101–2
⑤ BL82002–01

24 다음 중 일련번호가 'TM41205–2'인 자전거에 대한 설명으로 옳은 것은?

① 전기 모터를 이용해 주행할 수 있다.
② 자전거의 무게는 10kg 이하이다.
③ 204동 1205호에 거주하는 입주민의 자전거이다.
④ 자전거를 2대 이상 등록한 입주민의 자전거이다.
⑤ 해당 자전거의 소유자는 더 이상 자전거를 등록할 수 없다.

25 **경영참가제도는 자본참가, 성과참가, 의사결정참가 유형으로 구분된다. 다음 중 '자본참가' 유형의 사례로 가장 적절한 것은?**

① 임직원들에게 저렴한 가격으로 일정 수량의 주식을 매입할 수 있게 권리를 부여한다.
② 위원회제도를 활용하여 근로자의 경영참여와 개선된 생산의 판매가치를 기초로 성과를 배분한다.
③ 부가가치의 증대를 목표로 하여 이를 노사협력체제를 통해 달성하고, 이에 따라 증가된 생산성 향상분을 노사 간에 배분한다.
④ 천재지변의 대응, 생산성 하락, 경영성과 전달 등과 같이 단체교섭에서 결정되지 않은 사항에 대하여 노사가 서로 협력할 수 있도록 한다.
⑤ 노동자 또는 노동조합의 대표가 기업의 최고결정기관에 직접 참가해서 기업경영의 여러 문제를 노사가 공동으로 결정한다.

26 **다음 〈보기〉의 조직변화의 과정을 순서대로 바르게 나열한 것은?**

보기

ㄱ. 환경변화 인지	ㄴ. 변화결과 평가
ㄷ. 조직변화 방향 수립	ㄹ. 조직변화 실행

① ㄱ－ㄷ－ㄹ－ㄴ
② ㄱ－ㄹ－ㄷ－ㄴ
③ ㄴ－ㄷ－ㄹ－ㄱ
④ ㄹ－ㄱ－ㄷ－ㄴ
⑤ ㄹ－ㄴ－ㄷ－ㄱ

27 **다음 중 조직문화가 갖는 특징으로 적절하지 않은 것은?**

① 구성 요소에는 리더십 스타일, 제도 및 절차, 구성원, 구조 등이 있다.
② 조직 구성원들에게 일체감과 정체성을 준다.
③ 조직의 안정성을 유지하는 데 기여한다.
④ 조직 몰입도를 향상시킨다.
⑤ 구성원들 개개인의 다양성을 강화해 준다.

28 **다음 회의록을 참고할 때, 고객지원팀의 강대리가 해야 할 일로 적절하지 않은 것은?**

〈회의록〉

회의일시	2024년 ○○월 ○○일	부서	기획팀, 시스템개발팀, 고객지원팀
참석자	기획팀 김팀장, 박대리 / 시스템개발팀 이팀장, 김대리 / 고객지원팀 유팀장, 강대리		
회의안건	홈페이지 내 이벤트 신청 시 발생하는 오류로 인한 고객 불만에 따른 대처방안		
회의내용	• 홈페이지 고객센터 게시판 내 이벤트 신청 오류 관련 불만 글 확인 • 이벤트 페이지 내 오류 발생 원인에 대한 확인 필요 • 상담원의 미숙한 대응으로 고객들의 불만 증가(대응 매뉴얼 부재) • 홈페이지 고객센터 게시판에 사과문 게시 • 고객 불만 대응 매뉴얼 작성 및 이벤트 신청 시스템 개선 • 추후 유사한 이벤트 기획 시 기획안 공유 필요		

① 민원 처리 및 대응 매뉴얼 작성

② 상담원 대상으로 CS 교육 실시

③ 홈페이지 내 사과문 게시

④ 오류 발생 원인 확인 및 신청 시스템 개선

⑤ 고객센터 게시판 모니터링

29 **다음은 K회사에서 새롭게 개발한 립스틱에 대한 설명이다. 이를 읽고 효과적인 홍보대안으로 가장 적절한 것은?**

> K회사 립스틱의 특징은 지속력과 선명한 색상, 그리고 20대 여성을 타깃으로 한 아기자기한 디자인이다. 하지만 립스틱의 홍보가 안 되고 있어 매출이 좋지 않다. 조사결과 저가 화장품이라는 브랜드 이미지 때문인 것으로 드러났다.

① 블라인드 테스트를 통해 제품의 질을 인정받는다.

② 홍보비를 두 배로 늘려 더 많이 광고한다.

③ 브랜드 이름을 최대한 감추고 홍보한다.

④ 무료 증정 이벤트를 연다.

⑤ 타깃을 30대 여성으로 바꾼다.

30 다음 글에 제시된 조직의 특징으로 가장 적절한 것은?

> K공사의 사내 봉사 동아리에 소속된 70여 명의 임직원이 연탄 나르기 봉사활동을 펼쳤다. 이날 임직원들은 지역 주민들이 보다 따뜻하게 겨울을 날 수 있도록 연탄 총 3,000장과 담요를 직접 전달했다. 사내 봉사 동아리에 소속된 K공사 M대리는 “매년 진행하는 연말 연탄 나눔 봉사활동을 통해 지역사회에 도움의 손길을 전할 수 있어 기쁘다.”라며 “오늘의 작은 손길이 큰 불씨가 되어 많은 분들이 따뜻한 겨울을 보내길 바란다.”라고 말했다.

① 인간관계에 따라 형성된 자발적인 조직
② 이윤을 목적으로 하는 조직
③ 규모와 기능 그리고 규정이 조직화되어 있는 조직
④ 조직 구성원들의 행동을 통제할 장치가 마련되어 있는 조직
⑤ 공익을 요구하지 않는 조직

31 다음 상황에서 근로자가 해야 하는 행동으로 적절한 것을 〈보기〉에서 모두 고르면?

> 담합은 경제에 미치는 악영향도 크고 워낙 은밀하게 이뤄지는 탓에 경쟁 당국 입장에서는 적발하기 어렵다는 현실적인 문제가 있다. 독과점 사업자는 시장에서 어느 정도 드러나기 때문에 부당행위에 대한 감시·감독을 할 수 있지만, 담합은 그 속성상 증거가 없으면 존재 여부를 가늠하기 힘들기 때문이다.

보기

ㄱ. 신고를 통해 개인의 이익을 얻고 사회적으로 문제를 해결한다.
ㄴ. 내부에서 먼저 합리적인 절차에 따라 문제를 해결하고자 노력한다.
ㄷ. 근로자 개인이 피해를 받을지라도 기업 활동의 해악이 심각하면 이를 신고한다.

① ㄱ
② ㄴ
③ ㄱ, ㄷ
④ ㄴ, ㄷ
⑤ ㄱ, ㄴ, ㄷ

32 **다음 기사를 읽고 필리핀 EPS 센터에 근무 중인 S대리가 취할 행동으로 적절하지 않은 것은?**

> 최근 필리핀에서 한국인을 노린 범죄행위가 기승을 부리고 있다. 외교부 보고에 따르면 최근 5년간 해외에서 우리 국민을 대상으로 벌어진 살인 사건이 가장 많이 발생한 국가가 필리핀인 것으로 나타났다. 따라서 우리나라는 자국민 보호를 위해 한국인 대상 범죄 수사를 지원하는 필리핀 코리안 데스크에 직원을 추가 파견하기로 했다.

① 저녁에 이루어지고 있는 필리핀 문화 교육 시간을 오전으로 당긴다.
② 우리 국민이 늦은 시간에 혼자 다니지 않도록 한다.
③ 주필리핀 한국대사관과 연결하여 자국민 보호 정책을 만들 수 있도록 요청한다.
④ 우리나라에 취업하기 위해 들어오는 필리핀 사람들에 대한 규제를 강화한다.
⑤ 경찰과 연합해서 우리 국민 보호에 더 신경을 쓰도록 한다.

PART 2

33 **K회사 직원들은 이번 달 신상품 홍보 방안을 모색하기 위해 회의를 하고 있다. 다음 중 회의에 임하는 태도가 적절하지 않은 직원은?**

> O부장 : 이번 달 실적을 향상시키기 위한 홍보 방안으로는 뭐가 있을까요? 의견이 있으면 주저하지 말고 뭐든지 말씀해 주세요.
> J사원 : 저는 조금은 파격적인 이벤트 같은 게 있었으면 좋겠어요. 예를 들면, 곧 추석이니까 지점 내부를 명절 분위기로 꾸민 다음에 제사상이나 한복 같은 걸 비치해 두고, 고객들이 인증샷을 찍으면 추가혜택을 주는 건 어떨까 싶어요.
> D주임 : 그건 좀 실현 가능성이 없지 싶은데요. 그보다는 SNS로 이벤트 응모를 받아서 기프티콘 사은품을 쏘는 이벤트가 현실적이겠어요.
> C과장 : 가능성 여부를 떠나서 아이디어는 많을수록 좋으니 반박하지 말고 이야기하세요.
> H사원 : 의견 주시면 제가 전부 받아 적었다가 한꺼번에 정리하도록 할게요.

① O부장 ② J사원
③ D주임 ④ C과장
⑤ H사원

34 **K회사에 근무하는 A씨가 다음 글을 읽고 기업의 사회적 책임에 대해 생각해 보았다고 할 때, A씨가 생각한 내용으로 적절하지 않은 것은?**

> 세계 자동차 시장 점유율 1위를 기록했던 도요타 자동차는 2009년 11월 가속페달의 매트 끼임 문제로 미국을 비롯해 전 세계적으로 1,000만 대가 넘는 자동차를 회수하는 사상 초유의 리콜을 감행했다. 도요타 자동차의 리콜 사태에 대한 원인으로는 기계적 원인과 더불어 무리한 원가 절감, 과도한 해외생산 확대, 안일한 경영 등과 같은 경영상의 요인들이 제기되고 있다. 또 도요타 자동차는 급속히 성장하면서 제기된 문제들을 소비자의 관점이 아닌 생산자의 관점에서 해결하려고 했고, 리콜에 대한 늦은 대응 등 문제해결에 미흡했다는 지적을 받고 있다. 이런 대규모 리콜 사태로 인해 도요타 자동차가 지난 수십 년간 세계적으로 쌓은 명성은 하루아침에 모래성이 됐다. 이와 반대인 사례로 존슨앤존슨의 타이레놀 리콜 사건이 있다. 1982년 9월 말 미국 시카고 지역에서 존슨앤존슨의 엑스트라 스트렝스 타이레놀 캡슐을 먹고 4명이 사망하는 사건이 발생했다. 이에 존슨앤존슨은 즉각적인 대규모 리콜을 단행하여 빠른 문제해결에 초점을 맞췄다. 그 결과 소비자들의 신뢰를 회복할 수 있었다.

① 상품에서 결함이 발견됐다면 기업은 그것을 인정하고 책임지는 모습이 필요하다.
② 기업은 문제를 인지한 즉시 문제를 해결하기 위해 노력해야 한다.
③ 소비자의 관점이 아닌 생산자의 관점에서 문제를 해결할 때 소비자들의 신뢰를 회복할 수 있다.
④ 존슨앤존슨은 사회의 기대와 가치에 부합하는 윤리적 책임을 잘 이행하였다.
⑤ 이윤창출은 기업의 유지에 필요한 것이지만, 수익만을 위해 움직이는 것은 여러 문제를 일으킬 수 있다.

※ 다음 자료는 K기업 연구소의 주요 사업별 연락처이다. 이어지는 질문에 답하시오. [35~36]

〈주요 사업별 연락처〉

주요 사업	담당부서	연락처
고객지원	고객지원팀	012-410-7001
감사, 부패방지 및 지도점검	감사실	012-410-7011
국제협력, 경영평가, 예산기획, 규정, 이사회	전략기획팀	012-410-7023
인재개발, 성과평가, 교육, 인사, ODA사업	인재개발팀	012-410-7031
복무노무, 회계관리, 계약 및 시설	경영지원팀	012-410-7048
품질평가 관리, 품질평가 관련 민원	평가관리팀	012-410-7062
가공품 유통 전반(실태조사, 유통정보), 컨설팅	유통정보팀	012-410-7072
기관 마케팅, 홍보관리, CS, 브랜드인증	고객홍보팀	012-410-7082
이력관리, 역학조사지원	이력관리팀	012-410-7102
유전자분석, 동일성검사	유전자분석팀	012-410-7111
연구사업 관리, 기준개발 및 보완, 시장조사	연구개발팀	012-410-7133
홈페이지 운영, 대외자료제공, 정보보호	정보사업팀	012-410-7000

PART 2

35 다음 중 K기업 연구소의 주요 사업별 연락처를 본 직원의 반응으로 적절하지 않은 것은?

① K기업 연구소는 1개 실과 11개 팀으로 이루어져 있구나.
② 예산기획과 경영평가는 같은 팀에서 종합적으로 관리하는구나.
③ 평가업무라 하더라도 평가 특성에 따라 담당하는 팀이 달라지는구나.
④ 홈페이지 운영은 고객홍보팀에서 마케팅과 함께 하는구나.
⑤ 부패방지를 위해 부서를 따로 두었구나.

36 다음 민원인의 요청을 듣고 난 후 민원을 해결하기 위해 연결해야 할 부서로 적절한 것은?

민원인 : 얼마 전 신제품 관련 평가 신청을 했습니다. 신제품 품질에 대한 등급에 대해 이의가 있습니다. 관련 건으로 담당자분과 통화하고 싶습니다.
상담원 : 불편을 드려서 죄송합니다. ________________ 연결해 드리겠습니다. 잠시만 기다려 주십시오.

① 지도점검 업무를 담당하고 있는 감사실로
② 연구사업을 관리하고 있는 연구개발팀으로
③ 기관의 홈페이지 운영을 전담하고 있는 정보사업팀으로
④ 이력관리 업무를 담당하고 있는 이력관리팀으로
⑤ 품질평가를 관리하는 평가관리팀으로

37 컴퓨터 시스템의 구성요소 중 다음 설명에 해당하는 것은?

- Main Memory라고도 한다.
- CPU 가까이에 위치하며 반도체 기억장치 칩들로 고속 액세스가 가능하다.
- 가격이 높고 면적을 많이 차지한다.
- 저장 능력이 없으므로 프로그램 실행 중 일시적으로 사용한다.

① 중앙처리장치
② 주기억장치
③ 보조저장장치
④ 입출력장치
⑤ LAN

38 다음 글에서 설명하는 용어는?

직접 접근 기억장치를 사용하는 파일로 데이터가 임의로 들어있으며, 그것에 주소가 붙어 있어, 처음부터 차례차례 조사하는 것이 아니라 찾고자 하는 데이터를 직접 찾을 수 있다.

① 직접 접근 파일
② 주소 참조 파일
③ 포인터 파일
④ 직접 참조 파일
⑤ 주소 접근 파일

39 다음 글을 읽고 K대학교의 문제를 해결하기 위한 대안으로 가장 적절한 것은?

> K대학교는 현재 학생 관리 프로그램, 교수 관리 프로그램, 성적 관리 프로그램의 3개의 응용 프로그램을 갖추고 있다. 학생 관리 프로그램은 학생 정보를 저장하고 있는 파일을 이용하고 교수 관리 프로그램은 교수 정보 파일, 성적 관리 프로그램은 성적 정보 파일을 이용한다. 즉, 각각의 응용 프로그램들은 개별적인 파일을 이용한다.
> 이런 경우, 파일에는 많은 정보가 중복 저장되어 있다. 그렇기 때문에 중복된 정보가 수정되면 관련된 모든 파일을 수정해야 하는 불편함이 있다. 예를 들어, 한 학생이 자퇴하게 되면 학생 정보 파일뿐만 아니라 교수 정보 파일, 성적 정보 파일도 수정해야 하는 것이다.

① 데이터베이스 구축
② 유비쿼터스 구축
③ RFID 구축
④ NFC 구축
⑤ 와이파이 구축

PART 2

40 다음은 K공사에 지원한 지원자들의 PT면접 점수를 정리한 자료이며, 각 사원들의 점수 자료를 통해 면접 결과를 정리하고자 한다. 이를 위해 [F3] 셀에 〈보기〉와 같은 함수식을 입력하고, 채우기 핸들을 이용하여 [F6] 셀까지 드래그 했을 경우, [F3] ~ [F6] 셀에 나타나는 결괏값으로 옳은 것은?

	A	B	C	D	E	F
1						(단위 : 점)
2	이름	발표내용	발표시간	억양	자료준비	결과
3	조재영	85	92	75	80	
4	박슬기	93	83	82	90	
5	김현진	92	95	86	91	
6	최승호	95	93	92	90	

보기

=IF(AVERAGE(B3:E3)>=90,"합격","불합격")

	[F3]	[F4]	[F5]	[F6]
①	불합격	불합격	합격	합격
②	합격	합격	불합격	불합격
③	합격	불합격	합격	불합격
④	불합격	합격	불합격	합격
⑤	불합격	불합격	불합격	합격

※ 병원에서 근무하는 A씨는 건강검진 관리 현황을 정리하고 있다. 이어지는 질문에 답하시오. **[41~42]**

	A	B	C	D	E	F
1	〈건강검진 관리 현황〉					
2	이름	검사구분	주민등록번호	검진일	검사항목 수	성별
3	강민희	종합검진	960809-2******	2023-11-12	18	
4	김범민	종합검진	010323-3******	2023-03-13	17	
5	조현진	기본검진	020519-3******	2023-09-07	10	
6	최진석	추가검진	871205-1******	2023-11-06	6	
7	한기욱	추가검진	980232-1******	2023-04-22	3	
8	정소희	종합검진	001015-4******	2023-02-19	17	
9	김은정	기본검진	891025-2******	2023-10-14	10	
10	박미옥	추가검진	011002-4******	2023-07-21	5	

41 다음 중 2023년 하반기에 검진받은 사람의 수를 확인할 때 사용해야 할 함수는?

① COUNT
② COUNTA
③ SUMIF
④ MATCH
⑤ COUNTIF

42 다음 중 주민등록번호를 통해 성별을 구분하려고 할 때, 각 셀에 필요한 함수식으로 옳은 것은?

① F3 : =IF(AND(MID(C3,8,1)="2",MID(C3,8,1)="4"),"여자","남자")
② F4 : =IF(AND(MID(C4,8,1)="2",MID(C4,8,1)="4"),"여자","남자")
③ F7 : =IF(OR(MID(C7,8,1)="2",MID(C7,8,1)="4"),"여자","남자")
④ F9 : =IF(OR(MID(C9,8,1)="1",MID(C9,8,1)="3"),"여자","남자")
⑤ F6 : =IF(OR(MID(C6,8,1)="2",MID(C6,8,1)="3"),"남자","여자")

43 K공사는 사원들만 이용할 수 있는 사내 공용 서버를 운영하고 있다. 이 서버에는 아이디와 패스워드를 입력하지 않고 자유롭게 접속하여 업무 관련 파일들을 업로드 및 다운로드할 수 있다. 하지만 얼마 전부터 공용 서버의 파일을 다운로드한 개인용 컴퓨터에서 바이러스가 감지되어, 우선적으로 공용 서버의 바이러스를 모두 치료하였다. 이런 상황에서 발생한 문제에 대처하기 위한 추가 조치 사항으로 적절한 것을 〈보기〉에서 모두 고르면?

> 보기
>
> ㄱ. 접속하는 모든 컴퓨터를 대상으로 바이러스를 치료한다.
> ㄴ. 공용 서버에서 다운로드한 파일을 모두 실행한다.
> ㄷ. 접속 후에는 쿠키를 삭제한다.
> ㄹ. 임시 인터넷 파일의 디스크 공간을 최대로 늘린다.

① ㄱ, ㄴ
② ㄱ, ㄷ
③ ㄴ, ㄷ
④ ㄴ, ㄹ
⑤ ㄷ, ㄹ

44 다음 대화를 참고할 때, 빈칸에 들어갈 엑셀 함수로 옳은 것은?

> P과장 : K씨, 제품 일련번호가 짝수인 것과 홀수인 것을 구분하고 싶은데, 일일이 찾아 분류하자니 데이터가 너무 많아 번거로울 것 같아. 엑셀로 분류할 방법이 없을까?
> K사원 : 네, 과장님. ________ 함수를 사용하면 편하게 분류할 수 있습니다. 이 함수는 지정한 숫자를 특정 숫자로 나눈 나머지를 알려줍니다. 만약 제품 일련번호를 2로 나누면 나머지가 0 또는 1이 나오는데, 여기서 나머지가 0이 나오는 것은 짝수이고 나머지가 1이 나오는 것은 홀수이기 때문에 분류가 빠르고 쉽게 됩니다. 분류하실 때는 필터기능을 함께 사용하면 더욱 간단해집니다.
> P과장 : 그렇게 하면 간단히 처리할 수 있겠어. 정말 큰 도움이 되었네.

① SUMIF
② MOD
③ INT
④ NOW
⑤ VLOOKUP

45 다음 시트에서 [B1] 셀에 〈보기〉의 (가) ~ (마) 함수를 입력하였을 때, 표시되는 결괏값이 다른 것은?

	A	B
1	333	
2	합격	
3	불합격	
4	12	
5	7	

보기

(가) =ISNUMBER(A1)
(나) =ISNONTEXT(A2)
(다) =ISTEXT(A3)
(라) =ISEVEN(A4)
(마) =ISODD(A5)

① (가)
② (나)
③ (다)
④ (라)
⑤ (마)

46 다음 워크시트에서 '박지성'의 결석 값을 찾기 위한 함수식은?

	A	B	C	D
1	성적표			
2	이름	중간	기말	결석
3	김남일	86	90	4
4	이천수	70	80	2
5	박지성	95	85	5

① =VLOOKUP("박지성",$A$3:$D$5,4,1)
② =VLOOKUP("박지성",$A$3:$D$5,4,0)
③ =HLOOKUP("박지성",$A$3:$D$5,4,0)
④ =HLOOKUP("박지성",$A$3:$D$5,4,1)
⑤ =HLOOKUP("박지성",$A$3:$D$5,4,2)

※ 다음 프로그램의 실행 결과로 옳은 것을 고르시오. [47~48]

47

```
#include <stdio.h>
void main() {
  int i, tot = 0;
  int a[10] = {10, 37, 23, 4, 8, 71, 23, 9, 52, 41};
  for (i = 0; i < 10; i++) {
    tot += a[i];
    if (tot >= 100) {
        break;
    }
  }
  printf("%d₩n", tot);
}
```

① 82
② 100
③ 143
④ 153
⑤ 176

48

```
#include <stdio.h>
void main() {
    char str[12] = "hello world";
    str[4] = '₩0';
    printf("S%sE₩n", str);
}
```

① ShellE
② Shello worldE
③ ShelloE
④ hello
⑤ hell

49 K공사는 상수원의 여과기 정비 업체를 새로 선정하려고 한다. 다음 입찰 업체 A ~ E의 1년 계약금 및 수질개선효과는 다음과 같다. 수질개선점수 산출방식에 따라 점수가 가장 큰 업체 두 곳을 선정한다고 할 때, 선정될 업체는?(단, 모든 계산 시 소수점은 생략한다)

〈업체별 계약금 및 수질개선효과〉

업체	1년 계약금 (만 원)	정비 1회당 수질개선효과		
		장비수명 개선(점)	여과효율 개선(점)	관리효율 개선(점)
A	3,950	75	65	80
B	4,200	79	68	84
C	4,800	74	62	84
D	4,070	80	55	90
E	5,100	83	70	86

※ 항목별 개선효과는 여과업체선정위원회에서 심사위원들이 업체별로 1 ~ 100점을 부과한 점수의 평균값이다.

〈수질개선점수 산출방식〉

- (수질개선점수)=(정비 1회당 수질개선효과)×(분기별 정비횟수)÷100
- (정비 1회당 수질개선효과)=(장비수명 개선)+(여과효율 개선)+(관리효율 개선)
- (분기별 정비횟수)= $\frac{[1\text{년 정비비용(만 원)}]}{30}$
- (1년 정비비용)=6,000만 원−(1년 계약금)

① A업체, B업체　② A업체, D업체
③ B업체, C업체　④ C업체, E업체
⑤ D업체, E업체

50 다음은 K공사 사원들의 주말 당직 일정표이다. 오전 9시부터 오후 4시까지 반드시 한 명 이상이 사무실에 당직을 서야 하며, 한 사람이 토요일과 일요일 연속하여 당직을 설 수는 없다. 또 월 2회 이상 월 최대 10시간 미만으로 당직을 서야 한다. 다음 중 당직 일정을 수정해야 하는 사람은? (단, 점심시간 12 ~ 13시는 당직 시간에서 제외한다)

〈주말 당직 일정표〉

당직일	당직자	당직일	당직자
첫째 주 토요일	유지선 9시 ~ 14시 이윤미 12시 ~ 16시	첫째 주 일요일	임유리 9시 ~ 16시 정지수 13시 ~ 16시 이준혁 10시 ~ 14시
둘째 주 토요일	정지수 9시 ~ 13시 이윤미 12시 ~ 16시 길민성 12시 ~ 15시	둘째 주 일요일	이선옥 9시 ~ 12시 최리태 10시 ~ 16시 김재욱 13시 ~ 16시
셋째 주 토요일	최기태 9시 ~ 12시 김재욱 13시 ~ 16시	셋째 주 일요일	유지선 9시 ~ 12시 서유진 13시 ~ 16시
넷째 주 토요일	이윤미 9시 ~ 13시 임유리 10시 ~ 16시 서유진 9시 ~ 16시	넷째 주 일요일	이선옥 9시 ~ 12시 길민성 9시 ~ 14시 이준혁 14시 ~ 16시

① 유지선
② 임유리
③ 이준혁
④ 길민성
⑤ 서유진

PART 2

※ H부장은 K종합병원의 간호인력의 고용을 합리화하고자 한다. 병원이 24시간 운영된다고 할 때, 다음 자료를 참고하여 이어지는 질문에 답하시오. **[51~52]**

〈시간대별 필요 간호인력 수〉

시간대	02:00 ~ 06:00	06:00 ~ 10:00	10:00 ~ 14:00	14:00 ~ 18:00	18:00 ~ 22:00	22:00 ~ 02:00
필요인력(명)	5	20	30	15	50	10

〈근무 수칙〉

1) 간호인력은 휴게 시간을 포함하여 8시간 동안 연속으로 근무한다.
2) K종합병원 간호인력은 8시간마다 교대한다.
3) 교대 시 인수인계 시간은 고려하지 않는다.

51 H부장이 시간대별 소요 간호인력 수에 따라 최소 간호인력 수를 산정한다고 할 때, 다음 중 K종합병원에 필요한 최소 간호인력 수는 몇 명인가?

① 75명
② 85명
③ 95명
④ 105명
⑤ 115명

52 K종합병원에서는 02:00 ~ 06:00 사이 중환자 및 응급환자의 수요가 증가함에 따라 필요 간호인력 수를 20명으로 확충하기로 하였다. 이때, 필요한 최소 간호인력 수는 몇 명인가?

① 85명
② 100명
③ 110명
④ 125명
⑤ 130명

53 A는 여행을 가기 위해 K자동차를 대여하려 한다. 〈조건〉이 다음과 같을 때, A가 K자동차를 대여할 수 있는 첫날의 요일로 옳지 않은 것은?

〈2월 달력〉

일	월	화	수	목	금	토
	1	2	3	4	5	6
7	8	9	10	11 설 연휴	12 설 연휴	13 설 연휴
14	15	16	17	18	19	20
21	22	23	24	25	26	27
28						

조건

- 2월에 주말을 포함하여 3일 동안 연속으로 대여한다.
- 설 연휴에는 대여하지 않는다.
- 설 연휴가 끝난 다음 주 월요일과 화요일에 출장이 있다(단, 출장 중에 대여하지 않는다).
- K자동차는 첫째 주 짝수 날에는 점검이 있어 대여할 수 없다.
- K자동차는 24일부터 3일간 C가 미리 대여를 예약해 두었다.
- 설 연휴가 있는 주의 화요일과 수요일은 업무를 마쳐야 하므로 대여하지 않는다.

① 수요일
② 목요일
③ 금요일
④ 토요일
⑤ 일요일

54 다음은 A제품을 생산 · 판매하는 K사의 1 ~ 3주 차 A제품 주문량 및 B, C부품 구매량에 대한 자료이다. 이를 바탕으로 〈조건〉에 근거하여 3주 차 토요일 판매완료 후 남게 되는 A ~ C부품의 재고량을 바르게 나열한 것은?

〈A제품 주문량 및 B, C부품 구매량〉

(단위 : 개)

구분	1주 차	2주 차	3주 차
A제품 주문량	0	200	500
B부품 구매량	450	1,000	550
C부품 구매량	700	2,400	1,300

※ 1주 차 시작 전 A제품의 재고는 없고, B, C부품의 재고는 각각 50개, 100개이다.
※ 한 주의 시작은 월요일이다.

조건

- A제품은 매주 월요일부터 금요일까지 생산하고, A제품 1개 생산 시 B부품 2개, C부품 4개가 사용된다.
- B, C부품은 매주 일요일에 일괄구매하고, 그 다음 부품이 모자랄 때까지 A제품을 생산한다.
- 생산된 A제품은 매주 토요일에 주문량만큼 즉시 판매되고, 남은 A제품은 이후 판매하기 위한 재고로 보유한다.

	A제품	B부품	C부품
①	0	50	0
②	0	50	100
③	50	0	100
④	50	0	200
⑤	100	50	200

55 K기업은 영농철을 맞아 하루 동안 B마을의 농촌일손돕기 봉사활동을 펼친다. 1 ~ 3팀이 팀별로 점심시간을 제외하고 2시간씩 번갈아가면서 모내기 작업을 도울 예정이다. 봉사활동을 펼칠 하루 스케줄이 다음과 같을 때, 2팀이 일손을 도울 가장 적절한 시간대는?(단, 팀별로 시간은 겹칠 수 없으며 2시간 연속으로 일한다)

〈팀별 스케줄〉

시간	팀별 스케줄		
	1팀	2팀	3팀
09:00 ~ 10:00	상품기획 회의		시장조사
10:00 ~ 11:00			
11:00 ~ 12:00			비품 요청
12:00 ~ 13:00	점심시간	점심시간	점심시간
13:00 ~ 14:00			사무실 청소
14:00 ~ 15:00	업무지원	상품기획 회의	
15:00 ~ 16:00			
16:00 ~ 17:00	경력직 면접		마케팅 전략 회의
17:00 ~ 18:00			

① 10:00 ~ 12:00
② 11:00 ~ 13:00
③ 13:00 ~ 15:00
④ 15:00 ~ 17:00
⑤ 16:00 ~ 18:00

56 다음은 R대리가 부산 출장을 갔다 올 때, 선택할 수 있는 교통편에 대한 자료이다. R대리가 교통편 하나를 선택하여 왕복 티켓을 모바일로 예매하려고 할 때, 가장 저렴한 교통편은 무엇인가?

〈출장 시 이용 가능한 교통편 현황〉

교통편	종류	비용	기타
버스	일반버스	24,000원	–
	우등버스	32,000원	모바일 예매 1% 할인
기차	무궁화호	28,000원	왕복 예매 시 15% 할인
	새마을호	36,000원	왕복 예매 시 20% 할인
	KTX	58,000원	1+1 이벤트(편도 금액으로 왕복 예매 가능)

① 일반버스
② 우등버스
③ 무궁화호
④ 새마을호
⑤ KTX

PART 2

※ L직원은 K업체의 서비스 상담원으로 근무하고 있으며, 다음 K업체의 A/S 규정에 기반하여 당사의 제품을 구매한 고객들의 문의를 응대하는 업무를 맡고 있다. 이어지는 질문에 답하시오. **[57~58]**

〈A/S 규정〉

■ **제품 보증기간**

- 제품의 보증기간은 제품 구매일을 기준으로 하며, 구매일을 증명할 수 있는 자료(구매 영수증, 제품 보증서 등)가 없을 경우에는 제품 생산일을 기준으로 산정한다.
- 단, 보증기간(1년 이내) 중 소비자 취급주의, 부적절한 설치, 자가 수리 또는 개조로 인한 고장 발생 및 천재지변(화재 및 수해 낙뢰 등)으로 인한 손상 또는 파손된 경우에는 보증기간 기준을 제외한다.

■ **A/S 처리기준**

- 제품보증기간 1년 이내 무상 A/S를 실시한다.
- 초기불량 및 파손의 경우를 제외한, 사용 이후의 불량은 각 제품의 제조사 또는 판매자가 처리함을 원칙으로 한다.
- 당사는 제품의 미개봉 판매를 원칙으로 하며, 모든 사후처리는 당사의 A/S 규정과 원칙에 준한다.

■ **교환·환불 배송 정책**

- A/S에 관련된 운송비는 제품 초기불량일 경우에만 당사에서 부담한다.
- 당사의 교환 및 환불 정책은 수령한 날짜로부터 7일 이내 상품이 초기불량 및 파손일 경우에 한하며, 그 외의 경우에는 복구비용을 소비자가 부담하여야 한다.
- 당사에서 판매한 제품의 환불은 소비자법 시행령 제12조에 준한 사후처리를 원칙으로 한다.
- 제품의 온전한 상태를 기준으로 하며, 수령 후 제품을 사용하였을 경우에는 환불이 불가능하다.

■ **서비스 처리 비용**

<table>
<tr><th>구성</th><th colspan="2">수리조치사항</th><th>수리비용</th><th>비고</th></tr>
<tr><td rowspan="5">DVR
녹화기
관련</td><td colspan="2">모델별 펌웨어 업그레이드 설치</td><td>20,000원</td><td>회당</td></tr>
<tr><td colspan="2">하드 디스크 초기화 및 기능 점검</td><td>10,000원</td><td>회당</td></tr>
<tr><td colspan="2">이전 설치로 인한 네트워크 관련 작업</td><td>20,000원</td><td>-</td></tr>
<tr><td colspan="2">PC장착 카드형 DVR CD-Key</td><td>10,000원</td><td>개당</td></tr>
<tr><td colspan="2">DVR 메인보드 파손</td><td>수리 시 50,000원
교체 시 100,000원</td><td>-</td></tr>
<tr><td rowspan="8">CCTV
카메라 관련</td><td colspan="2">각종 카메라 이전 설치</td><td>건물 내 30,000원
건물 외 50,000원</td><td>-</td></tr>
<tr><td colspan="2">각종 카메라 추가 설치</td><td>건물 내 10,000원
건물 외 20,000원</td><td>제품 구매비 별도</td></tr>
<tr><td rowspan="3">영상관련 불량</td><td>1) 기본 27만 화소 모듈</td><td>15,000원</td><td>개당</td></tr>
<tr><td>2) 27만 화소 IR 모듈</td><td>20,000원</td><td>개당</td></tr>
<tr><td>3) 41만 화소 IR 모듈</td><td>30,000원</td><td>개당</td></tr>
<tr><td colspan="2">각종 카메라 전면 유리 파손 교체</td><td>3,000원</td><td>개당</td></tr>
<tr><td colspan="2">카메라 전원·영상 배선 교체</td><td>8,000원</td><td>-</td></tr>
<tr><td colspan="2">소비자 과실로 인한 내부 파손</td><td>수리 시 50,000원
교체 시 100,000원</td><td>-</td></tr>
</table>

57 다음 고객의 문의를 참고할 때, L직원이 고객에게 안내하여야 할 수리비용은 얼마인가?

> 고객 : 안녕하세요? 재작년에 K업체의 DVR 녹화기를 구매했었는데요. 사용 중에 문제가 생겨 연락드렸습니다. 며칠 전에 CCTV와 DVR을 다른 장소로 옮겨 설치했는데 네트워크 설정이 필요하다고 뜨면서 제대로 작동하지 않네요. 혹시 제가 제품을 구매한 후로 펌웨어 업그레이드를 한 번도 안 했었는데, 그것 때문일까요? 어찌 되었든 저에게 방문하는 수리기사에게 업그레이드뿐만 아니라 하드 디스크도 함께 점검해 달라고 요청해 주세요. 그럼 수리비용은 얼마나 나올까요?

① 20,000원 ② 30,000원
③ 40,000원 ④ 50,000원
⑤ 60,000원

58 다음은 수리기사가 보내온 A/S 점검표이다. 이를 바탕으로 L직원이 고객에게 청구하여야 할 비용은?

〈A/S 점검표〉

대상제품		MD-RO439 Model CCTV 카메라 1대
제품위치		건물 내부
점검항목		점검내용
외부	전면 헤드	전면 유리 파손 교체
	후면 고정대	이상 무
	본체	이상 무
내부	메인보드	이상 무, 클리너 사용(비용 ×)
	전원부	전원 배선 교체
	출력부	41만 화소 IR 교체
기타사항		로비 CCTV 1대 추가 설치(제품비 80,000원)

① 41,000원 ② 51,000원
③ 101,000원 ④ 121,000원
⑤ 131,000원

※ K공사는 고객 초청행사 안내 현수막을 설치하려고 한다. 다음 자료를 참고하여 이어지는 질문에 답하시오. [59~60]

〈현수막 설치 후보 장소〉

구분	주민센터	공사 본부	우체국	주유소	마트
설치가능일자	3월 31일	3월 29일	3월 30일	3월 31일	4월 2일
게시기간	3월 31일～ 4월 15일	3월 29일～ 4월 18일	3월 30일～ 4월 8일	3월 31일～ 4월 8일	4월 2～25일
하루평균 유동인구	230명	300명	260명	270명	310명
설치비용	200만 원	300만 원	250만 원	200만 원	300만 원
게시비용	10만 원/일	8만 원/일	12만 원/일	12만 원/일	7만 원/일

※ 현수막은 유동인구가 가장 많은 두 곳에 설치할 예정이다.
※ 유동인구가 하루 20명 이상 차이나지 않는 경우 게시기간이 긴 장소에 설치한다.
※ 설치비용은 한 번만 지불한다.

59 현수막을 3월에만 게시하고자 할 때, 다음 중 안내 현수막을 설치하게 될 장소는?(단, 설치장소 선정에 설치 및 게시 비용은 고려하지 않는다)

① 주민센터, 공사 본부
② 주민센터, 마트
③ 공사 본부, 우체국
④ 공사 본부, 주유소
⑤ 주유소, 마트

60 상부 지시로 다른 조건은 모두 배제하고 설치비용과 게시비용만 고려하여 가장 저렴한 한 곳에만 현수막을 설치하기로 하였다. 다음 중 현수막을 설치할 장소는?(단, 현수막은 장소마다 제시되어 있는 게시기간 모두를 사용한다)

① 주민센터
② 공사 본부
③ 우체국
④ 주유소
⑤ 마트

작은 기회로부터 종종 위대한 업적이 시작된다.

– 데모스테네스 –

제2회
최종점검 모의고사

※ 한국도로공사서비스 최종점검 모의고사는 2023년 채용공고 및 후기를 기준으로 구성한 것으로 실제 시험과 다를 수 있습니다.

■ 취약영역 분석

번호	O/×	영역	번호	O/×	영역	번호	O/×	영역
01		의사소통능력	25		조직이해능력	49		자원관리능력
02			26			50		
03			27			51		
04			28			52		
05			29			53		
06			30			54		
07			31			55		
08			32			56		
09			33			57		
10			34			58		
11			35			59		
12			36			60		
13		문제해결능력	37		정보능력			
14			38					
15			39					
16			40					
17			41					
18			42					
19			43					
20			44					
21			45					
22			46					
23			47					
24			48					

평가문항	60문항	평가시간	70분
시작시간	:	종료시간	:
취약영역			

모바일 OMR

제 2 회 최종점검 모의고사

응시시간 : 70분　문항 수 : 60문항

정답 및 해설 p.047

01 다음 글을 이해한 내용으로 가장 적절한 것은?

> 온갖 사물이 뒤섞여 등장하는 사진들에서 고양이를 틀림없이 알아보는 인공지능이 있다고 해 보자. 그러한 식별 능력은 고양이 개념을 이해하는 능력과 어떤 관계가 있을까? 고양이를 실수 없이 가려내는 능력이 고양이 개념을 이해하는 능력의 필요충분조건이라고 할 수 있을까?
> 먼저, 인공지능이든 사람이든 고양이 개념에 대해 이해하면서도 영상 속의 짐승이나 사물이 고양이인지 정확히 판단하지 못하는 경우는 있을 수 있다. 예를 들어, 누군가가 전형적인 고양이와 거리가 먼 희귀한 외양의 고양이를 보고 "좀 이상하게 생긴 족제비로군요."라고 말했다고 해 보자. 이것은 틀린 판단이지만, 그렇다고 그가 고양이 개념을 이해하지 못하고 있다고 평가하는 것은 부적절한 일일 것이다.
> 이번에는 다른 예로 누군가가 영상자료에서 가을에 해당하는 장면들을 실수 없이 가려낸다고 해 보자. 그는 가을 개념을 이해하고 있다고 보아야 할까? 그 장면들을 실수 없이 가려낸다고 해도 그가 가을이 적잖은 사람들을 왠지 쓸쓸하게 하는 계절이라든가, 농경문화의 전통에서 수확의 결실이 있는 계절이라는 것, 혹은 가을이 지구 자전축의 기울기와 유관하다는 것 등을 반드시 알고 있는 것은 아니다. 심지어 가을이 지구의 1년을 넷으로 나눈 시간 중 하나를 가리킨다는 사실을 모르고 있을 수도 있다. 만일 가을이 여름과 겨울 사이에 오는 계절이라는 사실조차 모르는 사람이 있다면, 우리는 그가 가을 개념을 이해하고 있다고 인정할 수 있을까? 그것은 불합리한 일일 것이다.
> 가을이든 고양이든 인공지능이 그런 개념들을 충분히 이해하는 것이 영원히 불가능하다고 단언할 이유는 없다. 하지만 우리가 여기서 확인한 점은 개념의 사례를 식별하는 능력이 개념을 이해하는 능력을 함축하는 것은 아니고, 그 역도 마찬가지라는 것이다.

① 인간과 동물의 개념을 명확하게 이해하고 있다면, 동물과 인간을 실수 없이 구별해야 한다.

② 날아가는 비둘기를 참새로 오인했다고 해서 비둘기 개념을 이해하지 못하고 있다고 평가할 수는 없다.

③ 영상자료에서 가을의 장면을 제대로 가려내지 못한 사람은 가을의 개념을 명확히 이해하지 못한 사람이다.

④ 인공지능이 자동차와 사람의 개념을 제대로 이해했다면, 영상 속의 자동차를 사람으로 착각할 리 없다.

⑤ 다양한 형태의 크고 작은 상자들 가운데 정확하게 정사각형의 상자를 찾아낸다면, 정사각형의 개념을 이해한 것이라고 볼 수 있다.

02 다음 글의 '빌렌도르프의 비너스'에 대한 설명으로 가장 적절한 것은?

> 1909년 오스트리아 다뉴브 강가의 빌렌도르프 근교에서 철도 공사를 하던 중 구석기 유물이 출토되었다. 이 중 눈여겨볼 만한 것이 '빌렌도르프의 비너스'라 불리는 여성 모습의 석상이다. 대략 기원전 2만 년의 작품으로 추정되나 구체적인 제작연대나 용도 등에 대해 알려진 바가 거의 없다. 높이 11.1cm의 이 작은 석상은 굵은 허리와 둥근 엉덩이에 커다란 유방을 늘어뜨리는 등 여성 신체가 과장되어 묘사되어 있다. 가슴 위에 올려놓은 팔은 눈에 띄지 않을 만큼 작으며, 땋은 머리에 가려 얼굴이 보이지 않는다. 출산, 다산의 상징으로 주술적 숭배의 대상이 되었던 것이라는 의견이 지배적이다. 태고의 이상적인 여성을 나타내는 것이라고 보는 의견이나 선사시대 유럽의 풍요와 안녕의 상징이었다고 보는 의견도 있다.

① 팔은 떨어져 나가고 없다.
② 빌렌도르프라는 사람에 의해 발견되었다.
③ 부족장의 부인을 모델로 만들어졌다.
④ 구석기 시대의 유물로 추정된다.
⑤ 평화의 상징이라는 의견이 지배적이다.

PART 2

03 다음 중 밑줄 친 부분과 같은 의미로 쓰인 것은?

> 체중조절을 위해 저녁식사는 <u>가볍게</u> 하려고 해요.

① 소풍날은 복장을 <u>가볍게</u> 하고 오세요.
② 그녀는 입이 <u>가벼운</u> 사람처럼 보이지는 않아.
③ 죄질이 <u>가벼우니</u> 선처를 부탁드립니다.
④ 오랜만에 친구들을 만나 <u>가볍게</u> 한 잔 했다.
⑤ <u>가벼운</u> 발걸음으로 집을 나섰다.

04 다음 제시된 단어와 반대되는 의미를 가진 것은?

> 사임

① 퇴임(退任)
② 퇴진(退陣)
③ 취임(就任)
④ 사직(辭職)
⑤ 퇴각(退却)

05 다음 글의 핵심 내용으로 가장 적절한 것은?

BMO 금속 및 광업 관련 리서치 보고서에 따르면 최근 가격 강세를 지속해 온 알루미늄, 구리, 니켈 등 산업금속들의 4분기 중 공급부족 심화와 가격 상승세가 전망된다. 산업금속이란 산업에 필수적으로 사용되는 금속들을 말하는데, 앞서 제시한 알루미늄, 구리, 니켈뿐만 아니라 비교적 단단한 금속에 속하는 은이나 금 등도 모두 산업에 많이 사용될 수 있는 금속이므로 산업금속의 카테고리에 속한다고 할 수 있다. 이러한 산업금속은 물품을 생산하는 기계의 부품으로서 필요하기도 하고, 전자제품 등의 소재로 쓰이기도 하기 때문에 특정 분야의 산업이 활성화되면 특정 금속의 가격이 뛰거나 심각한 공급난을 겪기도 한다.
지난 4일 금융투자업계에 따르면 최근 전세계적인 경제 회복 조짐과 함께 탈 탄소 트렌드, 즉 '그린 열풍'에 따른 수요 증가로 산업금속 가격이 초강세이다. 런던금속거래소에서 발표한 자료에 따르면 올해 들어 지난달까지 알루미늄은 20.7%, 구리는 47.8%, 니켈은 15.9% 각 가격이 상승했다. 자료에서도 알 수 있듯이 구리 수요를 필두로 알루미늄, 니켈 등 전반적인 산업금속 섹터의 수요량이 증가하였다. 이는 전기자동차 산업의 확충과 관련이 있다. 전기자동차의 핵심적인 부품인 배터리를 만드는 데 구리와 니켈이 사용되기 때문이다. 이때, 배터리 소재 중 니켈의 비중을 높이면 배터리의 용량을 키울 수 있으나 배터리의 안정성이 저하된다. 기존의 전기자동차 배터리는 니켈의 사용량이 높았기 때문에 더욱 안정성 문제가 제기되어 왔다. 그래서 연구 끝에 적정량의 구리를 배합하는 것이 배터리 성능과 안정성을 모두 향상시키기 위해서 중요하다는 것을 밝혀내었다. 구리가 전기자동차 산업의 핵심 금속인 셈이다.
이처럼 전기자동차와 배터리 등 친환경 산업에 필수적인 금속들의 수요는 증가하는 반면, 세계 각국의 환경 규제 강화로 인해 금속의 생산은 오히려 감소하고 있기 때문에 산업금속에 대한 공급난과 가격 인상이 우려되고 있다.

① 전기자동차의 배터리 성능을 향상하는 기술
② 세계적인 '그린 열풍' 현상 발생의 원인
③ 필수적인 산업금속 공급난으로 인한 문제
④ 전기자동차 산업 확충에 따른 산업금속 수요의 증가
⑤ 탈 탄소 산업의 대표 주자인 전기자동차 산업

06 다음 글에서 〈보기〉가 들어갈 위치로 가장 적절한 곳은?

유럽, 특히 영국에서 가장 사랑받는 음료인 홍차의 기원은 16세기 중엽 중국에서 시작된 것으로 전해지고 있다. (가) 본래 홍차보다 덜 발효된 우롱차가 중국에서 만들어져 유럽으로 수출되기 시작했고, 그중에서도 강하게 발효된 우롱차가 환영을 받으면서 홍차가 탄생하게 되었다는 것이다. 중국인들이 녹차와 우롱차의 차이를 설명하는 과정에서 쓴 영어 'Black Tea'가 홍차의 어원이 되었다는 것이 가장 강력한 가설로 꼽히고 있다. (나)

홍차는 1662년 찰스 2세가 포르투갈 출신의 캐서린 왕비와 결혼하면서 영국에 전해지게 되었는데, 18세기 초에 영국은 홍차의 최대 소비국가가 된다. (다) 영국에서의 홍차 수요가 급증함과 동시에 홍차의 가격이 치솟아 무역적자가 심화되자, 영국 정부는 자국 내에서 직접 차를 키울 수는 없을까 고민했지만 별다른 방법을 찾지 못했고, 홍차의 고급화는 점점 가속화됐다. (라)

하지만 영국의 탐험가인 로버트 브루스 소령이 아삼 지방에서 차나무의 존재를 발견하면서 홍차 산업의 혁명이 도래하는데, 아삼 지방에서 발견한 차는 찻잎의 크기가 중국종의 3배쯤이며 열대 기후에 강하고, 홍차로 가공했을 때 중국 차보다 뛰어난 맛을 냈다.

그러나 아이러니하게도 아삼 홍차는 3대 홍차에 꼽히지 않는데, 이는 19세기 영국인들이 지닌 차에 대한 인식 때문이다. (마) 당시 중국차에 대한 동경과 환상을 지녔던 영국인들은 식민지에서 자생한 차나무가 중국의 차나무보다 우월할 것이라고 믿지 못했기에 아삼차를 서민적인 차로 취급한 것이었다.

보기

이처럼 홍차가 귀한 취급을 받았던 이유는 중국이 차의 수출국이란 유리한 입지를 지키기 위하여 차의 종자, 묘목의 수출 등을 엄중하게 통제함과 동시에 차의 기술이나 제조법을 극단적으로 지켰기 때문이다.

① (가)
② (나)
③ (다)
④ (라)
⑤ (마)

PART 2

07 다음 문단을 논리적 순서대로 바르게 나열한 것은?

(가) 베커는 “주말이나 저녁에는 회사들이 문을 닫기 때문에 활용할 수 있는 시간의 길이가 길어지고 이에 따라 특정 행동의 시간 비용이 줄어든다.”라고도 지적한다. 시간의 비용이 가변적이라는 개념은 기대수명이 늘어나서 사람들에게 더 많은 시간이 주어지는 것이 시간의 비용에 영향을 미칠 수 있다는 점에서 의미가 있다.

(나) 베커와 린더는 사람들에게 주어진 시간을 고정된 양으로 전제했다. 1965년 당시의 기대수명은 약 70세였다. 하루 24시간 중 8시간을 수면에 쓰고 나머지 시간에 활동이 가능하다면, 평생 408,800시간의 활동가능 시간이 주어지는 셈이다. 하지만 이 방정식에서 변수 하나가 바뀌면 어떻게 될까? 기대수명이 크게 늘어난다면 시간의 가치 역시 달라져서, 늘 시간에 쫓기는 조급한 마음에도 영향을 주게 되지 않을까?

(다) 시간의 비용이 가변적이라고 생각한 이는 베커만이 아니었다. 스웨덴의 경제학자 스테판 린더는 서구인들이 엄청난 경제성장을 이루고도 여유를 누리지 못하는 이유를 논증한다. 경제가 성장하면 사람들의 시간을 쓰는 방식도 달라진다. 임금이 상승하면 직장 밖 활동에 들어가는 시간의 비용이 늘어난다. 일하는 데 쓸 수 있는 시간을 영화나 책을 보는 데 소비하면 그만큼의 임금을 포기하는 것이다. 따라서 임금이 늘어난 만큼 일 이외의 활동에 들어가는 시간의 비용도 함께 늘어난다는 것이다.

(라) 1965년 노벨상 수상자 게리 베커는 ‘시간의 비용’이 시간을 소비하는 방식에 따라 변화한다고 주장하였다. 예를 들어 수면이나 식사 활동은 영화 관람에 비해 단위 시간당 시간의 비용이 작다. 그 이유는 수면과 식사가 생산적인 활동에 기여하기 때문이다. 잠을 못 자거나 식사를 제대로 하지 못해 체력이 떨어진다면, 생산적인 활동에 제약을 받기 때문에 수면과 식사 활동에 들어가는 시간의 비용이 영화관람에 비해 작다고 할 수 있다.

① (가) – (다) – (나) – (라)
② (가) – (라) – (다) – (나)
③ (라) – (가) – (다) – (나)
④ (라) – (나) – (다) – (가)
⑤ (라) – (다) – (가) – (나)

08 다음 글의 내용으로 가장 적절한 것은?

예술과 도덕의 관계, 더 구체적으로는 예술작품의 미적 가치와 도덕적 가치의 관계는 동서양을 막론하고 사상사의 중요한 주제들 중 하나이다. 그 관계에 대한 입장들로는 '극단적 도덕주의', '온건한 도덕주의', '자율성주의'가 있다. 이 입장들은 예술작품이 도덕적 가치판단의 대상이 될 수 있느냐는 물음에 다른 대답을 한다.
극단적 도덕주의 입장은 모든 예술작품을 도덕적 가치판단의 대상으로 본다. 이 입장은 도덕적 가치를 가장 우선적인 가치이자 가장 포괄적인 가치로 본다. 따라서 모든 예술작품은 도덕적 가치에 의해서 긍정적으로 또는 부정적으로 평가된다. 또한 도덕적 가치는 미적 가치를 비롯한 다른 가치들보다 우선한다. 이러한 입장을 대표하는 사람이 바로 톨스토이이다. 그는 인간의 형제애에 대한 정서를 전달함으로써 인류의 심정적 통합을 이루는 것이 예술의 핵심적 가치라고 보았다.
온건한 도덕주의는 오직 일부 예술작품만이 도덕적 판단의 대상이 된다고 보는 입장이다. 따라서 일부의 예술작품들에 대해서만 긍정적인 또는 부정적인 도덕적 가치판단이 가능하다고 본다. 이 입장에 따르면, 도덕적 판단의 대상이 되는 예술작품의 도덕적 가치와 미적 가치는 서로 독립적으로 성립하는 것이 아니다. 그것들은 서로 내적으로 연결되어 있기 때문에 어떤 예술작품이 가지는 도덕적 장점이 그 예술작품의 미적 강점이 된다. 또한 어떤 예술작품의 도덕적 결함은 그 예술작품의 미적 결함이 된다.
자율성주의는 어떠한 예술작품도 도덕적 가치판단의 대상이 될 수 없다고 보는 입장이다. 이 입장에 따르면, 도덕적 가치와 미적 가치는 서로 자율성을 유지한다. 즉, 도덕적 가치와 미적 가치는 각각 독립적인 영역에서 구현되고 서로 다른 기준에 의해 평가된다는 것이다. 결국 자율성주의는 예술작품에 대한 도덕적 가치판단을 범주착오에 해당하는 것으로 본다.

① 자율성주의는 예술작품의 미적 가치를 도덕적 가치보다 우월한 것으로 본다.
② 온건한 도덕주의에서는 미적 가치와 도덕적 가치의 독립적인 지위를 인정해야 한다고 본다.
③ 자율성주의는 도덕적 가치판단은 작품을 감상하는 각자에게 맡겨야 한다고 주장한다.
④ 온건한 도덕주의에서 도덕적 판단의 대상이 되는 예술작품은 극단적 도덕주의에서도 도덕적 판단의 대상이 된다.
⑤ 톨스토이는 극단적 도덕주의를 비판하면서 예술작품은 인류의 심정적 통합 정도에만 기여해야 한다고 주장했다.

※ 다음 글을 읽고 이어지는 질문에 답하시오. [9~10]

곤충이 유충에서 성체로 발생하는 과정에서 단단한 외골격은 더 큰 것으로 주기적으로 대체된다. 곤충이 유충, 번데기, 성체로 변화하는 동안, 이러한 외골격의 주기적 대체는 몸 크기를 증가시키는 것과 같은 신체 형태 변화에 필수적이다. 이러한 외골격의 대체를 '탈피'라고 한다. 성체가 된 이후에 탈피하지 않는 곤충들의 경우, 그것들의 최종 탈피는 성체의 특성이 발현되고 유충의 특성이 완전히 상실될 때 일어난다. 이런 유충에서 성체로의 변태 과정을 조절하는 호르몬에는 탈피호르몬과 유충호르몬이 있다.

탈피호르몬은 초기 유충기에 형성된 유충의 전흉선에서 분비된다. 탈피 시기가 되면, 먹이 섭취 활동과 관련된 자극이 유충의 뇌에 전달된다. 이 자극은 이미 뇌의 신경분비세포에서 합성되어 있던 전흉선자극호르몬의 분비를 촉진하여 이 호르몬이 순환계로 방출될 수 있게 만든다. 분비된 전흉선자극호르몬은 순환계를 통해 전흉선으로 이동하여 전흉선에서 허물벗기를 촉진하는 탈피호르몬이 분비되도록 한다. 그리고 탈피호르몬이 분비되면 탈피의 첫 단계인 허물벗기가 시작된다. ㉠ 성체가 된 이후에 탈피하지 않는 곤충들의 경우 성체로의 마지막 탈피가 끝난 다음에 탈피호르몬은 없어진다.

유충호르몬은 유충 속에 있는 알라타체라는 기관에서 분비된다. 이 유충호르몬은 탈피 촉진과 무관하며, 유충의 특성이 남아 있게 하는 역할만을 수행한다. 따라서 각각의 탈피 과정에서 분비되는 유충호르몬의 양에 의해서, 탈피 이후 유충으로 남아 있을지, 유충의 특성이 없는 성체로 변태할지가 결정된다. 유충호르몬의 방출량은 유충호르몬의 분비를 억제하는 알로스테틴과 분비를 촉진하는 알로트로핀에 의해 조절된다. 이 알로스테틴과 알로트로핀은 곤충의 뇌에서 분비된다. 한편, 유충호르몬의 방출량이 정해져 있을 때 그 호르몬의 혈중 농도는 유충호르몬에스터라제와 같은 유충호르몬 분해 효소와 유충호르몬결합단백질에 의해 조절된다. 유충호르몬결합단백질은 유충호르몬에스터라제 등의 유충호르몬 분해 효소에 의해서 유충호르몬이 분해되어 혈중 유충호르몬의 농도가 낮아지는 것을 막으며, 유충호르몬을 유충호르몬 작용 조직으로 안전하게 수송한다.

09 다음 중 윗글을 읽고 추론할 수 있는 것을 〈보기〉에서 모두 고르면?

보기

ㄱ. 유충의 전흉선을 제거하면 먹이 섭취 활동과 관련된 자극이 유충의 뇌에 전달될 수 없다.
ㄴ. 변태 과정 중에 있는 곤충에게 유충기부터 알로트로핀을 주입하면 성체로 변태하지 않을 수 있다.
ㄷ. 유충호르몬이 없더라도 변태 과정 중 탈피호르몬이 분비되면 탈피가 시작될 수 있다.

① ㄱ
② ㄴ
③ ㄱ, ㄷ
④ ㄴ, ㄷ
⑤ ㄱ, ㄴ, ㄷ

10 윗글을 토대로 할 때, 다음 실험 결과에 대한 분석으로 옳은 것을 〈보기〉에서 모두 고르면?

〈실험 결과〉

성체가 된 이후에 탈피하지 않는 곤충의 유충기부터 성체로 이어지는 발생 단계별 유충호르몬과 탈피호르몬의 혈중 농도 변화를 관찰하였더니 다음과 같았다.

- 결과 1 : 유충호르몬 혈중 농도는 유충기에 가장 높으며 이후 성체가 될 때까지 점점 감소한다.
- 결과 2 : 유충에서 성체로의 최종 탈피가 일어날 때까지 탈피호르몬은 존재하였고, 그 구간 탈피호르몬 혈중 농도에는 변화가 없었다.

보기

ㄱ. 결과 1은 "혈중 유충호르몬에스터라제의 양은 유충기에 가장 많으며 성체기에서 가장 적다."는 가설로 설명된다.
ㄴ. "성체가 된 이후에 탈피하지 않는 곤충들의 경우, 최종 탈피가 끝난 다음에 전흉선은 파괴되어 사라진다."는 것은 결과 2와 ㉠이 동시에 성립하는 이유를 제시한다.
ㄷ. 결과 1과 결과 2는 함께 "변태 과정에 있는 곤충의 탈피호르몬 대비 유충호르몬의 비율이 작아질수록 그 곤충은 성체의 특성이 두드러진다."는 가설을 지지한다.

① ㄱ
② ㄷ
③ ㄱ, ㄴ
④ ㄴ, ㄷ
⑤ ㄱ, ㄴ, ㄷ

11 다음 글의 빈칸에 들어갈 내용으로 가장 적절한 것은?

> 동물들은 홍채에 있는 근육의 수축과 이완을 통해 눈동자를 크게 혹은 작게 만들어 눈으로 들어오는 빛의 양을 조절하므로 눈동자 모양이 원형인 것이 가장 무난하다. 그런데 고양이와 늑대와 같은 육식동물은 세로로, 양이나 염소와 같은 초식동물은 가로로 눈동자 모양이 길쭉하다. 특별한 이유가 있는 것일까?
> 육상동물 중 모든 육식동물의 눈동자가 세로로 길쭉한 것은 아니다. 주로 매복형 육식동물의 눈동자가 세로로 길쭉하다. 이는 숨어서 기습을 하는 사냥 방식과 밀접한 관련이 있는데, 세로로 길쭉한 눈동자가 ____________________________
> 일반적으로 매복형 육식동물은 양쪽 눈으로 초점을 맞춰 대상을 보는 양안시로, 각 눈으로부터 얻는 영상의 차이인 양안시차를 하나의 입체 영상으로 재구성하면서 물체와의 거리를 파악한다. 그런데 이러한 양안시차뿐만 아니라 거리지각에 대한 정보를 주는 요소로 심도 역시 중요하다. 심도란 초점이 맞는 공간의 범위를 말하며, 심도는 눈동자의 크기에 따라 결정된다. 즉 눈동자의 크기가 커져 빛이 많이 들어오게 되면, 커지기 전보다 초점이 맞는 범위가 좁아진다. 이렇게 초점의 범위가 좁아진 경우를 '심도가 얕다.'고 하며, 반대인 경우를 '심도가 깊다.'고 한다.

① 사냥감의 주변 동태를 정확히 파악하는 데 효과적이기 때문이다.
② 사냥감의 움직임을 정확히 파악하는 데 효과적이기 때문이다.
③ 사냥감의 위치를 정확히 파악하는 데 효과적이기 때문이다.
④ 사냥감과의 거리를 정확히 파악하는 데 효과적이기 때문이다.
⑤ 사냥감과의 경로를 정확히 파악하는 데 효과적이기 때문이다.

12 다음 글의 제목으로 가장 적절한 것은?

보건복지부에 따르면 현재 등록 장애인만 250만 명이 넘는다. 여기에 비등록 장애인까지 포함시킨다면 실제 장애인 수는 400만 명에 다다를 것으로 예상된다.
특히 이들 가정은 경제적·사회적 어려움에 봉착해 있을 뿐만 아니라 많은 장애인 자녀들이 부모의 돌봄 없이는 일상생활 유지가 어려운 상황인데, 특히 법적인 부분에서 훨씬 더 문제가 된다. 부모 사망 이후 장애인 자녀가 상속인으로서 제대로 된 권리를 행사하기 어려울 뿐만 아니라, 본인도 모르게 유산 상속 포기 절차가 진행되는 경우가 이에 해당한다.
따라서 장애인 자녀의 부모들은 상속 과정에서 자녀들이 부딪힐 수 있는 문제들에 대해 더 꼼꼼하게 대비해야 할 필요성이 있으며, 이에 해당하는 내용을 크게 두 가지로 살펴볼 수 있다. 자녀의 생활 안정 및 유지를 위한 '장애인 신탁'과 상속 시의 세금 혜택인 '장애인 보험금 비과세'가 그것이다.
먼저 장애인 신탁은 직계존비속이나 일정 범위 내 친족으로부터 재산을 증여받은 장애인이 증여세 신고기한 이내에 신탁회사에 증여받은 재산을 신탁하고, 그 신탁의 이익 전부에 대해 장애인이 수익자가 되면 재산가액 5억 원까지 증여세를 면제해주는 제도로, 이를 통해 장애인은 생계유지와 안정적인 자산 이전을 받을 수 있다.
다음으로 수익자가 장애인 자녀인 보험에 가입한 경우 보험금의 4,000만 원까지는 상속세 및 증여세법에 의해 과세하지 않는다. 이때, 후견인 등이 보험금을 가로챌 수 있는 여지를 차단하기 위해 중도 해지가 불가능하고 평생 동안 매월 연금으로 수령할 수 있는 종신형 연금보험을 선택하는 것이 장애인 자녀의 생활 안정에 유리하다.

① 부모 사망 시 장애인 자녀의 유산 상속 과정
② 부모 사망 시 장애인 자녀가 받을 수 있는 혜택
③ 부모 사망 시 장애인 자녀가 직면한 사회적 문제
④ 부모 사망 시 장애인 자녀의 보험 및 증여세 혜택
⑤ 부모 사망 시 장애인 자녀의 생활 안정 및 세금 혜택

※ D사원은 해외에서 열리는 세미나 참석을 위해 호텔을 예약하였다. 다음 자료를 보고 이어지는 질문에 답하시오. **[13~14]**

• 출장일 : 2024년 8월 14일(수) ~ 18일(일)

〈호텔 숙박가격〉

구분	평일(일 ~ 목)	주말(금 ~ 토)
가격	USD 120	USD 150

〈유의사항〉

• 호텔 숙박을 원하실 경우 총 숙박비의 20%에 해당하는 금액을 예치금으로 지불하셔야 합니다.
• 개인사정으로 호텔 예약을 취소 또는 변경하실 때는 숙박 예정일 4일 전까지는 전액 환불이 가능하지만, 그 이후로는 하루에 20%씩 취소 수수료가 부과됩니다. 노쇼(No－Show)의 경우와 체크인 당일 취소를 하실 경우에는 환불이 불가하오니, 이점 유의해 주시기 바랍니다.

13 다음 중 D사원이 호텔에 지불한 예치금은 얼마인가?

① USD 105
② USD 108
③ USD 110
④ USD 120
⑤ USD 132

14 D사원은 출장 출발일에 회사 사정으로 다른 곳으로 급하게 출장을 가게 되어 호텔 예약을 취소하게 되었다. 이때, D사원이 호텔 규정에 따라 받을 수 있는 환불금액은?(단, D사원의 출장 출발일은 호텔 체크인 당일이었다)

① USD 108
② USD 222
③ USD 330
④ USD 432
⑤ 환불 불가능

15 K휴게소의 물품 보관함에는 자물쇠로 잠긴 채 오랫동안 방치되고 있는 보관함 네 개가 있다. 휴게소 관리 직원인 L씨는 방치 중인 보관함을 정리하기 위해 사무실에서 보유하고 있는 1 ~ 6번까지의 열쇠로 네 개의 자물쇠를 모두 열어 보았다. 다음 〈조건〉을 참고할 때, 항상 참인 것은?(단, 하나의 자물쇠는 정해진 하나의 열쇠로만 열린다)

조건

- 첫 번째 자물쇠는 1번 또는 2번 열쇠로 열렸다.
- 두 번째 자물쇠와 네 번째 자물쇠는 3번 열쇠로 열리지 않았다.
- 6번 열쇠로는 어떤 자물쇠도 열지 못했다.
- 두 번째 또는 세 번째 자물쇠는 4번 열쇠로 열렸다
- 세 번째 자물쇠는 4번 또는 5번 열쇠로 열렸다.

① 첫 번째 자물쇠는 반드시 1번 열쇠로 열린다.
② 두 번째 자물쇠가 2번 열쇠로 열리면, 세 번째 자물쇠는 5번 열쇠로 열린다.
③ 세 번째 자물쇠가 5번 열쇠로 열리면, 네 번째 자물쇠는 2번 열쇠로 열린다.
④ 네 번째 자물쇠가 5번 열쇠로 열리면, 두 번째 자물쇠는 2번 열쇠로 열린다.
⑤ 3번 열쇠로는 어떤 자물쇠도 열지 못한다.

16 K씨는 인터넷뱅킹 사이트에 가입하기 위해 가입절차에 따라 정보를 입력하는데, 패스워드를 생성하는 과정이 까다로워 계속 실패 중이다. 다음 〈조건〉을 참고할 때, 사용 가능한 패스워드는?

조건

- 패스워드는 7자리이다.
- 영어 대문자와 소문자, 숫자, 특수기호를 적어도 하나씩 포함해야 한다.
- 숫자 0은 다른 숫자와 연속해서 나열할 수 없다.
- 영어 대문자는 다른 영어 대문자와 연속해서 나열할 수 없다.
- 특수기호를 첫 번째로 사용할 수 없다.

① a?102CB
② 7!z0bT4
③ #38Yup0
④ ssng99&
⑤ 6LI◇231

PART 2

17 한 야구팀이 재정난을 겪게 되면서 핵심선수인 민한, 대호, 성흔, 주찬이를 각각 다른 팀으로 트레이드하려고 한다. C팀이 투수만 스카우트하게 될 경우, 다음 〈조건〉을 토대로 반드시 참인 것은?

> **조건**
>
> (가) 이들을 원하는 팀은 A ~ D 4팀이 있다.
> (나) 각 팀은 포수, 내야수, 외야수, 투수 중 중복 없이 하나만 얻을 수 있다.
> (다) 각 팀은 1명만 스카우트 할 수 있다.
> (라) 민한이는 투수만 가능하다.
> (마) 대호는 B팀만 가려고 한다.
> (바) A팀은 외야수를 원한다.
> (사) 성흔이는 포수와 외야수만 가능하다.
> (아) 주찬이는 D팀을 가려고 하지 않는다.
> (자) 외야수 포지션은 성흔이와 주찬이 중에 선택한다.

① 주찬이는 포수로 스카우트될 것이다.
② A팀에서 스카우트할 선수는 성흔이다.
③ D팀은 선택할 포지션이 없어서 스카우트를 포기한다.
④ D팀이 성흔이를 포수로 데려갈 것이다.
⑤ B팀은 대호를 외야수로 스카우트할 것이다.

18 호동, 수근, 지원이는 점심식사 후 항상 커피를 마시며, 종류는 아메리카노, 카페라테, 카푸치노, 에스프레소 4종류가 있다. 다음 〈조건〉을 토대로 옳은 것은?

> **조건**
>
> • 호동이는 카페라테와 카푸치노를 좋아하지 않는다.
> • 수근이는 에스프레소를 좋아한다.
> • 호동이와 수근이는 좋아하는 커피가 서로 다르다.
> • 지원이는 에스프레소를 좋아하지 않는다.

① 지원이는 아메리카노를 좋아한다.
② 호동이는 아메리카노를 좋아한다.
③ 지원이와 수근이는 좋아하는 커피가 같다.
④ 호동이가 좋아하는 커피는 주어진 조건만으로는 알 수 없다.
⑤ 지원이는 카푸치노를 좋아한다.

19 다음은 K기업의 2023년 경영실적에 대한 자료이다. 이에 대한 설명으로 옳지 않은 것은?(단, 비율은 소수점 첫째 자리에서 반올림한다)

> K기업은 2023년 연간 26조 9,907억 원의 매출과 2조 7,127억 원의 영업이익을 달성했다고 발표했다. K기업은 지난 한 해 시장 변동에 대응하기 위해 선제적으로 투자와 생산량을 조정하는 등 경영 효율화에 나섰으나 글로벌 무역 갈등으로 세계 경제의 불확실성이 확대되었고, 재고 증가와 고객들의 보수적인 구매 정책으로 수요 둔화와 가격 하락이 이어져 경영실적은 전년 대비 감소했다고 밝혔다.
> 2023년 4분기 매출과 영업이익은 각각 6조 9,271억 원, 2,360억 원(영업이익률 3%)을 기록했다. 4분기는 달러화의 약세 전환에도 불구하고 수요 회복에 적극 대응한 결과 매출은 전 분기 대비 소폭 상승했으나, 수요 증가에 대응하기 위해 비중을 확대한 제품군의 수익성이 상대적으로 낮았고, 신규 공정 전환에 따른 초기 원가 부담 등으로 영업이익은 직전 분기 대비 50% 감소했다. 제품별로는 DRAM 출하량이 전 분기 대비 8% 증가했고, 평균판매가격은 7% 하락했으며, 낸드플래시는 출하량이 10% 증가했고, 평균판매가격은 직전 분기 수준을 유지했다.
> K기업은 올해 DRAM 시장에 대해 서버 DRAM의 수요 회복, 5G 스마트폰 확산에 따른 판매량 증가로 전형적인 상저하고의 수요 흐름을 보일 것으로 예상했다. 낸드플래시 시장 역시 PC 및 데이터 센터형 SSD 수요가 증가하는 한편, 고용량화 추세가 확대될 것으로 전망했다.
> K기업은 이처럼 최근 개선되고 있는 수요 흐름에 대해서는 긍정적으로 보고 있지만, 과거에 비해 훨씬 높아진 복잡성과 불확실성이 상존함에 따라 보다 신중한 생산 및 투자 전략을 운영할 방침이다. 공정 전환 과정에서도 기술 성숙도를 빠르게 향상시키는 한편, 차세대 제품의 차질 없는 준비로 원가 절감을 가속화한다는 전략이다.
> DRAM은 10나노급 2세대 제품(1y나노) 비중을 확대하고, 본격적으로 시장 확대가 예상되는 LPDDR5 제품 등의 시장을 적극 공략할 계획이다. 또한 차세대 제품인 10나노급 3세대 제품(1z나노)도 연내 본격 양산을 시작할 예정이다.

① K기업은 고용량 낸드플래시 생산에 대한 투자를 늘릴 것이다.
② 달러화의 강세는 매출액에 부정적 영향을 미친다.
③ 기업이 공정을 전환하는 경우, 이로 인해 원가가 상승할 수 있다.
④ 영업이익률은 매출액 대비 영업이익 비율로 2023년 K기업은 약 10%를 기록했다.
⑤ 2023년 3분기 영업이익은 4분기 영업이익의 2배이다.

PART 2

※ 유통업체인 K사는 유통대상의 정보에 따라 12자리로 구성된 분류코드를 부여하여 관리하고 있다. 다음 자료를 보고 이어지는 질문에 답하시오. **[20~21]**

〈분류코드 생성 방법〉

- 분류코드는 한 개의 상품당 하나가 부과된다.
- 분류코드는 '발송코드 – 배송코드 – 보관코드 – 운송코드 – 서비스코드'가 순서대로 연속된 12자리 숫자로 구성되어 있다.
- 발송코드

발송지역	발송코드	발송지역	발송코드	발송지역	발송코드
수도권	a1	강원	a2	경상	b1
전라	b2	충청	c4	제주	t1
기타	k9	–	–	–	–

※ 수도권은 서울, 경기, 인천 지역이다.

- 배송코드

배송지역	배송코드	배송지역	배송코드	배송지역	배송코드
서울	011	인천	012	강원	021
경기	103	충남	022	충북	203
경남	240	경북	304	전남	350
전북	038	제주	040	광주	042
대구	051	부산	053	울산	062
대전	071	세종	708	기타	009

- 보관코드

보관구분	보관코드	보관구분	보관코드	보관구분	보관코드
냉동	FZ	냉장	RF	파손주의	FG
고가품	HP	일반	GN	–	–

- 운송코드

운송수단	운송코드	운송수단	운송코드	운송수단	운송코드
5톤 트럭	105	15톤 트럭	115	30톤 트럭	130
항공운송	247	열차수송	383	기타	473

- 서비스코드

배송서비스	서비스코드	배송서비스	서비스코드	배송서비스	서비스코드
당일 배송	01	지정일 배송	02	일반 배송	10

20 **다음 분류코드로 확인할 수 있는 정보로 옳지 않은 것은?**

c4304HP11501

① 해당 제품은 충청지역에서 발송되어 경북지역으로 배송되는 제품이다.

② 냉장보관이 필요한 제품이다.

③ 15톤 트럭에 의해 배송될 제품이다.

④ 당일 배송서비스가 적용된 제품이다.

⑤ 해당 제품은 고가품이다.

PART 2

21 **다음 〈조건〉에 따라 제품 A에 부여될 분류코드로 옳은 것은?**

조건

- A는 Q업체가 7월 5일에 경기도에서 울산지역에 위치한 구매자에게 발송한 제품이다.
- 수산품인 만큼, 냉동보관이 필요하며, 발송자는 택배 도착일을 7월 7일로 지정하였다.
- A는 5톤 트럭을 이용해 배송된다.

① k9062RF10510

② a1062FZ10502

③ a1062FZ11502

④ a1103FZ10501

⑤ a1102FZ10502

22 경영기획실에서 근무하는 K씨는 매년 부서별 사업계획을 정리하는 업무를 맡고 있다. 다음 중 부서별 사업계획을 간략하게 정리한 보고서를 보고 K씨가 할 수 있는 생각으로 가장 적절한 것은?

〈사업별 기간 및 소요예산〉

- A사업 : 총사업기간은 2년으로, 첫해에는 1조 원, 둘째 해에는 4조 원의 예산이 필요하다.
- B사업 : 총사업기간은 3년으로, 첫해에는 15조 원, 둘째 해에는 18조 원, 셋째 해에는 21조 원의 예산이 필요하다.
- C사업 : 총사업기간은 1년으로, 총소요예산은 15조 원이다.
- D사업 : 총사업기간은 2년으로, 첫해에는 15조 원, 둘째 해에는 8조 원의 예산이 필요하다.
- E사업 : 총사업기간은 3년으로, 첫해에는 6조 원, 둘째 해에는 12조 원, 셋째 해에는 24조 원의 예산이 필요하다.

올해를 포함한 향후 5년간 위의 5개 사업에 투자할 수 있는 예산은 아래와 같다.

〈연도별 가용예산〉

(단위 : 조 원)

1차 연도(올해)	2차 연도	3차 연도	4차 연도	5차 연도
20	24	28.8	34.5	41.5

〈규정〉

- 모든 사업은 한번 시작하면 완료될 때까지 중단할 수 없다.
- 예산은 당해 사업연도에 남아도 상관없다.
- 각 사업연도의 예산은 이월될 수 없다.
- 모든 사업을 향후 5년 이내에 반드시 완료한다.

① B사업을 세 번째 해에 시작하고 C사업을 최종연도에 시행한다.

② A사업과 D사업을 첫해에 동시에 시작한다.

③ 첫해에는 E사업만 시작한다.

④ D사업을 첫해에 시작한다.

⑤ 첫해에 E사업과 A사업을 같이 시작한다.

23 C사원은 자기계발을 위해 집 근처 학원들의 정보를 정리하였다. 다음 중 C사원이 배우려는 프로그램에 대한 설명으로 옳지 않은 것은?(단, 시간이 겹치는 프로그램은 수강할 수 없다)

〈프로그램 시간표〉

프로그램	수강료	횟수	강좌시간
필라테스	300,000원	24회	09:00 ~ 10:10
			10:30 ~ 11:40
			13:00 ~ 14:10
플라잉 요가	330,000원	20회	09:00 ~ 10:10
			10:30 ~ 11:40
			13:00 ~ 14:10
액세서리 공방	260,000원	10회	13:00 ~ 15:00
가방 공방	360,000원	12회	13:30 ~ 16:00
복싱	320,000원	30회	10:00 ~ 11:20
			14:00 ~ 15:20

※ 강좌시간이 두 개 이상인 프로그램은 그중 원하는 시간에 수강이 가능하다.

① C사원은 오전에 운동을 하고, 오후에 공방에 가는 스케줄이 가능하다.
② 가방 공방의 강좌시간이 액세서리 공방 강좌시간보다 길다.
③ 공방 프로그램 중 하나를 들으면, 최대 두 프로그램을 더 들을 수 있다.
④ 프로그램을 최대로 수강할 시 가방 공방을 수강해야 총 수강료가 가장 비싸다.
⑤ 강좌 1회당 수강료는 플라잉 요가가 가방 공방보다 15,000원 저렴하다.

PART 2

24 같은 해에 입사한 동기 A～E는 모두 K기업 소속으로 서로 다른 부서에서 일하고 있다. 다음은 근무 부서와 부서별 성과급에 대한 자료이다. 이를 바탕으로 항상 옳은 것은?

〈부서별 성과급〉

비서실	영업부	인사부	총무부	홍보부
60만 원	20만 원	40만 원	60만 원	60만 원

※ 각 사원은 모두 각 부서의 성과급을 동일하게 받는다.

〈부서배치 조건〉

- A는 성과급이 평균보다 적은 부서에서 일한다.
- B와 D의 성과급을 더하면 나머지 세 명의 성과급 합과 같다.
- C의 성과급은 총무부보다는 적지만 A보다는 많다.
- C와 D 중 한 사람은 비서실에서 일한다.
- E는 홍보부에서 일한다.

〈휴가 조건〉

- 영업부 직원은 비서실 직원보다 늦게 휴가를 가야 한다.
- 인사부 직원은 첫 번째 또는 제일 마지막으로 휴가를 가야 한다.
- B의 휴가 순서는 이들 중 세 번째이다.
- E는 휴가를 반납하고 성과급을 두 배로 받는다.

① A의 3개월 치 성과급은 C의 2개월 치 성과급보다 많다.
② C가 맨 먼저 휴가를 갈 경우, B가 맨 마지막으로 휴가를 가게 된다.
③ D가 C보다 성과급이 많다.
④ 휴가철이 끝난 직후, D와 E의 성과급 차이는 세 배이다.
⑤ B는 A보다 휴가를 먼저 출발한다.

25 K공사의 항공교육팀은 항공보안실을 대상으로 다음과 같은 항공보안교육계획을 세웠다. 〈보기〉 중 항공보안교육을 반드시 이수해야 하는 팀을 모두 고르면?

〈2024년 항공보안교육계획〉

구분	과정명	비고
보안검색감독자	보안검색감독자 초기 / 정기	필수
보안검색요원	보안검색요원 초기 / 정기	필수
	보안검색요원 인증평가	필수
	보안검색요원 재교육	필요시
폭발물처리요원	폭발물 처리요원 직무	필요시
	폭발물 처리요원 정기	필요시
	폭발물위협분석관 초기 / 정기	필요시
장비유지보수요원	항공보안장비유지보수 초기 / 정기	필수

보기

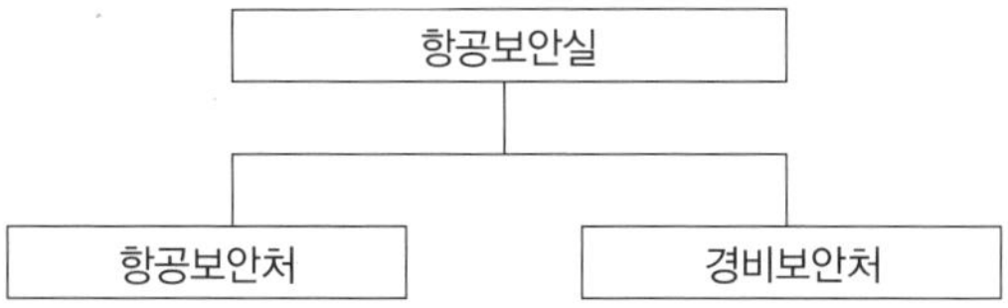

구분		업무분장
항공보안처	보안계획팀	항공보안 시행계획 수립
	보안검색팀	보안검색 협력사 관리 / 보안검색 상황실 운영 / 보안검색 감독
	테러대응팀	폭발물 및 생화학처리 업무 / 대테러장비 및 물품 관리운영
경비보안처	보안경비팀	보안상황실 운영 / 보안경비 협력사 관리 / 총기 보관 및 관리
	보안장비팀	CCTV 및 영상관리 시스템 관리 / 항공보안장비 구매 및 유지 · 관리
	출입증 관리센터	보호구역 출입증 발급 및 관리 / 출입증 보안 및 관리 교육 업무

① 보안계획팀, 보안검색팀
② 보안계획팀, 테러대응팀
③ 보안검색팀, 보안경비팀
④ 보안검색팀, 보안장비팀
⑤ 보안경비팀, 출입증 관리센터

26 **K공사는 경영진과 직원의 자유로운 소통, 부서 간 화합 등을 통해 참여와 열린 소통의 조직문화를 조성하고자 노력한다. 이러한 조직문화는 조직의 방향을 결정하고 조직을 존속하게 하는 데 중요한 요인 중의 하나이다. 다음 중 조직문화에 대한 설명으로 적절하지 않은 것은?**

① 조직 구성원들에게 일체감과 정체성을 부여하고, 결속력을 강화시킨다.

② 조직 구성원들의 조직몰입을 높여준다.

③ 조직 구성원의 사고방식과 행동양식을 규정한다.

④ 조직 구성원들의 생활양식이나 가치를 의미한다.

⑤ 대부분의 조직들은 서로 비슷한 조직문화를 만들기 위해 노력한다.

27 **다음 지시사항에 대한 설명으로 적절하지 않은 것은?**

은경씨, 금요일 오후 2시부터 필기전형 합격자 10명의 1차 면접이 진행될 예정입니다. 5층 회의실 사용 예약을 지금 미팅이 끝난 직후에 바로 해 주시고, 2명씩 다섯 조로 구성하여 10분씩 면접을 진행하니 지금 드리는 지원 서류를 참고하여 수요일 오전까지 다섯 조를 구성한 보고서를 저에게 주십시오. 그리고 2명의 면접위원님께 목요일 오전에 면접진행에 대해 말씀드려 미리 일정 조정을 완료해 주시기 바랍니다.

① 면접은 10분씩 진행된다.

② 은경씨는 수요일 오전까지 보고서를 제출해야 한다.

③ 면접은 금요일 오후에 10명을 대상으로 실시된다.

④ 필기전형 합격자는 본인이 몇 조인지 알 수 있다.

⑤ 은경씨는 면접위원님께 면접진행에 대해 말씀드려야 한다.

28 다음은 K회사의 직무전결표의 일부분이다. 이에 따라 문서를 처리하였을 경우 적절하지 않은 것은?

직무 내용	대표이사	위임 전결권자		
		전무	이사	부서장
정기 월례 보고				○
각 부서장급 인수인계		○		
3천만 원 초과 예산 집행	○			
3천만 원 이하 예산 집행		○		
각종 위원회 위원 위촉	○			
해외 출장			○	

① 인사부장의 인수인계에 관하여 전무에게 결재받은 후 시행하였다.
② 인사징계위원회 위원을 위촉하기 위하여 대표이사 부재중에 전무가 전결하였다.
③ 영업팀장의 해외 출장을 위하여 이사에게 사인을 받았다.
④ 3천만 원에 해당하는 물품 구매를 위하여 전무 전결로 처리하였다.
⑤ 정기 월례 보고서를 작성한 후 부서장의 결재를 받았다.

29 다음 사례의 쟁점과 협상전략을 순서대로 바르게 나열한 것은?

> K기업 영업부장인 김봉구 씨는 기존 재고를 처리할 목적으로 업체 G사와 협상 중이다. 그러나 G사는 자금 부족을 이유로 이를 거절하고 있다. 하지만 김봉구 씨는 자신의 회사에서 물품을 제공하지 않으면 G사가 매우 곤란한 지경에 빠진다는 사실을 알고 있다. 그래서 김봉구 씨는 앞으로 G사와 거래하지 않을 것이라는 엄포를 놓았다.

① 자금 부족 – 협력전략
② 재고 처리 – 갈등전략
③ 재고 처리 – 경쟁전략(강압전략)
④ 정보 부족 – 양보전략(유화전략)
⑤ 정보 부족 – 경쟁전략(강압전략)

30 **다음 중 경영전략 추진과정을 순서대로 바르게 나열한 것은?**

① 경영전략 도출 → 환경분석 → 전략목표 설정 → 경영전략 실행 → 평가 및 피드백
② 경영전략 도출 → 경영전략 실행 → 전략목표 설정 → 환경분석 → 평가 및 피드백
③ 전략목표 설정 → 환경분석 → 경영전략 도출 → 경영전략 실행 → 평가 및 피드백
④ 전략목표 설정 → 경영전략 도출 → 경영전략 실행 → 환경분석 → 평가 및 피드백
⑤ 환경분석 → 전략목표 설정 → 경영전략 도출 → 경영전략 실행 → 평가 및 피드백

31 **K건설의 박부장은 올해 1분기 영업실적을 정리하여 전자우편을 작성한 후 수신을 다음과 같이 설정하여 발송하였다. 다음 중 옳은 것은?**

- 수신 : 김영철 상무, 최창대 상무
- 참조 : 전무이사
- 비밀참조 : 한상민 사장

① 이 전자우편을 받는 사람은 모두 3명이다.
② 김영철 상무는 한상민 사장이 자신과 동일한 전자우편을 받았다는 것을 알고 있다.
③ 전무이사는 한상민 사장이 동일한 전자우편을 받았다는 것을 알고 있다.
④ 최창대 상무는 이 전자우편을 받은 사람이 3명이라고 생각한다.
⑤ 이 전자우편을 받는 사람은 김영철 상무, 최창대 상무 2명이다.

32 **S사원은 총무팀에서 근무하고 있으며, 각 부서의 비품 조달 업무를 담당하고 있다. A팀장은 S사원에게 4분기 비품 보급 계획을 수립하라는 지시를 하였으며, S사원은 비품 수요 조사 및 보급 계획을 세워 보고하였다. 다음 중 보고서에 대한 A팀장의 피드백으로 적절하지 않은 것은?**

① 각 부서에서 어떤 비품을 얼마큼 필요한지를 정확하게 조사했어야 한다.
② 부서에서 요청한 필요 수량보다 조금 더 여유 있게 준비했어야 한다.
③ 비품 목록에 없는 것을 요청했다면 비품 보급 계획에서 제외했어야 한다.
④ 비품 구매비용이 예산을 초과하는지를 검토했어야 한다.
⑤ 정확한 비품 관리를 위해 비품 관리대장을 꼼꼼히 작성했어야 한다.

33 다음은 어떤 부서의 분장업무를 나타낸 자료이다. 이를 통해서 유추할 수 있는 부서로 가장 적절한 것은?

분장업무	
• 판매방침 및 계획	• 외상매출금의 청구 및 회수
• 판매예산의 편성	• 제품의 재고 조절
• 시장 조사	• 견본품, 반품, 지급품, 예탁품 등의 처리
• 판로의 개척, 광고 선전	• 거래처로부터의 불만 처리
• 거래처의 신용조사와 신용한도의 신청	• 제품의 애프터서비스
• 견적 및 계약	• 판매원가 및 판매가격의 조사 검토
• 제조지시서의 발행	–

① 총무부
② 인사부
③ 기획부
④ 영업부
⑤ 자재부

34 다음 중 승진을 하면 할수록 무능력하게 되는 현상으로 가장 적절한 것은?

① 피터의 법칙
② 샐리의 법칙
③ 무어의 법칙
④ 머피의 법칙
⑤ 파킨스의 법칙

※ P직원은 회사 내 직원복지제도 중 하나인 온라인 강의 및 도서 제공 서비스를 담당하고 있다. P직원이 제작한 다음 자료를 보고 이어지는 질문에 답하시오. **[35~36]**

〈FAQ〉

Q1. 도서 환불 규정
Q2. 동영상 프로그램 재설치 방법
Q3. 스트리밍서버에 접근 오류 대처 방법
Q4. 플레이어 업데이트를 실패하였을 때 대처 방법
Q5. 동영상 강좌 수강신청 방법
Q6. 수강 중인 강의의 수강 잔여일 또는 수강 종료일은 어디서 확인하나요?
Q7. 수강기간은 어떻게 되나요?
Q8. 동영상 환불 규정
Q9. 강좌의 수강 횟수가 정해져 있나요?
Q10. 동영상 플레이어 끊김 또는 화면이 안 나올 때 대처 방법

35 P직원은 인트라넷 개편에 따라 기존 정보를 분류하여 정리하려고 한다. 다음 중 ㉠, ㉡에 들어갈 수 있는 질문이 바르게 짝지어진 것은?

Best FAQ		
환불	수강방법	동영상 오류
㉠	㉡	Q2, Q3, Q4

① ㉠ : Q1, Q5
② ㉠ : Q6, Q8
③ ㉡ : Q5, Q10
④ ㉡ : Q6, Q9
⑤ ㉡ : Q1, Q9

36 총무팀에 근무하는 B씨는 지난달 중국어 강의를 신청했지만, 새로운 프로젝트를 진행하게 되면서 강의를 거의 듣지 못했다. 프로젝트가 마무리 단계에 접어들자 저번에 신청했던 중국어 강의가 생각이 난 B씨는 직원복지팀의 P직원에게 아직 남은 수강일이 며칠인지, 수강기간이 얼마 남지 않았다면 강의를 취소하고 도서와 함께 환불받을 수 있는지 문의했다. P직원이 B씨에게 참고하라고 알려줄 수 있는 경로로 가장 적절한 것은?

① [인트라넷] – [직원복지제도] – [온라인 강의] – [FAQ] – [Q1, Q6, Q8]
② [인트라넷] – [직원복지제도] – [온라인 강의] – [FAQ] – [Q2, Q4, Q5]
③ [인트라넷] – [직원복지제도] – [온라인 강의] – [FAQ] – [Q3, Q7, Q8]
④ [인트라넷] – [직원복지제도] – [온라인 강의] – [FAQ] – [Q6, Q8, Q10]
⑤ [인트라넷] – [직원복지제도] – [온라인 강의] – [FAQ] – [Q2, Q7, Q10]

37 K중학교에서 근무하는 P교사는 반 학생들의 과목별 수행평가 제출 여부를 확인하기 위해 아래와 같이 자료를 정리하였다. P교사가 [D11]~[D13] 셀에 〈보기〉와 같이 함수를 입력하였을 때, [D11]~[D13] 셀에 나타날 결괏값이 바르게 연결된 것은?

	A	B	C	D
1			(제출했을 경우 '1'로 표시)	
2	이름	A과목	B과목	C과목
3	김혜진	1	1	1
4	이방숙	1		
5	정영교	재제출 요망	1	
6	정혜운		재제출 요망	1
7	이승준		1	
8	이혜진			1
9	정영남	1		1
10				
11				
12				
13				

보기

- [D11] 셀에 입력한 함수 → 「=COUNTA(B3:D9)」
- [D12] 셀에 입력한 함수 → 「=COUNT(B3:D9)」
- [D13] 셀에 입력한 함수 → 「=COUNTBLANK(B3:D9)」

	[D11]	[D12]	[D13]
①	12	10	11
②	12	10	9
③	10	12	11
④	10	12	9
⑤	10	10	9

PART 2

※ K공사에 근무 중인 S사원은 체육대회를 준비하고 있다. S사원은 체육대회에 사용될 물품 구입비를 다음과 같이 엑셀로 정리하였다. 이어지는 질문에 답하시오. **[38~39]**

	A	B	C	D	E
1	구분	물품	개수	단가(원)	비용(원)
2	의류	A팀 체육복	15	20,000	300,000
3	식품류	과자	40	1,000	40,000
4	식품류	이온음료수	50	2,000	100,000
5	의류	B팀 체육복	13	23,000	299,000
6	상품	수건	20	4,000	80,000
7	상품	USB	10	10,000	100,000
8	의류	C팀 체육복	14	18,000	252,000
9	식품류	김밥	30	3,000	90,000

38 S사원은 단가가 두 번째로 높은 물품의 금액을 알고자 한다. 다음 중 S사원이 입력해야 할 함수로 옳은 것은?

① =MAX(D2:D9,2)

② =MIN(D2:D9,2)

③ =MID(D2:D9,2)

④ =LARGE(D2:D9,2)

⑤ =INDEX(D2:D9,2)

39 S사원은 구입물품 중 의류의 총개수를 파악하고자 한다. 다음 중 S사원이 입력해야 할 함수로 옳은 것은?

① =SUMIF(A2:A9,A2,C2:C9)

② =COUNTIF(C2:C9,C2)

③ =VLOOKUP(A2,A2:A9,1,0)

④ =HLOOKUP(A2,A2:A9,1,0)

⑤ =AVERAGEIF(A2:A9,A2,C2:C9)

40 다음 중 운영체제(OS)의 역할에 대한 설명으로 옳지 않은 것은?

① 컴퓨터와 사용자 사이에서 시스템을 효율적으로 운영할 수 있도록 인터페이스 역할을 담당한다.
② 사용자가 시스템에 있는 응용 프로그램을 편리하게 사용할 수 있다.
③ 하드웨어의 성능을 최적화할 수 있도록 한다.
④ 운영체제의 기능에는 제어기능, 기억기능, 연산기능 등이 있다.
⑤ 프로그램의 오류나 부적절한 사용을 방지하기 위해 실행을 제어한다.

41 다음 워크시트를 참고할 때, 수식 「=INDEX(A3:E9,MATCH(SMALL(B3:B9,2),B3:B9,0),5)」의 결괏값은?

	A	B	C	D	E
1					(단위 : 개, 원)
2	상품명	판매수량	단가	판매금액	원산지
3	참외	5	2,000	10,000	대구
4	바나나	12	1,000	12,000	서울
5	감	10	1,500	15,000	부산
6	포도	7	3,000	21,000	대전
7	사과	20	800	16,000	광주
8	오렌지	9	1,200	10,800	전주
9	수박	8	10,000	80,000	춘천

① 21,000
② 대전
③ 15,000
④ 광주
⑤ 사과

42 다음 중 Windows에 설치된 프린터의 [인쇄 관리자] 창에서 할 수 있는 작업으로 옳지 않은 것은?

① 인쇄 중인 문서도 강제로 종료시킬 수 있다.
② 인쇄 중인 문서를 일시 정지하고 다른 프린터로 출력하도록 할 수 있다.
③ 현재 사용 중인 프린터를 기본 프린터로 설정할 수 있다.
④ 현재 사용 중인 프린터를 공유하도록 설정할 수 있다.
⑤ 현재 사용 중인 프린터의 기본 설정을 변경할 수 있다.

43 다음 상황에서 B사원이 제시해야 할 해결 방안으로 가장 적절한 것은?

> A팀장 : 어제 부탁한 보고서 작성은 다 됐나?
> B사원 : 네, 제 컴퓨터의 '문서' 폴더를 공유해 놓았으니 보고서를 내려받으시면 됩니다.
> A팀장 : 내 컴퓨터의 인터넷은 잘 되는데, 혹시 자네 인터넷이 지금 문제가 있나?
> B사원 : (모니터를 들여다보며) 아닙니다. 잘 되는데요?
> A팀장 : 네트워크 그룹에서 자네의 컴퓨터만 나타나지 않네. 어떻게 해야 하지?

① 공유폴더의 사용 권한 수준을 '소유자'로 지정해야 합니다.
② 화면 보호기를 재설정해야 합니다.
③ 디스크 검사를 실행해야 합니다.
④ 네트워크상의 작업 그룹명을 동일하게 해야 합니다.
⑤ 컴퓨터를 다시 시작해야 합니다.

44 다음 그림에서 A를 실행하였을 때 얻을 수 있는 효과로 옳은 것은?

A

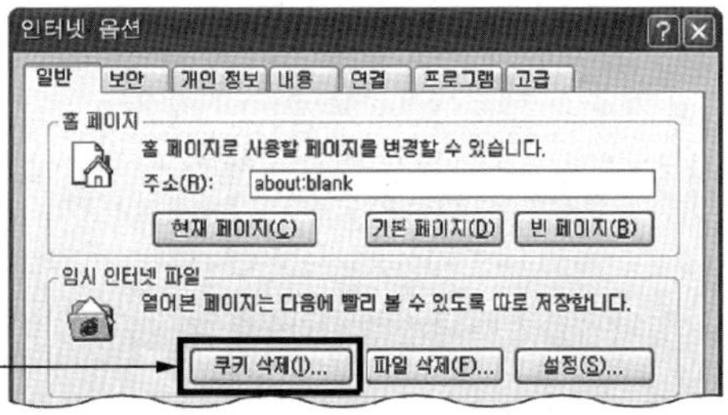

① 개인정보의 침해 소지를 낮춰 준다.
② 스크립트 오류에 대한 사항을 알려 준다.
③ 온라인 광고업체의 악성코드를 정리해 준다.
④ 웹 페이지에서 이미지 크기를 자동으로 조절해 준다.
⑤ 인터넷 즐겨찾기 목록을 삭제해 준다.

※ 다음 프로그램의 실행 결과로 옳은 것을 고르시오. [45~46]

45

```
#include <stdio.h>
int main()
{
    int sum = 0;
    int x;
    for(x = 1;x < = 100;x++)
        sum+=x;
    printf("1 + 2 + … + 100 = %d\n", sum);
      return 0;
 }
```

① 5010
② 5020
③ 5040
④ 5050
⑤ 6000

46

```
#define VALUE1    1
#define VALUE2    2
main()
{
    float i;
    int j,k,m;
    i =100/300;
    j = VALUE1 & VALUE2;
    k = VALUE1 | VALUE2;

    if (j && k || i) m = i + j;
    else m = j + k;
    printf("i = %.1f j = %d k = %d m = %03d\n", i,j,k,m);
}
```

① i=0.0, j=0, k=3, m=003
② i=0.3, j=0, k=3, m=000
③ i=0.0, j=1, k=1, m=001
④ i=0.3, j=1, k=1, m=001
⑤ i=0.3, j=1, k=1, m=003

PART 2

47 **다음 중 피벗테이블에 대한 설명으로 옳지 않은 것은?**

① 피벗테이블 결과가 표시되는 장소는 동일한 시트 내에만 지정된다.
② 피벗테이블로 작성된 목록에서 행 필드를 열 필드로 편집할 수 있다.
③ 피벗테이블 작성 후에도 사용자가 새로운 수식을 추가하여 표시할 수 있다.
④ 피벗테이블은 많은 양의 데이터를 손쉽게 요약하기 위해 사용되는 기능이다.
⑤ 피벗테이블에서 필터 기능을 사용할 수 있다.

48 **다음 워크시트를 참조하여 작성한 수식 「=VLOOKUP(SMALL(A2:A10,3),A2:E10,4,0)」의 결괏값으로 옳은 것은?**

	A	B	C	D	E
1	번호	억양	발표	시간	자료준비
2	1	80	84	91	90
3	2	89	92	86	74
4	3	72	88	82	100
5	4	81	74	89	93
6	5	84	95	90	88
7	6	83	87	72	85
8	7	76	86	83	87
9	8	87	85	97	94
10	9	98	78	96	81

① 82
② 83
③ 84
④ 85
⑤ 86

49 고객 A는 P기기를 사용 중 고장으로 인해 K기업의 A/S 서비스를 이용했다. 제품 A/S 안내문과 서비스 이용내역이 다음과 같을 때, 고객 A가 지불한 A/S 서비스 비용은 얼마인가?

〈제품 A/S 안내문〉

1. 제품의 품질보증기간은 구입일로부터 1년입니다. 품질보증기간 중 A/S 서비스를 받는 경우 무료 A/S를 제공합니다. 품질보증기간 경과 후 A/S 서비스 비용은 소비자가 부담해야 합니다.
2. A/S 서비스 제공 시 수리비가 발생합니다(수리비 : 2만 원).
3. 부품 교체 시에는 수리비 외에도 부품비가 추가 발생합니다.
4. A/S 센터는 주중 오전 9시부터 오후 6시까지 운영하며, 토요일에는 오전 9시부터 오후 1시까지 운영합니다. 일요일 및 공휴일에는 A/S 서비스를 제공하지 않습니다.
5. 출장 A/S 서비스를 이용하는 경우 출장비가 별도로 발생합니다. A/S 센터 운영시간 내 출장 시 출장비 2만 원, 운영시간 외 출장 시 출장비 3만 원을 별도로 부과합니다.

〈A/S 서비스 이용내역〉

- 고객명 : A
- 제품명 : P기기
- 제품 구입일자 : 2023년 6월 20일 화요일
- A/S 서비스 제공 일시 : 2024년 6월 22일 토요일 오후 3시
- 서비스 내용 : P기기 전면부 파손으로 부품 일부 교체(부품비 : 5만 원), 출장 서비스 이용

① 무료　② 5만 원
③ 10만 원　④ 15만 원
⑤ 20만 원

PART 2

50 K공사는 현재 신입사원을 채용하고 있다. 서류전형과 면접전형을 마치고 다음의 평가지표 결과를 얻었다. K공사 내 평가지표별 가중치를 이용하여 각 지원자의 최종 점수를 계산하고, 점수가 가장 높은 지원자 두 명을 채용하려고 한다. 이때, K공사가 채용할 지원자는?

〈지원자별 평가지표 결과〉

(단위 : 점)

구분	면접 점수	영어 실력	팀내 친화력	직무 적합도	발전 가능성	비고
A지원자	3	3	5	4	4	군필자
B지원자	5	5	2	3	4	군필자
C지원자	5	3	3	3	5	-
D지원자	4	3	3	5	4	군필자
E지원자	4	4	2	5	5	군면제자

※ 군필자(만기제대)에게는 5점의 가산점을 부여한다.

〈평가지표별 가중치〉

구분	면접 점수	영어 실력	팀내 친화력	직무 적합도	발전 가능성
가중치	3	3	5	4	5

※ 가중치는 해당 평가지표 결과 점수에 곱한다.

① A, D　　② B, C
③ B, E　　④ C, D
⑤ D, E

51 K공사는 직원들의 사기 증진과 친화력 도모를 위해 전 직원이 참여하는 사내 가족 체육대회를 열기로 하였다. 8월 달력과 〈조건〉을 참고할 때 체육대회를 열기에 가장 적절한 날은?

〈8월 달력〉

월	화	수	목	금	토	일
	1	2	3	4	5	6
7	8	9	10	11	12	13
14	15	16	17	18	19	20
21	22	23	24	25	26	27
28	29	30	31			

조건

- 8월 3일부터 7일까지는 장마 기간으로 비가 온다.
- 가족 모두가 참여해야 하므로 주말(토, 일요일) 중 하루로 정한다.
- 마케팅팀은 토요일에 격주로 출근을 한다.
- 서비스팀은 토요일에 격주로 출근을 한다.
- 사장님은 8월 11일부터 15일까지 중국으로 출장을 간다.
- 마케팅팀 M사원은 12일에 출근을 했다.
- 서비스팀 L과장은 5일에 출근을 했다.
- ○○운동장은 둘째, 넷째 주말에는 개방하지 않는다.

① 6일
② 12일
③ 13일
④ 20일
⑤ 26일

PART 2

52 K기업은 창고업체를 통해 A～C제품을 보관하고 있다. 각 제품에 대한 정보를 참고할 때, 다음 〈조건〉에 따라 K기업이 보관료로 지급해야 할 총금액은 얼마인가?

〈A～C제품 정보〉

구분	매출액(억 원)	용량	
		용적(CUBIC)	무게(톤)
A제품	300	3,000	200
B제품	200	2,000	300
C제품	100	5,000	500

조건

- A제품은 매출액의 1%를 보관료로 지급한다.
- B제품은 1CUBIC당 20,000원의 보관료를 지급한다.
- C제품은 1톤당 80,000원의 보관료를 지급한다.

① 3억 2천만 원
② 3억 4천만 원
③ 3억 6천만 원
④ 3억 8천만 원
⑤ 4억 원

53 K공사에서 승진 대상자 후보 중 2명을 승진시키려고 한다. 승진의 조건은 동료 평가에서 '하'를 받지 않고 합산점수가 높은 순이다. 이때, 합산점수는 100점 만점의 점수로 환산한 승진시험 성적, 영어 성적, 성과 평가의 수치를 합산한다. 승진시험의 만점은 100점, 영어 성적의 만점은 500점, 성과 평가의 만점은 200점이라고 할 때, 다음 중 승진 대상자 2명은 누구인가?

〈K공사 승진 대상자 후보 평가 현황〉

구분	승진시험 성적	영어 성적	동료 평가	성과 평가
A	80	400	중	120
B	80	350	상	150
C	65	500	상	120
D	70	400	중	100
E	95	450	하	185
F	75	400	중	160
G	80	350	중	190
H	70	300	상	180
I	100	400	하	160
J	75	400	상	140
K	90	250	중	180

① A, C
② B, K
③ E, I
④ F, G
⑤ H, D

54 K공사는 사내 화재예방 강화를 위하여 2024년 1월 1일에 대대적인 화재안전점검을 실시하였다. 점검한 결과 일부 노후화되거나 불량인 소화기가 발견되어 신형 축압식 소화기로 교체하려고 한다. 다음 중 처분 및 교체비용으로 옳은 것은?

〈소화기 처분조건〉

적용순서	조건	조건 미충족 시 처리 방안
1	내구연한 8년 미만	폐기처분
2	지시압력계가 초록색으로 유지	신형 소화기로 교체
3	화재안전기준에 의해 최소 60개 이상 보유	신형 소화기를 구매

※ 소화기 폐기처분비용은 1만 원이며, 신형 축압식 소화기 교체(구매) 시 5만 원이 소요된다.

〈소화기 전수조사 결과〉

제조연도 / 지시압력계	2014년	2015년	2016년	2017년	2018년
노란색(부족)	8	5	3	1	1
초록색(정상)	10	13	18	15	10
빨간색(과다)	3	–	2	1	–
총계	21	18	23	17	11

※ 2024년 1월 1일 기준으로 전수조사를 통해 작성하였다.
※ 내구연한은 제조연도로만 계산한다.

① 100만 원
② 112만 원
③ 124만 원
④ 135만 원
⑤ 140만 원

PART 2

55 **김과장은 오후 2시 회의에 참석하기 위해 대중교통을 이용하여 총 10km를 이동해야 한다. 다음 〈조건〉을 고려했을 때, 비용이 두 번째로 많이 드는 이동 경로는?**

조건

- 회의에 지각해서는 안 되며, 오후 1시 40분에 대중교통을 이용하기 시작한다.
- 회의가 시작되기 전에 먼저 도착하여 대기하는 시간을 비용으로 환산하면 1분당 200원이다.
- 이용 가능한 대중교통은 버스, 지하철, 택시만 있고, 출발지에서 목적지까지는 모두 직선노선이다.
- 택시의 기본요금으로 갈 수 있는 거리는 2km이다.
- 택시의 기본요금은 2,000원이고 추가되는 2km마다 100원씩 증가하며, 2km를 1분에 간다.
- 지하철은 2km를 2분에 가고 버스는 2km를 3분에 간다. 버스와 지하철은 2km마다 정거장이 있고, 동일노선을 운행한다(단, 환승 시를 제외하고는 정거장에서 머무는 시간은 없다고 한다).
- 버스와 지하철 요금은 1,000원이며 무료 환승이 가능하다.
- 환승은 버스와 지하철, 버스와 택시 간에만 가능하고, 환승에 필요한 시간은 2분이며 반드시 버스로 4정거장을 가야만 한다.
- 환승할 때 느끼는 번거로움 등을 비용으로 환산하면 1분당 450원이다.

① 버스만 이용해서 이동한다.

② 택시만 이용해서 이동한다.

③ 지하철만 이용해서 이동한다.

④ 버스와 지하철을 환승하여 이동한다.

⑤ 버스와 택시를 환승하여 이동한다.

56 다음은 총무업무를 담당하는 A대리의 통화내역이다. 국내통화가 1분당 15원, 국제통화가 1분당 40원이라면 A대리가 사용한 통화요금은 총 얼마인가?

일시	통화내용	시간
4/5(화) 10:00	신규직원 명함 제작 관련 인쇄소 통화	10분
4/6(수) 14:00	임직원 진급선물 선정 관련 거래업체 통화	30분
4/7(목) 09:00	예산편성 관련 해외 출장소 현지 담당자 통화	60분
4/8(금) 15:00	본사 청소용역 관리 관련 제휴업체 통화	30분

① 1,550원
② 1,800원
③ 2,650원
④ 3,450원
⑤ 3,550원

PART 2

57 다음은 K공사의 당직 근무 규칙과 이번 주 당직 근무자들의 일정표이다. 당직 근무 규칙에 따라 이번 주에 당직 근무 일정을 추가해야 하는 사람으로 옳은 것은?

〈당직 근무 규칙〉

- 1일 당직 근무 최소 인원은 오전 1명, 오후 2명으로 총 3명이다.
- 1일 최대 6명을 넘길 수 없다.
- 같은 날 오전·오후 당직 근무는 서로 다른 사람이 해야 한다.
- 오전 또는 오후 당직을 모두 포함하여 당직 근무는 주당 3회 이상 5회 미만으로 해야 한다.

〈당직 근무 일정〉

성명	일정	성명	일정
공주원	월 오전/수 오후/목 오전	최민관	월 오후/화 오후/토 오전/일 오전
이지유	월 오후/화 오전/금 오전/일 오후	이영유	수 오전/화 오후/금 오후/토 오후
강리환	수 오전/목 오전/토 오후	지한준	월 오전/수 오후/금 오전
최유리	화 오전/목 오후/토 오후	강지공	수 오후/화 오후/금 오후/토 오전
이건율	화 오전/목 오전/일 오전	김민정	월 오전/수 오후/토 오전/일 오후

① 공주원
② 이지유
③ 최유리
④ 지한준
⑤ 김민정

58 K공사에 근무하는 A씨는 사정이 생겨 퇴사하게 되었다. A씨의 근무기간 및 기본급 등의 기본정보가 다음과 같다면, A씨가 받게 되는 퇴직금의 세전금액은 얼마인가?(단, A씨의 퇴직일 이전 3개월간 기타수당은 720,000원이며, 퇴직일 이전 3개월간 총일수는 80일이다)

- 입사일자 : 2021년 9월 1일
- 퇴사일자 : 2023년 9월 4일
- 재직일수 : 730일
- 월기본급 : 2,000,000원
- 월기타수당 : 월별 상이
- 퇴직 전 3개월 임금 총액 계산(세전금액)

퇴직일 이전 3개월간 총일수	기본급(3개월분)	기타수당(3개월분)
80일	6,000,000원	720,000원

- (1일 평균임금)=[퇴직일 이전 3개월간에 지급 받은 임금 총액(기본급)+(기타수당)]÷(퇴직일 이전 3개월간 총일수)
- (퇴직금)=(1일 평균임금)×(30일)×[(재직일수)÷365]

① 5,020,000원
② 5,030,000원
③ 5,040,000원
④ 5,050,000원
⑤ 5,060,000원

59 다음은 국민연금법의 국민연금 가입기간에 대한 내용이다. 국민연금 가입자 A ~ E의 가입기간을 계산했을 때, 가입기간이 가장 긴 사람은?

> **국민연금 가입기간의 계산(제17조)**
>
> ① 국민연금 가입기간(이하 "가입기간"이라 한다)은 월 단위로 계산하되, 가입자의 자격을 취득한 날이 속하는 달의 다음 달부터 자격을 상실한 날의 전날이 속하는 달까지로 한다. 다만, 다음 각 호의 어느 하나에 해당하는 경우 자격을 취득한 날이 속하는 달은 가입기간에 산입하되, 가입자가 그 자격을 상실한 날의 전날이 속하는 달에 자격을 다시 취득하면 다시 취득한 달을 중복하여 가입기간에 산입하지 아니한다.
>
> 1. 가입자가 자격을 취득한 날이 그 속하는 달의 초일인 경우(자격 취득일이 속하는 달에 다시 그 자격을 상실하는 경우는 제외한다)
> 2. 임의계속가입자의 자격을 취득한 경우
> 3. 가입자가 희망하는 경우
>
> ② 가입기간을 계산할 때 연금보험료를 내지 아니한 기간은 가입기간에 산입하지 아니한다. 다만, 사용자가 근로자의 임금에서 기여금을 공제하고 연금보험료를 내지 아니한 경우에는 그 내지 아니한 기간의 2분의 1에 해당하는 기간을 근로자의 가입기간으로 산입한다. 이 경우 1개월 미만의 기간은 1개월로 한다.
>
> ③ 국민건강보험법 제13조에 따른 국민건강보험공단(이하 "건강보험공단"이라 한다)이 보건복지부령으로 정하는 바에 따라 근로자에게 그 사업장의 체납 사실을 통지한 경우에는 제2항 단서에도 불구하고 통지된 체납월(滯納月)의 다음 달부터 체납 기간은 가입기간에 산입하지 아니한다. 이 경우 그 근로자는 제90조 제1항에도 불구하고 대통령령으로 정하는 바에 따라 기여금을 건강보험공단에 낼 수 있다.
>
> ④ 제77조에 따라 지급받은 반환일시금이 제57조 제1항에 따라 환수할 급여에 해당하는 경우 이를 반납하지 아니하는 때에는 그에 상응하는 기간을 가입기간에 산입하지 아니한다.

	구분	가입형태	자격 취득일	자격 상실일	비고
①	A	지역	2024. 03. 23.	2025. 03. 23.	가입기간 중 보험료 3개월간 미납
②	B	지역	2023. 10. 03.	2024. 08. 24.	–
③	C	직장	2024. 05. 01.	2025. 02. 16.	–
④	D	직장	2023. 03. 05.	2023. 05. 06.	2023. 05. 28. 재취득 2024. 02. 11. 자격 상실
⑤	E	직장	2023. 12. 03.	2025. 01. 01.	–

60 K공사는 신축 체육관 건설을 위해 입찰 공고를 하였다. 다음은 입찰에 참여한 업체들의 항목별 점수를 나타낸 자료이다. 이를 바탕으로 〈조건〉에 따라 업체를 선정할 때, 선정될 업체는?

〈업체별 점수 현황〉

(단위 : 점)

구분	점수(만점) 기준	A업체	B업체	C업체	D업체	E업체
디자인	15	6	8	7	7	9
건축안정성	30	23	25	21	17	24
경영건전성	20	16	17	17	19	16
시공실적	20	11	16	15	17	14
입찰가격	15	11	9	12	12	10

〈업체별 내진설계 포함 여부〉

구분	A업체	B업체	C업체	D업체	E업체
내진설계	○	○	×	○	○

조건

- 선정점수가 가장 높은 업체를 선정한다.
- 선정점수는 항목별 점수를 동일한 가중치로 합산하여 산출한다.
- 건축안정성 점수가 17점 미만인 업체는 입찰에서 제외한다.
- 반드시 입찰가격 점수가 10점 이상인 업체 중에서 선정한다.
- 내진설계를 포함하는 업체를 선정한다.

① A업체
② B업체
③ C업체
④ D업체
⑤ E업체

남에게 이기는 방법의 하나는 예의범절로 이기는 것이다.

– 조쉬 빌링스 –

제3회
최종점검 모의고사

※ 한국도로공사서비스 최종점검 모의고사는 2023년 채용공고 및 후기를 기준으로 구성한 것으로 실제 시험과 다를 수 있습니다.

취약영역 분석

번호	O/×	영역	번호	O/×	영역	번호	O/×	영역
01		의사소통능력	25		조직이해능력	49		자원관리능력
02			26			50		
03			27			51		
04			28			52		
05			29			53		
06			30			54		
07			31			55		
08			32			56		
09			33			57		
10			34			58		
11			35			59		
12			36			60		
13		문제해결능력	37		정보능력			
14			38					
15			39					
16			40					
17			41					
18			42					
19			43					
20			44					
21			45					
22			46					
23			47					
24			48					

평가문항	60문항	평가시간	70분
시작시간	:	종료시간	:
취약영역			

모바일 OMR

제 3 회 최종점검 모의고사

응시시간 : 70분 문항 수 : 60문항

정답 및 해설 p.060

01 다음 글의 내용으로 적절하지 않은 것은?

> 사람의 눈이 원래 하나였다면 세계를 입체적으로 지각할 수 있었을까? 입체 지각은 대상까지의 거리를 인식하여 세계를 3차원으로 파악하는 과정을 말한다. 입체 지각은 눈으로 들어오는 시각 정보로부터 다양한 단서를 얻어 이루어지는데 이를 양안 단서와 단안 단서로 구분할 수 있다.
> 양안 단서는 양쪽 눈이 함께 작용하여 얻어지는 것으로, 양쪽 눈에서 보내오는 시차(視差)가 있는 유사한 상이 대표적이다. 단안 단서는 한쪽 눈으로 얻을 수 있는 것인데, 사람은 단안 단서만으로도 이전의 경험으로부터 추론에 의하여 세계를 3차원으로 인식할 수 있다. 망막에 맺히는 상은 2차원이지만 그 상들 사이의 깊이의 차이를 인식하게 해 주는 다양한 실마리들을 통해 입체 지각이 이루어진다.
> 동일한 물체가 크기가 다르게 시야에 들어오면 우리는 더 큰 시각(視角)을 가진 쪽이 더 가까이 있다고 인식한다. 이렇게 물체의 상대적 크기는 대표적인 단안 단서이다. 또 다른 단안 단서로는 '직선 원근'이 있다. 우리는 앞으로 뻗은 길이나 레일이 만들어 내는 평행선의 폭이 좁은 쪽이 넓은 쪽보다 멀리 있다고 인식한다. 또 하나의 단안 단서인 '결 기울기'는 같은 대상이 집단적으로 어떤 면에 분포할 때, 시야에 동시에 나타나는 대상들의 연속적인 크기 변화로 얻어진다. 예를 들면 들판에 만발한 꽃을 보면 앞쪽은 꽃이 크고 뒤로 가면서 서서히 꽃이 작아지는 것으로 보이는데 이러한 시각적 단서가 쉽게 원근감을 일으킨다.
> 어떤 경우에는 운동으로부터 단안 단서를 얻을 수 있다. '운동 시차'는 관찰자가 운동할 때 정지한 물체들이 얼마나 빠르게 움직이는 것처럼 보이는지가 물체들까지의 상대적 거리에 대한 실마리를 제공하는 것이다. 예를 들어 기차를 타고 가다 창밖을 보면 가까이에 있는 나무는 빨리 지나가고 멀리 있는 산은 거의 정지해 있는 것처럼 보인다.

① 세계를 입체적으로 지각하기 위해서는 단서가 되는 다양한 시각 정보가 필요하다.
② 단안 단서에는 물체의 상대적 크기, 직선 원근, 결 기울기, 운동 시차 등이 있다.
③ 사고로 한쪽 눈의 시력을 잃은 사람은 입체 지각이 불가능하다.
④ 대상까지의 거리를 인식할 수 있어야 세계를 입체적으로 지각할 수 있다.
⑤ 이동하는 차 안에서 창밖을 보면 가까이에 있는 건물이 멀리 있는 건물보다 더 빨리 지나간다.

02 다음 문단을 논리적 순서대로 바르게 나열한 것은?

> (가) 근대에 접어들어 모든 사물이 생명력을 갖지 않는 일종의 기계라는 견해가 강조되면서, 아리스토텔레스의 목적론은 비과학적이라는 이유로 많은 비판에 직면한다.
> (나) 대표적인 근대 사상가인 갈릴레이는 목적론적 설명이 과학적 설명으로 사용될 수 없다고 주장했고, 베이컨은 목적에 대한 탐구가 과학에 무익하다고 평가했으며, 스피노자는 목적론이 자연에 대한 이해를 왜곡한다고 비판했다.
> (다) 일부 현대 학자들은 근대 사상가들이 당시 과학에 기초한 기계론적 모형이 더 설득력을 갖는다는 일종의 교조적 믿음에 의존했을 뿐, 아리스토텔레스의 목적론을 거부할 충분한 근거를 제시하지 못했다고 비판한다.
> (라) 이들의 비판은 목적론이 인간 이외의 자연물도 이성을 갖는 것으로 의인화한다는 것이다. 그러나 이런 비판과는 달리 아리스토텔레스는 자연물을 생물과 무생물로, 생물을 식물・동물・인간으로 나누고, 인간만이 이성을 지닌다고 생각했다.

① (가) – (나) – (라) – (다)
② (가) – (다) – (나) – (라)
③ (가) – (라) – (나) – (다)
④ (나) – (다) – (라) – (가)
⑤ (나) – (라) – (다) – (가)

03 다음 중 빈칸에 들어갈 단어로 가장 적절한 것은?

> 정부는 선거와 관련하여 신고자에 대한 ________을/를 대폭 강화하기로 하였다.

① 보훈(報勳)
② 공훈(功勳)
③ 공로(功勞)
④ 포상(褒賞)
⑤ 공적(功績)

04 다음 글을 통해 알 수 있는 내용으로 적절하지 않은 것은?

> 한국 고유의 전통 무술인 택견은 유연하고 율동적인 춤과 같은 동작으로 다리를 걸어 넘어뜨리거나 상대를 공격한다. 택견 전수자는 우아한 몸놀림으로 움직이며 부드러운 곡선을 만들어 내지만, 이를 통해 유연성뿐만 아니라 힘도 보여준다. 택견에서는 발동작이 손만큼이나 중요한 역할을 한다. 택견은 부드러워 보이지만, 가능한 모든 전투 방법을 이용하여 다양한 공격과 방어 기술을 강조하는 효과적인 무술이다.
>
> 택견은 또한 배려의 무술이다. 숙련된 택견 전수자는 짧은 시간 내에 상대를 제압할 수 있지만, 진정한 고수는 상대를 다치게 하지 않으면서도 물러나게 하는 법을 안다. 우리 민족의 역사 속에서 택견은 계절에 따른 농업과 관련된 전통의 한 부분으로서 공동체의 통합을 이루어 왔고, 대중적인 스포츠로서 공중 보건을 증진하는 역할까지 맡아왔다. 택견의 동작은 유연하고 율동적인 춤과 같으며, 이러한 동작으로 상대를 공격하거나 다리를 걸어 넘어뜨린다. 천천히 꿈틀거리고 비트는 유연하고 곡선적인 동작은 때로 웃음을 자아내기도 하지만, 전수자에게 내재된 에너지는 엄청난 유연성과 힘으로 나타난다. 수천 년의 역사를 지닌 이 한국의 토착 무술은 보기에는 정적이고 품위 있으나 근본적으로는 활력이 있으며 심지어 치명적이다.
>
> 택견은 주도권을 장악하는 바로 그 순간까지도 상대를 배려해야 한다고 가르친다. 또한 공격보다는 수비 기술을 더 많이 가르치는데 바로 이러한 점에서 여타의 무술과는 다르다. 이는 전투 스포츠에서는 상상도 할 수 없는 개념이나 택견에서는 이 모든 것이 가능하다.
>
> 택견은 자신보다 상대를, 개인보다 집단을 배려하도록 가르친다. 택견의 동작은 유연하고 부드럽지만 전수자를 강력하게 유도하는 힘이 있다. 한 마리의 학과 같이 우아하기만 한 숙련된 택견 전수자의 몸놀림도 공격할 때만은 매와 같이 빠르고 강력하다.
>
> 택견에는 몇 가지 독특한 특징이 있다. 첫째, 곡선을 그리는 듯한 움직임 때문에 외적으로는 부드러우나 내적으로는 강한 무술이다. 둘째, 우아함과 품위를 강조하는 자연스럽고 자발적인 무술이다. 셋째, 걸고 차는 다양한 기술을 통해 공격과 방어가 조화를 이루는 실질적이고 통합된 무술이다. 부드러운 인상을 풍기지만, 택견은 모든 가능한 전투 방법을 이용하며 다양한 공격과 방어 기술을 강조하는 효과적인 무술이다. 한국의 전통 무술의 뿌리라 할 수 있는 택견은 한국 문화의 특징인 합일과 온전함을 대표한다.

① 택견은 상대방을 다치지 않게 하기 위해 수비의 기술을 더 많이 가르친다.
② 택견은 공격과 수비가 조화를 이루는 무술이다.
③ 택견은 부드러운 동작 때문에 유연성만 강조된 무술 같으나 실은 강력한 힘이 내제되어 있다.
④ 택견은 자연스러움의 무술이다.
⑤ 택견은 내면의 아름다움을 중시하는 스포츠이다.

05 다음 글을 읽고 필자의 생각으로 가장 적절한 것은?

우리는 우리가 생각한 것을 말로 나타낸다. 또 다른 사람의 말을 듣고, 그 사람이 무슨 생각을 가지고 있는지를 짐작한다. 그러므로 생각과 말은 서로 떨어질 수 없는 깊은 관계를 가지고 있다.
그러면 말과 생각이 얼마만큼 깊은 관계를 가지고 있을까? 이 문제를 놓고 사람들은 오랫동안 여러 가지 생각을 하였다. 그 가운데 가장 두드러진 것이 두 가지 있다. 하나는 말과 생각이 서로 꼭 달라붙은 쌍둥이인데 한 놈은 생각이 되어 속에 감추어져 있고 다른 한 놈은 말이 되어 사람 귀에 들리는 것이라는 생각이다. 다른 하나는 생각이 큰 그릇이고 말은 생각 속에 들어가는 작은 그릇이어서 생각에는 말 이외에도 다른 것이 더 있다는 생각이다.
두 가지 생각 가운데서 앞의 것은 조금만 깊이 생각해 보면 틀렸다는 것을 즉시 깨달을 수 있다. 우리가 생각한 것은 거의 대부분 말로 나타낼 수 있지만, 누구든지 가슴 속에 응어리진 어떤 생각이 분명히 있기는 한데 그것을 어떻게 말로 표현해야 할지 애태운 경험을 가지고 있을 것이다. 이것 한 가지만 보더라도 말과 생각이 서로 안팎을 이루는 쌍둥이가 아님은 쉽게 판명된다.
인간의 생각이라는 것은 매우 넓고 큰 것이며 말이란 결국 생각의 일부분을 주워 담는 작은 그릇에 지나지 않는다. 그러나 아무리 인간의 생각이 말보다 범위가 넓고 큰 것이라고 하여도 그것을 가능한 한 말로 바꾸어 놓지 않으면 그 생각의 위대함이나 오묘함이 다른 사람에게 전달되지 않기 때문에 말의 신세를 지지 않을 수가 없게 되어 있다. 그러니까 말을 통하지 않고는 생각을 전달할 수가 없는 것이다.

① 말은 생각의 폭을 확장시킨다.
② 말은 생각을 전달하기 위한 수단이다.
③ 생각은 말이 내면화된 쌍둥이와 같은 존재이다.
④ 말은 생각의 하위요소이다.
⑤ 말은 생각을 제한하는 틀이다.

06 다음 중 '뉴로리더십'에 대한 설명으로 적절하지 않은 것은?

미래학자인 다니엘 핑크(Daniel Pink)는 앞으로의 세상은 하이콘셉트(High – Concept), 하이터치(High – Touch)의 시대가 될 것이라고 했다. 하이콘셉트는 예술적, 감성적 아름다움을 창조하는 능력을 말하며, 하이터치는 공감을 이끌어내는 능력을 말한다. 즉, 미래에는 뇌를 쓰는 방식이 달라져야 함을 의미한다.
지금까지의 세계는 체계화된 정보를 바탕으로 품질 좋은 제품을 대량생산하여 규모의 경제를 이루고, 시장을 개척해 부지런히 노력하면 어느 정도는 성공할 수 있는 경쟁체제였다. 경쟁사보다 논리적이고 체계적으로 정보를 분석해 소비자의 니즈를 만족시킬 수 있도록 하는 좌뇌형 사회였다고 할 수 있다.
하지만 세상은 빠르게 변하고 있다. 정보를 많이 가지고 있는 것보다는 그 정보를 이용해 어떤 새로운 아이디어를 도출해 내느냐가 더욱 중요한 시대가 된 것이다. 동일한 정보를 가지고 남들이 미처 생각하지 못했던 아이디어를 떠올리고 숨겨진 고객의 니즈를 이끌어냄으로써 시장을 주도할 수 있는 통찰력과 창의력이 중요한 성공 포인트가 되고 있다.
하지만 4차 산업혁명이 강조되고 있는 오늘날, 우리나라에서는 안타깝게도 창의적인 아이디어를 바탕으로 혁신적인 비즈니스 모델을 만들어낸 기업은 거의 보이지 않는 것 같다. 최근 미국의 기술분석 잡지인 『MIT Technology Review』의 발표에 따르면 세계 50대 혁신기업 중에 우리나라 기업은 단 하나도 들지 못했다.
창의적인 아이디어가 중요한 4차 산업혁명 시대에는 경영의 패러다임도 그에 맞춰 변화해야 한다. 무엇보다 큰 틀에서 세상의 변화를 바라보고 그것을 선도할 수 있는 통찰력이 필요하다. 그러나 아쉽게도 우리나라 기업은 여전히 '일' 중심의 관리문화가 굳건하게 자리잡고 있어 '나무는 보되 숲은 보지 못하는' 근시안적 자세에서 벗어나지 못하고 있다. 아무리 시스템이 잘 갖춰져 있고 관리체계가 뛰어나도 사람이라는 자원이 투입되지 않고서는 좋은 아이디어가 도출될 수 없다. 창의적인 아이디어란 결국 사람의 머리를 거치지 않고서는 나올 수 없기 때문이다.
결국 관리의 중심축이 '일'에서 '사람'으로 바뀌지 않으면 안 된다. '일' 중심의 관리문화에서는 초점이 '효율'과 '생산성'에 맞춰져 있으며 사람은 그것을 보조하는 일개 수단에 지나지 않는다. 반면, '사람' 중심의 관리문화에서는 '창조성'과 '가치'에 초점이 맞춰져 있다. 효율과 생산성을 높이기 위한 수단에 불과했던 사람 그 자체가 관리의 중심이 된다. 사람이 관리의 중심이 되기 위해서는 인간이 가진 두뇌의 특성을 이해해야 한다. 두뇌의 작동 메커니즘과 생물학적인 특성이 이해되어야만 그것이 가진 잠재력과 가치를 최대한으로 활용할 수 있다. 이러한 관점에서 인간의 두뇌 특성을 이해하고 모든 조직 구성원이 최대한 창의적으로 뇌를 활용할 수 있게 함으로써 미래의 경영 환경에서 살아남을 수 있도록 만들어주는 혁신적인 툴이 뉴로리더십이라고 할 수 있다.

① 구성원들이 최대한 창의적으로 뇌를 활용할 수 있게 하는 것이다.
② 창조성과 가치가 관리의 중심축이라고 말할 수 있다.
③ 일보다 사람을 우선시하는 관리문화를 말한다.
④ 인간이 가진 두뇌의 특성을 이해하는 것을 바탕으로 한다.
⑤ 근시안적인 자세를 가지고 행동하는 리더십을 말한다.

07 다음 글의 주제로 가장 적절한 것은?

마스크를 낀 사람들이 더는 낯설지 않다. "알프스나 남극 공기를 포장해 파는 시대가 오는 게 아니냐."는 농담을 가볍게 웃어넘기기 힘든 상황이 됐다. 황사 · 미세먼지 · 초미세먼지 · 오존 · 자외선 등 한 번 외출할 때마다 꼼꼼히 챙겨야 할 것들이 한둘이 아니다. 중국과 인접한 우리나라의 환경오염 피해는 더욱 심각한 상황이다. 지난 4월 3일 서울의 공기품질은 최악을 기록한 인도 델리에 이어 2위라는 불명예를 차지했다.

또렷한 환경오염은 급격한 기후변화의 촉매제가 되고 있다. 지난 1912년 이후 지구의 연평균 온도는 꾸준히 상승해 평균 0.75℃가 올랐다. 우리나라는 세계적으로 유래를 찾아보기 어려울 만큼 연평균 온도가 100여 년간 1.8℃나 상승했으며, 이는 지구 평균치의 2배를 웃도는 수치이다. 기온 상승은 다양한 부작용을 낳고 있다. 1991년부터 2010년까지 20여 년간 폭염일수는 8.2일에서 10.5일로 늘어났고, 열대야지수는 5.4일에서 12.5일로 증가했다. 1920년대에 비해 1990년대 겨울은 한 달이 짧아졌다. 이러한 이상 기온은 우리 농어촌에 악영향을 끼칠 수밖에 없다.

기후변화와 더불어, 세계 인구의 폭발적 증가는 식량난 사태로 이어지고 있다. 일부 저개발 국가에서는 굶주림이 일반화되고 있다. 올해를 기준으로 전 세계 인구수는 81억 1,800만 명을 넘어섰다. 인류 역사상 가장 많은 인류가 지구에 살고 있는 셈이다. 이 추세대로라면 오는 2050년에는 97억 2,500만 명을 넘어설 것으로 전망된다. 한정된 식량 자원과 급증하는 지구촌 인구수의 결과는 불을 보듯 뻔하다. 곧 글로벌 식량위기가 가시화될 전망이다.

우리나라는 식량의 75% 이상을 해외에서 조달하고 있다. 이는 국제 식량가격의 급등이 식량안보의 위협으로 이어질 수도 있음을 뜻한다. 미 국방성은 '수백만 명이 사망하는 전쟁이나 자연재해보다 기후변화가 가까운 미래에 더 심각한 재앙을 초래할 수 있다.'는 내용의 보고서를 발표하였다.

이뿐만 아니라 식량이 부족한 상황에서 식량의 질적 문제도 해결해야 할 과제이다. 삶의 질을 중시하면서 친환경적인 안전 먹거리에 대한 관심과 수요는 증가하고 있지만, 급변하는 기후변화와 부족한 식량 자원은 식량의 저질화로 이어질 가능성을 높이고 있다. 일손 부족 등으로 인해 친환경 먹거리 생산의 대량화 역시 쉽지 않은 상황이다.

① 지구온난화에 의한 기후변화의 징조
② 환경오염에 따른 기후변화가 우리 삶에 미치는 영향
③ 기후변화에 대처하는 자세
④ 환경오염을 예방하는 방법
⑤ 환경오염과 인구증가의 원인

08 다음 글을 읽고 추론한 내용으로 가장 적절한 것은?

충전과 방전을 통해 반복적으로 사용할 수 있는 충전지는 양극에 사용되는 금속 산화 물질에 따라 납 충전지, 니켈 충전지, 리튬 충전지로 나눌 수 있다. 충전지가 방전될 때 양극 단자와 음극 단자 간에 전압이 발생하는데, 방전이 진행되면서 전압이 감소한다. 이렇게 변화하는 단자 전압의 평균을 공칭 전압이라 한다. 충전지를 크게 만들면 충전 용량과 방전 전류 세기를 증가시킬 수 있으나, 전극의 물질을 바꾸지 않는 한 공칭 전압은 변하지 않는다. 납 충전지의 공칭 전압은 2V, 니켈 충전지는 1.2V, 리튬 충전지는 3.6V이다.

충전지는 최대 용량까지 충전하는 것이 효율적이며 이러한 상태를 만충전이라 한다. 충전지를 최대 용량을 넘어서 충전하거나 방전 하한 전압 이하까지 방전시키면 충전지의 수명이 줄어들기 때문에 충전 양을 측정·관리하는 것이 중요하다. 특히 과충전 시에는 발열로 인해 누액이나 폭발의 위험이 있다. 니켈 충전지의 일종인 니켈카드뮴 충전지는 다른 충전지와 달리 메모리 효과가 있어서 일부만 방전한 후 충전하는 것을 반복하면 충·방전할 수 있는 용량이 줄어든다.

충전에 사용하는 충전기의 전원 전압은 충전지의 공칭 전압보다 높은 전압을 사용하고, 충전지로 유입되는 전류를 저항으로 제한한다. 그러나 충전이 이루어지면서 충전지의 단자 전압이 상승하여 유입되는 전류의 세기가 점점 줄어들게 된다. 그러므로 이를 막기 위해 충전기에는 충전 전류의 세기가 일정하도록 하는 정전류 회로가 사용된다. 또한 정전압 회로를 사용하기도 하는데, 이는 회로에 입력되는 전압이 변해도 출력되는 전압이 일정하도록 해 준다. 리튬 충전지를 충전할 경우, 정전류 회로를 사용하여 충전하다가 만충전 전압에 이르면 정전압 회로로 전환하여 정해진 시간 동안 충전지에 공급하는 전압을 일정하게 유지함으로써 충전지 내부에 리튬 이온이 고르게 분포될 수 있게 한다.

① 사용하는 리튬 충전지의 용량이 1,000mAh라면 전원 전압이 2V보다 높은 충전기를 사용해야 한다.

② 니켈 충전지는 납 충전지보다 공칭 전압이 낮으므로 전압을 높이려면 크기를 더 크게 만들면 된다.

③ 니켈카드뮴 충전지를 오래 사용하려면 방전 하한 전압 이하까지 방전시킨 후에 충전하는 것이 좋다.

④ 충전지를 충전하는 과정에서 충전지의 온도가 과도하게 상승한다면 폭발의 위험이 있을 수 있으므로 중지하는 것이 좋다.

⑤ 리튬 충전지의 공칭 전압은 3.6V이므로 충전 시 3.6V에 이르면 충전기의 정전압 회로가 전압을 일정하게 유지해야 한다.

09 다음 글의 빈칸에 들어갈 내용으로 가장 적절한 것은?

> 최근 경제·시사 분야에서 빈번하게 등장하고 있는 단어인 탄소배출권(CER; Certified Emission Reduction)에 대한 개념을 이해하기 위해서는 먼저 교토메커니즘(Kyoto Mechanism)과 탄소배출권거래제(Emission Trading)를 알아둘 필요가 있다.
> 교토메커니즘은 지구온난화의 규제 및 방지를 위한 국제 협약인 기후변화협약의 수정안인 교토 의정서에서, 온실가스를 보다 효과적이고 경제적으로 줄이기 위해 도입한 세 유연성체제인 '공동이행제도', '청정개발체제', '탄소배출권거래제'를 묶어 부르는 것이다.
> 이 중 탄소배출권거래제는 교토의정서 6대 온실가스인 이산화탄소, 메테인, 아산화질소, 과불화탄소, 수소불화탄소, 육불화황의 배출량을 줄여야 하는 감축의무국가가 의무감축량을 초과 달성하였을 경우에 그 초과분을 다른 국가와 거래할 수 있는 제도로, ______________________________
> 결국 탄소배출권이란 현금화가 가능한 일종의 자산이자 가시적인 자연보호 성과인 셈이며, 이에 따라 많은 국가 및 기업에서 탄소배출을 줄임과 동시에 탄소감축 활동을 통해 탄소배출권을 획득하기 위해 동분서주하고 있다. 특히 기업들은 탄소배출권을 확보하는 주요 수단인 청정개발체제 사업을 확대하는 추세인데, 청정개발체제 사업은 개발도상국에 기술과 자본을 투자해 탄소배출량을 줄였을 경우에 이를 탄소배출량 감축목표달성에 활용할 수 있도록 한 제도이다.

① 다른 국가를 도왔을 때 그로 인해 줄어든 탄소배출량을 감축목표량에 더할 수 있는 것이 특징이다.
② 교토메커니즘의 세 유연성체제 중에서도 가장 핵심이 되는 제도라고 할 수 있다.
③ 6대 온실가스 중에서도 특히 이산화탄소를 줄이기 위해 만들어진 제도이다.
④ 의무감축량을 준수하지 못한 경우에도 다른 국가로부터 감축량을 구입할 수 있는 것이 특징이다.
⑤ 다른 감축의무국가를 도움으로써 획득한 탄소배출권이 사용되는 배경이 되는 제도이다.

10 다음 밑줄 친 단어를 어법에 따라 수정할 때, 적절하지 않은 것은?

> 나는 내가 <u>시작된</u> 일은 반드시 내가 마무리 지어야 한다는 사명감을 가지고 있었다. 그래서 이번 문제 역시 다른 사람의 도움 없이 스스로 해결해야겠다고 다짐했었다. 그러나 일은 생각만큼 쉽게 풀리지 <u>못했다</u>. 이번에 새로 올린 기획안이 사장님의 <u>제가</u>를 받기 어려울 것이라는 이야기가 들렸다. 같은 팀의 대리는 내게 사사로운 감정을 기획안에 <u>투영하지</u> 말라는 충고를 전하면서 커피를 건넸고, 화가 난 나는 뜨거운 커피를 그대로 마시다가 하얀 셔츠에 모두 쏟고 말았다. 오늘 회사 내에서 만나는 사람마다 모두 커피를 쏟은 내 셔츠의 사정에 대해 물었고, 그들에 의해 나는 오늘 온종일 <u>칠칠한</u> 사람이 되어야만 했다.

① 시작된 → 시작한
② 못했다 → 않았다
③ 제가 → 재가
④ 투영하지 → 투영시키지
⑤ 칠칠한 → 칠칠하지 못한

PART 2

11 다음 글에서 〈보기〉가 들어갈 위치로 가장 적절한 곳은?

사물인터넷(IoT; Internet of Things)은 각종 사물에 센서와 통신 기능을 내장하여 인터넷에 연결하는 기술, 즉 무선 통신을 통해 각종 사물을 연결하는 기술을 의미한다. (가) 우리들은 이 같은 사물인터넷의 발전을 상상할 때 더 똑똑해진 가전제품들을 구비한 가정집, 혹은 더 똑똑해진 자동차들을 타고 도시로 향하는 모습 등, 유선형의 인공미 넘치는 근미래 도시를 떠올리곤 한다. 하지만 발달한 과학의 혜택은 인간의 근본적인 삶의 조건인 의식주 또한 풍요롭고 아름답게 만든다. 아쿠아포닉스(Aquaponics)는 이러한 첨단기술이 1차 산업에 적용된 대표적인 사례이다. (나)

아쿠아포닉스는 물고기양식(Aquaculture)과 수경재배(Hydro－ponics)가 결합된 합성어로 양어장에 물고기를 키우며 발생한 유기물을 이용하여 식물을 수경 재배하는 순환형 친환경 농법이다. (다) 물고기를 키우는 양어조, 물고기 배설물로 오염된 물을 정화시켜 주는 여과 시스템, 정화된 물로 채소를 키워 생산할 수 있는 수경재배 시스템으로 구성되어 있다. 또한, 농약이나 화학비료 없이 물고기와 채소를 동시에 키울 수 있어 환경과 실용 모두를 아우르는 농법으로 주목받고 있다. (라)

이러한 수고로움을 덜어주는 것이 바로 사물인터넷이다. 사물인터넷은 적절한 시기에 물고기 배설물을 미생물로 분해하여 농작물의 영양분으로 활용하고, 최적의 온도를 알아서 맞추는 등 실수 없이 매일매일 세심한 관리가 가능하다. 전기로 가동하여 별도의 환경오염 또한 발생하지 않으므로 가히 농업과 찰떡궁합이라고 할 수 있을 것이다. (마)

보기

물론 단점도 있다. 물고기와 식물이 사는 최적의 조건을 만족시켜야 하며 실수나 사고로 시스템에 큰 문제가 발생할 수도 있다. 물이 지나치게 오염되지 않도록 매일매일 철저한 관리는 필수이다. 아쿠아포닉스는 그만큼 신경 써야 할 부분이 많고 사람의 손이 많이 가기에 자칫 배보다 배꼽이 더 큰 상황이 발생할 수도 있다.

① (가)
② (나)
③ (다)
④ (라)
⑤ (마)

12 **다음 제시된 단락에 이어질 문단을 논리적 순서대로 바르게 나열한 것은?**

> 미적 판단은 대상에 대한 경험에서 생겨나며 감상자의 주관적 반응에 밀접하게 관련되기 때문에, 동일한 대상에 대한 미적 판단은 감상자에 따라 다양하게 나타날 수 있다. 이러한 미적 판단의 차이로 인해 실재론자와 반실재론자 사이에 열띤 논쟁이 벌어지기도 한다.

(가) 예컨대 '베토벤의 운명 교향곡이 웅장하다.'는 판단이 객관적 참이라면 '웅장함'이라는 미적 속성이 실재한다는 식이다. 이 경우 '웅장하다'는 미적 판단은 '웅장함'이라는 객관적으로 실재하는 미적 속성에 대한 기술이다. 동일한 미적 대상에 대한 감상자들 간의 판단이 일치하지 않는 것은 그 미적 판단 간에 옳고 그름이 존재한다는 것이며, 그 옳고 그름의 여부는 실재하는 미적 속성에 대한 확인을 통해 밝힐 수 있다.

(나) 그러나 반실재론자들은 미적 판단이 단순한 객관적 실재의 기술이라기보다는 이미 주관적 평가가 개입된 경우가 많다는 점을 근거로 실재론에 반론을 제기한다. 이들의 주장에 따르면 미적 판단은 감상자의 주관적 반응에 의존하는 것으로, 앞에서 언급된 '웅장함'이라는 미적 속성은 '웅장하다'는 미적 판단을 내리는 감상자에 의해 발견되는 것이다.

(다) 실재론자들은 '미적 속성이 존재한다는 전제하에 이것이 대상에 실재한다.'는 주장을 내세우면서, 미적 판단의 객관성을 지지한다. 이들에 의하면 미적 속성 P에 대한 진술인 미적 판단 J가 객관적으로 참일 때, 미적 속성 P가 실재한다.

(라) 이 주장은 미적 판단의 주관성과 경험성에 주목한다는 점에서 미적 판단의 다양성을 설명하는 데 용이하다. 이에 따르면 미적 판단의 불일치란 굳이 해소해야 하는 문제적 현상이라기보다는 개인의 다양한 경험, 취미와 감수성의 차이에 따라 발생하는 자연스러운 현상이다.

① (가) – (나) – (다) – (라)
② (나) – (가) – (라) – (다)
③ (다) – (가) – (나) – (라)
④ (다) – (나) – (가) – (라)
⑤ (다) – (라) – (나) – (가)

PART 2

13 K공사 홍보실에 근무하는 A사원은 12일부터 15일까지 워크숍을 가게 되어, 스마트폰 날씨예보 어플을 통해 워크숍 장소인 춘천의 날씨를 확인해 보았다. 다음 중 A사원이 확인한 날씨예보의 내용으로 옳은 것은?

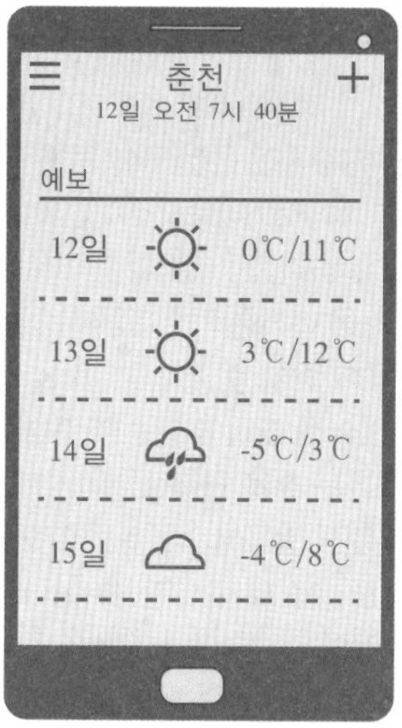

① 워크숍 기간 중 오늘이 일교차가 가장 크므로 감기에 유의해야 한다.
② 내일 춘천지역의 미세먼지가 심하므로 주의해야 한다.
③ 워크숍 기간 중 비를 동반한 낙뢰가 예보된 날이 있다.
④ 내일모레 춘천지역의 최고·최저기온이 모두 영하이므로 야외활동 시 옷을 잘 챙겨 입어야 한다.
⑤ 글피엔 비는 내리지 않지만 최저기온이 영하이다.

14 K회사는 창립 10주년을 맞이하여 전 직원 단합대회를 준비하고 있다. 이를 위해 사장인 B씨는 여행상품 중 한 가지를 선정하려 하는데, 투표결과를 통해 결정하려고 한다. 투표결과와 여행상품별 1인당 경비는 다음과 같고, 추가로 행사를 위한 부서별 고려사항을 참고하여 선택할 경우 〈보기〉 중 옳은 것을 모두 고르면?

〈투표결과〉

상품내용		투표결과(표)					
여행상품	1인당 비용(원)	총무팀	영업팀	개발팀	홍보팀	공장1	공장2
A	500,000	2	1	2	0	15	6
B	750,000	1	2	1	1	20	5
C	600,000	3	1	0	1	10	4
D	1,000,000	3	4	2	1	30	10
E	850,000	1	2	0	2	5	5

〈여행상품별 혜택 정리〉

상품명	날짜	장소	식사제공	차량지원	편의시설	체험시설
A	5/10 ~ 5/11	해변	○	○	×	×
B	5/10 ~ 5/11	해변	○	○	○	×
C	6/7 ~ 6/8	호수	○	○	○	×
D	6/15 ~ 6/17	도심	○	×	○	○
E	7/10 ~ 7/13	해변	○	○	○	×

〈부서별 고려사항〉

- 총무팀 : 행사 시 차량 지원이 가능함
- 영업팀 : 6월 초순에 해외 바이어와 가격 협상 회의 일정이 있음
- 공장1 : 3일 연속 공장 비가동 시 제품의 품질 저하가 예상됨
- 공장2 : 7월 중순 공장 이전 계획이 있음

보기

㉠ 여행상품 비용으로 총 1억 500만 원이 필요하다.
㉡ 투표 결과, 가장 인기가 많은 여행상품은 B이다.
㉢ 공장1의 A, B 투표 결과가 바뀐다면 여행상품 선택은 변경된다.

① ㉠
② ㉠, ㉡
③ ㉠, ㉢
④ ㉡, ㉢
⑤ ㉠, ㉡, ㉢

15 다음 글과 상황을 근거로 판단할 때, 주택 A～E 중 관리대상주택의 수는?

K국은 주택에 도달하는 빛의 조도를 다음과 같이 예측한다.

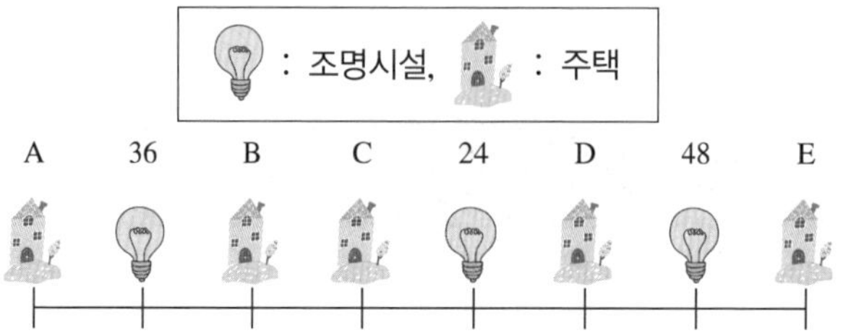

1. 각 조명시설에서 방출되는 광량은 그림에 표시된 값이다.
2. 위 그림에서 1칸의 거리는 2이며, 빛의 조도는 조명시설에서 방출되는 광량을 거리로 나눈 값이다.
3. 여러 조명시설로부터 동시에 빛이 도달할 경우, 각 조명시설로부터 주택에 도달한 빛의 조도를 예측하여 단순 합산한다.
4. 주택에 도달하는 빛은 그림에 표시된 세 개의 조명시설에서 방출되는 빛 외에는 없다고 가정한다.

〈상황〉

빛 공해로부터 주민생활을 보호하기 위해, 주택에서 예측된 빛의 조도가 30을 초과할 경우 관리대상주택으로 지정한다.

① 1채 ② 2채
③ 3채 ④ 4채
⑤ 5채

16 시위에 가담한 A～G 7명이 연행되었는데, 이 중에 시위주동자가 2명이 있다. 누가 시위주동자인지에 대해서 증인 5명이 아래와 같이 진술하였다. 증인들의 진술을 고려해 볼 때, 시위주동자 중 1명은 누구인가?

> 증인 1 : A, B, G는 모두 아니다.
> 증인 2 : E, F, G는 모두 아니다.
> 증인 3 : C와 G 중에서 최소 1명은 시위주동자이다.
> 증인 4 : A, B, C, D 중에서 최소 1명은 시위주동자이다.
> 증인 5 : B, C, D 중에서 최소 1명이 시위주동자이고, D, E, F 중에서 최소 1명이 시위주동자이다.

① A
② B
③ C
④ F
⑤ G

PART 2

17 K공사는 2024년 신입사원 채용을 진행하고 있다. 최종 관문인 면접평가는 다대다 면접으로 A～E면접자를 포함하여 총 8명이 입장하여 다음 〈조건〉과 같이 의자에 앉았다. D면접자가 2번 의자에 앉았을 때, 항상 옳은 것은?(단, 면접실 의자는 순서대로 1번부터 8번까지 번호가 매겨져 있다)

> **조건**
> • C면접자와 D면접자는 이웃해 앉지 않고, D면접자와 E면접자는 이웃해 앉는다.
> • A면접자와 C면접자 사이에는 2명이 앉는다.
> • A면접자는 양 끝(1번, 8번)에 앉지 않는다.
> • B면접자는 6번 또는 7번 의자에 앉고, E면접자는 3번 의자에 앉는다.

① A면접자는 4번에 앉는다.
② C면접자는 1번에 앉는다.
③ A면접자와 B면접자가 서로 이웃해 앉는다면 C면접자는 4번 또는 8번에 앉는다.
④ B면접자가 7번에 앉으면, A면접자와 B면접자 사이에 2명이 앉는다.
⑤ C면접자가 8번에 앉으면, B면접자는 6번에 앉는다.

18 X제품을 운송하는 Q씨는 업무상 편의를 위해 고객의 주문내역을 임의의 기호로 기록하고 있다. 다음과 같은 주문 전화가 왔을 때, Q씨가 기록한 기호로 옳은 것은?

〈임의기호〉

재료	연강	고강도강	초고강도강	후열처리강
	MS	HSS	AHSS	PHTS
판매량	낱개	1묶음	1box	1set
	01	10	11	00
지역	서울	경기남부	경기북부	인천
	E	S	N	W
윤활유 사용	청정작용	냉각작용	윤활작용	밀폐작용
	P	C	I	S
용도	베어링	스프링	타이어코드	기계구조
	SB	SS	ST	SM

※ Q씨는 [재료] – [판매량] – [지역] – [윤활유 사용] – [용도]의 순서로 기호를 기록한다.

〈주문전화〉

어이~ Q씨 나야, 나. 인천 지점에서 같이 일했던 P. 내가 필요한 것이 있어서 전화했어. 일단 서울 지점의 B씨가 스프링으로 사용할 제품이 필요하다고 하는데 한 박스 정도면 될 것 같아. 이전에 주문했던 대로 연강에 윤활용으로 윤활유를 사용한 제품으로 부탁하네. 나는 이번에 경기 남쪽으로 가는데 거기에 있는 내 사무실 알지? 거기로 초고강도강 타이어코드용으로 1세트 보내줘. 튼실한 걸로 밀폐용 윤활유 사용해서 부탁해. 저번에 냉각용으로 사용한 제품은 생각보다 좋진 않았어.

① MS11EISB, AHSS00SSST
② MS11EISS, AHSS00SSST
③ MS11EISS, HSS00SSST
④ MS11WISS, AHSS10SSST
⑤ MS11EISS, AHSS00SCST

19 H대리는 P과장의 업무 지시에 따라 각 지역본부에 회의 일정을 공유하려고 한다. 주어진 자료를 보고 다음 〈조건〉에 따라 시간외근무수당이 가장 적게 드는 방법으로 다녀오고자 할 때, 그 금액으로 옳은 것은?

P과장 : H대리, 이번 주 수요일에 각 지역본부에서 정기회의가 잡혀 있어요. 이번에는 중요한 업무가 있어 직접 가기 어려우니 대신 참여해주길 바랍니다. 아직 지역본부별 회의시간이 정해지지 않았다고 하는데, 본사에서 제안하는 시간에 맞춰 정한다고 하더군요. 구체적인 일정은 H대리가 공유해주세요. 참! 이번에 새로 들어온 K사원도 함께 다녀와요. 본사 앞에 있는 버스 정류장에서 버스를 타면, 서울역까지는 15분이면 도착해요. 우선 본사에 들러서 준비한 다음, 근무시작 시간인 오전 09:00에 출발하면 됩니다. 그리고 서울에 도착하면 회사에 올 필요 없이 바로 퇴근하세요. 시간외근무수당은 서울역에 도착하는 시간까지 계산됩니다. 영수증은 반드시 챙겨야 해요.

〈KTX 소요시간〉

구분	서울역 ↔ 대전역	대전역 ↔ 울산역	울산역 ↔ 부산역
소요시간	1시간	1시간 20분	30분

※ KTX는 각 역에서 매시 정각부터 20분 간격으로 출발한다(정각, 20분, 40분 출발).
※ 여러 역을 거칠 경우 총 소요시간은 해당 구간별 소요시간을 합산한 시간으로 한다.

〈직급별 시간외 근무수당〉

구분	사원	주임	대리	과장
수당	15,000원/시간		20,000원/시간	30,000원/시간

※ 시간외근무수당 : 정규 근무시간을 초과하여 근로한 사람에게 지급하는 수당이다(정규 근무시간 : 주 40시간, 일 8시간, 점심시간 제외).
※ 수당은 시간기준으로 정산하고, 잔여 근로시간이 30분을 초과할 경우 근무수당의 50%를 지급한다.

조건

- 지역본부는 대전본부, 울산본부, 부산본부가 있으며, 회의는 모든 지역본부에서 진행된다.
- 각 역에서 각 지역본부까지는 모두 10분 거리이다.
- 회의는 매시 정각이나 30분에 시작하며, 회의에 걸리는 시간은 90분이다.
- 지역별 회의는 정규 근무시간 내에 이뤄진다.
- 점심 및 저녁에 대한 시간은 고려하지 않는다.

① 105,000원
② 120,000원
③ 145,000원
④ 150,000원
⑤ 215,000원

※ 다음은 K은행 고객 기록에 대한 자료이다. 이어지는 질문에 답하시오. **[20~21]**

〈기록 체계〉

고객구분	업무	업무내용	접수창구
ㄱ	X	a	01

고객구분		업무		업무내용		접수창구	
ㄱ	개인고객	X	수신계	a	예금	01	1번창구
				b	적금	02	2번창구
ㄴ	기업고객			A	대출상담	03	3번창구
		Y	대부계	B	대출신청	04	4번창구
ㄷ	VIP고객			C	대출완료	05	5번창구
						00	VIP실

※ 업무내용은 대문자・소문자끼리만 복수선택이 가능하다.

※ 개인・기업 고객은 일반창구에서, VIP고객은 VIP실에서 업무를 본다.

※ 수신계는 a, b의 업무만, 대부계는 A, B, C의 업무만 볼 수 있다.

〈기록 현황〉

ㄱXa10	ㄴYA05	ㄴYB03	ㄱXa01	ㄱYB03
ㄱXab02	ㄷYC00	ㄴYA01	ㄴYA05	ㄴYAB03
ㄱYAB00	ㄱYaA04	ㄱXb02	ㄷYB0	ㄱXa04

20 K은행을 방문한 S기업 대표인 VIP고객이 대출신청을 하였다면, 기록 현황에 기재할 내용으로 옳은 것은?

① ㄴXB00
② ㄴYB00
③ ㄷXB00
④ ㄷYA00
⑤ ㄷYB00

21 기록 현황을 처리하는 도중 잘못 기록된 내용들이 발견되었다. 잘못된 기록 현황은 모두 몇 개인가?

① 1개
② 2개
③ 4개
④ 6개
⑤ 7개

22 다음은 정보공개 대상별 정보공개 수수료에 대한 자료이다. 이를 참고할 때, 〈보기〉의 정보 열람인 중 정보공개 수수료를 가장 많이 지급하는 사람부터 순서대로 바르게 나열한 것은?(단, 정보 열람인들이 열람한 정보는 모두 공개 대상인 정보이다)

〈정보공개 대상별 정보공개 방법 및 수수료〉

공개 대상	열람 · 시청	사본(종이출력물) · 인화물 · 복제물
문서 · 도면 · 사진 등	• 열람 – 1일 1시간 이내 : 무료 – 1시간 초과 시 30분마다 1,000원	• 사본(종이출력물) – A3 이상 : 300원(1장 초과 시 100원/장) – B4 이하 : 250원(1장 초과 시 50원/장)
필름 · 테이프 등	• 녹음테이프(오디오자료)의 청취 – 1건이 1개 이상으로 이루어진 경우 : 1개(60분 기준)마다 1,500원 – 여러 건이 1개로 이루어진 경우 : 1건(30분 기준)마다 700원 • 영화필름의 시청 – 1편이 1캔 이상으로 이루어진 경우 : 1캔(60분 기준)마다 3,500원 – 여러 편이 1캔으로 이루어진 경우 : 1편(30분 기준)마다 2,000원 • 사진필름의 열람 – 1장 : 200원 – 1장 초과 시 50원/장	• 녹음테이프(오디오자료)의 복제 – 1건이 1개 이상으로 이루어진 경우 : 1개마다 5,000원 – 여러 건이 1개로 이루어진 경우 : 1건마다 3,000원 • 사진필름의 복제 – 1컷마다 6,000원 • 사진필름의 인화 – 1컷마다 500원
마이크로필름 · 슬라이드 등	• 마이크로필름의 열람 – 1건(10컷 기준)1회 : 500원 – 10컷 초과 시 1컷마다 100원 • 슬라이드의 시청 – 1컷마다 200원	• 사본(종이출력물) – A3 이상 : 300원(1장 초과 시 200원/장) – B4 이하 : 250원(1장 초과 시 150원/장) • 마이크로필름의 복제 – 1롤마다 1,000원 • 슬라이드의 복제 – 1컷마다 3,000원

보기

• A : 공시지가에 관련된 문서와 지가비공개 대상에 대한 문서를 하루 동안 각각 3시간 30분씩 열람하고, 공시지가 관련 문서를 A3용지로 총 25장에 걸쳐 출력하였다.

• B : 한 캔에 포함된 두 편의 영화필름 중 20분짜리 독립유공자 업적 관련 한 편의 영화를 시청하고, 13컷으로 구성된 관련 슬라이드를 시청하였으며, 해당 슬라이드의 1컷부터 6컷까지를 복제하였다.

• C : 공사 사업연혁과 관련된 마이크로필름 2롤과 3건(1건이 1개)으로 이루어진 녹음테이프 자료를 복제하였고, 최근 해외협력사업과 관련된 사진필름 8장을 열람하였다.

• D : 하반기 공사 입찰계약과 관련된 문서의 사본을 B4용지로 35장을 출력하고, 작년 공사 관련 사진필름을 22장 열람하였다.

① A－B－C－D
② A－B－D－C
③ B－A－C－D
④ B－C－A－D
⑤ D－C－A－B

23 갑～병 3명이 다트게임을 하고 있다. 다트 과녁은 색깔에 따라 점수를 부여한다. 다음 〈조건〉에 따라 나올 수 있는 게임 결과의 경우의 수는?

〈다트 과녁 점수〉

(단위 : 점)

구분	빨강	노랑	파랑	검정
점수	10	8	5	0

조건

- 모든 다트는 네 가지 색깔 중 한 가지를 맞힌다.
- 각자 다트를 5번씩 던진다.
- 을은 40점 이상을 획득하여 가장 높은 점수를 얻었다.
- 병의 점수는 5점 이상 10점 이하이고, 갑의 점수는 36점이다.
- 검정을 제외하고 똑같은 색깔을 3번 이상 맞힌 적이 없다.

① 9가지
② 8가지
③ 7가지
④ 6가지
⑤ 5가지

24 환경부의 인사실무 담당자는 환경정책과 관련된 특별위원회를 구성하는 과정에서 외부 환경전문가를 위촉하려 한다. 현재 거론되고 있는 외부 환경전문가는 A～F 6명으로, 인사실무 담당자는 다음 〈조건〉에 따라 외부 환경전문가를 위촉해야 한다. 만약 B가 위촉되지 않는다면, 환경전문가로 위촉되는 사람은 모두 몇 명인가?

조건

- 만약 A가 위촉되면, B와 C도 위촉되어야 한다.
- 만약 A가 위촉되지 않는다면, D가 위촉되어야 한다.
- 만약 B가 위촉되지 않는다면, C나 E가 위촉되어야 한다.
- 만약 C와 E가 위촉되면, D는 위촉되지 않는다.
- 만약 D나 E가 위촉되면, F도 위촉되어야 한다.

① 1명
② 2명
③ 3명
④ 4명
⑤ 5명

25 **다음 〈보기〉 중 경영의 4요소로 옳은 것을 모두 고르면?**

보기

ㄱ. 조직의 목적을 달성하기 위해 경영자가 수립하는 것으로 더욱 구체적인 방법과 과정이 담겨 있다.
ㄴ. 조직에서 일하는 구성원으로 경영은 이들의 직무수행에 기초하여 이루어지기 때문에 이것의 배치 및 활용이 중요하다.
ㄷ. 생산자가 상품 또는 서비스를 소비자에게 유통하는 데 관련된 모든 체계적 경영 활동이다.
ㄹ. 특정의 경제적 실체에 관하여 이해관계를 이루는 사람들에게 합리적인 경제적 의사결정을 하는 데 유용한 재무적 정보를 제공하기 위한 일련의 과정 또는 체계이다.
ㅁ. 경영하는 데 사용할 수 있는 돈으로 이것이 충분히 확보되는 정도에 따라 경영의 방향과 범위가 정해지게 된다.
ㅂ. 조직이 변화하는 환경에 적응하기 위하여 경영활동을 체계화하는 것으로, 목표달성을 위한 수단이다.

① ㄱ, ㄴ, ㄷ, ㄹ
② ㄱ, ㄴ, ㄷ, ㅁ
③ ㄱ, ㄴ, ㅁ, ㅂ
④ ㄴ, ㄷ, ㅁ, ㅂ
⑤ ㄷ, ㄹ, ㅁ, ㅂ

26 **조직문화는 조직구성원들에게 일체감과 정체성을 부여하고 조직구성원들의 행동지침을 제공하는 등의 기능을 가지고 있다. 다음 중 조직문화의 구성요소에 대한 설명으로 적절하지 않은 것은?**

① 조직의 전략은 조직운영에 필요한 장기적인 틀을 제공한다.
② 조직구성원은 인력구성뿐만 아니라 그들의 가치관과 신념, 동기, 태도 등을 포함한다.
③ 공유가치는 가치관과 이념, 조직관, 전통가치, 기본목적 등을 포함한다.
④ 관리기술은 조직경영에 적용되는 목표관리, 예산관리, 갈등관리 등을 포함한다.
⑤ 관리시스템으로는 리더와 부하 간 상호관계를 볼 수 있다.

27 **다음 중 맥킨지의 7S 모형에 대한 설명으로 옳지 않은 것은?**

① 기업, 부서 등 조직의 내부역량을 분석하는 도구이다.
② 전략, 공유가치, 관리기술은 경영 전략의 목표와 지침이 된다.
③ 하위 4S는 상위 3S를 지원하는 하위 지원 요소를 말한다.
④ 조직문화는 구성원, 시스템, 구조, 전략 등과 밀접한 관계를 맺는다.
⑤ 지방자치단체, 국가와 같은 큰 조직에는 적절하지 않다.

※ 다음 K기관의 조직도와 부서별 수행 업무를 참고하여 이어지는 질문에 답하시오. **[28~29]**

〈조직도〉

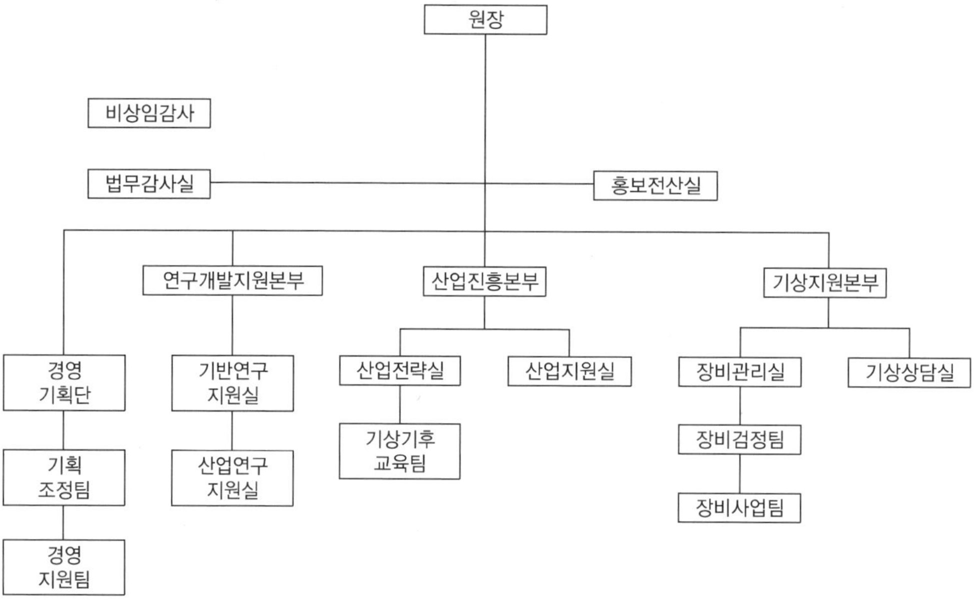

〈부서별 수행 업무〉

부서명	수행 업무
기반연구지원실	R&D 규정 및 지침 등 제도 관리, 평가위원 및 심의위원 운영 관리 등
산업연구지원실	기상산업 R&D 사업 관리 총괄, 도농사업 운영 관리 제도개선 등
산업전략실	날씨경영 지원사업, 기상산업 통계 관리 및 분석, 날씨경영우수기업 선정제도 운영 등
기상기후교육팀	교육사업 기획 및 사업비 관리, 기상산업 전문인력 양성사업, 교육현장 관리 등
산업지원실	부서 중장기 기획 및 사업운영, 산업육상 사업 기획 및 운영, 개도국 기상기후 공적사업 운영, 국제협력 사업 운영 및 관리 등
장비검정팀	지상기상관측장비 유지보수 관리, 기상장비 실내검정, 비교 관측 및 개발 & 관리, 지역별 현장검정 및 유지보수 관리 등
장비사업팀	기상관측장비 구매 & 유지보수 관리, 기상관측선 및 해양기상기지 유지보수 지원, 항공 업무보조 등
기상상담실	기상예보 해설 및 상담업무 지원, 기상상담실 상담품질관리, 대국민 기상상담 등

28 다음은 K기관에서 제공하고 있는 교육훈련과정 안내 중 일부 내용이다. 해당 교육 내용과 가장 관련이 높은 부서는?

- 주요내용 : 기상산업 R&D 정책 및 사업화 추진 전략
- 교육대상 : 국가 R&D 지원 사업 종사자 및 참여 예정자 등
- 모집인원 : ○○명
- 교육일수 / 시간 : 2일, 총 16시간

일자	시간	교육 내용
1일차	09:00 ~ 09:50 10:00 ~ 13:50 14:00 ~ 17:50	• 기상산업 R&D 정책 및 추진 현황 • R&D 기술수요조사 활용 전략 • R&D 사업 제안서 작성
2일차	09:00 ~ 11:40 13:00 ~ 17:50	• R&D 지식재산권 확보, 활용 전략 • R&D 성과 사업화 추진 전략

① 기상기후교육팀
② 기반연구지원실
③ 기상상담실
④ 산업연구지원실
⑤ 장비사업팀

29 다음 중 기상상담실과 가장 밀접한 관련이 있는 자료는 무엇인가?

① 기상산업 지원 및 활용기술 개발사업 사업설명회 발표자료
② 기상기후산업 민관 합동 해외시장 개척단 ADB 방문 결과보고
③ 기상예보 해설 PPT 및 보도자료 결과보고
④ 기상업무 연구개발사업 평가지침 및 보완관리지침 개정
⑤ 개도국 기상기후에 대한 공적사업 운영에 대한 발표자료

30 다음 개인화 마케팅에 대한 글을 읽고 개인화 마케팅의 사례로 적절하지 않은 것은?

> 소비자들의 요구가 점차 다양해지고 복잡해짐에 따라 개인별로 맞춤형 제품과 서비스를 제공하며 '개인화 마케팅'을 펼치는 기업이 늘어나고 있다. 개인화 마케팅이란 각 소비자의 이름, 관심사, 구매이력 등의 데이터를 기반으로 특정 고객에 대한 개인화 서비스를 제공하는 활동을 의미한다. 이러한 개인화 마케팅은 개별적 커뮤니케이션 실현을 통한 효율성 증대 및 기업 이윤 창출을 목적으로 하고 있다.
> 이러한 개인화 마케팅은 기업들의 지속적인 투자를 통해 다양한 방식으로 계속되고 있다. 빠르게 변화하고 있는 마케팅 시장에서 개인화된 서비스 제공을 통해 소비자 만족도를 끌어낼 수 있다는 점은 충분히 매력적일 수 있기 때문이다.

① 고객들의 사연을 받아 지하철역 에스컬레이터 벽면에 광고판을 만든 A배달업체는 고객들로 하여금 자신의 사연이 뽑히지 않았는지 관심을 갖도록 유도하여 광고 효과를 톡톡히 보고 있다.

② 최근 B전시관은 시각적인 시원한 민트색 벽지와 그에 어울리는 시원한 음향, 상쾌한 민트 향기, 민트맛 사탕을 나눠주며 민트에 대한 다섯 가지 감각을 이용한 미술관 전시로 화제가 되었다.

③ C위생용품회사는 자사의 인기 상품에 대한 단종으로 사과의 뜻을 담은 뮤직비디오를 제작했다. 고객들은 뮤직비디오를 보기 전에 자신의 이름을 입력하면, 뮤직비디오에 자신의 이름이 노출되어 자신이 직접 사과를 받는 듯한 효과를 느낄 수 있다.

④ 참치캔을 생산하는 D사는 최근 소외계층에게 힘이 되는 응원 메시지를 댓글로 받아 77명을 추첨하여 댓글 작성자의 이름으로 소외계층들에게 참치캔을 전달하는 이벤트를 진행하였다.

⑤ 커피전문점 E사는 고객이 자사 홈페이지에서 회원 가입 후 이름을 등록한 경우, 음료 주문 시 "○○○ 고객님, 주문하신 아메리카노 나왔습니다."와 같이 고객의 이름을 불러주는 서비스를 제공하고 있다.

31 K사 총무부의 A부장은 주말 동안 출장을 떠나며, 다음 주 월요일의 부서 업무를 다음과 같이 정리하였고, 스케줄을 바탕으로 부서원에게 해당 업무를 배정할 수 있도록 G과장에게 업무 메일을 남겼다. 총무부의 월요일 스케줄을 참고할 때, 처리해야 할 업무가 잘못 배정된 사람은?(단, 한 명당 하나의 업무만 배정한다)

〈A부장의 메일 내용〉

G과장, 내가 이번 주말 동안 지방 순회 출장을 가서 다음 주 월요일 오전에 회사에 복귀할 예정이야. 현안 업무 중 다음 주 전사 행사 준비, 전사 사무비품 보충, 지난달 완료한 ○○프로젝트 보고서 초안 작성이 시급한데, 내가 출장 준비 때문에 사원들에게 일일이 업무를 부여하지 못했네. 첨부파일로 우선 다음 주 월요일에 해야 할 업무와 부서원의 스케줄을 정리해 놨으니, 확인하고 월요일 오전에는 나 대신 부서장 회의에 참석하고, 이후에 부서원들에게 업무지시를 좀 해 줘야겠어. 사무비품 주문서의 경우는 작성만 확실히 해 두면 내가 오후에 직접 결재하고 발송할 테니 오류 없도록 G과장이 다시 한 번 확인해 줘.

〈총무부 월요일 업무〉

- 부서장 회의 참석(09:30 ~ 11:00)
- 사무비품 주문서 작성 및 주문 메일 발송
  ※ 주문서 최종 결재자 : A부장, 메일은 퇴근 전에 발송할 것
- 행사 용품 오배송건 반품
  ※ 택배 접수 마감 시간 16:00
- ○○프로젝트 보고서 초안 작성
- 행사 참여 안내문 등기 발송
  ※ 우체국 영업시간(09:00 ~ 18:00) 내 방문

〈총무부 월요일 스케줄〉

<table>
<tr><th>시간</th><th>A부장</th><th>G과장</th><th>J대리</th><th>L사원</th><th>O사원</th></tr>
<tr><td>09:00 ~ 10:00</td><td rowspan="2">출장 복귀</td><td></td><td rowspan="3">오전 반차</td><td colspan="2" rowspan="2">사내 교육 프로그램 참여</td></tr>
<tr><td>10:00 ~ 11:00</td><td></td></tr>
<tr><td>11:00 ~ 12:00</td><td></td><td></td><td></td><td></td></tr>
<tr><td>12:00 ~ 13:00</td><td colspan="5">점심시간</td></tr>
<tr><td>13:00 ~ 14:00</td><td></td><td rowspan="2">○○프로젝트 성과분석회의</td><td>오전 반차</td><td></td><td></td></tr>
<tr><td>14:00 ~ 15:00</td><td rowspan="3">외근</td><td rowspan="2">행사 진행 업체 사전 미팅</td><td></td><td></td></tr>
<tr><td>15:00 ~ 16:00</td><td></td><td></td><td></td></tr>
<tr><td>16:00 ~ 17:00</td><td></td><td></td><td></td><td></td></tr>
<tr><td>17:00 ~ 18:00</td><td colspan="2">업무 보고</td><td></td><td colspan="2">비품 정리</td></tr>
</table>

① G과장 – 부서장 회의 참석

② G과장 – ○○프로젝트 보고서 초안 작성

③ J대리 – 행사 용품 오배송건 반품

④ L사원 – 우체국 방문 및 등기 발송

⑤ O사원 – 사무비품 주문서 작성

PART 2

※ 다음은 K공사의 채용 분야 중 경영 분야의 직무분류표이다. 이어지는 질문에 답하시오. **[32~33]**

〈경영 분야 직무분류표〉

대분류		중분류	소분류	세분류
경영	경영회계사무	기획사무	경영기획	경영기획
			마케팅	마케팅전략기획
		총무인사	총무	자산관리
			인사조직	인사
			일반사무	사무행정
		재무회계	회계	회계감사
	법률 / 경찰	법률	법무	법무(자체개발)
	운전운송	항공운전운송	항공운항	항공보안

32 K공사의 인사팀에서 근무하는 A사원이 수행해야 할 직무내용으로 적절하지 않은 것은?

① 인력채용
② 인사평가
③ 교육훈련
④ 재무분석
⑤ 조직문화 관리

33 다음 중 K공사의 마케팅 업무 분야에 지원하고자 하는 B가 갖추어야 할 지식 · 기술 · 태도로 적절하지 않은 것은?

① STP(Segmentation, Targeting, Positioning) 전략
② 신규 아이템 사업예측 및 사업타당성 분석 지식
③ 예산편성 및 원가관리 개념
④ 시장 환경 분석 및 마케팅전략 수립 기술
⑤ 새로운 아이디어를 개발하고자 하는 창의적인 사고

34 다음은 K공사의 기획예산위원회 운영현황에 대한 자료이다. 이를 통해 알 수 있는 내용으로 적절하지 않은 것은?

〈기획예산위원회 운영현황〉

• 기획예산위원회 개요

구분	내용
위원회 구성	– 위원장 : 신이사 – 위원 : 비상임 이사 2인(최이사, 김이사) 및 부사장(박부사장)
개최주기	분기별 1회 시행(필요시 수시 개최 가능)
심의·의결 대상	– 예산(안), 예산 운영계획(안) 심사 – 분기별 예산 및 주요사업 집행실적 심사 – 중장기 재무관리계획 심사 등
의결방법	참석 위원 전원 합의

• 2024년 운영현황

차수	일시	참석인원	안건
24 – 1	2024. 04. 16(화)	(위원장) 신이사 (위원) 최이사, 김이사, 박부사장	(24 – 1호) 2024년 예산 운영계획안 (24 – 2호) 2023년 예산 및 주요사업 집행실적
24 – 2	2024. 06. 11(화)	(위원장) 신이사 (위원) 최이사, 김이사, 박부사장	(24 – 3호) 2024년 1분기 예산 및 주요사업 집행실적

① 위원회는 총 4인으로 구성되어 있다.

② 위원장은 위원들의 투표를 통해 선출된다.

③ 참석 위원이 전원 합의해야 예산안이 의결될 수 있다.

④ 4월과 6월에 열린 위원회에는 위원회 전원이 참석하였다.

⑤ 위원회는 분기별로 1회 시행되며, 필요할 경우 수시로 개최할 수 있다.

PART 2

35 **다음은 K공사의 해외시장 진출 및 지원 확대를 위한 전략과제의 필요성을 제시한 자료이다. 이를 통해 도출된 과제의 추진 방향으로 적절하지 않은 것은?**

〈전략과제 필요성〉

- 해외시장에서 기관이 수주할 수 있는 산업 발굴
- 국제사업 수행을 통한 경험축적 및 컨소시엄을 통한 기술 · 노하우 습득
- 해당 산업 관련 민간기업의 해외진출 활성화를 위한 실질적 지원

① 국제기관의 다양한 자금을 활용하여 사업을 발굴하고, 해당 사업의 해외진출을 위한 기술역량을 강화한다.

② 해외봉사활동 등과 연계하여 기관 이미지 제고 및 사업에 대한 사전조사, 시장조사를 통한 선제적 마케팅 활동을 추진한다.

③ 국제경쟁입찰의 과열 경쟁 심화와 컨소시엄 구성 시 민간기업과 업무배분, 이윤추구성향 조율에 어려움이 예상된다.

④ 해당 산업 민간(중소)기업을 대상으로 입찰 정보제공, 사업전략 상담, 동반 진출 등을 통한 실질적 지원을 확대한다.

⑤ 국제사업에 참여하여 경험을 축적시키고, 컨소시엄을 통해 습득한 기술 등을 재활용할 수 있는 사업을 구상하고 연구진을 지원한다.

36 다음 〈보기〉 중 비영리조직으로 옳은 것을 모두 고르면?

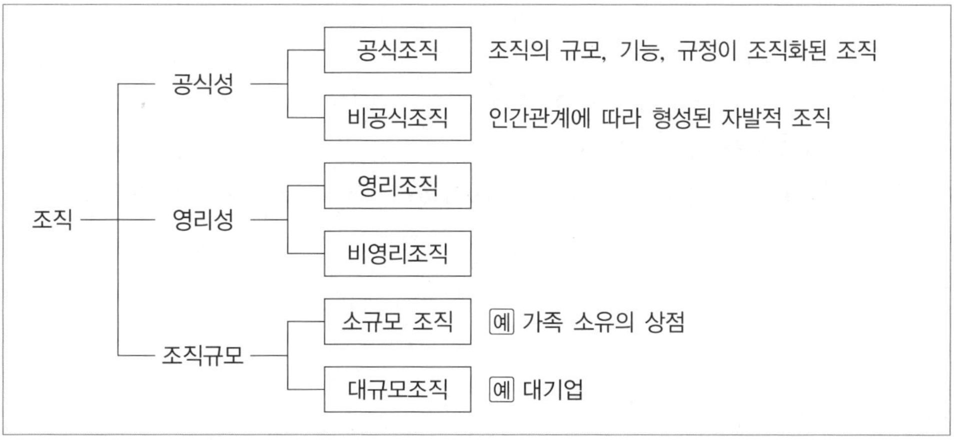

보기

㉠ 사기업
㉡ 정부조직
㉢ 병원
㉣ 대학
㉤ 시민단체

① ㉠, ㉢
② ㉠, ㉢, ㉣
③ ㉡, ㉣, ㉤
④ ㉡, ㉢, ㉣, ㉤
⑤ ㉠, ㉡, ㉢, ㉣, ㉤

37 **다음 중 정보화 사회에 대한 설명으로 옳은 것은?**

① 정보화 사회에서는 정보의 다양한 특성 중 기술적 실효성이 가장 강조된다.
② 정보화 사회의 심화는 새로운 분야에서 국가 간 갈등을 야기해 세계화를 저해한다.
③ 정보화 사회가 진전됨에 따라 지식과 정보의 증가량 및 변화 속도는 더욱 증가할 것이다.
④ 정보화 사회에서는 체계화된 정보관리주체들이 존재하므로 개인들의 정보관리 필요성이 낮아진다.
⑤ 지식정보 관련 산업이 핵심 산업이 되면서, 물질이나 에너지 산업의 부가가치 생산성은 저하되고 있다.

38 **K기업에 근무하는 B사원은 제품 판매 결과보고서를 작성할 때, 자주 사용하는 여러 개의 명령어를 묶어 하나의 키 입력 동작으로 만들어서 빠르게 완성하였다. 그리고 판매 결과를 여러 유통업자에게 알리기 위해 같은 내용의 안내문을 미리 수집해 두었던 주소록을 활용하여 쉽게 작성하였다. 이러한 사례에서 사용한 워드프로세서(한글 2010)의 기능으로 옳은 것을 〈보기〉에서 모두 고르면?**

보기

ㄱ. 매크로
ㄴ. 글맵시
ㄷ. 메일 머지
ㄹ. 하이퍼링크

① ㄱ, ㄴ
② ㄱ, ㄷ
③ ㄴ, ㄷ
④ ㄴ, ㄹ
⑤ ㄷ, ㄹ

39 다음 대화에서 S사원이 답변할 내용으로 옳지 않은 것은?

P과장 : 자네, 마우스도 거의 만지지 않고 윈도우를 사용하다니, 신기하군. 방금 윈도우 바탕화면에 있는 창들이 모두 사라졌는데 어떤 단축키를 눌렀나?

S사원 : 네, 과장님. 〈윈도우〉와 〈D〉를 함께 누르면 바탕화면에 펼쳐진 모든 창이 최소화됩니다. 이렇게 주요한 단축키를 알아두면 업무에 많은 도움이 됩니다.

P과장 : 그렇군. 나도 자네에게 몇 가지를 배워서 활용해봐야겠어.

S사원 : 우선 윈도우에서 자주 사용하는 단축키를 알려드리겠습니다.
첫 번째로 ________________________

① 〈윈도우〉+〈E〉를 누르면 윈도우 탐색기를 열 수 있습니다.
② 〈윈도우〉+〈Home〉을 누르면 현재 보고 있는 창을 제외한 나머지 창들이 최소화됩니다.
③ 잠시 자리를 비울 때 〈윈도우〉+〈L〉을 누르면 잠금화면으로 전환할 수 있습니다.
④ 〈Alt〉+〈W〉를 누르면 현재 사용하고 있는 창을 닫을 수 있습니다.
⑤ 여러 창을 띄어 놓고 작업할 때, 〈Alt〉+〈Tab〉을 사용하면 이전에 사용했던 창으로 쉽게 옮겨갈 수 있습니다.

PART 2

40 다음 워크시트와 같이 평점이 3.0 미만인 행 전체에 셀 배경색을 지정하고자 한다. 이를 위해 조건부 서식 설정에서 사용할 수식으로 옳은 것은?

	A	B	C	D
1	학번	학년	이름	평점
2	20959446	2	강혜민	3.38
3	21159458	1	김경식	2.60
4	21059466	2	김병찬	3.67
5	21159514	1	장현정	1.29
6	20959476	2	박동현	3.50
7	21159467	1	이승현	3.75
8	20859447	4	이병훈	2.93
9	20859461	3	강수빈	3.84

① =$D2<3
② =$D2>3
③ =D2<3
④ =D$2<3
⑤ =D2>3

41 다음 시트에서 [A7] 셀에 수식 「=$A$1+$A2」를 입력한 후 [A7] 셀을 복사하여 [C8] 셀에 붙여넣기 했을 때, [C8] 셀에 표시되는 결과로 옳은 것은?

	A	B	C
1	1	2	3
2	2	4	6
3	3	6	9
4	4	8	12
5	5	10	15
6			
7			
8			

① 3
② 4
③ 7
④ 10
⑤ 15

42 다음과 같이 왼쪽의 날짜가 입력된 [A2:A5] 영역에 대해 [셀 서식] – [사용자 지정 형식] 기능을 이용하여 오른쪽의 [A2:A5] 영역처럼 표현하였을 때, [A2] ~ [A5] 셀에 입력된 표시 형식의 내용으로 옳은 것은?

	A
1	날짜
2	2024-02-17
3	2024-02-18
4	2024-02-19
5	2024-02-20

→

	A
1	날짜
2	2024년 02월 17일
3	18-Feb-24
4	2024-02-19-월요일
5	February-20-Tuesday

	[A2]	[A3]	[A4]	[A5]
①	yyyy"년" mm"월" dd"일"	dd-mm-yy	yyyy-mm-ddd-aaaa	mmmm-dd-dddd
②	yy"년" mm"월" dd"일"	dd-mmm-yy	yyyy-mm-dd-aaa	mm-dd-dddd
③	yyyy"년" mm"월" dd"일"	dd-mmm-yy	yyyy-mm-dd-aaaa	mmmm-dd-dddd
④	yy"년" mm"월" dd"일"	dd-mmm-yy	yyyy-mm-dd-aaa	mmm-dd-dddd
⑤	yyyy"년" mm"월" dd"일"	dd-mmmm-yy	yyyy-mm-dd-aaaa	mmmm-dd-dddd

43 K공사 영업부에 근무 중인 C사원은 영업부 사원들의 월별 매출을 다음과 같이 함수를 이용해 만 단위로 나타내려고 한다. [B9] 셀에 입력된 함수로 옳은 것은?

	A	B	C	D	E	F
1	구분	1월	2월	3월	5월	6월
2	A대리	1,252,340	1,345,620	1,568,670	1,321,670	1,563,850
3	B주임	1,689,320	1,859,460	1,546,210	1,689,250	1,123,960
4	C사원	1,432,670	1,965,230	1,532,460	1,326,030	1,659,210
5	D주임	1,235,640	1,635,420	1,236,950	1,468,210	1,246,180
6	E사원	1,743,560	1,325,470	1,125,350	1,856,920	1,216,530
7						
8	구분	1월	2월	3월	5월	6월
9	A대리	1,260,000	1,350,000	1,570,000	1,330,000	1,570,000
10	B주임	1,690,000	1,860,000	1,550,000	1,690,000	1,130,000
11	C사원	1,440,000	1,970,000	1,540,000	1,330,000	1,660,000
12	D주임	1,240,000	1,640,000	1,240,000	1,470,000	1,250,000
13	E사원	1,750,000	1,330,000	1,130,000	1,860,000	1,220,000

① =ROUND(B2, −3)
② =ROUND(B2, −4)
③ =ROUNDUP(B2, −3)
④ =ROUNDUP(B2, −4)
⑤ =ROUNDDOWN(B2, −4)

44 다음 중 Windows 환경에서의 키 조합과 해당 조합의 기능이 잘못 연결된 것은?

① 〈Ctrl〉+〈X〉 : 선택한 항목을 잘라낸다.
② 〈Ctrl〉+〈insert〉 : 선택한 항목을 복사한다.
③ 〈Shift〉+〈Insert〉 : 작업을 실행 취소한다.
④ 〈Alt〉+〈Page Up〉 : 한 화면 위로 이동한다.
⑤ 〈Alt〉+〈F8〉 : 로그인 화면에서 암호를 표시한다.

45 K공사에서 근무하고 있는 N사원은 2024년 8월 발전소별 생산실적을 엑셀을 이용해 정리하려고 한다. 다음 (A) ~ (E) 셀에 N사원이 입력해야 할 함수로 옳지 않은 것은?

	A	B	C	D	E	F	G
1							
2		2024년 8월 발전소별 생산실적					
3							
4		구분	열용량(Gcal)	전기용량(MW)	열생산량(Gcal)	발전량(MWH)	발전량의 순위
5		파주	404	516	144,600	288,111	(B)
6		판교	172	146	94,657	86,382	
7		광교	138	145	27,551	17	
8		수원	71	43	42,353	321,519	
9		화성	407	512	141,139	6,496	
10		청주	105	61	32,510	4,598	
11		대구	71	44	46,477	753	
12		삼송	103	99	2,792	4,321	
13		평균		(A)	(E)		
14							
15					열용량의 최댓값(Gcal)	열생산량 중 세 번째로 높은 값(Gcal)	
16					(C)	(D)	

① (A) : =AVERAGE(D5:D12)

② (B) : =RANK(F5,$F$5:$F$12,1)

③ (C) : =MAX(C5:C12)

④ (D) : =LARGE(E5:E12,3)

⑤ (E) : =AVERAGE(E5:E12)

46 다음 워크시트의 [A1:E9] 영역에서 고급 필터를 실행하여 영어점수가 평균을 초과하거나 성명의 두 번째 문자가 '영'인 데이터를 추출하고자 한다. 다음 중 ㉠과 ㉡에 입력할 내용으로 옳은 것은?

	A	B	C	D	E	F	G	H
1	성명	반	국어	영어	수학		영어	성명
2	강동식	1	81	89	99		㉠	
3	남궁영	2	88	75	85			㉡
4	강영주	2	90	88	92			
5	이동수	1	86	93	90			
6	박영민	2	75	91	84			
7	윤영미래	1	88	80	73			
8	이순영	1	100	84	96			
9	명지오	2	95	75	88			

	㉠	㉡
①	=D2>AVERAGE(D2:D9)	="=?영*"
②	=D2>AVERAGE(D2:D9)	="=*영?"
③	=D2>AVERAGE($D$2:$D$9)	="=?영*"
④	=D2>AVERAGE($D$2:$D$9)	="=*영?"
⑤	=D2>AVERAGE($A$2:$E$9)	="=*영*"

PART 2

※ 다음 프로그램을 보고 이어지는 질문에 답하시오. **[47~48]**

```
#include <stdio.h>
void main()
{
        int num = 5;
        for (i = 0; i < num; i++)
        {
                printf("%d", i + 1);
        }
}
```

47 다음 중 위 프로그램에서 정수를 출력하기 위해 필요한 정의는?

① int i=;
② float i;
③ double i;
④ long double i;
⑤ void i;

48 다음 중 위 프로그램에서 정수로 i를 정의하고 실행하였을 때 옳은 것은?

① 00000
② 12345
③ 0
④ 1
⑤ 5

49 청원경찰은 6층 회사건물을 층마다 모두 순찰한 후에 퇴근한다. 다음 〈조건〉에 따라 1층에서 출발하여 순찰을 완료하고 다시 1층으로 돌아오기까지 소요되는 최소 시간은?(단, 다른 요인은 고려하지 않는다)

조건
- 층간 이동은 엘리베이터로만 해야 하며 엘리베이터가 한 개 층을 이동하는 데는 1분이 소요된다.
- 엘리베이터는 한 번에 최대 세 개 층(예 1층 → 4층)을 이동할 수 있다.
- 엘리베이터는 한 번 위로 올라갔으면, 그 다음에는 아래 방향으로 내려오고, 그 다음에는 다시 위 방향으로 올라가야 한다.
- 하나의 층을 순찰하는 데는 10분이 소요된다.

① 1시간
② 1시간 10분
③ 1시간 16분
④ 1시간 22분
⑤ 1시간 30분

50 K연구원은 같은 온실에서 A ~ E식물을 하나씩 동시에 재배하는 실험을 시행한 후 식물재배 온도를 결정하려고 한다. 다섯 가지 식물의 재배가능 온도와 상품가치가 다음과 같을 때, 가장 많은 식물을 재배할 수 있는 온도와 상품가치의 총합이 가장 큰 온도를 바르게 나열한 것은?(단, K연구원은 온도만 조절할 수 있으며, 주어진 조건 외에 다른 조건은 고려하지 않는다)

〈A ~ E의 재배가능 온도와 상품가치〉

식물 종류	재배가능 온도(℃)	상품가치(원)
A	0 이상 20 이하	10,000
B	5 이상 15 이하	25,000
C	25 이상 55 이하	50,000
D	15 이상 30 이하	15,000
E	15 이상 25 이하	35,000

※ 식물의 상품가치를 결정하는 유일한 것은 온도이다.
※ 온실의 온도는 0℃를 기준으로 5℃ 간격으로 조절할 수 있고, 한 번 설정하면 변경할 수 없다.

	가장 많은 식물을 재배할 수 있는 온도	상품가치의 총합이 가장 큰 온도
①	15℃	15℃
②	15℃	20℃
③	15℃	25℃
④	20℃	20℃
⑤	20℃	25℃

51 K공사 직원 10명이 부산에서 열리는 1박 2일 세미나에 참석하려고 한다. 부산에는 목요일 점심 전에 도착하고, 다음 날 점심을 먹고 3시에 서울로 돌아오기로 계획했다. 다음은 호텔별 비용 현황과 호텔 선호도에 대한 자료이다. 다음 〈조건〉을 바탕으로 남직원과 여직원에게 사용되는 출장비용은 각각 얼마인가?

〈호텔별 비용 현황〉

구분	K호텔		M호텔		H호텔		W호텔	
숙박비	평일	주말	평일	주말	평일	주말	평일	주말
	17만 원	30만 원	12만 원	23만 원	15만 원	29만 원	15만 원	22만 원
식비	1만 원(중·석식, 조식은 숙박비에 포함)		7,000원(조·중식) 9,000원(석식)		8,000원(조·중·석식)		7,500원(조·중·석식)	
거리	20분		12분		30분		10분	
비고	1인실 또는 2인실 가능		1인실만 가능		2인실 이상 가능		2인실 이상 가능	

※ 거리는 역에서 호텔까지의 버스로 이동시간이다.

〈호텔 선호도〉

구분	K호텔	M호텔	H호텔	W호텔
남자	B	B	C	A
여자	A	B	B	C

※ A ~ C등급에서 A등급이 제일 높다.

조건

- 방은 2인 1실로 사용한다.
- 남자는 6명, 여자는 4명이다.
- 남녀 모두 식사를 한다.
- 남자는 선호도가 B등급 이상이고, 숙박비용과 식비가 저렴한 호텔로 정한다.
- 여자는 선호도가 B등급 이상이고, 역에서 거리가 가장 가까운 호텔로 정한다.

	남자	여자
①	540,000원	428,000원
②	630,000원	428,000원
③	630,000원	460,000원
④	690,000원	460,000원
⑤	690,000원	510,000원

52 운송업자인 B씨는 15t 화물트럭을 이용하여 목적지까지 화물을 운송하고 있다. 다음 중 B씨의 차량 운행기록에 따라 B씨가 지불해야 하는 고속도로 통행요금은?(단, 소수점은 버린다)

〈고속도로 통행요금〉

구분	폐쇄식	개방식
기본요금	900원(2차로 50% 할인)	720원
요금산정	(기본요금)+ [(주행거리)×(차종별 km당 주행요금)]	(기본요금)+ [(요금소별 최단 이용거리)×(차종별 km당 주행요금)]

※ km당 주행요금 단가 : 1종 44.3원, 2종 45.2원, 3종 47.0원, 4종 62.9원, 5종 74.4원(2차로는 50% 할인, 6차로 이상은 주행요금 단가를 20% 할증)

〈차종 분류 기준〉

차종	분류 기준	적용 차량
1종	2축 차량, 윤폭 279.4mm 이하	승용차, 16인승 이하 승합차, 2.5t 미만 화물차
2종	2축 차량, 윤폭 279.4mm 초과, 윤거 1,800mm 이하	승합차 17 ~ 32인승, 2.5t ~ 5.5t 화물차
3종	2축 차량, 윤폭 279.4mm 초과, 윤거 1,800mm 초과	승합차 33인승 이상, 5.5t ~ 10t 화물차
4종	3축 차량	10t ~ 20t 화물차
5종	4축 이상 차량	20t 이상 화물차

〈B씨의 차량 운행기록〉

- 목적지 : 서울 → 부산(경유지 영천)
- 총거리 : 374.8km(경유지인 영천까지 330.4km)
- 이용 도로 정보
  - 서울 → 영천 : 2개 톨게이트(개방식 6차로 거리 180km, 폐쇄식 4차로 거리 150.4km)
  - 영천 → 부산 : 1개 톨게이트(폐쇄식 2차로 44.4km)

※ 주어진 정보 외의 비용 및 거리는 고려하지 않는다.
※ 거리는 주행거리 또는 요금소별 최단 이용거리이다.

① 18,965원
② 21,224원
③ 23,485원
④ 26,512원
⑤ 30,106원

53 K의류회사는 제품의 판매촉진을 위해 TV광고를 기획하고 있다. 다음은 광고모델 후보 A ~ E에 대한 자료이다. 이를 토대로 향후 1년 동안 광고효과가 가장 클 것으로 예상되는 모델은 누구인가?

〈광고모델별 1년 계약금 및 광고 1회당 광고효과〉

(단위 : 천 원)

모델	1년 계약금	1회당 광고비	1회당 광고효과(예상)	
			수익 증대 효과	브랜드 가치 증대 효과
A	120,000	2,500	140,000	130,000
B	80,000		80,000	110,000
C	100,000		100,000	120,000
D	90,000		80,000	90,000
E	70,000		60,000	80,000
비고	• (총 광고효과)=(1회당 광고효과)×(1년 광고횟수) • (1회당 광고효과)=(1회당 수익 증대 효과)+(1회당 브랜드 가치 증대 효과) • (1년 광고횟수)=(1년 광고비)÷(1회당 광고비) • (1년 광고비)=1억 8천만 원−(1년 계약금)			

① A　② B　③ C　④ D　⑤ E

54 다음은 K공사 인사팀의 하계 휴가 스케줄이다. G사원은 휴가를 신청하기 위해 하계 휴가 스케줄을 확인하였다. 인사팀 팀장인 A부장은 25 ~ 28일은 하계 워크숍 기간이므로 휴가 신청이 불가능하며, 하루에 6명 이상은 사무실에 반드시 있어야 한다고 팀원들에게 공지했다. G사원이 휴가를 쓸 수 있는 기간으로 옳은 것은?

구분	8월 휴가																			
	3	4	5	6	7	10	11	12	13	14	17	18	19	20	21	24	25	26	27	28
	월	화	수	목	금	월	화	수	목	금	월	화	수	목	금	월	화	수	목	금
A부장	■	■	■																	
B차장								■	■	■										
C과장	■	■	■	■	■															
D대리										■	■	■	■							
E주임														■	■	■				
F주임											■	■	■	■						
G사원																				
H사원						■	■	■												

※ 스케줄에 색칠된 부분은 해당 직원의 휴가 예정일이다.

※ G사원은 4일 이상 휴가를 사용해야 한다(토, 일 제외).

① 8월 5 ~ 7일

② 8월 6 ~ 11일

③ 8월 11 ~ 16일

④ 8월 13 ~ 18일

⑤ 8월 19 ~ 24일

55 K공사는 사원들의 복지 증진을 위해 안마의자를 구매할 계획이다. K공사의 평가기준이 아래와 같을 때, 〈보기〉 중 어떤 안마의자를 구매하겠는가?

〈K공사의 안마의자 구입 시 평가기준〉

- 사원들이 자주 사용할 것으로 생각되니 A/S 기간이 2년 이상이어야 한다.
- 사무실 인테리어를 고려하여 안마의자의 컬러는 레드보다는 블랙이 적절한 것으로 보인다.
- 겨울철에도 이용할 경우를 위해 안마의자에 온열기능이 있어야 한다.
- 안마의자의 구입 예산은 최대 2,500만 원까지며, 가격이 예산 안에만 해당하면 모두 구매 가능하다.
- 안마의자의 프로그램 개수는 최소 10개 이상은 되어야 하며, 많으면 많을수록 좋다.

보기

구분	가격	컬러	A/S 기간	프로그램	옵션
A안마의자	2,200만 원	블랙	2년	12개	온열기능
B안마의자	2,100만 원	레드	2년	13개	온열기능
C안마의자	2,600만 원	블랙	3년	15개	온열기능
D안마의자	2,400만 원	블랙	2년	13개	온열기능
E안마의자	2,500만 원	블랙	2년	14개	–

① A안마의자 ② B안마의자
③ C안마의자 ④ D안마의자
⑤ E안마의자

56 K유통에서 근무하는 강사원은 급여명세서를 받은 후 책상 위에 두었다가 실수로 일부분을 찢게 되었다. 강사원은 소실된 부분을 계산한 후 실수령액과 입금된 수령액이 일치하는지 확인하려고 한다. 공제액은 다음의 자료와 같이 계산한다고 할 때, 강사원이 받을 실수령액은?

K유통 2024년 5월 급여명세서			
성 명	**강★★**	**지급일**	**2024.06.05**
지급내역	**지급액(원)**	**공제내역**	**공제액(원)**
기본급	1,800,000	소득세	15,110
잔업수당	70,000	건강보험	
복리후생비	100,000	고용보험	
		국민연금	
		장기요양보험	
		주민세	1,510
		조합비	20,000
		공제총액	
급여지급계		실수령액	

〈공제내역별 계산방법〉

구분	계산방법	비고
건강보험	(기본급)×6.12%	가입자 부담 : 50% 사업자 부담 : 50%
고용보험	(기본급)×1.3%	
국민연금	(기본급)×9%	
장기요양보험	(건강보험료)×6.5%	

※ 장기요양보험료의 경우 십의 자리에서 반올림한다.

① 1,756,030원
② 1,776,090원
③ 1,782,000원
④ 1,826,340원
⑤ 1,865,900원

57 K은행 대전의 A지점에 근무하는 C계장은 내일 오전 10시에 목포로 출장을 갈 예정이다. 출장 당일 오후 1시에 미팅이 예정되어 있어 늦지 않게 도착하고자 한다. 주어진 교통편을 고려하였을 때, 다음 중 C계장이 선택할 가장 적절한 경로는?(단, 1인당 출장지원 교통비 한도는 5만 원이며, 도보이동에 따른 소요시간은 고려하지 않는다)

〈A지점에서 대전역까지 비용〉

구분	소요시간	비용	비고
버스	30분	2,000원	-
택시	15분	6,000원	-

〈대전역에서 목포역까지 교통수단별 이용정보〉

구분	열차	출발시각	소요시간	비용	비고
직통	새마을호	10:00 / 10:50	2시간 10분	28,000원	-
직통	무궁화	10:20 / 10:40 10:50 / 11:00	2시간 40분	16,000원	-
환승	KTX	10:10 / 10:50	20분	6,000원	환승 10분 소요
	KTX	-	1시간 20분	34,000원	
환승	KTX	10:00 / 10:30	1시간	20,000원	환승 10분 소요
	새마을호	-	1시간	14,000원	

〈목포역에서 미팅장소까지 비용〉

구분	소요시간	비용	비고
버스	40분	2,000원	-
택시	20분	9,000원	-

① 버스 – 새마을호(직통) – 버스
② 택시 – 무궁화(직통) – 택시
③ 버스 – KTX / KTX(환승) – 택시
④ 택시 – KTX / 새마을호(환승) – 택시
⑤ 택시 – KTX/KTX(환승) – 택시

58 다음 글을 근거로 판단할 때, 〈보기〉에서 옳은 것을 모두 고르면?

- K국의 1일 통관 물량은 1,000건이며, 모조품은 1일 통관 물량 중 1%의 확률로 존재한다.
- 검수율은 전체 통관 물량 중 검수대상을 무작위로 선정해 실제로 조사하는 비율을 뜻하는데, 현재 검수율은 10%로 전문 조사인력은 매일 10명을 투입한다.
- 검수율을 추가로 10% 상승시킬 때마다 전문 조사인력은 1일당 20명이 추가로 필요하다.
- 인건비는 1인당 1일 기준 30만 원이다.
- 모조품 적발 시 부과되는 벌금은 건당 1,000만 원이며, 이 중 인건비를 차감한 나머지를 세관의 '수입'으로 한다.

※ 검수대상에 포함된 모조품은 모두 적발되고, 부과된 벌금은 모두 징수된다.

보기

ㄱ. 1일 평균 수입은 700만 원이다.
ㄴ. 모든 통관 물량을 전수조사한다면 수입보다 인건비가 더 클 것이다.
ㄷ. 검수율이 40%면 1일 평균 수입은 현재의 4배 이상일 것이다.
ㄹ. 검수율을 30%로 하는 방안과 검수율을 10%로 유지한 채 벌금을 2배로 인상하는 방안을 비교하면 벌금을 인상하는 방안의 1일 평균 수입이 더 많을 것이다.

① ㄱ, ㄴ
② ㄴ, ㄷ
③ ㄱ, ㄴ, ㄹ
④ ㄱ, ㄷ, ㄹ
⑤ ㄴ, ㄷ, ㄹ

59 다음은 치과의원 노인외래진료비 본인부담금 제도의 안내문이다. 〈보기〉에 제시된 A ~ E씨의 본인부담금의 합을 바르게 구한 것은?

〈치과의원 노인외래진료비 본인부담금 제도 안내〉

2024년 1월부터 만 65세 이상 치과의원 노인외래진료비 본인부담금 제도가 개선됩니다.

■ 대상 : 만 65세 이상 치과의원 외래진료 시

■ 본인부담금 안내 : 총 진료비가 1만 5천 원 이하인 경우는 1,500원
일정금액 초과 시 총 진료비의 10 ~ 30% 부담

구분	진료비 구간	본인부담금		본인부담금
		현행		개선
치과의원	1만 5천 원 이하	1,500원	⇨	1,500원
	1만 5천 원 초과 2만 원 이하	30%		10%
	2만 원 초과 2만 5천 원 이하			20%
	2만 5천 원 초과			30%

보기

구분	진료비	진료 날짜
A씨	17,000원	2023년 6월
B씨	13,500원	2024년 3월
C씨	23,000원	2024년 2월
D씨	24,000원	2023년 10월
E씨	27,000원	2024년 5월

※ 단, A ~ E씨는 모두 만 65세 이상이다.

① 18,800원
② 21,300원
③ 23,600원
④ 26,500원
⑤ 28,600원

60 K고등학교 갑 ~ 정 4명의 학생들이 퀴즈대회에 참가했다. 퀴즈는 총 36문제로 한 문제를 맞히면 10점을 얻고, 틀리면 5점이 감점된다고 한다. 학생들이 버저를 누르고 문제를 맞힌다고 할 때, 4명의 퀴즈 점수 결과와 〈조건〉을 참고하여 모든 학생들이 버저를 누른 횟수는 총 얼마인가?

〈퀴즈 점수 결과〉

구분	갑 학생	을 학생	병 학생	정 학생
점수	65점	70점	30점	35점

조건

- 한 문제에 한 사람당 버저는 한 번만 가능하다.
- 갑 학생과 정 학생은 버저를 누른 총횟수가 같다.
- 정 학생은 맞힌 개수와 틀린 개수가 같다.
- 을 학생과 병 학생은 틀린 개수가 같다.
- 버저를 안 누른 경우, 점수 변동은 없다.
- 모든 문제는 맞힌 사람이 있다.

① 66번 ② 68번
③ 70번 ④ 72번
⑤ 80번

PART 2

교육은 우리 자신의 무지를 점차 발견해 가는 과정이다.

– 윌 듀란트 –

PART 3

채용 가이드

01 블라인드 채용 소개

1. 블라인드 채용이란?

채용 과정에서 편견이 개입되어 불합리한 차별을 야기할 수 있는 출신지, 가족관계, 학력, 외모 등의 편견요인은 제외하고, 직무능력만을 평가하여 인재를 채용하는 방식입니다.

2. 블라인드 채용의 필요성

- 채용의 공정성에 대한 사회적 요구
  - 누구에게나 직무능력만으로 경쟁할 수 있는 균등한 고용기회를 제공해야 하나, 아직도 채용의 공정성에 대한 불신이 존재
  - 채용상 차별금지에 대한 법적 요건이 권고적 성격에서 처벌을 동반한 의무적 성격으로 강화되는 추세
  - 시민의식과 지원자의 권리의식 성숙으로 차별에 대한 법적 대응 가능성 증가
- 우수인재 채용을 통한 기업의 경쟁력 강화 필요
  - 직무능력과 무관한 학벌, 외모 위주의 선발로 우수인재 선발기회 상실 및 기업경쟁력 약화
  - 채용 과정에서 차별 없이 직무능력중심으로 선발한 우수인재 확보 필요
- 공정한 채용을 통한 사회적 비용 감소 필요
  - 편견에 의한 차별적 채용은 우수인재 선발을 저해하고 외모·학벌 지상주의 등의 심화로 불필요한 사회적 비용 증가
  - 채용에서의 공정성을 높여 사회의 신뢰수준 제고

3. 블라인드 채용의 특징

편견요인을 요구하지 않는 대신 직무능력을 평가합니다.

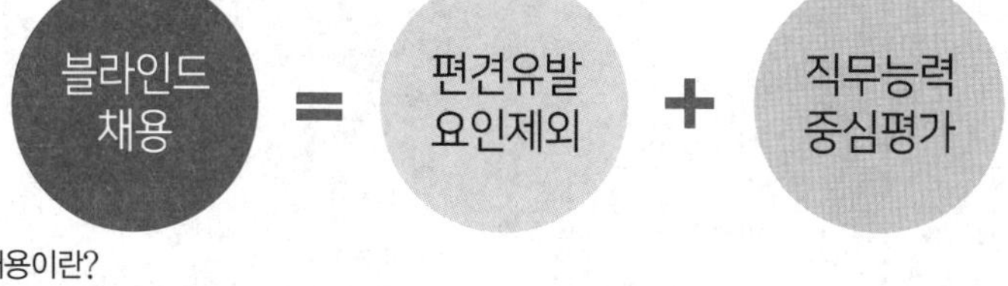

※ 직무능력중심 채용이란?
기업의 역량기반 채용, NCS기반 능력중심 채용과 같이 직무수행에 필요한 능력과 역량을 평가하여 선발하는 채용방식을 통칭합니다.

4. 블라인드 채용의 평가요소

직무수행에 필요한 지식, 기술, 태도 등을 과학적인 선발기법을 통해 평가합니다.

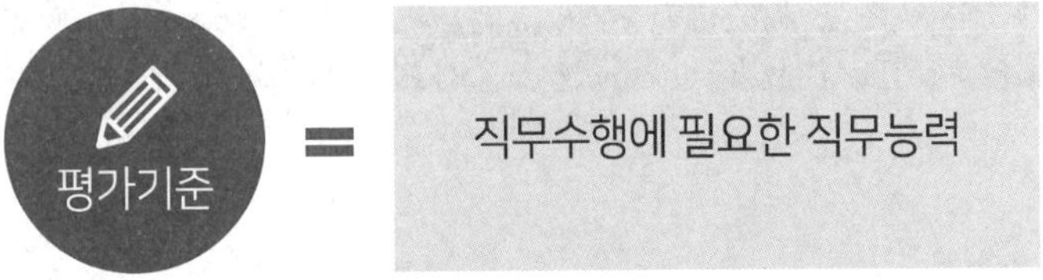

※ 과학적 선발기법이란?
직무분석을 통해 도출된 평가요소를 서류, 필기, 면접 등을 통해 체계적으로 평가하는 방법으로 입사지원서, 자기소개서, 직무수행능력평가, 구조화 면접 등이 해당됩니다.

5. 블라인드 채용 주요 도입 내용

- 입사지원서에 인적사항 요구 금지
  - 인적사항에는 출신지역, 가족관계, 결혼여부, 재산, 취미 및 특기, 종교, 생년월일(연령), 성별, 신장 및 체중, 사진, 전공, 학교명, 학점, 외국어 점수, 추천인 등이 해당
  - 채용 직무를 수행하는 데 있어 반드시 필요하다고 인정될 경우는 제외
    예 특수경비직 채용 시 : 시력, 건강한 신체 요구
    연구직 채용 시 : 논문, 학위 요구 등
- 블라인드 면접 실시
  - 면접관에게 응시자의 출신지역, 가족관계, 학교명 등 인적사항 정보 제공 금지
  - 면접관은 응시자의 인적사항에 대한 질문 금지

6. 블라인드 채용 도입의 효과성

- 구성원의 다양성과 창의성이 높아져 기업 경쟁력 강화
  - 편견을 없애고 직무능력 중심으로 선발하므로 다양한 직원 구성 가능
  - 다양한 생각과 의견을 통하여 기업의 창의성이 높아져 기업경쟁력 강화
- 직무에 적합한 인재선발을 통한 이직률 감소 및 만족도 제고
  - 사전에 지원자들에게 구체적이고 상세한 직무요건을 제시함으로써 허수 지원이 낮아지고, 직무에 적합한 지원자 모집 가능
  - 직무에 적합한 인재가 선발되어 직무이해도가 높아져 업무효율 증대 및 만족도 제고
- 채용의 공정성과 기업이미지 제고
  - 블라인드 채용은 사회적 편견을 줄인 선발 방법으로 기업에 대한 사회적 인식 제고
  - 채용과정에서 불합리한 차별을 받지 않고 실력에 의해 공정하게 평가를 받을 것이라는 믿음을 제공하고, 지원자들은 평등한 기회와 공정한 선발과정 경험

CHAPTER

02 서류전형 가이드

01 채용공고문

1. 채용공고문의 변화

기존 채용공고문	변화된 채용공고문
• 취업준비생에게 불충분하고 불친절한 측면 존재 • 모집분야에 대한 명확한 직무관련 정보 및 평가기준 부재 • 해당분야에 지원하기 위한 취업준비생의 무분별한 스펙 쌓기 현상 발생	• NCS 직무분석에 기반한 채용공고를 토대로 채용전형 진행 • 지원자가 입사 후 수행하게 될 업무에 대한 자세한 정보 공지 • 직무수행내용, 직무수행 시 필요한 능력, 관련된 자격, 직업기초능력 제시 • 지원자가 해당 직무에 필요한 스펙만을 준비할 수 있도록 안내
• 모집부문 및 응시자격 • 지원서 접수 • 전형절차 • 채용조건 및 처우 • 기타사항	• 채용절차 • 채용유형별 선발분야 및 예정인원 • 전형방법 • 선발분야별 직무기술서 • 우대사항

2. 지원 유의사항 및 지원요건 확인

채용 직무에 따른 세부사항을 공고문에 명시하여 지원자에게 적격한 지원 기회를 부여함과 동시에 채용과정에서의 공정성과 신뢰성을 확보합니다.

구성	내용	확인사항
모집분야 및 규모	고용형태(인턴 계약직 등), 모집분야, 인원, 근무지역 등	채용직무가 여러 개일 경우 본인이 해당되는 직무의 채용규모 확인
응시자격	기본 자격사항, 지원조건	지원을 위한 최소자격요건을 확인하여 불필요한 지원을 예방
우대조건	법정·특별·자격증 가점	본인의 가점 여부를 검토하여 가점 획득을 위한 사항을 사실대로 기재
근무조건 및 보수	고용형태 및 고용기간, 보수, 근무지	본인이 생각하는 기대수준에 부합하는지 확인하여 불필요한 지원을 예방
시험방법	서류·필기·면접전형 등의 활용방안	전형방법 및 세부 평가기법 등을 확인하여 지원전략 준비
전형일정	접수기간, 각 전형 단계별 심사 및 합격자 발표일 등	본인의 지원 스케줄을 검토하여 차질이 없도록 준비
제출서류	입사지원서(경력·경험기술서 등), 각종 증명서 및 자격증 사본 등	지원요건 부합 여부 및 자격 증빙서류 사전에 준비
유의사항	임용취소 등의 규정	임용취소 관련 법적 또는 기관 내부 규정을 검토하여 해당여부 확인

02 직무기술서

직무기술서란 직무수행의 내용과 필요한 능력, 관련 자격, 직업기초능력 등을 상세히 기재한 것으로 입사 후 수행하게 될 업무에 대한 정보가 수록되어 있는 자료입니다.

1. 채용분야

설명

NCS 직무분류 체계에 따라 직무에 대한 「대분류 – 중분류 – 소분류 – 세분류」 체계를 확인할 수 있습니다. 채용 직무에 대한 모든 직무기술서를 첨부하게 되며 실제 수행 업무를 기준으로 세부적인 분류정보를 제공합니다.

채용분야	분류체계			
사무행정	대분류	중분류	소분류	세분류
분류코드	02. 경영·회계·사무	03. 재무·회계	01. 재무	01. 예산
				02. 자금
			02. 회계	01. 회계감사
				02. 세무

2. 능력단위

설명

직무분류 체계의 세분류 하위능력단위 중 실질적으로 수행할 업무의 능력만 구체적으로 파악할 수 있습니다.

능력단위	(예산)	03. 연간종합예산수립 05. 확정예산 운영	04. 추정재무제표 작성 06. 예산실적 관리
	(자금)	04. 자금운용	
	(회계감사)	02. 자금관리 05. 회계정보시스템 운용 07. 회계감사	04. 결산관리 06. 재무분석
	(세무)	02. 결산관리 07. 법인세 신고	05. 부가가치세 신고

3. 직무수행내용

설명

세분류 영역의 기본정의를 통해 직무수행내용을 확인할 수 있습니다. 입사 후 수행할 직무내용을 구체적으로 확인할 수 있으며, 이를 통해 입사서류 작성부터 면접까지 직무에 대한 명확한 이해를 바탕으로 자신의 희망직무인지 아닌지, 해당 직무가 자신이 알고 있던 직무가 맞는지 확인할 수 있습니다.

직무수행내용	(예산) 일정기간 예상되는 수익과 비용을 편성, 집행하며 통제하는 일
	(자금) 자금의 계획 수립, 조달, 운용을 하고 발생 가능한 위험 관리 및 성과평가
	(회계감사) 기업 및 조직 내·외부에 있는 의사결정자들이 효율적인 의사결정을 할 수 있도록 유용한 정보를 제공, 제공된 회계정보의 적정성을 파악하는 일
	(세무) 세무는 기업의 활동을 위하여 주어진 세법범위 내에서 조세부담을 최소화시키는 조세전략을 포함하고 정확한 과세소득과 과세표준 및 세액을 산출하여 과세당국에 신고·납부하는 일

4. 직무기술서 예시

태도	(예산) 정확성, 분석적 태도, 논리적 태도, 타 부서와의 협조적 태도, 설득력
	(자금) 분석적 사고력
	(회계 감사) 합리적 태도, 전략적 사고, 정확성, 적극적 협업 태도, 법률준수 태도, 분석적 태도, 신속성, 책임감, 정확한 판단력
	(세무) 규정 준수 의지, 수리적 정확성, 주의 깊은 태도
우대 자격증	공인회계사, 세무사, 컴퓨터활용능력, 변호사, 워드프로세서, 전산회계운용사, 사회조사분석사, 재경관리사, 회계관리 등
직업기초능력	의사소통능력, 문제해결능력, 자원관리능력, 대인관계능력, 정보능력, 조직이해능력

5. 직무기술서 내용별 확인사항

항목	확인사항
모집부문	해당 채용에서 선발하는 부문(분야)명 확인 예 사무행정, 전산, 전기
분류체계	지원하려는 분야의 세부직무군 확인
주요기능 및 역할	지원하려는 기업의 전사적인 기능과 역할, 산업군 확인
능력단위	지원분야의 직무수행에 관련되는 세부업무사항 확인
직무수행내용	지원분야의 직무군에 대한 상세사항 확인
전형방법	지원하려는 기업의 신입사원 선발전형 절차 확인
일반요건	교육사항을 제외한 지원 요건 확인(자격요건, 특수한 경우 연령)
교육요건	교육사항에 대한 지원요건 확인(대졸 / 초대졸 / 고졸 / 전공 요건)
필요지식	지원분야의 업무수행을 위해 요구되는 지식 관련 세부항목 확인
필요기술	지원분야의 업무수행을 위해 요구되는 기술 관련 세부항목 확인
직무수행태도	지원분야의 업무수행을 위해 요구되는 태도 관련 세부항목 확인
직업기초능력	지원분야 또는 지원기업의 조직원으로서 근무하기 위해 필요한 일반적인 능력사항 확인

03 입사지원서

1. 입사지원서의 변화

기존지원서		능력중심 채용 입사지원서
직무와 관련 없는 학점, 개인신상, 어학점수, 자격, 수상경력 등을 나열하도록 구성	VS	해당 직무수행에 꼭 필요한 정보들을 제시할 수 있도록 구성

직무기술서	➡	인적사항	성명, 연락처, 지원분야 등 작성 (평가 미반영)
직무수행내용		교육사항	직무지식과 관련된 학교교육 및 직업교육 작성
요구지식 / 기술		자격사항	직무관련 국가공인 또는 민간자격 작성
관련 자격증		경력 및 경험사항	조직에 소속되어 일정한 임금을 받거나(경력) 임금 없이(경험) 직무와 관련된 활동 내용 작성
사전직무경험			

2. 교육사항

- 지원분야 직무와 관련된 학교 교육이나 직업교육 혹은 기타교육 등 직무에 대한 지원자의 학습 여부를 평가하기 위한 항목입니다.
- 지원하고자 하는 직무의 학교 전공교육 이외에 직업교육, 기타교육 등을 기입할 수 있기 때문에 전공 제한 없이 직업교육과 기타교육을 이수하여 지원이 가능하도록 기회를 제공합니다.
  (기타교육 : 학교 이외의 기관에서 개인이 이수한 교육과정 중 지원직무와 관련이 있다고 생각되는 교육내용)

구분	교육과정(과목)명	교육내용	과업(능력단위)

3. 자격사항

- 채용공고 및 직무기술서에 제시되어 있는 자격 현황을 토대로 지원자가 해당 직무를 수행하는 데 필요한 능력을 가지고 있는지를 평가하기 위한 항목입니다.
- 채용공고 및 직무기술서에 기재된 직무관련 필수 또는 우대자격 항목을 확인하여 본인이 보유하고 있는 자격사항을 기재합니다.

자격유형	자격증명	발급기관	취득일자	자격증번호

4. 경력 및 경험사항

- 직무와 관련된 경력이나 경험 여부를 표현하도록 하여 직무와 관련한 능력을 갖추었는지를 평가하기 위한 항목입니다.
- 해당 기업에서 직무를 수행함에 있어 필요한 사항만을 기록하게 되어 있기 때문에 직무와 무관한 스펙을 갖추지 않아도 됩니다.
- 경력 : 금전적 보수를 받고 일정기간 동안 일했던 경우
- 경험 : 금전적 보수를 받지 않고 수행한 활동

※ 기업에 따라 경력 / 경험 관련 증빙자료 요구 가능

구분	조직명	직위 / 역할	활동기간(년 / 월)	주요과업 / 활동내용

Tip

입사지원서 작성 방법

○ 경력 및 경험사항 작성
- 직무기술서에 제시된 지식, 기술, 태도와 지원자의 교육사항, 경력(경험)사항, 자격사항과 연계하여 개인의 직무역량에 대해 스스로 판단 가능

○ 인적사항 최소화
- 개인의 인적사항, 학교명, 가족관계 등을 노출하지 않도록 유의

부적절한 입사지원서 작성 사례
- 학교 이메일을 기입하여 학교명 노출
- 거주지 주소에 학교 기숙사 주소를 기입하여 학교명 노출
- 자기소개서에 부모님이 재직 중인 기업명, 직위, 직업을 기입하여 가족관계 노출
- 자기소개서에 석·박사 과정에 대한 이야기를 언급하여 학력 노출
- 동아리 활동에 대한 내용을 학교명과 더불어 언급하여 학교명 노출

04 자기소개서

1. 자기소개서의 변화

- 기존의 자기소개서는 지원자의 일대기나 관심 분야, 성격의 장·단점 등 개괄적인 사항을 묻는 질문으로 구성되어 지원자가 자신의 직무능력을 제대로 표출하지 못합니다.
- 능력중심 채용의 자기소개서는 직무기술서에 제시된 직업기초능력(또는 직무수행능력)에 대한 지원자의 과거 경험을 기술하게 함으로써 평가 타당도의 확보가 가능합니다.

1. 우리 회사와 해당 지원 직무분야에 지원한 동기에 대해 기술해 주세요.

2. 자신이 경험한 다양한 사회활동에 대해 기술해 주세요.

3. 지원 직무에 대한 전문성을 키우기 위해 받은 교육과 경험 및 경력사항에 대해 기술해 주세요.

4. 인사업무 또는 팀 과제 수행 중 발생한 갈등을 원만하게 해결해 본 경험이 있습니까? 당시 상황에 대한 설명과 갈등의 대상이 되었던 상대방을 설득한 과정 및 방법을 기술해 주세요.

5. 과거에 있었던 일 중 가장 어려웠었던(힘들었었던) 상황을 고르고, 어떤 방법으로 그 상황을 해결했는지를 기술해 주세요.

Tip

자기소개서 작성 방법

① 자기소개서 문항이 묻고 있는 평가 역량 추측하기

예시

- 팀 활동을 하면서 갈등 상황 시 상대방의 니즈나 의도를 명확히 파악하고 해결하여 목표 달성에 기여했던 경험에 대해서 작성해 주시기 바랍니다.
- 다른 사람이 생각해내지 못했던 문제점을 찾고 이를 해결한 경험에 대해 작성해 주시기 바랍니다.

② 해당 역량을 보여줄 수 있는 소재 찾기(시간×역량 매트릭스)

예시

시간 →

평가역량 ↓

	2020년	2021년	2022년	2023년
도전정신	*대학 발표수업*	*대학 발표수업*	~~*다이어트 (헬스)*~~	
대인관계	*대학 발표수업*	*대학 발표수업*		*경영 동아리*
의사소통	*편의점 아르바이트*	~~*군대 작업*~~	*봉사 동아리*	
직무역량			*경영 동아리*	*Book Study*
…				

③ 자기소개서 작성 Skill 익히기

- 두괄식으로 작성하기
- 구체적 사례를 사용하기
- '나'를 중심으로 작성하기
- 직무역량 강조하기
- 경험 사례의 차별성 강조하기

CHAPTER

03 인성검사 소개 및 모의테스트

01 인성검사 유형

인성검사는 지원자의 성격특성을 객관적으로 파악하고 그것이 각 기업에서 필요로 하는 인재상과 가치에 부합하는가를 평가하기 위한 검사입니다. 인성검사는 KPDI(한국인재개발진흥원), K-SAD(한국사회적성개발원), KIRBS(한국행동과학연구소), SHR(에스에이치알) 등의 전문기관을 통해 각 기업의 특성에 맞는 검사를 선택하여 실시합니다. 대표적인 인성검사의 유형에는 크게 다음과 같은 세 가지가 있으며, 채용 대행업체에 따라 달라집니다.

PART 3

1. KPDI 검사

조직적응성과 직무적합성을 알아보기 위한 검사로 인성검사, 인성역량검사, 인적성검사, 직종별 인적성검사 등의 다양한 검사 도구를 구현합니다. KPDI는 성격을 파악하고 정신건강 상태 등을 측정하고, 직무검사는 해당 직무를 수행하기 위해 기본적으로 갖추어야 할 인지적 능력을 측정합니다. 역량검사는 특정 직무 역할을 효과적으로 수행하는 데 직접적으로 관련 있는 개인의 행동, 지식, 스킬, 가치관 등을 측정합니다.

2. KAD(Korea Aptitude Development) 검사

K-SAD(한국사회적성개발원)에서 실시하는 적성검사 프로그램입니다. 개인의 성향, 지적 능력, 기호, 관심, 흥미도를 종합적으로 분석하여 적성에 맞는 업무가 무엇인가 파악하고, 직무수행에 있어서 요구되는 기초능력과 실무능력을 분석합니다.

3. SHR 직무적성검사

직무수행에 필요한 종합적인 사고 능력을 다양한 적성검사(Paper and Pencil Test)로 평가합니다. SHR의 모든 직무능력검사는 표준화 검사입니다. 표준화 검사는 표본집단의 점수를 기초로 규준이 만들어진 검사이므로 개인의 점수를 규준에 맞추어 해석・비교하는 것이 가능합니다. S(Standardized Tests), H(Hundreds of Version), R(Reliable Norm Data)을 특징으로 하며, 직군・직급별 특성과 선발 수준에 맞추어 검사를 적용할 수 있습니다.

02 인성검사와 면접

인성검사는 특히 면접질문과 관련성이 높습니다. 면접관은 지원자의 인성검사 결과를 토대로 질문을 하기 때문입니다. 일관적이고 이상적인 답변을 하는 것이 가장 좋지만, 실제 시험은 매우 복잡하여 전문가라 해도 일정 성격을 유지하면서 답변을 하는 것이 힘듭니다. 또한, 인성검사에는 라이 스케일(Lie Scale) 설문이 전체 설문 속에 교묘하게 섞여 들어가 있으므로 겉치레적인 답을 하게 되면 회답태도의 허위성이 그대로 드러나게 됩니다. 예를 들어 '거짓말을 한 적이 한 번도 없다.'에 '예'로 답하고, '때로는 거짓말을 하기도 한다.'에 '예'라고 답하여 라이 스케일의 득점이 올라가게 되면 모든 회답의 신빙성이 사라지고 '자신을 돋보이게 하려는 사람'이라는 평가를 받을 수 있으므로 주의해야 합니다. 따라서 모의테스트를 통해 인성검사의 유형과 실제 시험 시 어떻게 문제를 풀어야 하는지 연습해 보고 체크한 부분 중 자신의 단점과 연결되는 부분은 면접에서 질문이 들어왔을 때 어떻게 대처해야 하는지 생각해 보는 것이 좋습니다.

03 유의사항

1. 기업의 인재상을 파악하라!

인성검사를 통해 개인의 성격 특성을 파악하고 그것이 기업의 인재상과 가치에 부합하는지를 평가하는 시험이기 때문에 해당 기업의 인재상을 먼저 파악하고 시험에 임하는 것이 좋습니다. 모의테스트에서 인재상에 맞는 가상의 인물을 설정하고 문제에 답해 보는 것도 많은 도움이 됩니다.

2. 일관성 있는 대답을 하라!

짧은 시간 안에 다양한 질문에 답을 해야 하는데, 그 안에는 중복되는 질문이 여러 번 나옵니다. 이때 앞서 자신이 체크했던 대답을 잘 기억해뒀다가 일관성 있는 답을 하는 것이 중요합니다.

3. 모든 문항에 대답하라!

많은 문제를 짧은 시간 안에 풀려다 보니 다 못 푸는 경우도 종종 생깁니다. 하지만 대답을 누락하거나 끝까지 다 못했을 경우 좋지 않은 결과를 가져올 수도 있으니 최대한 주어진 시간 안에 모든 문항에 답할 수 있도록 해야 합니다.

04 KPDI 모의테스트

※ 모의테스트는 질문 및 답변 유형 연습을 위한 것으로 실제 시험과 다를 수 있습니다.
※ 인성검사는 정답이 따로 없는 유형의 검사이므로 결과지를 제공하지 않습니다.

번호	내용	예	아니요
001	나는 솔직한 편이다.	☐	☐
002	나는 리드하는 것을 좋아한다.	☐	☐
003	법을 어겨서 말썽이 된 적이 한 번도 없다.	☐	☐
004	거짓말을 한 번도 한 적이 없다.	☐	☐
005	나는 눈치가 빠르다.	☐	☐
006	나는 일을 주도하기보다는 뒤에서 지원하는 것을 선호한다.	☐	☐
007	앞일은 알 수 없기 때문에 계획은 필요하지 않다.	☐	☐
008	거짓말도 때로는 방편이라고 생각한다.	☐	☐
009	사람이 많은 술자리를 좋아한다.	☐	☐
010	걱정이 지나치게 많다.	☐	☐
011	일을 시작하기 전 재고하는 경향이 있다.	☐	☐
012	불의를 참지 못한다.	☐	☐
013	처음 만나는 사람과도 이야기를 잘 한다.	☐	☐
014	때로는 변화가 두렵다.	☐	☐
015	나는 모든 사람에게 친절하다.	☐	☐
016	힘든 일이 있을 때 술은 위로가 되지 않는다.	☐	☐
017	결정을 빨리 내리지 못해 손해를 본 경험이 있다.	☐	☐
018	기회를 잡을 준비가 되어 있다.	☐	☐
019	때로는 내가 정말 쓸모없는 사람이라고 느낀다.	☐	☐
020	누군가 나를 챙겨주는 것이 좋다.	☐	☐
021	자주 가슴이 답답하다.	☐	☐
022	나는 내가 자랑스럽다.	☐	☐
023	경험이 중요하다고 생각한다.	☐	☐
024	전자기기를 분해하고 다시 조립하는 것을 좋아한다.	☐	☐

025	감시받고 있다는 느낌이 든다.	☐	☐
026	난처한 상황에 놓이면 그 순간을 피하고 싶다.	☐	☐
027	세상엔 믿을 사람이 없다.	☐	☐
028	잘못을 빨리 인정하는 편이다.	☐	☐
029	지도를 보고 길을 잘 찾아간다.	☐	☐
030	귓속말을 하는 사람을 보면 날 비난하고 있는 것 같다.	☐	☐
031	막무가내라는 말을 들을 때가 있다.	☐	☐
032	장래의 일을 생각하면 불안하다.	☐	☐
033	결과보다 과정이 중요하다고 생각한다.	☐	☐
034	운동은 그다지 할 필요가 없다고 생각한다.	☐	☐
035	새로운 일을 시작할 때 좀처럼 한 발을 떼지 못한다.	☐	☐
036	기분 상하는 일이 있더라도 참는 편이다.	☐	☐
037	업무능력은 성과로 평가받아야 한다고 생각한다.	☐	☐
038	머리가 맑지 못하고 무거운 느낌이 든다.	☐	☐
039	가끔 이상한 소리가 들린다.	☐	☐
040	타인이 내게 자주 고민상담을 하는 편이다.	☐	☐

05 SHR 모의테스트

※ 모의테스트는 질문 및 답변 유형 연습을 위한 것으로 실제 시험과 다를 수 있습니다.
※ 인성검사는 정답이 따로 없는 유형의 검사이므로 결과지를 제공하지 않습니다.

※ 이 성격검사의 각 문항에는 서로 다른 행동을 나타내는 네 개의 문장이 제시되어 있습니다. 이 문장들을 비교하여, 자신의 평소 행동과 가장 가까운 문장을 'ㄱ' 열에 표기하고, 가장 먼 문장을 'ㅁ' 열에 표기하십시오.

01 나는 ___________________________

	ㄱ	ㅁ
A. 실용적인 해결책을 찾는다.	☐	☐
B. 다른 사람을 돕는 것을 좋아한다.	☐	☐
C. 세부 사항을 잘 챙긴다.	☐	☐
D. 상대의 주장에서 허점을 잘 찾는다.	☐	☐

02 나는 ___________________________

	ㄱ	ㅁ
A. 매사에 적극적으로 임한다.	☐	☐
B. 즉흥적인 편이다.	☐	☐
C. 관찰력이 있다.	☐	☐
D. 임기응변에 강하다.	☐	☐

03 나는 ___________________________

	ㄱ	ㅁ
A. 무서운 영화를 잘 본다.	☐	☐
B. 조용한 곳이 좋다.	☐	☐
C. 가끔 울고 싶다.	☐	☐
D. 집중력이 좋다.	☐	☐

04 나는 ___________________________

	ㄱ	ㅁ
A. 기계를 조립하는 것을 좋아한다.	☐	☐
B. 집단에서 리드하는 역할을 맡는다.	☐	☐
C. 호기심이 많다.	☐	☐
D. 음악을 듣는 것을 좋아한다.	☐	☐

05 나는 ______________________

	ㄱ	ㅁ
A. 타인을 늘 배려한다.	☐	☐
B. 감수성이 예민하다.	☐	☐
C. 즐겨하는 운동이 있다.	☐	☐
D. 일을 시작하기 전에 계획을 세운다.	☐	☐

06 나는 ______________________

	ㄱ	ㅁ
A. 타인에게 설명하는 것을 좋아한다.	☐	☐
B. 여행을 좋아한다.	☐	☐
C. 정적인 것이 좋다.	☐	☐
D. 남을 돕는 것에 보람을 느낀다.	☐	☐

07 나는 ______________________

	ㄱ	ㅁ
A. 기계를 능숙하게 다룬다.	☐	☐
B. 밤에 잠이 잘 오지 않는다.	☐	☐
C. 한 번 간 길을 잘 기억한다.	☐	☐
D. 불의를 보면 참을 수 없다.	☐	☐

08 나는 ______________________

	ㄱ	ㅁ
A. 종일 말을 하지 않을 때가 있다.	☐	☐
B. 사람이 많은 곳을 좋아한다.	☐	☐
C. 술을 좋아한다.	☐	☐
D. 휴양지에서 편하게 쉬고 싶다.	☐	☐

09 나는 ______________________

	ㄱ	ㅁ
A. 뉴스보다는 드라마를 좋아한다.	☐	☐
B. 길을 잘 찾는다.	☐	☐
C. 주말엔 집에서 쉬는 것이 좋다.	☐	☐
D. 아침에 일어나는 것이 힘들다.	☐	☐

10 나는 ______________________

	ㄱ	ㅁ
A. 이성적이다.	☐	☐
B. 할 일을 종종 미룬다.	☐	☐
C. 어른을 대하는 게 힘들다.	☐	☐
D. 불을 보면 매혹을 느낀다.	☐	☐

11 나는 ______________________

	ㄱ	ㅁ
A. 상상력이 풍부하다.	☐	☐
B. 예의 바르다는 소리를 자주 듣는다.	☐	☐
C. 사람들 앞에 서면 긴장한다.	☐	☐
D. 친구를 자주 만난다.	☐	☐

12 나는 ______________________

	ㄱ	ㅁ
A. 나만의 스트레스 해소 방법이 있다.	☐	☐
B. 친구가 많다.	☐	☐
C. 책을 자주 읽는다.	☐	☐
D. 활동적이다.	☐	☐

CHAPTER

04 면접전형 가이드

01 면접유형 파악

1. 면접전형의 변화

기존 면접전형에서는 일상적이고 단편적인 대화나 지원자의 첫인상 및 면접관의 주관적인 판단 등에 의해서 입사 결정 여부를 판단하는 경우가 많았습니다. 이러한 면접전형은 면접 내용의 일관성이 결여되거나 직무 관련 타당성이 부족하였고, 면접에 대한 신뢰도에 영향을 주었습니다.

기존 면접(전통적 면접)		능력중심 채용 면접(구조화 면접)
• 일상적이고 단편적인 대화 • 인상, 외모 등 외부 요소의 영향 • 주관적인 판단에 의존한 총점 부여 ⇩ • 면접 내용의 일관성 결여 • 직무관련 타당성 부족 • 주관적인 채점으로 신뢰도 저하	VS	• 일관성 – 직무관련 역량에 초점을 둔 구체적 질문 목록 – 지원자별 동일 질문 적용 • 구조화 – 면접 진행 및 평가 절차를 일정한 체계에 의해 구성 • 표준화 – 평가 타당도 제고를 위한 평가 Matrix 구성 – 척도에 따라 항목별 채점, 개인 간 비교 • 신뢰성 – 면접진행 매뉴얼에 따라 면접위원 교육 및 실습

2. 능력중심 채용의 면접 유형

① 경험 면접
- 목적 : 선발하고자 하는 직무 능력이 필요한 과거 경험을 질문합니다.
- 평가요소 : 직업기초능력과 인성 및 태도적 요소를 평가합니다.

② 상황 면접
- 목적 : 특정 상황을 제시하고 지원자의 행동을 관찰함으로써 실제 상황의 행동을 예상합니다.
- 평가요소 : 직업기초능력과 인성 및 태도적 요소를 평가합니다.

③ 발표 면접
- 목적 : 특정 주제와 관련된 지원자의 발표와 질의응답을 통해 지원자 역량을 평가합니다.
- 평가요소 : 직무수행능력과 인지적 역량(문제해결능력)을 평가합니다.

④ 토론 면접
- 목적 : 토의과제에 대한 의견수렴 과정에서 지원자의 역량과 상호작용능력을 평가합니다.
- 평가요소 : 직무수행능력과 팀워크를 평가합니다.

02 면접유형별 준비 방법

1. 경험 면접

① 경험 면접의 특징

- 주로 직업기초능력에 관련된 지원자의 과거 경험을 심층 질문하여 검증하는 면접입니다.
- 직무능력과 관련된 과거 경험을 평가하기 위해 심층 질문을 하며, 이 질문은 지원자의 답변에 대하여 '꼬리에 꼬리를 무는 형식'으로 진행됩니다.

> - 능력요소, 정의, 심사 기준
>   - 평가하고자 하는 능력요소, 정의, 심사기준을 확인하여 면접위원이 해당 능력요소 관련 질문을 제시합니다.
> - Opening Question
>   - 능력요소에 관련된 과거 경험을 유도하기 위한 시작 질문을 합니다.
> - Follow-up Question
>   - 지원자의 경험 수준을 구체적으로 검증하기 위한 질문입니다.
>   - 경험 수준 검증을 위한 상황(Situation), 임무(Task), 역할 및 노력(Action), 결과(Result) 등으로 질문을 구분합니다.

경험 면접의 형태

〈일대다 면접〉 〈다대다 면접〉

② 경험 면접의 구조

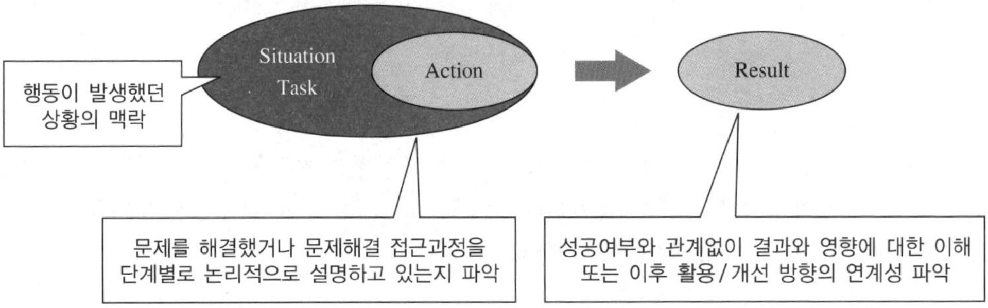

S(Situation)	귀하가 처해 있던 상황에 대해 말해 보시오.
T(Task)	귀하가 수행한 과제/과업은 무엇인가?
A(Action)	어떻게 행동(대응)했는가?
R(Result)	그 행동의 결과는 어땠는가?

(　　　　)에 관한 과거 경험에 대하여 말해 보시오.

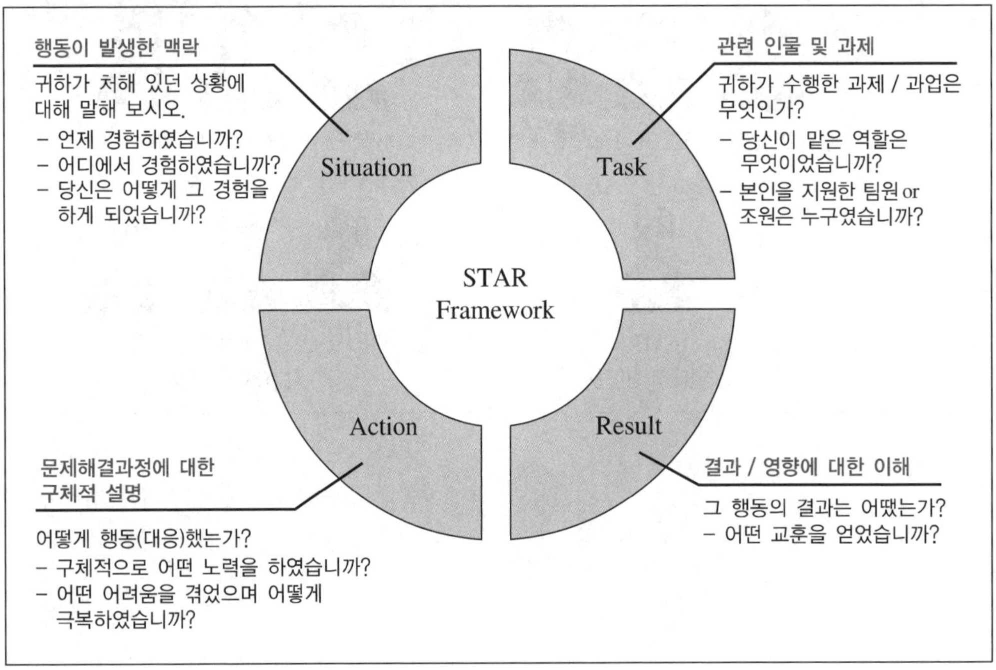

③ 경험 면접 질문 예시(직업윤리)

시작 질문	
1	남들이 신경 쓰지 않는 부분까지 고려하여 절차대로 업무(연구)를 수행하여 성과를 낸 경험을 구체적으로 말해 보시오.
2	조직의 원칙과 절차를 철저히 준수하며 업무(연구)를 수행한 것 중 성과를 향상시킨 경험에 대해 구체적으로 말해 보시오.
3	세부적인 절차와 규칙에 주의를 기울여 실수 없이 업무(연구)를 마무리한 경험을 구체적으로 말해 보시오.
4	조직의 규칙이나 원칙을 고려하여 성실하게 일했던 경험을 구체적으로 말해 보시오.
5	타인의 실수를 바로잡고 원칙과 절차대로 수행하여 성공적으로 업무를 마무리하였던 경험에 대해 말해 보시오.

후속 질문		
상황 (Situation)	상황	구체적으로 언제, 어디에서 경험한 일인가?
		어떤 상황이었는가?
	조직	어떤 조직에 속해 있었는가?
		그 조직의 특성은 무엇이었는가?
		몇 명으로 구성된 조직이었는가?
	기간	해당 조직에서 얼마나 일했는가?
		해당 업무는 몇 개월 동안 지속되었는가?
	조직규칙	조직의 원칙이나 규칙은 무엇이었는가?
임무 (Task)	과제	과제의 목표는 무엇이었는가?
		과제에 적용되는 조직의 원칙은 무엇이었는가?
		그 규칙을 지켜야 하는 이유는 무엇이었는가?
	역할	당신이 조직에서 맡은 역할은 무엇이었는가?
		과제에서 맡은 역할은 무엇이었는가?
	문제의식	규칙을 지키지 않을 경우 생기는 문제점 / 불편함은 무엇인가?
		해당 규칙이 왜 중요하다고 생각하였는가?
역할 및 노력 (Action)	행동	업무 과정의 어떤 장면에서 규칙을 철저히 준수하였는가?
		어떻게 규정을 적용시켜 업무를 수행하였는가?
		규정은 준수하는 데 어려움은 없었는가?
	노력	그 규칙을 지키기 위해 스스로 어떤 노력을 기울였는가?
		본인의 생각이나 태도에 어떤 변화가 있었는가?
		다른 사람들은 어떤 노력을 기울였는가?
	동료관계	동료들은 규칙을 철저히 준수하고 있었는가?
		팀원들은 해당 규칙에 대해 어떻게 반응하였는가?
		규칙에 대한 태도를 개선하기 위해 어떤 노력을 하였는가?
		팀원들의 태도는 당신에게 어떤 자극을 주었는가?
	업무추진	주어진 업무를 추진하는 데 규칙이 방해되진 않았는가?
		업무수행 과정에서 규정을 어떻게 적용하였는가?
		업무 시 규정을 준수해야 한다고 생각한 이유는 무엇인가?

결과 (Result)	평가	규칙을 어느 정도나 준수하였는가?
		그렇게 준수할 수 있었던 이유는 무엇이었는가?
		업무의 성과는 어느 정도였는가?
		성과에 만족하였는가?
		비슷한 상황이 온다면 어떻게 할 것인가?
	피드백	주변 사람들로부터 어떤 평가를 받았는가?
		그러한 평가에 만족하는가?
		다른 사람에게 본인의 행동이 영향을 주었다고 생각하는가?
	교훈	업무수행 과정에서 중요한 점은 무엇이라고 생각하는가?
		이 경험을 통해 느낀 바는 무엇인가?

2. 상황 면접

① 상황 면접의 특징

직무 관련 상황을 가정하여 제시하고 이에 대한 대응능력을 직무관련성 측면에서 평가하는 면접입니다.

- 상황 면접 과제의 구성은 크게 2가지로 구분
  - 상황 제시(Description) / 문제 제시(Question or Problem)
- 현장의 실제 업무 상황을 반영하여 과제를 제시하므로 직무분석이나 직무전문가 워크숍 등을 거쳐 현장성을 높임
- 문제는 상황에 대한 기본적인 이해능력(이론적 지식)과 함께 실질적 대응이나 변수 고려능력(실천적 능력) 등을 고르게 질문해야 함

상황 면접의 형태

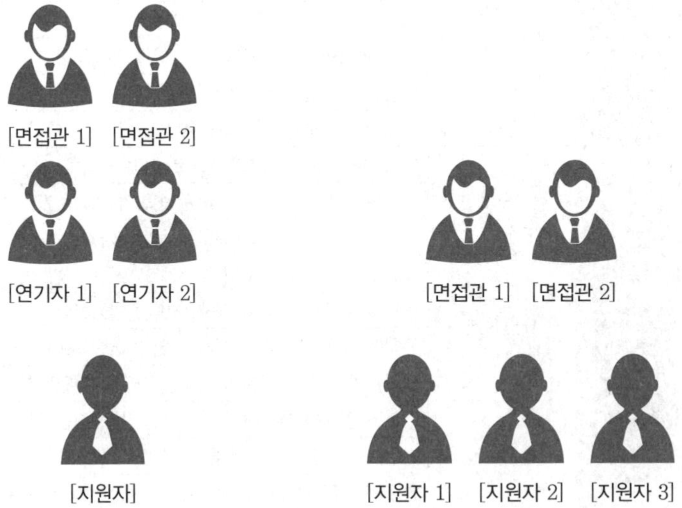

〈시뮬레이션〉 〈문답형〉

② 상황 면접 예시

상황 제시	인천공항 여객터미널 내에는 다양한 용도의 시설(사무실, 통신실, 식당, 전산실, 창고 면세점 등)이 설치되어 있습니다.	실제 업무 상황에 기반함
	금년에 소방배관의 누수가 잦아 메인 배관을 교체하는 공사를 추진하고 있으며, 당신은 이번 공사의 담당자입니다.	배경 정보
	주간에는 공항 운영이 이루어져 주로 야간에만 배관 교체 공사를 수행하던 중, 시공하는 기능공의 실수로 배관 연결 부위를 잘못 건드려 고압배관의 소화수가 누출되는 사고가 발생하였으며, 이로 인해 인근 시설물에 누수에 의한 피해가 발생하였습니다.	구체적인 문제 상황
문제 제시	일반적인 소방배관의 배관연결(이음)방식과 배관의 이탈(누수)이 발생하는 원인에 대해 설명해 보시오.	문제 상황 해결을 위한 기본 지식 문항
	담당자로서 본 사고를 현장에서 긴급히 처리하는 프로세스를 제시하고, 보수완료 후 사후적 조치가 필요한 부분 및 재발방지 방안에 대해 설명해 보시오.	문제 상황 해결을 위한 추가 대응 문항

3. 발표 면접

① 발표 면접의 특징

- 직무관련 주제에 대한 지원자의 생각을 정리하여 의견을 제시하고, 발표 및 질의응답을 통해 지원자의 직무능력을 평가하는 면접입니다.
- 발표 주제는 직무와 관련된 자료로 제공되며, 일정 시간 후 지원자가 보유한 지식 및 방안에 대한 발표 및 후속 질문을 통해 직무적합성을 평가합니다.

- 주요 평가요소
  - 설득적 말하기 / 발표능력 / 문제해결능력 / 직무관련 전문성
- 이미 언론을 통해 공론화된 시사 이슈보다는 해당 직무분야에 관련된 주제가 발표면접의 과제로 선정되는 경우가 최근 들어 늘어나고 있음
- 짧은 시간 동안 주어진 과제를 빠른 속도로 분석하여 발표문을 작성하고 제한된 시간 안에 면접관에게 효과적인 발표를 진행하는 것이 핵심

발표 면접의 형태

〈개별 과제 발표〉 〈팀 과제 발표〉

※ 면접관에게 시각적 효과를 사용하여 메시지를 전달하는 쌍방향 커뮤니케이션 방식

※ 심층면접을 보완하기 위한 방안으로 최근 많은 기업에서 적극 도입하는 추세

② 발표 면접 예시

1. 지시문

당신은 현재 A사에서 직원들의 성과평가를 담당하고 있는 팀원이다. 인사팀은 지난주부터 사내 조직문화관련 인터뷰를 하던 도중 성과평가제도에 관련된 개선 니즈가 제일 많다는 것을 알게 되었다. 이에 팀장님은 인터뷰 결과를 종합하려 성과평가제도 개선 아이디어를 A4용지에 정리하여 신속 보고할 것을 지시하셨다. 당신에게 남은 시간은 1시간이다. 자료를 준비하는 대로 당신은 팀원들이 모인 회의실에서 5분 간 발표할 것이며, 이후 질의응답을 진행할 것이다.

2. 배경자료

〈성과평가제도 개선에 대한 인터뷰〉

최근 A사는 회사 사세의 급성장으로 인해 작년보다 매출이 두 배 성장하였고, 직원 수 또한 두 배로 증가하였다. 회사의 성장은 임금, 복지에 대한 상승 등 긍정적인 영향을 주었으나 업무의 불균형 및 성과보상의 불평등 문제가 발생하였다. 또한 수시로 입사하는 신입직원과 경력직원, 퇴사하는 직원들까지 인원들의 잦은 변동으로 인해 평가해야 할 대상이 변경되어 현재의 성과평가제도로는 공정한 평가가 어려운 상황이다.

[생산부서 김상호]
우리 팀은 지난 1년 동안 생산량이 급증했기 때문에 수십 명의 신규인력이 급하게 채용되었습니다. 이 때문에 저희 팀장님은 신규 입사자들의 이름조차 기억 못할 때가 많이 있습니다. 성과평가를 제대로 하고 있는지 의문이 듭니다.

[마케팅 부서 김흥민]
개인의 성과평가의 취지는 충분히 이해합니다. 그러나 현재 평가는 실적기반이나 정성적인 평가가 많이 포함되어 있어 객관성과 공정성에는 의문이 드는 것이 사실입니다. 이러한 상황에서 평가제도를 재수립하지 않고, 인센티브에 계속 반영한다면, 평가제도에 대한 반감이 커질 것이 분명합니다.

[교육부서 홍경민]
현재 교육부서는 인사팀과 밀접하게 일하고 있습니다. 그럼에도 인사팀에서 실시하는 성과평가제도에 대한 이해가 부족한 것 같습니다.

[기획부서 김경호 차장]
저는 저의 평가자 중 하나가 연구부서의 팀장님인데, 일 년에 몇 번 같이 일하지 않는데 어떻게 저를 평가할 수 있을까요? 특히 연구팀은 저희가 예산을 배정하는데, 저에게는 좋지만….

4. 토론 면접

① 토론 면접의 특징

- 다수의 지원자가 조를 편성해 과제에 대한 토론(토의)을 통해 결론을 도출해가는 면접입니다.
- 의사소통능력, 팀워크, 종합인성 등의 평가에 용이합니다.

> • 주요 평가요소
>   – 설득적 말하기, 경청능력, 팀워크, 종합인성
> • 의견 대립이 명확한 주제 또는 채용분야의 직무 관련 주요 현안을 주제로 과제 구성
> • 제한된 시간 내 토론을 진행해야 하므로 적극적으로 자신 있게 토론에 임하고 본인의 의견을 개진할 수 있어야 함

토론 면접의 형태

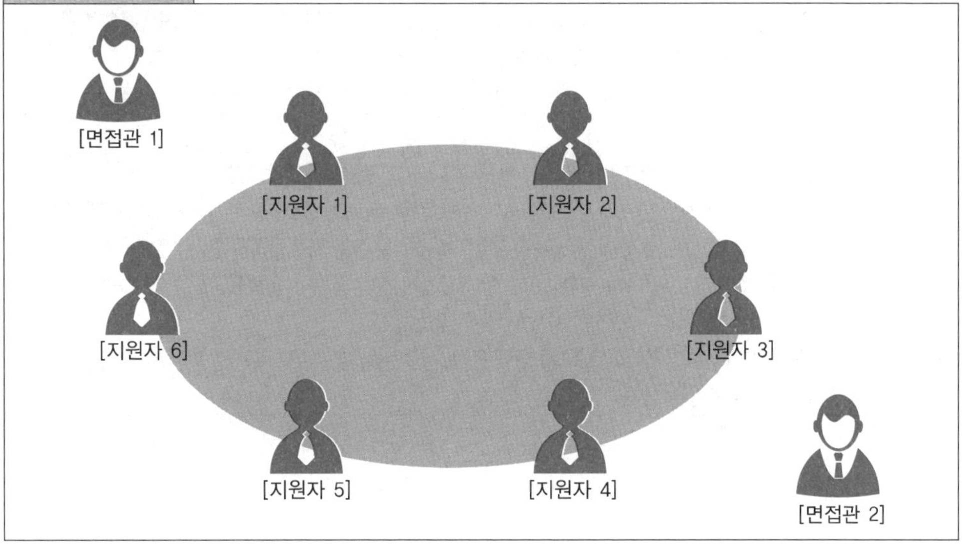

② 토론 면접 예시

고객 불만 고충처리

1. 들어가며

최근 우리 상품에 대한 고객 불만의 증가로 고객고충처리 TF가 만들어졌고 당신은 여기에 지원해 배치받았다. 당신의 업무는 불만을 가진 고객을 만나서 애로사항을 듣고 처리해 주는 일이다. 주된 업무로는 고객의 니즈를 파악해 방향성을 제시해 주고 그 해결책을 마련하는 일이다. 하지만 경우에 따라서 고객의 주관적인 의견으로 인해 제대로 된 방향으로 의사결정을 하지 못할 때가 있다. 이럴 경우 설득이나 논쟁을 해서라도 의견을 관철시키는 것이 좋을지 아니면 고객의 의견대로 진행하는 것이 좋을지 결정해야 할 때가 있다. 만약 당신이라면 이러한 상황에서 어떤 결정을 내릴 것인지 여부를 자유롭게 토론해 보시오.

2. 1분 자유 발언 시 준비사항

- 당신은 의견을 자유롭게 개진할 수 있으며 이에 따른 불이익은 없습니다.
- 토론의 방향성을 이해하고, 내용의 장점과 단점이 무엇인지 문제를 명확히 말해야 합니다.
- 합리적인 근거에 기초하여 개선방안을 명확히 제시해야 합니다.
- 제시한 방안을 실행 시 예상되는 긍정적·부정적 영향요인도 동시에 고려할 필요가 있습니다.

3. 토론 시 유의사항

- 토론 주제문과 제공해드린 메모지, 볼펜만 가지고 토론장에 입장할 수 있습니다.
- 사회자의 지정 또는 발표자가 손을 들어 발언권을 획득할 수 있으며, 사회자의 통제에 따릅니다.
- 토론회가 시작되면, 팀의 의견과 논거를 정리하여 1분간의 자유발언을 할 수 있습니다. 순서는 사회자가 지정합니다. 이후에는 자유롭게 상대방에게 질문하거나 답변을 하실 수 있습니다.
- 핸드폰, 서적 등 외부 매체는 사용하실 수 없습니다.
- 논제에 벗어나는 발언이나 지나치게 공격적인 발언을 할 경우, 위에서 제시한 유의사항을 지키지 않을 경우 불이익을 받을 수 있습니다.

03 면접 Role Play

1. 면접 Role Play 편성

- 교육생끼리 조를 편성하여 면접관과 지원자 역할을 교대로 진행합니다.
- 지원자 입장과 면접관 입장을 모두 경험해 보면서 면접에 대한 적응력을 높일 수 있습니다.

경험면접

STEP 1.
지원자 그룹 경험기술서 작성(30분)

STEP 2.
경험기반 인터뷰 실시(1인당 15분)

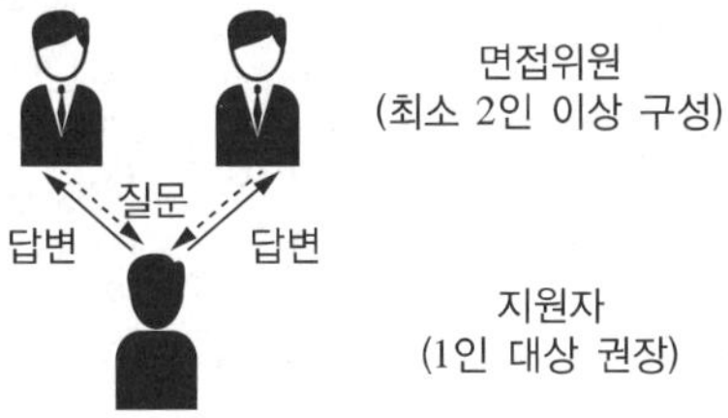

STEP 3.
피드백 진행(1인당 5분)

발표면접

STEP 1.
지원자 그룹 발표 내용 작성(30분)

STEP 2.
발표 5분+추가질의 5분(1인당 10분)

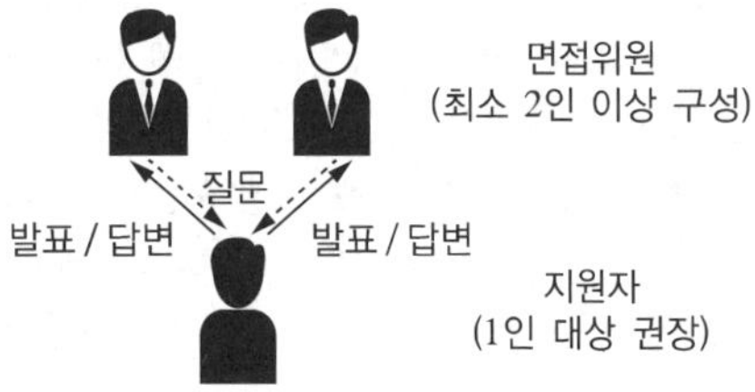

STEP 3.
피드백 진행(1인당 5분)

Tip

면접 준비하기

1. 면접 유형 확인 필수
   - 기업마다 면접 유형이 상이하기 때문에 해당 기업의 면접 유형을 확인하는 것이 좋음
   - 일반적으로 실무진 면접, 임원면접 2차례에 거쳐 면접을 실시하는 기업이 많고 실무진 면접과 임원 면접에서 평가요소가 다르기 때문에 유형에 맞는 준비방법이 필요
2. 후속 질문에 대한 사전 점검
   - 블라인드 채용 면접에서는 주요 질문과 함께 후속 질문을 통해 지원자의 직무능력을 판단 → STAR 기법을 통한 후속 질문에 미리 대비하는 것이 필요

CHAPTER

05 한국도로공사서비스 면접 기출질문

한국도로공사서비스의 면접은 업무수행에 필요한 직무능력 및 역량 등을 중심으로 평가한다. 질의응답 형식으로 진행되며 기본적인 질문 위주로 출제된다. 자기소개서를 면접 자료로 활용할 수 있으며, 기업에 대한 관심과 서비스업 전반에 대한 이해도를 확인하는 질문이 출제되기도 한다.

1. 2023년 기출질문

- 주요 업무인 고객응대에 중요하다고 생각하는 역량에 대해 말해 보시오.
- 고객응대와 관련한 본인의 경험을 말해 보시오.
- 같이 일하기 어려운 유형의 직원에 대해 말해 보시오.
- 같이 일하기 어려운 유형의 직원이 있을 경우, 어떻게 대처할 것인지 말해 보시오.
- 주변 사람들이 지원자를 어떻게 생각하는지 말해 보시오.
- 살면서 힘들었던 경험에 대해 말해 보시오.
- 스마트톨링 시스템에 대한 의견을 말해 보시오.
- 스마트톨링 시스템 도입에 따라 줄어드는 수납원의 역할과 인원에 대한 의견을 말해 보시오.
- 한국도로공사서비스에 필요한 인재상에 대해 말해 보시오.
- 긴급 업무가 발생할 경우 매뉴얼과 개인역량 중 어떤 점을 중시할 것인지 말해 보시오.
- 고객이 무리한 요구를 할 경우, 대처 방안에 대해 말해 보시오.
- 민원응대 경험에 대해 말해 보시오.

2. 2021년 기출질문

- 자기소개를 해 보시오.
- 한국도로공사서비스에 지원하게 된 동기를 말해 보시오.
- 본인의 장점에 대해 말해 보시오.
- 본인의 단점에 대해 말해 보시오.
- 본인의 취미에 대해 말해 보시오.
- 갈등을 해결해 본 경험이 있다면 말해 보시오.
- 서비스업에서 일해 본 경험이 있다면 어떤 경험이었는지 말해 보시오.
- 한국도로공사서비스에서 일을 하게 될 경우 가장 힘들 것 같은 점과 그 이유에 대해 말해 보시오.
- 한국도로공사서비스에 대해 아는 대로 말해 보시오.
- 원칙대로 하지 않아서 문제가 된 경험에 대해 말해 보시오.
- 원칙대로 해서 성공한 경험에 대해 말해 보시오.
- 기술의 발전이 한국도로공사서비스에 주는 영향에 대해 말해 보시오.
- 본인의 정보 서칭 방법에 대해 말해 보시오.
- 본인의 스트레스 해소 방법에 대해 말해 보시오.
- 스스로 문제를 해결한 경험이 있다면 말해 보시오.
- 가장 힘들었던 경험에 대해 말해 보시오.
- 서비스업에서 가장 중요하다고 생각하는 것은 무엇인지 설명해 보시오.
- 강성민원고객이 발생한 경우 어떻게 대처해야 하는지 설명해 보시오.
- 상사가 부당한 지시를 하였을 경우 어떻게 대처할 것인지 말해 보시오.
- 입사 후 한국도로공사서비스에 어떻게 기여할 것인지 말해 보시오.

"오늘 당신의 노력은 아름다운 꽃의 물이 될 것입니다."

그러나, 이 꽃을 볼 때 사람들은 이 꽃의 아름다움과 향기만을 사랑하고 칭찬하였지, 이 꽃을 그렇게 아름답게 어여쁘게 만들어 주는 병 속의 물은 조금도 생각지 않는 것이 보통입니다.

만일 이 꽃병 속에 들어 있는 물을 죄다 쏟아 버리고 빈 병에다 이 꽃을 꽂아 보십시오.

아무리 아름답고 어여쁜 꽃이기로서니 단 한 송이의 꽃을 피울 수 있으며, 단 한 번이라도 꽃 향기를 날릴 수 있겠습니까?

우리는 여기서 아무리 본바탕이 좋고 아름다운 꽃이라도 보이지 않는 물의 숨은 힘이 없으면 도저히 그 빛과 향기를 자랑할 수 없는 것을 알았습니다.

－방정환의 「우리 뒤에 숨은 힘」 중－

얼마나 많은 사람들이 책 한 권을 읽음으로써
인생에 새로운 전기를 맞이했던가.

– 헨리 데이비드 소로 –

2025

최신판

한국 도로공사 서비스

정답 및 해설

NCS+최종점검 모의고사 5회

편저 | SDC(Sidae Data Center)

판매량 1위

YES24 한국도로공사 서비스

기출복원문제부터 대표기출유형 및 모의고사까지

한 권으로 마무리!

SDC

SDC는 시대에듀 데이터 센터의 약자로 약 30만 개의 NCS · 적성 문제 데이터를 바탕으로 최신 출제경향을 반영하여 문제를 출제합니다.

시대에듀

Add+

2024년 상반기 주요 공기업 NCS 기출복원문제

2024 상반기 주요 공기업 NCS 기출복원문제

01	02	03	04	05	06	07	08	09	10	11	12	13	14	15	16	17	18	19	20
③	④	⑤	③	②	③	①	③	④	⑤	②	③	③	①	④	②	①	⑤	①	②
21	22	23	24	25	26	27	28	29	30	31	32	33	34	35	36	37	38	39	40
①	④	③	③	②	④	③	②	②	④	②	④	③	④	①	②	④	③	②	③
41	42	43	44	45	46	47	48	49	50										
③	③	③	⑤	②	③	②	②	①	⑤										

01

정답 ③

제시된 시는 신라시대 6두품 출신의 문인인 최치원이 지은 「촉규화」이다. 최치원은 자신을 향기 날리는 탐스런 꽃송이에 비유하여 뛰어난 학식과 재능을 뽐내고 있지만, 수레와 말 탄 사람에 비유한 높은 지위의 사람들이 자신을 외면하는 현실을 한탄하고 있다.

최치원

신라시대 6두품 출신의 문인으로, 12세에 당나라로 유학을 간 후 6년 만에 당의 빈공과에 장원으로 급제할 정도로 학문적 성취가 높았다. 그러나 당나라에서 제대로 인정을 받지 못했으며, 신라에 돌아와서도 6두품이라는 출신의 한계로 원하는 만큼의 관직에 오르지는 못하였다. 『촉규화』는 최치원이 당나라 유학시절에 지은 시로 알려져 있으며, 자신을 알아주지 않는 시대에 대한 개탄을 담고 있다. 최치원은 인간 중심의 보편성과 그에 따른 다양성을 강조하였으며, 신라의 쇠퇴로 인해 이러한 그의 정치 이념과 사상은 신라 사회에서는 실현되지 못하였으나 이후 고려 국가의 체제 정비에 영향을 미쳤다.

02

정답 ④

네 번째 문단에서 백성들이 적지 않고, 토산품이 구비되어 있지만 이로운 물건이 세상에 나오지 않고, 그렇게 하는 방법을 모르기 때문에 경제를 윤택하게 하는 것 자체를 모른다고 하였다. 따라서 조선의 경제가 윤택하지 못한 이유를 부족한 생산량이 아니라 유통의 부재로 보고 있다.

오답분석

① 세 번째 문단에서 쓸모없는 물건을 사용하여 유용한 물건을 유통하고 거래하지 않는다면 유용한 물건들이 대부분 한 곳에 묶여서 고갈될 것이라고 하며 유통이 원활하지 않은 현실을 비판하고 있다.
② 세 번째 문단에서 옛날의 성인과 제왕은 유통의 중요성을 알고 있었기 때문에 주옥과 화폐 등의 물건을 조성하여 재물이 원활하게 유통될 수 있도록 노력했다고 하며 재물 유통을 위한 성현들의 노력을 제시하고 있다.
③ 여섯 번째 문단에서 재물을 우물에 비유하여 설명하고 있다. 재물의 소비를 하지 않으면 물을 길어내지 않는 우물처럼 말라 버릴 것이며, 소비를 한다면 물을 퍼내는 우물처럼 물이 가득할 것이라며 재물에 대한 소비가 경제의 규모를 늘릴 것이라고 강조하고 있다.
⑤ 여섯 번째 문단에서 비단옷을 입지 않으면 비단을 짜는 사람과 베를 짜는 여인 등 관련 산업 자체가 황폐해질 것이라고 하고 있다. 따라서 산업의 발전을 위한 적당한 사치(소비)가 있어야 함을 제시하고 있다.

03

정답 ⑤

'말로는 친한 듯 하나 속으로는 해칠 생각이 있음'을 뜻하는 한자성어는 '口蜜腹劍(구밀복검)'이다.
• 刻舟求劍(각주구검) : 융통성 없이 현실에 맞지 않는 낡은 생각을 고집하는 어리석음

오답분석

① 水魚之交(수어지교) : 아주 친밀하여 떨어질 수 없는 사이
② 結草報恩(결초보은) : 죽은 뒤에라도 은혜를 잊지 않고 갚음
③ 靑出於藍(청출어람) : 제자나 후배가 스승이나 선배보다 나음
④ 指鹿爲馬(지록위마) : 윗사람을 농락하여 권세를 마음대로 함

04

정답 ③

③에서 '뿐이다'는 체언(명사, 대명사, 수사)인 '셋'을 수식하므로 조사로 사용되었다. 따라서 앞말과 붙여 써야 한다.

오답분석

① 종결어미 '-는지'는 앞말과 붙여 써야 한다.
② '만큼'은 용언(동사, 형용사)인 '애쓴'을 수식하므로 의존명사로 사용되었다. 따라서 앞말과 띄어 써야 한다.
④ '큰지'와 '작은지'는 모두 연결어미 '-ㄴ지'로 쓰였으므로 앞말과 붙여 써야 한다.
⑤ '-판'은 앞의 '씨름'과 합성어를 이루므로 붙여 써야 한다.

05

정답 ②

'채이다'는 '차이다'의 잘못된 표기이다. 따라서 '차였다'로 표기해야 한다.
• 차이다 : 주로 남녀 관계에서 일방적으로 관계가 끊기다.

오답분석

① 금세 : 지금 바로. '금시에'의 준말
③ 핼쑥하다 : 얼굴에 핏기가 없고 파리하다.
④ 낯설다 : 전에 본 기억이 없어 익숙하지 아니하다.
⑤ 곰곰이 : 여러모로 깊이 생각하는 모양

06

정답 ③

한자어에서 'ㄹ' 받침 뒤에 연결되는 'ㄷ, ㅅ, ㅈ'은 된소리로 발음되므로 [몰쌍식]으로 발음해야 한다.

오답분석

①·④ 받침 'ㄴ'은 'ㄹ'의 앞이나 뒤에서 [ㄹ]로 발음하지만, 결단력, 공권력, 상견례 등에서는 [ㄴ]으로 발음한다.
② 받침 'ㄱ(ㄲ, ㅋ, ㄳ, ㄺ), ㄷ(ㅅ, ㅆ, ㅈ, ㅊ, ㅌ, ㅎ), ㅂ(ㅍ, ㄼ, ㄿ, ㅄ)'은 'ㄴ, ㅁ' 앞에서 [ㅇ, ㄴ, ㅁ]으로 발음한다.
⑤ 받침 'ㄷ, ㅌ(ㄾ)'이 조사나 접미사의 모음 'ㅣ'와 결합되는 경우에는 [ㅈ, ㅊ]으로 바꾸어서 뒤 음절 첫소리로 옮겨 발음한다.

07

정답 ①

$865\times865+865\times270+135\times138-405$
$=865\times865+865\times270+135\times138-135\times3$
$=865\times(865+270)+135\times(138-3)$
$=865\times1,135+135\times135$
$=865\times(1,000+135)+135\times135$
$=865\times1,000+(865+135)\times135$
$=865,000+135,000$
$=1,000,000$

따라서 식을 계산하여 나온 수의 백의 자리는 0, 십의 자리는 0, 일의 자리는 0이다.

08

정답 ③

터널의 길이를 xm라 하면 다음과 같은 식이 성립한다.

$\frac{x+200}{60} : \frac{x+300}{90} = 10 : 7$

$\frac{x+300}{90} \times 10 = \frac{x+200}{60} \times 7$

→ $600(x+300) = 630(x+200)$

→ $30x = 54,000$

∴ $x = 1,800$

따라서 터널의 길이는 1,800m이다.

09

정답 ④

나열된 수의 규칙은 (첫 번째 수)×[(두 번째 수)−(세 번째 수)]=(네 번째 수)이다.
따라서 빈칸에 들어갈 수는 9×(16−9)=63이다.

10

정답 ⑤

제시된 수열은 +3, +5, +7, +9, … 씩 증가하는 수열이다.
따라서 빈칸에 들어갈 수는 97+21=118이다.

11

정답 ②

A반과 B반 모두 2번의 경기를 거쳐 결승에 만나는 경우는 다음과 같다.

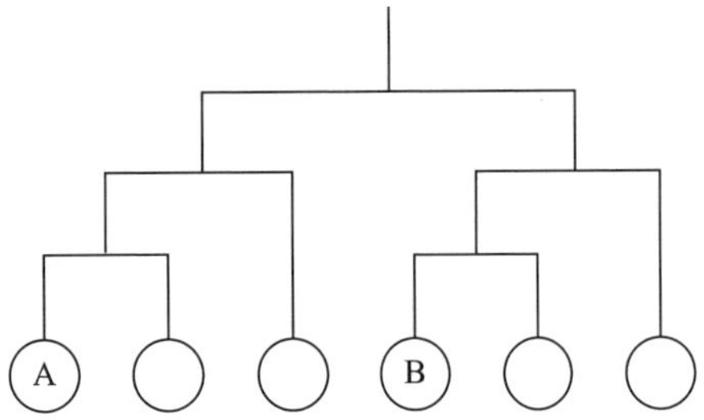

이때 남은 네 반을 배치할 때마다 모두 다른 경기가 진행되므로 구하고자 하는 경우의 수는 4!=24가지이다.

12

정답 ③

첫 번째 조건에 따라 ①, ②는 70대 이상에서 도시의 여가생활 만족도(1.7점)가 같은 연령대의 농촌(ㄹ) 만족도(3.5점)보다 낮으므로 제외되고, 두 번째 조건에 따라 도시에서 10대의 여가생활 만족도는 농촌에서 10대(1.8점)의 2배보다 높으므로 1.8×2=3.6점을 초과해야 하나 ④는 도시에서 10대(ㄱ)의 여가생활 만족도가 3.5점이므로 제외된다. 또한, 세 번째 조건에 따라 ⑤는 도시에서 여가생활 만족도가 가장 높은 연령대인 40대(3.9점)보다 30대(ㄴ)가 4.0점으로 높으므로 제외된다.
따라서 마지막 조건까지 만족하는 것은 ③이다.

13

정답 ③

가격을 10,000원 인상할 때 판매량은 (10,000−160)개이고, 20,000원 인상할 때 판매량은 (10,000−320)개이다. 또한, 가격을 10,000원 인하할 때 판매량은 (10,000+160)개이고, 20,000원 인하할 때 판매량은 (10,000+320)개이다. 따라서 가격이 (500,000+10,000x)원일 때 판매량은 (10,000−160x)개이므로, 총 판매금액을 y원이라 하면 (500,000+10,000x)×(10,000−160x)원이 된다.

y는 x에 대한 이차식이므로 이를 표준형으로 표현하면 다음과 같다.

$$
\begin{aligned}
y&=(500{,}000+10{,}000x)\times(10{,}000-160x)\\
&=-1{,}600{,}000\times(x+50)\times(x-62.5)\\
&=-1{,}600{,}000\times(x^2-12.5x-3{,}125)\\
&=-1{,}600{,}000\times\left(x-\frac{25}{4}\right)^2+1{,}600{,}000\times\left(\frac{25}{4}\right)^2+1{,}600{,}000\times3{,}125
\end{aligned}
$$

따라서 $x=\frac{25}{4}$일 때 총 판매금액이 최대이지만 가격은 10,000원 단위로만 변경할 수 있으므로 $\frac{25}{4}$와 가장 가까운 자연수인 $x=6$일 때 총 판매금액이 최대가 된다. 따라서 제품의 가격은 500,000+10,000×6=560,000원이다.

14

정답 ①

방사형 그래프는 여러 평가 항목에 대하여 중심이 같고 크기가 다양한 원 또는 다각형을 도입하여 구역을 나누고, 각 항목에 대한 도수 등을 부여하여 점을 찍은 후 그 점끼리 이어 생성된 다각형으로 자료를 분석할 수 있다. 따라서 방사형 그래프인 ①을 사용하면 항목별 균형을 쉽게 파악할 수 있다.

15

정답 ④

3월의 경우 K톨게이트를 통과한 영업용 승합차 수는 229천 대이고, 영업용 대형차 수는 139천 대이다.
139×2=278>229이므로 3월의 영업용 승합차 수는 영업용 대형차 수의 2배 미만이다.
따라서 모든 달에서 영업용 승합차 수는 영업용 대형차 수의 2배 이상이 아니므로 옳지 않은 설명이다.

오답분석

① 각 달의 전체 승용차 수와 전체 승합차 수의 합은 다음과 같다.
- 1월 : 3,807+3,125=6,932천 대
- 2월 : 3,555+2,708=6,263천 대
- 3월 : 4,063+2,973=7,036천 대
- 4월 : 4,017+3,308=7,325천 대
- 5월 : 4,228+2,670=6,898천 대
- 6월 : 4,053+2,893=6,946천 대
- 7월 : 3,908+2,958=6,866천 대
- 8월 : 4,193+3,123=7,316천 대
- 9월 : 4,245+3,170=7,415천 대
- 10월 : 3,977+3,073=7,050천 대
- 11월 : 3,953+2,993=6,946천 대
- 12월 : 3,877+3,040=6,917천 대

따라서 전체 승용차 수와 승합차 수의 합이 가장 많은 달은 9월이고, 가장 적은 달은 2월이다.

② 비영업용 승합차가 가장 많이 통과한 달인 4월을 제외한 모든 달의 비영업용 승합차 수는 3,000천 대=3,000×1,000=3,000,000대 미만이다.

③ 모든 달에서 (영업용 대형차 수)×10 ≥ (전체 대형차 수)이므로 영업용 대형차 수의 비율은 모든 달에서 전체 대형차 수의 10% 이상이다.

⑤ 승용차가 가장 많이 통과한 달은 9월이고, 이때 영업용 승용차 수의 비율은 9월 전체 승용차 수의 $\frac{140}{4{,}245}\times100≒3.3\%$로 3% 이상이다.

16

정답 ②

제시된 열차의 부산역 도착시간을 계산하면 다음과 같다.

• KTX

8:00(서울역 출발) → 10:30(부산역 도착)

• ITX-청춘

7:20(서울역 출발) → 8:00(대전역 도착) → 8:15(대전역 출발) → 11:05(부산역 도착)

• ITX-마음

6:40(서울역 출발) → 7:20(대전역 도착) → 7:35(대전역 출발) → 8:15(울산역 도착) → 8:30(울산역 출발) → 11:00(부산역 도착)

• 새마을호

6:30(서울역 출발) → 7:30(대전역 도착) → 7:40(ITX-마음 출발 대기) → 7:55(대전역 출발) → 8:55(울산역 도착) → 9:10(울산역 출발) → 10:10(동대구역 도착) → 10:25(동대구역 출발) → 11:55(부산역 도착)

• 무궁화호

5:30(서울역 출발) → 6:50(대전역 도착) → 7:05(대전역 출발) → 8:25(울산역 도착) → 8:35(ITX-마음 출발 대기) → 8:50(울산역 출발) → 10:10(동대구역 도착) → 10:30(새마을호 출발 대기) → 10:45(동대구역 출발) → 12:25(부산역 도착)

따라서 가장 늦게 도착하는 열차는 무궁화호로, 12시 25분에 부산역에 도착한다.

오답분석

① ITX-청춘은 11시 5분에 부산역에 도착하고, ITX-마음은 11시에 부산역에 도착한다.
③ ITX-마음은 정차역인 대전역과 울산역에서 다른 열차와 시간이 겹치지 않는다.
④ 부산역에 가장 빨리 도착하는 열차는 KTX로, 10시 30분에 도착한다.
⑤ 무궁화호는 울산역에서 8시 15분에 도착한 ITX-마음으로 인해 8시 35분까지 대기하며, 동대구역에서 10시 10분에 도착한 새마을호로 인해 10시 30분까지 대기한다.

17

정답 ①

A과장과 팀원 1명은 7시 30분까지 사전 회의를 가져야 하므로 8시에 출발하는 KTX만 이용할 수 있다. 남은 팀원 3명은 11시 30분까지 부산역에 도착해야 하므로 10시 30분에 도착하는 KTX, 11시 5분에 도착하는 ITX-청춘, 11시에 도착하는 ITX-마음을 이용해야 한다. 이 중 가장 저렴한 열차를 이용해야 하므로 ITX-마음을 이용한다. 따라서 KTX 2인, ITX-마음 3인의 요금을 계산하면 $(59,800\times2)+(42,600\times3)=119,600+127,800=247,400$원이다.

18

정답 ⑤

A는 B의 부정적인 의견들을 구조화하여 B가 그러한 논리를 가지게 된 궁극적 원인인 경쟁력 부족을 찾아내었고, 이러한 원인을 해소할 수 있는 방법을 찾아 자신의 계획을 재구축하여 B에게 설명하였다. 따라서 제시문에서 나타난 논리적 사고의 구성요소는 상대 논리의 구조화이다.

오답분석

① 설득 : 논증을 통해 나의 생각을 다른 사람에게 이해·공감시키고, 타인이 내가 원하는 행동을 하도록 하는 것이다.
② 구체적인 생각 : 상대가 말하는 것을 잘 알 수 없을 때, 이미지를 떠올리거나 숫자를 활용하는 등 구체적인 방법을 활용하여 생각하는 것이다.
③ 생각하는 습관 : 논리적 사고를 개발하기 위해 일상적인 모든 것에서 의문점을 가지고 그 원인을 생각해 보는 습관이다.
④ 타인에 대한 이해 : 나와 상대의 주장이 서로 반대될 때, 상대의 주장 전부를 부정하지 않고 상대의 인격을 존중하는 것이다.

19

정답 ①

마지막 조건에 따라 C는 항상 두 번째에 도착하게 되고, 첫 번째 조건에 따라 A－B가 순서대로 도착했으므로 A, B는 첫 번째로 도착할 수 없다. 그러므로 가능한 경우를 정리하면 다음과 같다.

구분	첫 번째	두 번째	세 번째	네 번째	다섯 번째
경우 1	E	C	A	B	D
경우 2	E	C	D	A	B

따라서 E는 항상 가장 먼저 도착한다.

20

정답 ②

전제 1의 전건(P)인 'TV를 오래 보면'은 후건(Q)인 '눈이 나빠진다.'가 성립하는 충분조건이며, 후건은 전건의 필요조건이 된다(P → Q). 그러나 삼단논법에서 단순히 전건을 부정한다고 해서 후건 또한 부정되지는 않는다(~ P → ~ Q, 역의 오류). 철수가 TV를 오래 보지 않아도 눈이 나빠질 수 있는 가능성은 얼마든지 있기 때문이다. 이러한 형식적 오류를 '전건 부정의 오류'라고 한다.

오답분석

① 사개명사의 오류 : 삼단논법에서 개념이 4개일 때 성립하는 오류이다(A는 B이고, A와 C는 모두 D이다. 따라서 B는 C이다).
③ 후건 긍정의 오류 : 후건을 긍정한다고 전건 또한 긍정이라고 하는 오류이다(P → Q이므로 Q → P이다. 이의 오류).
④ 선언지 긍정의 오류 : 어느 한 명제를 긍정하는 것이 필연적으로 다른 명제의 부정을 도출한다고 여기는 오류이다(A는 B와 C이므로 A가 B라면 반드시 C는 아니다. ∵ B와 C 둘 다 해당할 가능성이 있음).
⑤ 매개념 부주연의 오류 : 매개념(A)이 외연 전부(B)에 대하여 성립되지 않을 때 발생하는 오류이다(A는 B이고 C는 B이므로 A는 C이다).

21

정답 ①

K공단에서 위촉한 자문 약사는 다제약물 관리사업 대상자가 먹고 있는 약물의 복용상태, 부작용, 중복 등을 종합적으로 검토하고 그 결과를 바탕으로 상담, 교육 및 처방조정 안내를 실시한다. 또한 우리나라는 2000년에 시행된 의약 분업의 결과, 일부 예외사항을 제외하면 약사는 환자에게 약물의 처방을 할 수 없다. 따라서 약사는 환자의 약물점검 결과를 의사에게 전달하여 처방에 반영될 수 있도록 할 뿐 직접적인 처방을 할 수는 없다.

오답분석

② 다제약물 관리사업으로 인해 중복되는 약물을 파악하고 조치할 수 있다. 실제로 세 번째 문단의 다제약물 관리사업 평가에서 효능이 유사한 약물을 중복해서 복용하는 환자가 40.2% 감소되는 등의 효과가 확인되었다.
③ 다제약물 관리사업은 10종 이상의 약을 복용하는 만성질환자를 대상으로 약물관리 서비스를 제공하는 사업이다.
④ 병원의 경우 입원 및 외래환자를 대상으로 의사, 약사 등으로 구성된 다학제팀이 약물관리 서비스를 제공하는 반면, 지역사회에서는 다학제 협업 시스템이 미흡하다는 의견이 나오고 있다. 이에 K공단은 도봉구 의사회와 약사회, 전문가로 구성된 지역협의체를 구성하여 의·약사 협업 모형을 개발하였다.

22

정답 ④

제시문의 첫 번째 문단은 아토피 피부염의 정의를 나타내므로 이어서 연결될 수 있는 문단은 아토피 피부염의 원인을 설명하는 (라) 문단이다. 또한, (가) 문단의 앞부분 내용이 (라) 문단의 뒷부분과 연계되므로 (가) 문단이 다음에 오는 것이 적절하다. 그리고 (나) 문단의 첫 번째 문장에서 앞의 약물치료와 더불어 일상생활에서의 예방법을 말하고 있으므로 (나) 문단의 앞에는 아토피 피부염의 약물치료 방법인 (다) 문단이 오는 것이 가장 자연스럽다. 따라서 (라) – (가) – (다) – (나)의 순서로 나열해야 한다.

23

정답 ③

제시문은 뇌경색이 발생하는 원인과 발생했을 때 치료 방법을 소개하고 있다. 따라서 글의 주제로 가장 적절한 것은 '뇌경색의 발병 원인과 치료 방법'이다.

오답분석

① 뇌경색의 주요 증상에 대해서는 제시문에서 언급하고 있지 않다.
② 뇌경색 환자는 기전에 따라 항혈소판제나 항응고제 약물 치료를 한다고 하였지만, 글의 전체 내용을 담는 주제는 아니다.
④ 뇌경색이 발생했을 때의 조치사항은 제시문에서 언급하고 있지 않다.

24

정답 ③

2021년의 건강보험료 부과 금액은 전년 대비 69,480−63,120=6,360십억 원 증가하였다. 이는 2020년 건강보험료 부과 금액의 10%인 63,120×0.1=6,312십억 원보다 크므로 2021년의 건강보험료 부과 금액은 전년 대비 10% 이상 증가하였음을 알 수 있다. 2022년 또한 76,775−69,480=7,295십억 > 69,480×0.1=6,948십억 원이므로 건강보험료 부과 금액은 전년 대비 10% 이상 증가하였다.

오답분석

① 제시된 자료를 통해 확인할 수 있다.

② 연도별 전년 대비 1인당 건강보험 급여비 증가액을 구하면 다음과 같다.

- 2020년 : 1,400,000−1,300,000=100,000원
- 2021년 : 1,550,000−1,400,000=150,000원
- 2022년 : 1,700,000−1,550,000=150,000원
- 2023년 : 1,900,000−1,700,000=200,000원

따라서 1인당 건강보험 급여비가 전년 대비 가장 크게 증가한 해는 2023년이다.

④ 2019년 대비 2023년의 1인당 건강보험 급여비 증가율은 $\frac{1,900,000-1,300,000}{1,300,000}\times 100 \fallingdotseq 46\%$이므로 40% 이상 증가하였다.

25

정답 ②

'잎이 넓다.'를 P, '키가 크다.'를 Q, '더운 지방에서 자란다.'를 R, '열매가 많이 맺힌다.'를 S라 하면, 첫 번째 명제는 P → Q, 두 번째 명제는 ~P → ~R, 네 번째 명제는 R → S이다. 두 번째 명제의 대우인 R → P와 첫 번째 명제인 P → Q에 따라 R → P → Q이므로 네 번째 명제가 참이 되려면 Q → S인 명제 또는 이와 대우 관계인 ~S → ~Q인 명제가 필요하다.

오답분석

① ~P → S이므로 네 번째 명제가 참임을 판단할 수 없다.

③ '벌레가 많은 지역'은 네 번째 명제와 관련이 없다.

④ R → Q와 대우 관계인 명제로, 네 번째 명제가 참임을 판단할 수 없다.

26

정답 ④

'풀을 먹는 동물'을 P, '몸집이 크다.'를 Q, '사막에서 산다.'를 R, '물속에서 산다.'를 S라 하면, 첫 번째 명제는 P → Q, 두 번째 명제는 R → ~S, 네 번째 명제는 S → Q이다. 네 번째 명제가 참이 되려면 두 번째 명제와 대우 관계인 S → ~R일 때 ~R → P인 명제 또는 이와 대우 관계인 ~P → R인 명제가 필요하다.

오답분석

① Q → S로 네 번째 명제의 역이지만, 어떤 명제가 참이라고 해서 그 역이 반드시 참이 될 수는 없다.

② 제시된 모든 명제와 관련이 없는 명제이다.

③ R → Q이므로 네 번째 명제가 참임을 판단할 수 없다.

27

정답 ③

'비싼 책(을 산다)'을 P, '색이 다양하다.'를 Q,', '안경을 쓰다.'를 R, '얇은 책(을 산다)'을 S라 하면, 두 번째 명제는 P → Q, 세 번째 명제는 ~R → S이고, 다섯 번째 명제는 P → R이다. 따라서 다섯 번째 명제가 참이 되려면 세 번째 명제와 대우 관계인 ~S → R에 의해 Q → ~S인 명제 또는 이와 대우 관계인 S → ~Q인 명제가 필요하다.

오답분석

① 세 번째 명제와 대우 관계이지만, 다섯 번째 명제가 참임을 판단할 수 없다.

② P → ~R로 다섯 번째 명제의 부정이다.

④ R → Q의 대우인 ~Q → ~R, 두 번째 명제의 대우인 ~Q → ~P로 다섯 번째 명제가 참인지는 알 수 없다.

28

정답 ②

- A : 초청 목적이 6개월가량의 외국인 환자의 간병이므로 G-1-10 비자를 발급받아야 한다.
- B : 초청 목적이 국내 취업조건을 모두 갖춘 자의 제조업체 취업이므로 E-9-1 비자를 발급받아야 한다.
- C : 초청 목적이 K대학교 교환학생이므로 D-2-6 비자를 발급받아야 한다.
- D : 초청 목적이 국제기구 정상회의 참석이므로 A-2 비자를 발급받아야 한다.

29

정답 ②

나열된 수의 규칙은 [(첫 번째 수)+(두 번째 수)]×(세 번째 수)−(네 번째 수)=(다섯 번째 수)이다.
따라서 빈칸에 들어갈 수는 $(9+7)\times5-1=79$이다.

30

정답 ④

두 주사위 A, B를 던져 나온 수를 각각 a, b라 할 때, 가능한 순서쌍 $(a,\ b)$의 경우의 수는 $6\times6=36$가지이다.
이때 $a=b$의 경우의 수는 (1, 1), (2, 2), (3, 3), (4, 4), (5, 5), (6, 6)으로 6가지이므로 $a\neq b$의 경우의 수는 $36-6=30$가지이다.
따라서 $a\neq b$일 확률은 $\frac{30}{36}=\frac{5}{6}$이다.

31

정답 ②

$$\frac{\text{(빨간색 공 2개 중 1개를 뽑는 경우의 수)}\times\text{(노란색 공 3개 중 2개를 뽑는 경우의 수)}}{\text{(전체 공 5개 중 3개를 뽑는 경우의 수)}}=\frac{{}_2C_1\times{}_3C_2}{{}_5C_3}=\frac{2\times3}{\frac{5\times4\times3}{3\times2\times1}}=\frac{3}{5}$$

32

정답 ④

A씨와 B씨가 만날 때 A씨의 이동거리와 B씨의 이동거리의 합은 산책로의 둘레 길이와 같다.
그러므로 두 번째 만났을 때 (A씨의 이동거리)+(B씨의 이동거리)=2×(산책로의 둘레 길이)이다. 이때 A씨가 출발 후 x시간이 지났다면 다음 식이 성립한다.

$$3x+7\left(x-\frac{1}{2}\right)=4$$

$$\rightarrow 3x+7x-\frac{7}{2}=4$$

$$\therefore x=\frac{15}{20}$$

그러므로 $\frac{15}{20}$시간, 즉 45분이 지났음을 알 수 있다.
따라서 A씨와 B씨가 두 번째로 만날 때의 시각은 오후 5시 45분이다.

33

정답 ③

모니터 화면을 분할하는 단축키는 '〈Window 로고 키〉+〈화살표 키〉'이다. 임의의 폴더나 인터넷 창 등이 열린 상태에서 '〈Window 로고 키〉+〈왼쪽 화살표 키〉'를 입력하면 모니터 중앙을 기준으로 절반씩 좌우로 나눈 후 열린 폴더 및 인터넷 창 등을 왼쪽 절반 화면으로 밀어서 띄울 수 있다. 이 상태에서 다른 폴더나 인터넷 창 등을 열고 '〈Window 로고 키〉+〈오른쪽 화살표 키〉'를 입력하면 같은 형식으로 오른쪽이 활성화된다. 또한, 왼쪽 또는 오른쪽으로 분할된 상태에서 〈Window 로고 키〉+〈위쪽 / 아래쪽 화살표 키〉'를 입력하여 최대 4분할까지 가능하다. 단 '〈Window 로고 키〉+〈위쪽 / 아래쪽 화살표 키〉'를 먼저 입력하여 화면을 상하로 분할할 수는 없다. 좌우 분할이 안 된 상태에서 '〈Window 로고 키〉+〈위쪽 / 아래쪽 화살표 키〉'를 입력하면 창을 최소화 / 원래 크기 / 최대 크기로 변경할 수 있다.

34

정답 ④

'〈Window 로고 키〉+〈D〉'를 입력하면 활성화된 모든 창을 최소화하고 바탕화면으로 돌아갈 수 있으며, 이 상태에서 다시 '〈Window 로고 키〉+〈D〉'를 입력하면 단축키를 입력하기 전 상태로 되돌아간다. 비슷한 기능을 가진 단축키로 '〈Window 로고 키〉+〈M〉'이 있지만, 입력하기 전 상태의 화면으로 되돌아갈 수는 없다.

오답분석

① 〈Window 로고 키〉+〈R〉 : 실행 대화 상자를 여는 단축키이다.
② 〈Window 로고 키〉+〈I〉 : 설정 창을 여는 단축키이다.
③ 〈Window 로고 키〉+〈L〉 : PC를 잠그거나 계정을 전환하기 위해 잠금화면으로 돌아가는 단축키이다.

35

정답 ①

특정 텍스트를 다른 텍스트로 수정하는 함수는 「=SUBSTITUTE(참조 텍스트,수정해야 할 텍스트,수정한 텍스트,[위치])」이며, [위치]가 빈칸이면 모든 수정해야 할 텍스트가 수정한 텍스트로 수정된다.
따라서 입력해야 할 함수식은 「=SUBSTITUTE("서울특별시 영등포구 홍제동","영등포","서대문")」이다.

오답분석

② IF(조건,참일 때 값,거짓일 때 값) 함수는 조건부가 참일 때 TRUE 값을 출력하고, 거짓일 때 FALSE 값을 출력하는 함수이다. "서울특별시 영등포구 홍제동"="영등포"는 항상 거짓이므로 빈칸으로 출력된다.
③ MOD(수,나눌 수) 함수는 입력한 수를 나눌 수로 나누었을 때 나머지를 출력하는 함수이므로 텍스트를 입력하면 오류가 발생한다.
④ NOT(인수) 함수는 입력된 인수를 부정하는 함수이며, 인수는 1개만 입력할 수 있다.

36

정답 ②

제시된 조건이 포함되는 셀의 수를 구하는 조건부 함수를 사용한다. 따라서 「=COUNTIF(B2:B16,">50000")」를 입력해야 한다.

37

정답 ④

지정된 자릿수 이하의 수를 버림하는 함수는 「=ROUNDDOWN(버림할 수,버림할 자릿수)」이다. 따라서 입력해야 할 함수는 「=ROUNDDOWN((AVERAGE(B2:B16)),-2)」이다.

오답분석

① LEFT 함수는 왼쪽에서 지정된 차례까지의 텍스트 또는 인수를 출력하는 함수이다. 따라서 「=LEFT((AVERAGE(B2:B16)),2)」를 입력하면 '65'가 출력된다.
② RIGHT 함수는 오른쪽에서 지정된 차례까지의 텍스트 또는 인수를 출력하는 함수이다. 따라서 「=RIGHT((AVERAGE(B2:B16)),2)」를 입력하면 '33'이 출력된다.
③ ROUNDUP 함수는 지정된 자릿수 이하의 수를 올림하는 함수이다. 따라서 「=ROUNDUP((AVERAGE(B2:B16)),-2)」를 입력하면 '65,400'이 출력된다.

38

정답 ③

오전 10시부터 오후 12시까지 근무를 할 수 있는 사람은 B뿐이고, 오후 6시부터 오후 8시까지 근무를 할 수 있는 사람은 D뿐이다. A와 C가 남은 오후 12시부터 오후 6시까지 나누어 근무해야 하지만, A는 오후 5시까지 근무할 수 있고 모든 직원의 최소 근무시간은 2시간이므로 A가 오후 12시부터 4시까지 근무하고, C가 오후 4시부터 오후 6시까지 근무할 때 인건비가 최소이다.

각 직원의 근무시간과 인건비를 정리하면 다음과 같다.

직원	근무시간	인건비
B	오전 10:00 ~ 오후 12:00	10,500×1.5×2=31,500원
A	오후 12:00 ~ 오후 4:00	10,000×1.5×4=60,000원
C	오후 4:00 ~ 오후 6:00	10,500×1.5×2=31,500원
D	오후 6:00 ~ 오후 8:00	11,000×1.5×2=33,000원

따라서 가장 적은 인건비는 31,500+60,000+31,500+33,000=156,000원이다.

39

정답 ②

「COUNTIF(셀의 범위,"조건")」 함수는 어떤 범위에서 제시되는 조건이 포함되는 셀의 수를 구하는 함수이다. 판매량이 30개 이상인 과일의 수를 구해야 하므로 [C9] 셀에 들어갈 함수식은 「=COUNTIF(C2:C8,">=30"」이다.

오답분석

① MID 함수 : 지정한 셀의 텍스트의 일부를 추출하는 함수이다.
③ MEDIAN 함수 : 지정한 셀의 범위의 중간값을 구하는 함수이다.
④ AVERAGEIF 함수 : 어떤 범위에 포함되는 셀의 평균을 구하는 함수이다.
⑤ MIN 함수 : 지정한 셀의 범위의 최솟값을 구하는 함수이다.

40

정답 ③

팔로워십의 유형

구분	자아상	동료 / 리더의 시각	조직에 대한 자신의 느낌
소외형	• 자립적인 사람 • 일부러 반대의견 제시 • 조직의 양심	• 냉소적 • 부정적 • 고집이 셈	• 자신을 인정해 주지 않음 • 적절한 보상이 없음 • 불공정하고 문제가 있음
순응형	• 기쁜 마음으로 과업 수행 • 팀플레이를 함 • 리더나 조직을 믿고 헌신함	• 아이디어가 없음 • 인기 없는 일은 하지 않음 • 조직을 위해 자신의 요구를 양보	• 기존 질서를 따르는 것이 중요 • 리더의 의견을 거스르지 못함 • 획일적인 태도와 행동에 익숙함
실무형	• 조직의 운영 방침에 민감 • 사건을 균형 잡힌 시각으로 봄 • 규정과 규칙에 따라 행동함	• 개인의 이익을 극대화하기 위한 흥정에 능함 • 적당한 열의와 수완으로 업무 진행	• 규정 준수를 강조 • 명령과 계획의 빈번한 변경 • 리더와 부하 간의 비인간적 풍토
수동형	• 판단과 사고를 리더에 의존 • 지시가 있어야 행동	• 하는 일이 없음 • 제 몫을 하지 못함 • 업무 수행에는 감독이 필요	• 조직이 나의 아이디어를 원치 않음 • 노력과 공헌을 해도 소용이 없음 • 리더는 항상 자기 마음대로 함

41

정답 ③

갈등의 과정 단계

1. 의견 불일치 : 서로 생각이나 신념, 가치관, 성격이 다르므로 다른 사람들과의 의견 불일치가 발생한다. 의견 불일치는 상대방의 생각과 동기를 설명하는 기회를 주고 대화를 나누다 보면 오해가 사라지고 더 좋은 관계로 발전할 수 있지만, 그냥 내버려 두면 심각한 갈등으로 발전하게 된다.
2. 대결 국면 : 의견 불일치가 해소되지 않아 발생하며, 단순한 해결방안은 없고 다른 새로운 해결점을 찾아야 한다. 대결 국면에 이르게 되면 감정이 개입되어 상대방의 주장에 대한 문제점을 찾기 시작하고, 자신의 입장에 대해서는 그럴듯한 변명으로 옹호하면서 양보를 완강히 거부하는 상태에 이르는 등 상대방의 입장은 부정하면서 자기주장만 하려고 한다. 서로의 입장을 고수하려는 강도가 높아지면 긴장은 높아지고 감정적인 대응이 더욱 격화된다.
3. 격화 국면 : 상대방에 대하여 더욱 적대적으로 변하며, 설득을 통해 문제를 해결하기보다 강압적 · 위협적인 방법을 쓰려고 하며, 극단적인 경우 언어폭력이나 신체적 폭행으로 번지기도 한다. 상대방에 대한 불신과 좌절, 부정적인 인식이 확산되면서 갈등 요인이 다른 요인으로 번지기도 한다. 격화 국면에서는 상대방의 생각이나 의견, 제안을 부정하고, 상대방은 그에 대한 반격을 함으로써 자신들의 반격을 정당하게 생각한다.

4. 진정 국면 : 계속되는 논쟁과 긴장이 시간과 에너지를 낭비하고 있음을 깨달으며, 갈등상태가 무한정 유지될 수 없다는 것을 느끼고 흥분과 불안이 가라앉으면서 이성과 이해의 원상태로 돌아가려 한다. 이후 협상이 시작된다. 협상과정을 통해 쟁점이 되는 주제를 논의하고 새로운 제안을 하고 대안을 모색하게 된다. 진정 국면에서는 중개자, 조정자 등의 제3자가 개입함으로써 갈등 당사자 간에 신뢰를 쌓고 문제를 해결하는 데 도움이 되기도 한다.
5. 갈등의 해소 : 진정 국면에 들어서면 갈등 당사자들은 문제를 해결하지 않고는 자신들의 목표를 달성하기 어렵다는 것을 알게 된다. 모두가 만족할 수 없는 경우도 있지만, 불일치한 서로 간의 의견을 일치하려고 한다. 갈등의 해소는 회피형, 지배 또는 강압형, 타협형, 순응형, 통합 또는 협력형 등의 방법으로 이루어진다.

42

정답 ③

원만한 직업생활을 위해 직업인이 갖추어야 할 직업윤리는 근로윤리와 공동체윤리로 나누어지며, 각 윤리의 덕목은 다음과 같다.

• 근로윤리 : 일에 대한 존중을 바탕으로 근면하고, 성실하고, 정직하게 업무에 임하는 자세
  - 근면한 태도(㉠)
  - 정직한 행동(㉤)
  - 성실한 자세(㉥)
• 공동체윤리 : 인간존중을 바탕으로 봉사하며, 책임감 있게 규칙을 준수하고, 예의바른 태도로 업무에 임하는 자세
  - 봉사와 책임의식(㉡)
  - 준법성(㉢)
  - 예절과 존중(㉣)

43

정답 ③

직장 내 괴롭힘이 성립하려면 다음의 행위 요건이 성립해야 한다.

• 직장에서의 지위 또는 관계 등의 우위를 이용할 것
• 업무상 적정 범위를 넘는 행위일 것
• 신체적・정신적 고통을 주거나 근무환경을 악화시키는 행위일 것

A팀장이 지위를 이용하여 B사원에게 수차례 업무를 지시했지만 이는 업무상 필요성이 있는 정당한 지시이며, 완수해야 하는 적정 업무에 해당하므로 직장 내 괴롭힘으로 보기 어렵다.

오답분석

① 업무 이외에 개인적인 용무를 자주 지시하는 것은 업무상 적정 범위를 넘은 행위이다.
② 업무배제는 업무상 적정 범위를 넘은 행위로, 직장 내 괴롭힘의 주요 사례이다.
④ A대리는 동기인 B대리보다 지위상의 우위는 없으나, 다른 직원과 함께 수적 우위를 이용하여 괴롭혔으므로 직장 내 괴롭힘에 해당한다.
⑤ 지시나 주의, 명령행위의 모습이 폭행이나 과도한 폭언을 수반하는 등 사회 통념상 상당성을 결여하였다면 업무상 적정 범위를 넘었다고 볼 수 있으므로 직장 내 괴롭힘에 해당한다.

44

정답 ⑤

S는 자신의 일이 능력과 적성에 맞다 여기고 발전을 위해 열성을 가지고 성실히 노력하고 있다. 따라서 S의 사례에서 나타난 직업윤리 의식은 천직의식이다.

직업윤리 의식

• 소명의식 : 자신이 맡은 일은 하늘에 의해 맡겨진 일이라고 생각하는 태도이다.
• 천직의식 : 자신의 일이 자신의 능력과 적성에 꼭 맞는다 여기고 그 일에 열성을 가지고 성실히 임하는 태도이다.
• 직분의식 : 자신이 하고 있는 일이 사회나 기업을 위해 중요한 역할을 하고 있다고 믿고 자신의 활동을 수행하는 태도이다.
• 책임의식 : 직업에 대한 사회적 역할과 책무를 충실히 수행하고 책임을 다하는 태도이다.
• 전문가의식 : 자신의 일이 누구나 할 수 있는 것이 아니라 해당 분야의 지식과 교육을 밑바탕으로 성실히 수행해야만 가능한 것이라 믿고 수행하는 태도이다.
• 봉사의식 : 직업 활동을 통해 다른 사람과 공동체에 대하여 봉사하는 정신을 갖추고 실천하는 태도이다.

45

정답 ②

경력개발의 단계별 내용

1. 직업선택
   - 최대한 여러 직업의 정보를 수집하여 탐색한 후 나에게 적합한 최초의 직업을 선택함
   - 관련 학과 외부 교육 등 필요한 교육을 이수함
2. 조직입사
   - 원하는 조직에서 일자리를 얻음
   - 정확한 정보를 토대로 적성에 맞는 적합한 직무를 선택함
3. 경력 초기
   - 조직의 규칙과 규범에 대해 배움
   - 직업과 조직에 적응해 감
   - 역량(지식, 기술, 태도)을 증대시키고 꿈을 추구해 나감
4. 경력 중기
   - 경력초기를 재평가하고 더 업그레이드된 꿈으로 수정함
   - 성인 중기에 적합한 선택을 하고 지속적으로 열심히 일함
5. 경력 말기
   - 지속적으로 열심히 일함
   - 자존심을 유지함
   - 퇴직 준비의 자세한 계획을 세움(경력 중기부터 준비하는 것이 바람직)

46

정답 ③

나열된 수는 짝수 개이므로 수를 작은 수부터 순서대로 나열했을 때, 가운데에 있는 두 수의 평균이 중앙값이다.

- 빈칸의 수가 7 이하인 경우 : 가운데에 있는 두 수는 7, 8이므로 중앙값은 $\frac{7+8}{2}=7.5$이다.
- 빈칸의 수가 8인 경우 : 가운데에 있는 두 수는 8, 8이므로 중앙값은 8이다.
- 빈칸의 수가 9 이상인 경우 : 가운데에 있는 두 수는 8, 9이므로 중앙값은 $\frac{8+9}{2}=8.5$이다.

따라서 중앙값이 8일 때 빈칸에 들어갈 수는 8이다.

47

정답 ②

1 ~ 200의 자연수 중에서 2, 3, 5 중 어느 것으로도 나누어떨어지지 않는 수의 개수는 각각 2의 배수, 3의 배수, 5의 배수가 아닌 수의 개수이다.

- 1 ~ 200의 자연수 중 2의 배수의 개수 : $\frac{200}{2}=100$이므로 100개이다.
- 1 ~ 200의 자연수 중 3의 배수의 개수 : $\frac{200}{3}=66 \cdots 2$이므로 66개이다.
- 1 ~ 200의 자연수 중 5의 배수의 개수 : $\frac{200}{5}=40$이므로 40개이다.
- 1 ~ 200의 자연수 중 6의 배수의 개수 : $\frac{200}{6}=33 \cdots 2$이므로 33개이다.
- 1 ~ 200의 자연수 중 10의 배수의 개수 : $\frac{200}{10}=20$이므로 20개이다.
- 1 ~ 200의 자연수 중 15의 배수의 개수 : $\frac{200}{15}=13 \cdots 5$이므로 13개이다.
- 1 ~ 200의 자연수 중 30의 배수의 개수 : $\frac{200}{30}=6 \cdots 20$이므로 6개이다.

따라서 1 ~ 200의 자연수 중에서 2, 3, 5 중 어느 것으로도 나누어떨어지지 않는 수의 개수는
$200-[(100+66+40)-(33+20+13)+6]=200-(206-66+6)=54$개이다.

48

정답 ②

A지점에서 출발하여 최단거리로 이동하여 B지점에 도착하기까지 가능한 경로의 수를 구하면 다음과 같다.

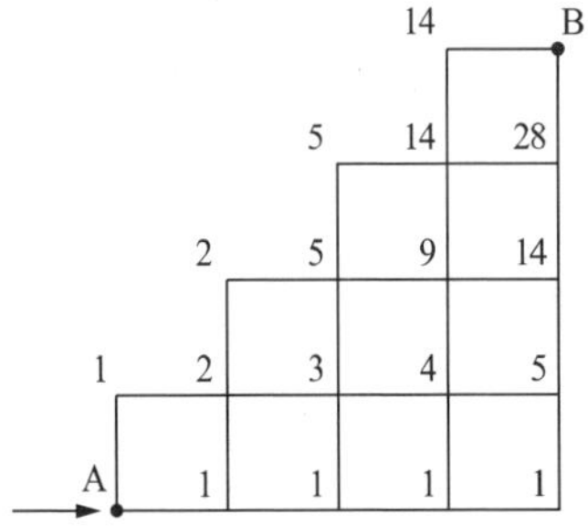

따라서 구하고자 하는 경우의 수는 42가지이다.

49

정답 ①

분침은 60분에 1바퀴 회전하므로 1분 지날 때 분침은 $\frac{360}{60}=6°$ 움직이고, 시침은 12시간에 1바퀴 회전하므로 1분 지날 때 시침은 $\frac{360}{12\times60}=0.5°$ 움직인다.

따라서 4시 30분일 때 시침과 분침이 만드는 작은 부채꼴의 각도는 $6\times30-0.5\times(60\times4+30)=180-135=45°$이므로, 부채꼴의 넓이와 전체 원의 넓이의 비는 $\frac{45}{360}=\frac{1}{8}$이다.

50

정답 ⑤

2020 ~ 2023년 동안 전년 대비 전체 설비 발전량 증감량과 신재생 설비 발전 증가량은 다음과 같다.

- 2020년
  전체 설비 발전량 : $563,040-570,647=-7,607$GWh, 신재생 설비 발전량 : $33,500-28,070=5,430$GWh
- 2021년
  전체 설비 발전량 : $552,162-563,040=-10,878$GWh, 신재생 설비 발전량 : $38,224-33,500=4,724$GWh
- 2022년
  전체 설비 발전량 : $576,810-552,162=24,648$GWh, 신재생 설비 발전량 : $41,886-38,224=3,662$GWh
- 2023년
  전체 설비 발전량 : $594,400-576,810=17,590$GWh, 신재생 설비 발전량 : $49,285-41,886=7,399$GWh

따라서 전체 설비 발전량 증가량이 가장 많은 해는 2022년이고, 신재생 설비 발전량 증가량이 가장 적은 해 또한 2022년이다.

오답분석

① 2020 ~ 2023년 기력 설비 발전량의 전년 대비 증감 추이는 '감소 – 감소 – 증가 – 감소'이지만, 전체 설비 발전량의 전년 대비 증감 추이는 '감소 – 감소 – 증가 – 증가'이다.

② 2019 ~ 2023년 전체 설비 발전량의 1%와 수력 설비 발전량을 비교하면 다음과 같다.

- 2019년 : $7,270>570,647\times0.01≒5,706$GWh
- 2020년 : $6,247>563,040\times0.01≒5,630$GWh
- 2021년 : $7,148>552,162\times0.01≒5,522$GWh
- 2022년 : $6,737>576,810\times0.01≒5,768$GWh
- 2023년 : $7,256>594,400\times0.01=5,944$GWh

따라서 2019 ~ 2023년 동안 수력 설비 발전량은 항상 전체 설비 발전량의 1% 이상이다.

③ 2019 ~ 2023년 전체 설비 발전량의 5%와 신재생 설비 발전량을 비교하면 다음과 같다.

- 2019년 : 28,070 < 570,647×0.05 ≒ 28,532GWh
- 2020년 : 33,500 > 563,040×0.05=28,152GWh
- 2021년 : 38,224 > 552,162×0.05 ≒ 27,608GWh
- 2022년 : 41,886 > 576,810×0.05 ≒ 28,841GWh
- 2023년 : 49,285 > 594,400×0.05=29,720GWh

따라서 2019년 신재생 설비 발전량은 전체 설비 발전량의 5% 미만이고, 그 외에는 5% 이상이다.

④ 신재생 설비 발전량은 꾸준히 증가하였지만 원자력 설비 발전량은 2022년에 전년 대비 감소하였다.

인생이란 결코 공평하지 않다. 이 사실에 익숙해져라.

-빌 게이츠-

PART 1

직업기초능력평가

CHAPTER

01 의사소통능력

대표기출유형 01 기출응용문제

01

정답 ②

오답분석

① 그녀는 8년째 도서관에서 일하고 있다.
③ 그녀는 생활비를 줄이기 위해 휴대폰을 정지시켰다.
④ 그녀는 동생에게 돈을 송금했다.
⑤ 제시문을 통해 확인할 수 없다.

02

정답 ④

키드, 피어슨 등은 인종이나 민족, 국가 등의 집단 단위로 '생존경쟁'과 '적자생존'을 적용하여 우월한 집단이 열등한 집단을 지배하는 것을 주장하였는데, 이는 사회 진화론의 개념을 집단 단위에 적용시킨 것이다.

오답분석

① 사회 진화론은 생물 진화론을 개인과 집단에 적용시킨 사회 이론이다.
② 사회 진화론의 중심 개념이 19세기에 등장한 것일 뿐, 그 자체가 19세기에 등장한 것인지는 알 수 없다.
③ '생존경쟁'과 '적자생존'의 개념이 민족과 같은 집단의 범위에 적용되면 민족주의와 결합한다.
⑤ 일본에서 문명개화론자들은 사회 진화론을 수용하였다.

03

정답 ③

제시문은 VOD서비스의 등장으로 방송국이 프로그램의 순수한 재미와 완성도에 집중하게 될 것이라고 추측했을 뿐, 이러한 양상이 방송국 간의 과도한 광고유치 경쟁을 불러일으킬 것이라고는 언급하지 않았다.

04

정답 ④

아이들이 따뜻한 구들에 누워 자는 것이 습관이 되어 사지의 활동량이 적어 발육이 늦어진 것이지, 체온을 높였기 때문에 발육이 늦어진 것은 아니다.

오답분석

①·②·③·⑤ 두 번째 문단을 통해 알 수 있다.

05

정답 ④

제시문에서 천연 아드레날린과 합성 아드레날린의 차이 여부는 언급하지 않았으며, 현재는 모두 합성 제품이 사용되고 있다고 언급하고 있다.

대표기출유형 02 기출응용문제

01

정답 ①

제시문은 싱가포르에서 자동차를 어떻게 규제하고 관리하는지에 대해 설명하고 있다.

02

정답 ③

제시문의 내용은 크게 두 부분으로 나눌 수 있다. 글의 앞부분에서는 맥주의 주원료에 대해서 설명하고, 글의 뒷부분에서는 맥주의 제조공정 중 발효에 대해 설명하며 이에 따른 맥주의 종류에 대해 제시하고 있다. 따라서 제시문의 제목으로 가장 적절한 것은 ③이다.

03

정답 ①

제시문의 첫 번째 문단에서는 사회적 자본이 늘어나면 정치 참여도가 높아진다는 주장을 하였고, 두 번째 문단에서는 사회적 자본의 개념을 사이버공동체에 도입하였으나 현실과 잘 맞지 않는다고 하면서 사회적 자본의 한계를 서술했다. 그리고 마지막 문단에서는 사회적 자본만으로는 정치 참여가 늘어나기 어렵고 정치적 자본의 매개를 통해서 정치 참여가 활성화된다는 주장을 하고 있다. 따라서 ①이 제시문의 주제로 가장 적절하다.

대표기출유형 03 기출응용문제

01

정답 ②

제시문은 K놀이공원이 음식물쓰레기로 인한 낭비의 심각성을 인식하여 환경부와 함께 음식문화 개선대책 협약을 맺었고, 이 협약으로 인해 대기업 중심의 국민적인 음식문화 개선 운동이 확산될 것이라는 내용의 글이다. 따라서 (나) 음식물쓰레기로 인한 낭비에 대한 심각성을 인식한 K놀이공원과 환경부 → (라) 음식문화 개선대책 협약 체결 → (다) 협약에 따라 사업장별 특성에 맞는 음식물쓰레기 감량 활동을 전개하는 K놀이공원 → (가) 협약을 계기로 대기업 중심의 범국민적 음식문화 개선 운동이 확산될 것을 기대하는 환경부 국장의 순서로 나열해야 한다.

02

정답 ③

제시문은 정부에서 고창 갯벌을 습지보호지역으로 지정하고 습지보호지역으로 지정되면 어떻게 되는지 설명하고 있다. 따라서 (나) 정부에서 고창 갯벌을 습지보호지역으로 지정·고시한 사실 → (가) 고창 갯벌의 상황 → (라) 습지보호지역으로 지정·고시된 이후에 달라진 내용 → (다) 앞으로의 계획의 순서로 나열해야 한다.

대표기출유형 04 기출응용문제

01

정답 ③

제시문은 사람에게 오직 한 가지 변할 수 있는 것이 있는데 그것은 마음과 뜻이라고 하며, 사람들이 뜻을 가지고 앞으로 나아가려 하지 않고 가만히 기다리기만 한다고 비판하고 있다. 따라서 ③이 필자가 가장 중요하게 생각하는 것이다.

02

정답 ⑤

재생에너지 사업이 기하급수적으로 늘어남에 따라 전력 계통 설비의 연계 용량 부족 문제가 발생하였는데, 이는 설비 보강만으로는 해결하기 어렵기 때문에 최소 부하를 고려한 설비 운영 방식으로 해결하고자 하였다.

오답분석

① 탄소 중립을 위해 재생에너지 발전 작업이 추진되고 있다고 하였으므로 적절한 추론이다.
② 재생에너지의 예시로 태양광이 제시되었다.
③ 재생에너지 확충으로 인해 기존 송배전 전력 설비가 과부하 되는 문제가 있다고 하였다.
④ 최소 부하를 고려한 설비 운영 개념을 도입해 변전소나 배전선로의 증설 없이 재생에너지 접속 용량을 확대하는 방안이 있다고 하였다.

03

정답 ⑤

현존하는 가장 오래된 실록은 전주의 전주 사고에 보관되어 있던 것으로, 강화도 마니산에 봉안되었다가 1936년 병자호란에 의해 훼손된 것을 현종 때 보수하여 숙종 때 강화도 정족산에 다시 봉안했다가 현재 서울대학교에서 보관하고 있다.

오답분석

① 원본을 포함해 모두 5벌의 실록을 갖추게 되었으므로 재인쇄하였던 실록은 모두 4벌이다.
② 강원도 태백산에 보관하였던 실록은 서울대학교에 있다.
③ 현재 한반도에 남아 있는 실록은 강원도 태백산, 강화도 정족산, 장서각의 것으로 모두 3벌이다.
④ 적상산에 보관하였던 실록은 구황국 장서각으로 옮겨졌으며, 이는 6·25 전쟁 때 북한으로 옮겨져 현재 김일성종합대학에서 소장하고 있다.

대표기출유형 05 기출응용문제

01

정답 ④

미생물을 끓는 물에 노출하면 영양세포나 진핵포자는 죽일 수 있으나, 세균의 내생포자는 사멸시키지 못한다. 멸균은 포자, 박테리아, 바이러스 등을 완전히 파괴하거나 제거하는 것이므로 물을 끓여서 하는 열처리 방식으로는 멸균이 불가능함을 알 수 있다. 따라서 빈칸에 들어갈 내용으로는 소독은 가능하지만, 멸균은 불가능하다는 ④가 가장 적절하다.

02

정답 ③

기분조정 이론은 현재 시점에만 초점을 맞추고 있는 기분관리 이론을 보완한 이론으로, 기분조정 이론을 검증하기 위한 실험에서 피실험자들은 한 시간 후의 상황을 생각하며 미리 다른 음악을 선택하였다. 즉 기분조정 이론은 사람들이 현재 시점뿐만 아니라 다음에 올 상황을 고려하여 현재의 기분을 조정한다는 것이다. 따라서 빈칸에 들어갈 내용으로 ③이 가장 적절하다.

03

정답 ④

빈칸 앞부분에서는 왼손보다 오른손을 선호하는 이유에 대한 가설을 제시하고, 이러한 가설이 근본적인 설명을 하지 못한다고 주장한다. 또한, 빈칸 뒷부분에서는 왼손이 아닌 '오른손만을 선호'하는 이유에 대해 설명하고 있다. 즉, 앞부분의 가설대로 단순한 기능 분담이라면 먹는 일에 왼손을 사용하는 사회도 존재해야 하는데, 그렇지 않기 때문에 빈칸에는 사람들이 단순한 기능 분담과 별개로 오른손만 선호하고 왼손을 선호하지 않는다는 내용이 나와야 한다. 따라서 빈칸에 들어갈 문장으로는 ④가 가장 적절하다.

PART 1

대표기출유형 06 기출응용문제

01

정답 ②

②의 '짜다'는 '사개를 맞추어 가구나 상자 따위를 만들다.'의 의미로 쓰였고, ①·③·④·⑤의 '짜다'는 '계획이나 일정 따위를 세우다.'의 의미로 쓰였다.

02

정답 ②

오답분석

① 조금 가시다가 우회전 하십시오.
③ 그 나라에 가기 전에 풍토병 예방 알약을 먹거나 백신을 맞아야 한다.
④ 김 군은 심도 있는 철학책 독서를, 최 군은 운동을 열심히 해야 한다.
⑤ 나를 위해 시 낭송을 하거나 노래를 부르는 등 특별한 행사는 자제하는 게 좋겠네.

03

정답 ①

제시문과 ①에서는 '감정이나 기운 따위가 가득하다.'의 의미로 쓰였다.

오답분석

② 수갑 따위를 팔목이나 발목에 끼우다.
③ 발로 힘 있게 밀어젖히다.
④ 일정한 공간에 사람, 사물, 냄새 따위가 더 들어갈 수 없이 가득하게 되다.
⑤ 몸에 닿은 물체나 대기의 온도가 낮다.

02 문제해결능력

대표기출유형 01 기출응용문제

01

정답 ③

오답분석

①·④ A와 C는 이웃해 있으므로 옳지 않다.
②·⑤ B는 D의 오른쪽에 있으므로 옳지 않다.

02

정답 ①

세 번째 조건에 따라 A는 청소기를 제외한 프리미엄형 가전을 총 2개 골랐는데, 네 번째 조건에 따라 B가 청소기를 가져가지 않으므로 A는 청소기 일반형, C는 청소기 프리미엄형을 가져가야 한다. 또한, 다섯 번째 조건을 만족시키기 위해 A가 가져가는 프리미엄형 가전 종류의 일반형을 B가 가져가야 하며, 여섯 번째 조건을 만족시키기 위해 전자레인지는 C가 가져가야 한다. 이를 표로 정리하면 다음과 같다.

구분	A	B	C
경우 1	냉장고(프), 세탁기(프), 청소기(일)	냉장고(일), 세탁기(일), 에어컨(프 or 일)	에어컨(프 or 일), 청소기(프), 전자레인지
경우 2	세탁기(프), 에어컨(프), 청소기(일)	세탁기(일), 에어컨(일), 냉장고(프 or 일)	냉장고(프 or 일), 청소기(프), 전자레인지
경우 3	냉장고(프), 에어컨(프), 청소기(일)	냉장고(일), 에어컨(일), 세탁기(프 or 일)	세탁기(프 or 일), 청소기(프), 전자레인지

㉠ C는 반드시 전자레인지를 가져간다.
㉢ B는 반드시 일반형 가전 2개를 가져가며, 나머지 1개는 프리미엄형일 수도, 일반형일 수도 있다.

오답분석

㉡ A는 반드시 청소기를 가져간다.
㉣ C는 청소기 프리미엄형을 가져간다.

대표기출유형 02 기출응용문제

01

정답 ⑤

오답분석

① W3은 (3, 5)와 (10, 2)에 위치해있다.
② B3은 (2, 2)와 (9, 4)에 위치해있다.
③ W5는 (3, 10)과 (12, 10)에 위치해있다.
④ B6는 (6, 6)과 (13, 6)에 위치해있다.

PART 1

02

정답 ③

W6(13, 6)이 아닌 B6(13, 6) 또는 W6(12, 4)이거나 W6(2, 8)이다.

대표기출유형 03 기출응용문제

01

정답 ①

음료의 종류별로 주문이 필요한 팀을 정리하면 다음과 같다.

- 이온음료 : 총 1팀(총무팀)
- 탄산음료 : 총 4팀(총무팀, 개발팀, 홍보팀, 고객지원팀)
- 에너지음료 : 총 3팀(개발팀, 홍보팀, 고객지원팀)
- 커피 : 총 5팀(총무팀, 개발팀, 영업팀, 홍보팀, 고객지원팀)

음료 구매 시 각 음료의 최소 구비 수량의 1.5배를 구매해야 하므로 이온음료는 9캔, 탄산음료는 18캔, 에너지음료는 15캔, 커피는 45캔씩 구매해야 한다. 그러므로 구매해야 하는 전체 음료의 수는 다음과 같다.

- 이온음료 : $9\times1=9$캔
- 탄산음료 : $18\times4=72$캔
- 에너지음료 : $15\times3=45$캔
- 커피 : $45\times5=225$캔

따라서 음료는 정해진 묶음으로만 판매하므로 이온음료는 12캔, 탄산음료는 72캔, 에너지음료는 48캔, 커피는 240캔을 구매해야 한다.

02

정답 ④

- A : 기본 점수 80점에 오탈자 33건이므로 5점 감점, 전체 글자 수 654자이므로 3점 추가, A등급 2개와 C등급 1개이므로 15점 추가하여 총 $80-5+3+15=93$점이다.
- B : 기본 점수 80점에 오탈자 7건이므로 0점 감점, 전체 글자 수 476자이므로 0점 추가, B등급 3개이므로 5점 추가하여 총 $80+5=85$점이다.
- C : 기본 점수 80점에 오탈자 28건이므로 4점 감점, 전체 글자 수 332자이므로 10점 감점, B등급 2개와 C등급 1개이므로 0점 추가하여 총 $80-4-10=66$점이다.
- D : 기본 점수 80점에 오탈자 25건이므로 4점 감점, 전체 글자 수가 572자이므로 0점 추가, A등급 3개이므로 25점 추가하여 총 $80-4+25=101$점이다.
- E : 기본 점수 80점에 오탈자 12건이므로 1점 감점, 전체 글자 수가 786자이므로 8점 추가, A등급 1개와 B등급 1개와 C등급 1개이므로 10점 추가하여 총 $80-1+8+10=97$점이다.

따라서 점수가 가장 높은 학생은 D이다.

03

정답 ⑤

각 펀드의 총점을 통해 비교 결과를 유추하면 다음과 같다.

- A펀드 : 한 번은 우수(5점), 한 번은 우수 아님(2점)
- B펀드 : 한 번은 우수(5점), 한 번은 우수 아님(2점)
- C펀드 : 두 번 모두 우수 아님(2점+2점)
- D펀드 : 두 번 모두 우수(5점+5점)

각 펀드의 비교 대상은 다른 펀드 중 두 개이며, 총 4번의 비교를 했다고 하였으므로 다음과 같은 경우를 고려할 수 있다.

i)

A		B		C		D	
B	D	A	C	B	D	A	C
5	2	2	5	2	2	5	5

표의 결과를 정리하면 D>A>B, A>B>C, B·D>C, D>A·C이므로 D>A>B>C이다.

ii)

A		B		C		D	
B	C	A	D	A	D	C	B
2	5	5	2	2	2	5	5

표의 결과를 정리하면 B>A>C, D>B>A, A·D>C, D>C·B이므로 D>B>A>C이다.

iii)

A		B		C		D	
D	C	C	D	A	B	A	B
2	5	5	2	2	2	5	5

표의 결과를 정리하면 D>A>C, D>B>C, A·B>C, D>A·B이므로 D>A·B>C이다.

ㄱ. 세 가지 경우에서 모두 D펀드는 C펀드보다 우수하다.

ㄴ. 세 가지 경우에서 모두 B펀드보다 D펀드가 우수하다.

ㄷ. 마지막 경우에서 A펀드와 B펀드의 우열을 가릴 수 있으면 A～D까지 우열순위를 매길 수 있다.

CHAPTER

03 조직이해능력

대표기출유형 01 기출응용문제

01

정답 ②

이노비즈(Innobiz)는 혁신(Innovation)과 기업(Business)의 합성어로, 뛰어난 기술을 바탕으로 경쟁력을 확보하는 중소기업이다.

02

정답 ④

밑줄 친 기법은 한정 판매 마케팅 기법으로, 한정판 제품의 공급을 통해 의도적으로 공급의 가격탄력성을 0에 가깝게 조정하는 것이다. 이 기법은 판매 기업의 입장에서는 이윤 증대를 위한 경영 혁신이지만 소비자의 합리적 소비를 저해할 수 있다.

대표기출유형 02 기출응용문제

01

정답 ④

조직은 영리성을 기준으로 영리조직과 비영리조직으로 구분할 수 있다.

㉠ 영리조직 : 재산상의 이익을 목적으로 활동하는 조직이다.

㉡ 비영리조직 : 자체의 이익을 추구하지 않고 공익을 목적으로 하는 조직이다.

02

정답 ①

조직의 규칙과 규정은 조직의 목표나 전략에 따라 수립되어 조직 구성원들이 활동범위를 제약하고 일관성을 부여하는 기능을 한다. 예를 들어 인사규정, 총무규정, 회계규정 등이 있다.

대표기출유형 03 기출응용문제

01

정답 ⑤

A팀장이 요청한 중요한 자료를 가장 먼저 전송하고, PPT 자료를 전송해야 한다. 점심 예약 전화는 오전 10시 이전에 해야 하고, 오전 내에 거래처 미팅일자 변경 전화를 해야 한다.

02

정답 ⑤

현재 시각이 오전 11시이므로 오전 중으로 처리하기로 한 업무를 가장 먼저 처리해야 한다. 따라서 오전 중으로 고객에게 보내기로 한 자료 작성(ㄹ)을 가장 먼저 처리한다. 다음으로 오늘까지 처리해야 하는 업무 두 가지(ㄱ, ㄴ) 중 비품 신청(ㄱ)보다는 부서장이 지시한 부서 업무 사항(ㄴ)을 먼저 처리하는 것이 적절하다. 그리고 특별한 상황이 아닌 이상 개인의 단독 업무보다는 타인·타 부서와 협조된 업무를 우선적으로 처리해야 한다. 따라서 '고객에게 보내기로 한 자료 작성(ㄹ) – 부서 업무 사항(ㄴ) – 인접 부서의 협조 요청(ㄷ) – 단독 업무인 비품 신청(ㄱ)'의 순서로 업무를 처리해야 한다.

CHAPTER

04 정보능력

대표기출유형 01 기출응용문제

01

정답 ④

개인정보 유출을 방지하기 위해 가입해지 시 정보파기 여부를 확인해야 한다.

개인정보 유출 방지 방법

1. 회원가입 시 이용약관을 읽어야 한다.
2. 이용 목적에 부합하는 정보를 요구하는지 확인해야 한다.
3. 비밀번호는 정기적으로 교체해야 한다.
4. 정체불명의 사이트는 가입하지 않아야 한다.
5. 가입해지 시 정보파기 여부를 확인해야 한다.
6. 뻔한 비밀번호를 쓰지 않아야 한다.

02

정답 ③

세탁기 신상품의 컨셉이 중년층을 대상으로 하기 때문에 성별이 아닌 연령에 따라 자료를 분류하여 중년층의 세탁기 선호 디자인에 대한 정보가 필요함을 알 수 있다.

대표기출유형 02 기출응용문제

01

정답 ④

RANK 함수는 「=RANK(순위를 구하려는 수,목록의 배열 또는 셀 주소,순위를 정할 방법을 지정하는 수)」로 표시되고, '순위를 정할 방법을 지정하는 수'에서 0이면 내림차순, 1이면 오름차순으로 나타나게 된다. 따라서 [F8] 셀의 「=RANK(D8,D4:D8,0)」 함수의 결괏값은 4이다.

02

정답 ④

엑셀에서 〈F12〉와 〈Shift〉+〈F12〉는 '다른 이름으로 저장'의 단축키이다.

오답분석

① 〈Alt〉+〈F〉는 파일 메뉴 단축키이고, 〈Alt〉+〈N〉이 삽입 메뉴 단축키이다.
② 〈Alt〉+〈Enter〉는 한 셀에 두 줄 입력 단축키이고, 〈Alt〉+〈=〉이 자동합계 단축키이다.
③ 〈Shift〉+〈F5〉는 찾기 단축키이고, 〈Shift〉+〈F3〉이 함수 마법사 단축키이다.
⑤ 〈Ctrl〉+〈9〉는 행 숨기기 단축키이고, 〈Ctrl〉+〈F9〉가 창 최소화 단축키이다.

03

정답 ③

INDEX 함수는 「=INDEX(배열로 입력된 셀의 범위,배열이나 참조의 행 번호,배열이나 참조의 열 번호)」로 표시되고, MATCH 함수는 「=MATCH(찾으려고 하는 값,연속된 셀 범위,되돌릴 값을 표시하는 숫자)」로 표시되기 때문에 「=INDEX(E2:E9,MATCH(0,D2:D9,0))」를 입력하면 근무연수가 0인 사람의 근무월수가 셀에 표시된다. 따라서 2가 표시된다.

04

정답 ③

'볼펜은 행사에 참석한 직원 1인당 1개씩 지급한다.'라고 되어 있고 퇴직자가 속한 부서의 팀원 수가 [C2:C11]에 나와 있으므로 옳은 설명이다.

오답분석

㉠ '퇴직하는 직원이 소속된 부서당 화분 1개가 필요하다.'라고 되어 있고 자료를 보면 각 퇴직자의 소속부서가 모두 다르기 때문에 화분은 총 10개가 필요하다.

㉡ '근속연수 20년 이상인 직원에게 명패를 준다.'라고 되어 있으므로 입사년도가 2005년 이하인 직원부터 해당된다. 퇴직자 중에서는 B씨, C씨, F씨, I씨 총 4명이지만 주어진 자료만 보고 행사에 참석하는 모든 직원의 입사년도를 알 수 없으므로 틀린 설명이다.

대표기출유형 03 기출응용문제

01

정답 ③

for 반복문은 i 값이 0부터 1씩 증가하면서 10보다 작을 때까지 수행하므로 i 값은 각 배열의 인덱스(0 ~ 9)를 가리키게 되고, num에는 i가 가리키는 배열 요소 값의 합이 저장된다. arr 배열의 크기는 10이고 초기값들은 배열의 크기 10보다 작으므로 나머지 요소들은 0으로 초기화된다. 따라서 배열 arr는 {1, 2, 3, 4, 5, 0, 0, 0, 0, 0}으로 초기화되므로 이 요소들의 합 15와 num의 초기값 10에 대한 합은 25이다.

02

정답 ①

'strlen'은 문자열의 공백을 포함한 글자 수를 출력하는 함수이고, '₩n'은 줄 바꿈 명령어이다. 이때 '₩n'은 글자 수를 출력하는 함수에 포함되지 않았다. 따라서 "hello world"의 공백을 포함한 문자 수는 11이므로, 프로그램을 실행하면 11을 출력한다.

CHAPTER

05 자원관리능력

PART 1

대표기출유형 01 기출응용문제

01

정답 ①

두 번째 조건에서 경유지는 서울보다 +1시간, 출장지는 경유지보다 −2시간이므로 출장지는 서울과 −1시간 차이이다. 김대리가 서울에서 경유지를 거쳐 출장지까지 가는 과정을 서울 시각 기준으로 정리하면 다음과 같다.

서울 5일 오후 1시 35분 출발 → 오후 1시 35분+3시간 45분=오후 5시 20분 경유지 도착 → 오후 5시 20분+3시간 50분(대기시간)=오후 9시 10분 경유지에서 출발 → 오후 9시 10분+9시간 25분=6일 오전 6시 35분 출장지 도착

따라서 출장지에 도착했을 때 현지 시각은 서울보다 1시간 느리므로 오전 5시 35분이다.

02

정답 ②

- 역의 개수 : 47개
- 역과 역 사이 구간 : 47−1=46구간
- 당고개역에서 오이도역까지 걸리는 시간 : 2×46=92분
- ㉮열차의 경우
  - ㉮열차와 오이도행 열차의 출발 시각 차이 : 6시−5시 40분=20분
  - 오이도행 열차의 6시까지 이동구간의 개수 : $\frac{20}{2}$=10구간
  - 오이도행 열차의 위치 순번 : 47−10=37번
  - 1번째 역과 37번째 역의 중간역 : (1+37)÷2=19번째 역
- ㉯열차의 경우
  - ㉯열차와 오이도행 열차의 출발 시각 차이 : 6시 24분−5시 40분=44분
  - 오이도행 열차의 6시 24분까지 이동구간의 개수 : $\frac{44}{2}$=22구간
  - 오이도행 열차의 위치 순번 : 47−22=25번
  - 1번째 역과 25번째 역의 중간역 : (1+25)÷2=13번째 역
- ㉰열차의 경우
  - ㉰열차와 오이도행 열차의 출발 시각 차이 : 6시 48분−5시 40분=68분
  - 오이도행 열차의 6시 48분까지 이동구간의 개수 : $\frac{68}{2}$=34구간
  - 오이도행 열차의 위치 순번 : 47−34=13번
  - 1번째 역과 13번째 역의 중간역 : (1+13)÷2=7번째 역

대표기출유형 02 기출응용문제

01

정답 ⑤

- A팀장은 1박으로만 숙소를 예약하므로 S닷컴을 통해 예약할 경우 할인적용을 받지 못한다.
- M투어를 통해 예약하는 경우 3박 이용 시 다음 달에 30% 할인쿠폰 1매가 제공되므로 9월에 30% 할인 쿠폰을 1개 사용할 수 있으며, A팀장은 총 숙박비용을 최소화하고자 하므로 9월 또는 10월에 30% 할인 쿠폰을 사용할 것이다.
- H트립을 이용하는 경우 6월부터 8월 사이 1박 이상 숙박 이용내역이 있을 시 10% 할인받을 수 있으므로 총 5번의 숙박 중 7월과 8월에 10% 할인받을 수 있다.
- T호텔스의 경우 멤버십 가입 여부에 따라 숙박비용을 비교해야 한다.

위의 조건을 고려하여 예약사이트별 숙박비용을 계산하면 다음과 같다.

예약사이트	총 숙박비용
M투어	(120,500×4)+(120,500×0.7×1)=566,350원
H트립	(111,000×3)+(111,000×0.9×2)=532,800원
S닷컴	105,500×5=527,500원
T호텔스	• 멤버십 미가입 : 105,000×5=525,000원 • 멤버십 가입 : (105,000×0.9×5)+20,000=492,500원

따라서 숙박비용이 가장 낮은 예약사이트는 T호텔스이며, 총 숙박비용은 492,500원이다.

02

정답 ②

i) 택시를 이용하는 경우

5km를 초과하면 1km당 500원의 추가요금이 발생하므로 0.1km당 50원으로 계산한다.

- 집 → 회사 : 2,800+6.2×500=5,900원
- 회사 → 신도림 지점 : 2,800+22×500=13,800원
- 신도림 지점 → 종로 지점 : 2,800+10.8×500=8,200원
- 종로 지점 → 회사 : 2,800+30×500=17,800원

∴ 45,700원

ii) 버스를 이용하는 경우

별도의 추가요금이 없으므로 1,000원씩 4번만 내면 된다.

∴ 4,000원

iii) 자가용을 이용하는 경우

총 이동 거리는 89km(=11.2+27+15.8+35)이고, 추가요금으로 계산한다.

∴ 89,000원(=89×1,000)

따라서 교통수단별 교통비가 바르게 짝지어진 것은 ②이다.

03

정답 ①

B기업에서 오후 회의실 사용을 취소한다고 하였으므로, 오전 회의실 사용에 관해서는 고려하지 않아도 된다.

i) B기업에서 오후에 예약한 회의실

조건에서 예약 시 최소 인원은 수용 인원의 $\frac{1}{2}$ 이상이어야 한다고 하였으므로 충족하는 회의실은 세미나 3·4이다. 또한, 예약 가능한 회의실 중 비용이 저렴한 쪽을 선택한다고 하였으므로 세미나 3과 세미나 4의 사용료를 구하면 다음과 같다.

- 세미나 3 : 74,000(기본임대료)+37,000(추가임대료)+20,000(노트북 대여료)+50,000(빔프로젝터 대여료)=181,000원
- 세미나 4 : 110,000(기본임대료)+55,000(추가임대료)+20,000(노트북 대여료)+50,000(빔프로젝터 대여료)=235,000원

그러므로 B기업에서 오후에 예약한 회의실은 세미나 3이다.

ii) B기업이 환불받을 금액

B기업에서는 이용일 4일 전에 사용을 취소했으므로 환불규칙에 의해 취소수수료 10%가 발생한다. 따라서 환불받을 금액을 구하면 181,000×0.9=162,900원이다.

PART 1

대표기출유형 03 기출응용문제

01

정답 ③

각 과제의 최종 점수를 구하기 전에 항목별로 최하위 점수가 부여된 과제는 제외하므로, 중요도에서 최하위 점수가 부여된 B, 긴급도에서 최하위 점수가 부여된 D, 적용도에서 최하위 점수가 부여된 E를 제외한다. 나머지 두 과제에 대하여 주어진 조건에 따라 최종 점수를 구해보면 다음과 같다. 가중치는 별도로 부여되므로 추가 계산한다.

- A : (84+92+96)+(84×0.3)+(92×0.2)+(96×0.1)=325.2점
- C : (95+85+91)+(95×0.3)+(85×0.2)+(91×0.1)=325.6점

따라서 최종 점수가 높은 C를 가장 먼저 수행해야 한다.

02

정답 ⑤

가격, 조명도, A/S 등의 요건이 주어진 조건에 모두 부합한다.

오답분석

① 예산이 150만 원이라고 했으므로 예산을 초과하여 적절하지 않다.
② 신속한 A/S가 조건이므로 해외 A/S만 가능하여 적절하지 않다.
③ 조명도가 5,000lx 미만이므로 적절하지 않다.
④ 가격과 조명도도 적절하고 특이사항도 문제없지만 가격이 저렴한 제품을 우선으로 한다고 하였으므로 E가 적절하다.

대표기출유형 04 기출응용문제

01

정답 ③

먼저 모든 면접위원의 입사 후 경력은 3년 이상이어야 한다는 조건에 따라 A, E, F, H, I, L직원은 면접위원으로 선정될 수 없다. 이사 이상의 직급으로 6명 중 50% 이상 구성되어야 하므로 자격이 있는 C, G, N은 반드시 면접위원으로 포함한다. 다음으로 인사팀을 제외한 부서는 두 명 이상 구성할 수 없으므로 이미 N이사가 선출된 개발팀은 더 선출할 수 없고, 인사팀은 반드시 2명을 포함해야 하므로 D과장은 반드시 선출된다. 이를 정리하면 다음과 같다.

구분	1	2	3	4	5	6
경우 1	C이사	D과장	G이사	N이사	B과장	J과장
경우 2	C이사	D과장	G이사	N이사	B과장	K대리
경우 3	C이사	D과장	G이사	N이사	J과장	K대리

따라서 B과장이 면접위원으로 선출됐더라도 K대리가 선출되지 않는 경우도 있다.

02

정답 ②

- 본부에서 36개월 동안 연구원으로 근무 → $0.03 \times 36 = 1.08$점
- 지역본부에서 24개월 근무 → $0.015 \times 24 = 0.36$점
- 특수지에서 12개월 동안 파견근무(지역본부 근무경력과 중복되어 절반만 인정) → $0.02 \times 12 \div 2 = 0.12$점
- 본부로 복귀 후 현재까지 총 23개월 근무 → $0.03 \times 23 = 0.69$점
- 현재 팀장(과장) 업무 수행 중
  - 내부평가결과 최상위 10% 총 12회 → $0.012 \times 12 = 0.144$점
  - 내부평가결과 차상위 10% 총 6회 → $0.01 \times 6 = 0.06$점
  - 금상 2회, 은상 1회, 동상 1회 수상 → $(0.25 \times 2) + (0.15 \times 1) + (0.1 \times 1) = 0.75$점 → 0.5점(∵ 인정 범위 조건)
  - 시행결과평가 탁월 2회, 우수 1회 → $(0.25 \times 2) + (0.15 \times 1) = 0.65$점 → 0.5점(∵ 인정 범위 조건)

따라서 Q과장에게 부여해야 할 가점은 3.454점이다.

PART 2

최종점검 모의고사

제 1 회 최종점검 모의고사

01	02	03	04	05	06	07	08	09	10	11	12	13	14	15	16	17	18	19	20
④	②	④	④	②	③	②	⑤	①	①	④	④	①	④	③	②	②	④	①	④
21	22	23	24	25	26	27	28	29	30	31	32	33	34	35	36	37	38	39	40
④	②	④	④	①	①	⑤	④	①	①	④	④	③	③	④	⑤	②	①	①	①
41	42	43	44	45	46	47	48	49	50	51	52	53	54	55	56	57	58	59	60
⑤	③	②	②	②	②	④	①	②	②	②	②	①	④	⑤	③	④	⑤	③	④

01 문서 내용 이해

정답 ④

제시문은 과학을 통해 자연재해를 극복하고자 하는 인간의 노력을 옹호하고 있다. ④에서 인간의 자연 치유력을 감소시키더라도 인간의 능력(의학)으로 질병을 극복할 수 있다고 한 것도 같은 맥락이다.

02 글의 주제

정답 ②

제시문은 휘발유세 상승으로 인해 발생하는 장점들을 열거함으로써 휘발유세 인상을 정당화하고 있다.

03 빈칸 삽입

정답 ④

㉠ 두 번째 문단의 내용처럼 디지털 환경에서는 저작물을 원본과 동일하게 복제할 수 있고 용이하게 개작할 수 있기 때문에 ㉠과 같은 문제가 생겼다. 또한 이에 대한 결과로 ㉯ 바로 뒤의 내용처럼 디지털화된 저작물의 이용 행위가 공정 이용의 범주에 드는 것인지 가늠하기가 더 어려워졌고 그에 따른 처벌 위험도 커진 것이다. 따라서 ㉠의 위치는 ㉯가 가장 적절하다.

㉡ '이들'은 저작물의 공유 캠페인을 소개하는 네 번째 문단에서 언급한 캠페인 참여자들을 가리킨다. 따라서 ㉡의 위치는 ㉱가 가장 적절하다.

04 문서 내용 이해

정답 ④

다섯 번째 문단에 따르면 색채를 활용하여 먼 거리에서 더 잘 보이게 하거나 뚜렷하게 보이도록 해야 할 때는 배경과 그 앞에 놓이는 그림의 속성 차를 크게 해야 한다. 따라서 배경과 그림의 속성 차를 작게 할수록 뚜렷하게 보이는 효과가 있다는 내용은 적절하지 않다.

오답분석

① 세 번째 문단을 통해 알 수 있다.
② 마지막 문단을 통해 알 수 있다.
③ 두 번째 문단을 통해 알 수 있다.
⑤ 다섯 번째 문단을 통해 알 수 있다.

05 내용 추론

정답 ②

두 색이 서로의 영향으로 색상 차가 나는 것으로 색상대비에 해당한다.

오답분석

① 채도대비에 해당한다.
③ 명도대비에 해당한다.
④ 보색잔상에 해당한다.
⑤ 색순응에 해당한다.

06 내용 추론

정답 ③

제시문은 테레민이라는 악기의 연주 원리에 대한 내용이다. 두 번째 문단에서 오른손으로는 수직 안테나와의 거리에 따라 음고를 조절하고, 왼손으로는 수평 안테나와의 거리에 따라 음량을 조절한다고 하였고, 마지막 문단에서는 이에 따라 오른손으로 음고를 조절하는 방법에 대해 설명하고 있다. 따라서 뒤에 이어질 내용은 왼손으로 음량을 조절하는 원리가 나오는 것이 가장 적절하다.

PART 2

07 문단 나열

정답 ②

제시문은 나무를 가꾸기 위해 고려해야 하는 사항과 나무를 심을 때 자주 저지르는 실수에 대해 설명하고 있다. 따라서 (가) 나무를 가꾸기 위해 고려해야 할 사항과 생육조건 → (라) 식재계획을 위한 올바른 나무 선정 위치 → (다) 나무 선정 위치에서 자주 발생하는 실수 → (나) 또 다른 식재계획 시 주의점의 순서로 나열해야 한다.

08 문서 내용 이해

정답 ⑤

네 번째 문단에 따르면 클라우지우스는 열기관의 열효율은 열기관이 고온에서 열을 흡수하고 저온에 방출할 때의 두 작동 온도에만 관계된다는 카르노의 이론을 증명하였다. 이로써 열효율에 관한 카르노의 이론은 클라우지우스의 증명으로 유지될 수 있었다.

오답분석

① 두 번째 문단에 따르면 열기관은 높은 온도의 열원에서 열을 흡수하고 낮은 온도의 대기와 같은 열기관 외부에 열을 방출하며 일을 하는 기관이다.
② 두 번째 문단에 따르면 수력 기관에서 물이 높은 곳에서 낮은 곳으로 흐르면서 일을 할 때 물의 양과 한 일의 양의 비는 높이 차이에 의해서만 좌우된다.
③ 첫 번째 문단에 따르면 칼로릭은 질량이 없는 입자들의 모임이다. 따라서 가열된 쇠구슬의 질량은 증가하지 않는다.
④ 첫 번째 문단에 따르면 칼로릭은 온도가 높은 쪽에서 낮은 쪽으로 흐르는 성질이 있다.

09 문서 내용 이해

정답 ①

세 번째 문단에 따르면 줄(Joule)은 '열과 일이 상호 전환될 때 열과 일의 에너지를 합한 양은 일정하게 보존된다.'는 사실(에너지 보존 법칙)을 알아냈다. 그런데 네 번째 문단에 나타난 칼로릭 이론에 입각한 카르노의 열기관에 대한 설명에 따르면 열기관은 높은 온도에서 흡수한 열 전부를 낮은 온도로 방출하면서 일을 한다. 이는 열기관이 한 일을 설명할 수 없다는 오류가 있다.

오답분석

② 세 번째 문단에 따르면 화학 에너지, 전기 에너지 등은 등가성이 있으며 상호 전환될 수 있다.
③ 마지막 문단에 따르면 클라우지우스가 증명한 내용이다.
④ 네 번째 문단에 따르면 카르노의 이론에 대해 문제가 제기되었고, 이를 클라우지우스가 증명한 것이다.
⑤ 네 번째 문단에 따르면 카르노의 이론에 대해 클라우지우스가 증명한 내용이다.

10 문서 내용 이해

정답 ①

제6조에 따르면 지역본부장은 부당이득 관리를 수관한 1월 3일에 납입고지를 하여야 하며, 이 경우 납부기한은 1월 13일에서 2월 2일 중에 해당될 것이므로 A는 늦어도 2월 2일에는 납부하여야 한다.

오답분석

ㄴ. 제7조에 따르면 지역본부장은 4월 16일 납부기한 내에 완납하지 않은 B에 대하여 납부기한으로부터 10일 이내인 4월 26일까지 독촉장을 발급하여야 한다. 이 독촉장에 따른 납부기한은 5월 6일에서 5월 16일 중에 해당될 것이므로 B는 늦어도 5월 16일까지 납부하여야 한다.

ㄷ. 제9조에 따르면 체납자가 주민등록지에 거주하지 않는 경우, 관계공부열람복명서를 작성하거나 체납자 주민등록지 관할 동장의 행방불명확인서를 발급받는 것은 지역본부장이 아닌 담당자이다.

ㄹ. 제10조 제1항에 따르면 관할 지역본부장은 체납정리의 신속 및 업무폭주 등을 방지하기 위하여 재산 및 행방에 대한 조사업무를 체납 발생 시마다 수시로 실시하여야 한다.

11 맞춤법

정답 ④

'내'가 일부 시간적·공간적 범위를 나타내는 명사와 함께 쓰여, 일정한 범위의 안을 의미할 때는 의존 명사이므로 띄어 쓴다.

오답분석

① 짓는데 → 짓는 데
② 김철수군은 → 김철수 군은
③ 해결할 게 → 해결할게
⑤ 안됐다 → 안 됐다

12 어휘

정답 ④

제시문과 ④에서는 '어떤 현상이나 상태가 이루어지다.'의 의미로 쓰였다.

오답분석

① 내기나 시합, 싸움 따위에서 재주나 힘을 겨루어 상대에게 꺾이다.
② 해나 달이 서쪽으로 넘어가다.
③ 꽃이나 잎 따위가 시들어 떨어지다.
⑤ 무엇을 뒤쪽에 두다.

13 명제 추론

정답 ①

제주는 수요일, 금요일, 일요일에 원정 경기를 할 수 있으므로 모두 평일인 것은 아니다.

오답분석

② 제주는 화요일이 홈경기이기 때문에 수요일에 홈경기가 있을 경우 네 번째 조건에 의해 목요일은 쉬어야 하고, 원정 경기가 있을 경우 세 번째 조건에 의해 목요일은 쉬어야 한다. 따라서 제주가 수요일에 경기를 한다면 목요일에는 경기를 할 수 없다.
③ ②와 마찬가지로 토요일에 서울이 홈경기를 하기 때문에 일요일에 경기를 한다면 월요일에는 반드시 쉬어야 한다.
④ 전북이 목요일에 경기를 한다면 울산과 홈경기를 하고, 울산은 원정 경기이므로 금요일에 쉬게 된다. 따라서 금요일에 경기가 있다면 서울과 제주의 경기가 된다.
⑤ 울산이 금요일에 홈경기를 하면 상대팀은 원정 경기를 하게 된다. 따라서 토요일에 경기가 있는 전북과 서울은 경기를 할 수 없으므로 제주와의 경기가 된다.

14 명제 추론

정답 ④

두 번째와 네 번째 조건에 의해 B는 치통에 사용되는 약이고, A는 세 번째와 네 번째 조건에 의해 몸살에 사용되는 약이다.
∴ A－몸살, B－치통, C－배탈, D－피부병
두 번째와 다섯 번째 조건에 의해 은정이가 처방받은 약은 B, 희경이가 처방받은 약은 C에 해당된다. 그러면 소미가 처방받은 약은 마지막 조건에 의해 D에 해당된다.
따라서 네 사람이 처방받은 약은 정선－A(몸살), 은정－B(치통), 희경－C(배탈), 소미－D(피부병)이다.

15 자료 해석

정답 ③

손발 저림에 효능이 있는 코스는 케어코스와 종합코스가 있으며, 종합코스는 피부질환에도 효능이 있다.

오답분석

① 폼스티엔에이페리주 치료도 30% 할인이 적용된다.
② 식욕부진의 경우 웰빙코스가 적절하다.
④ 할인행사는 8월 한 달간 진행된다.
⑤ 폼스티엔에이페리주 치료는 칼로리, 아미노산, 필수지방, 오메가–3 지방산을 공급한다.

16 자료 해석

정답 ②

국제해양기구의 마지막 의견에서 회의 시설에서 C를 받은 도시는 후보도시에서 제외한다고 하였으므로 대전과 제주를 제외한 서울, 인천, 부산의 점수를 정리하면 다음과 같다.

구분	서울	인천	부산
회의 시설	10	10	7
숙박 시설	10	7	10
교통	7	10	7
개최 역량	10	3	10
가산점	–	10	5
합산점수	37	40	39

따라서 합산점수가 가장 높은 인천이 개최도시로 선정된다.

17 자료 해석

정답 ②

C사원은 혁신성, 친화력, 책임감이 '상－상－중'으로 영업팀의 핵심역량 중요도에 부합하며, 창의성과 윤리성은 '하'이지만 영업팀에서 중요하게 생각하지 않는 역량이기에 영업팀으로의 부서배치가 가장 적절하다. 반면, E사원은 혁신성, 책임감, 윤리성이 '중－상－하'로 지원팀의 핵심역량 중요도에 부합하므로 지원팀으로의 부서배치가 가장 적절하다.

18 자료 해석

정답 ④

직원 5명에 대한 1일 평균임금 및 퇴직금을 구하면 다음과 같다.

(단위 : 원)

구분	A	B	C	1일 평균임금	퇴직금
최과장	9,000,000	450,000	175,000	106,944	38,499,840
박과장	8,100,000	375,000	143,750	95,764	28,729,200
홍대리	8,850,000	337,500	156,250	103,819	24,916,560
신대리	9,000,000	300,000	121,875	104,688	18,843,840
양주임	6,300,000	225,000	106,250	73,681	6,631,290

따라서 두 번째로 퇴직금이 적은 직원은 신대리이다.

19 규칙 적용

정답 ①

입사순서는 해당 월의 누적 입사순서이므로 'W05240401'은 4월의 첫 번째 입사자임을 나타낼 뿐, 해당 사원이 생산부서 최초의 여직원인지는 알 수 없다.

20 규칙 적용

정답 ④

M01240903	W03241005	M05240912	W05240913	W01241001	W04241009
W02240901	M04241101	W01240905	W03240909	M02241002	W03241007
M03240907	M01240904	W02240902	M04241008	M05241107	M01241103
M03240908	M05240910	M02241003	M01240906	M05241106	M02241004
M04241101	M05240911	W03241006	W05241105	W03241104	M05241108

따라서 여성(W) 입사자 중 기획부(03)에 입사한 사원은 모두 5명이다.

21 자료 해석

정답 ④

각 지원자의 영역별 점수를 산정하면 다음과 같다.

(단위 : 점)

구분	나이	평균 학점	공인영어점수	관련 자격증 점수	총점
A지원자	3	2	9.2	6	20.2
B지원자	5	4	8.1	0	17.1
C지원자	4	1	7.5	6	18.5
D지원자	1	3	7.8	9	20.8
E지원자	2	5	9.6	3	19.6

따라서 C지원자는 4번째로 높은 점수이므로 중국으로 인턴을 간다.

22 자료 해석

정답 ②

변경된 조건에 따라 점수를 산정하면 다음과 같다.

(단위 : 점)

구분	나이	평균 학점	공인영어점수	관련 자격증 점수	총점
A지원자	–	4	9.2	4	17.2
B지원자	–	4	8.1	0	12.1
C지원자	–	4	7.5	4	15.5
D지원자	–	4	7.8	6	17.8
E지원자	–	5	9.6	2	16.6

따라서 가장 낮은 점수를 획득한 B지원자가 탈락하므로 희망한 국가에 인턴을 가지 못하는 사람은 B지원자이다.

23 규칙 적용

정답 ④

'KS90101-2'는 아동용 10kg 이하의 자전거로, 109동 101호 입주민이 2번째로 등록한 자전거이다.

오답분석

① 등록순서를 제외한 일련번호는 7자리로 구성되어야 하며, 종류와 무게 구분 번호의 자리가 서로 바뀌어야 한다.
② 등록순서를 제외한 일련번호는 7자리로 구성되어야 한다.
③ 자전거 무게를 구분하는 두 번째 자리에는 L, M, S 중 하나만 올 수 있다.
⑤ 등록순서는 1자리로 기재해야 한다.

24 규칙 적용

정답 ④

마지막의 숫자는 동일 세대주가 자전거를 등록한 순서를 나타내므로 해당 자전거는 2번째로 등록한 자전거임을 알 수 있다. 따라서 자전거를 2대 이상 등록한 입주민의 자전거이다.

오답분석

① 'T'를 통해 산악용 자전거임을 알 수 있다.
② 'M'을 통해 자전거의 무게는 10kg 초과 20kg 미만임을 알 수 있다.
③ 104동 1205호에 거주하는 입주민의 자전거이다.
⑤ 자전거 등록대수 제한에 대한 정보는 나와 있지 않다.

25 경영 전략

정답 ①

스톡옵션제도에 대한 설명으로 자본참가 유형에 해당한다.

오답분석

② 스캔론플랜에 대한 설명으로 성과참가 유형에 해당한다.
③ 러커플랜에 대한 설명으로 성과참가 유형에 해당한다.
④ 노사협의제도에 대한 설명으로 의사결정참가 유형에 해당한다.
⑤ 노사공동결정제도에 대한 설명으로 의사결정참가 유형에 해당한다.

26 조직 구조

정답 ①

조직변화의 과정

1. 환경변화 인지
2. 조직변화 방향 수립
3. 조직변화 실행
4. 변화결과 평가

27 조직 구조

정답 ⑤

조직문화는 구성원 개개인의 개성을 인정하고 그 다양성을 강화하기보다는 구성원들의 행동을 통제하는 기능을 한다. 즉, 구성원을 획일화·사회화시킨다.

28 업무 종류

정답 ④

시스템 오류 발생 원인 확인 및 시스템 개선 업무는 고객지원팀이 아닌 시스템개발팀이 담당하는 업무이다.

29 경영 전략

정답 ①

제품의 질은 우수하나 브랜드의 저가 이미지 때문에 매출이 좋지 않은 것이므로, 선입견을 제외하고 제품의 우수성을 증명할 수 있는 블라인드 테스트를 통해 인정을 받는다. 그리고 그 결과를 홍보의 수단으로 사용하는 것이 가장 적절하다.

30 조직 구조

정답 ①

K공사의 사내 봉사 동아리이기 때문에 공식이 아닌 비공식조직에 해당한다. 비공식조직의 특징에는 인간관계에 따라 형성된 자발적인 조직, 내면적·비가시적·비제도적·감정적, 사적 목적 추구, 부분적 질서를 위한 활동 등이 있다.

오답분석

② 영리조직에 대한 설명이다.
③·④ 공식조직에 대한 설명이다.
⑤ 비영리조직에 대한 설명이다.

31 경영 전략

정답 ④

ㄴ·ㄷ. 기업이 공익을 침해할 경우 우선 합리적인 절차에 따라 문제 해결을 해야 하며, 기업 활동의 해악이 심각할 경우 근로자 자신이 피해를 볼지라도 신고해야 할 윤리적 책임이 있다.

오답분석

ㄱ. 신고자의 동기가 사적인 욕구나 이익을 충족시켜서는 안 된다.

32 경영 전략

정답 ④

필리핀에서 한국인을 대상으로 범죄가 이루어지고 있다는 것은 심각하게 고민해야 할 사회문제이지만, 우리나라로 취업하기 위해 들어오려는 필리핀 사람들을 규제하는 것은 적절하지 않은 행동이다.

33 업무 종류

정답 ③

회의의 내용으로 보아 의사결정방법 중 브레인스토밍 기법을 사용하고 있다. 브레인스토밍은 문제에 대한 제안이 자유롭게 이어질수록, 아이디어는 많을수록 좋으며, 제안한 모든 아이디어를 종합하여 해결책을 내는 방법이다. 따라서 다른 직원의 의견에 대해 반박을 한 D주임의 태도는 브레인스토밍에 적절하지 않다.

34 경영 전략

정답 ③

도요타 자동차는 소비자의 관점이 아닌 생산자의 관점에서 문제를 해결하려다 소비자들의 신뢰를 잃게 됐다. 따라서 기업은 생산자가 아닌 소비자의 관점에서 문제를 해결하기 위해 노력해야 한다.

35 조직 구조

정답 ④

자료에 따르면 홈페이지 운영 등은 정보사업팀에서 하므로 ④는 적절하지 않다.

오답분석

① 감사실(1개)과 11개의 팀으로 구성되어 있다.
② 예산기획과 경영평가는 전략기획팀에서 관리한다.
③ 경영평가(전략기획팀), 성과평가(인재개발팀), 품질평가(평가관리팀) 등은 각각 다른 팀에서 담당한다.
⑤ 감사실을 두어 감사, 부패방지 및 지도점검을 하게 하였다.

36 업무 종류 정답 ⑤

자료를 통해 품질평가 관련 민원은 평가관리팀이 담당하고 있다는 것을 알 수 있다.

37 정보 이해 정답 ②

컴퓨터 시스템의 구성요소

- 중앙처리장치(CPU) : 컴퓨터의 시스템을 제어하고 프로그램의 연산을 수행하는 처리장치
- 주기억장치 : 프로그램이 실행될 때 보조기억장치로부터 프로그램이나 자료를 이동시켜 실행시킬 수 있는 기억장치
- 보조저장장치 : 2차 기억장치, 디스크나 CD-ROM과 같이 영구 저장 능력을 가진 기억장치
- 입출력장치 : 각 장치마다 별도의 제어기가 있어, CPU로부터 명령을 받아 장치의 동작을 제어하고 데이터를 이동시키는 일을 수행

38 정보 이해 정답 ①

직접 접근 파일은 주소 검색을 통해 직접적으로 데이터를 찾을 수 있는 파일을 말한다.

39 정보 이해 정답 ①

데이터베이스(DB; Data Base)란 어느 한 조직의 여러 응용 프로그램들이 공유하는 관련 데이터들의 모임이다. 대학 내 서로 관련 있는 데이터들을 하나로 통합하여 데이터베이스로 구축하게 되면 학생 관리 프로그램, 교수 관리 프로그램, 성적 관리 프로그램은 이 데이터베이스를 공유하여 사용하게 된다. 이처럼 데이터베이스는 여러 사람에 의해 사용될 목적으로 통합하여 관리되는 데이터의 집합을 말하며, 자료 항목의 중복을 없애고 자료를 구조화하여 저장함으로써 자료 검색과 갱신의 효율을 높인다.

오답분석

② 유비쿼터스 : 사용자가 네트워크나 컴퓨터를 의식하지 않고 장소에 상관없이 자유롭게 네트워크에 접속할 수 있는 정보통신 환경을 의미한다.

③ RFID : 극소형 칩에 상품정보를 저장하고 안테나를 달아 무선으로 데이터를 송신하는 장치를 말한다.

④ NFC : 전자태그(RFID)의 하나로, 13.56MHz 주파수 대역을 사용하는 비접촉식 근거리 무선통신 모듈이며, 10cm의 가까운 거리에서 단말기 간 데이터를 전송하는 기술을 말한다.

⑤ 와이파이 : 무선접속장치(AP; Access Point)가 설치된 곳에서 전파를 이용하여 일정 거리 안에서 무선인터넷을 할 수 있는 근거리 통신망 기술을 말한다.

40 엑셀 함수 정답 ①

IF 함수는 논리 검사를 수행하여 TRUE나 FALSE에 해당하는 값을 반환해 주는 함수이다. [F3] 셀에 입력된 '=IF(AVERAGE(B3:E3)>=90,"합격","불합격")' 함수식에서 'AVERAGE(B3:E3)'는 [B3:E3] 범위의 평균을 나타낸다. 따라서 '=IF(AVERAGE(B3:E3)>=90,"합격","불합격")' 함수식은 [B3:E3] 범위의 평균이 90 이상일 경우 '합격'을, 그렇지 않을 경우 '불합격'의 값을 출력한다. [F3]~[F6]의 각 셀에 나타나는 [B3:E3], [B4:E4], [B5:E5], [B6:E6]의 평균값은 83, 87, 91, 92.5이다. 따라서 [F3]~[F6] 셀에 나타나는 결괏값은 순서대로 불합격, 불합격, 합격, 합격이다.

41 엑셀 함수

정답 ⑤

COUNTIF 함수는 지정한 범위 내에서 조건에 맞는 셀의 개수를 구하는 함수이며, '=COUNTIF(참조 영역, 찾는 값)'으로 입력한다. 따라서 '=COUNTIF(D3:D10,">=2023-07-01")' 함수식을 사용하면 2023년 하반기에 검진받은 사람의 수를 확인할 수 있다.

오답분석

① COUNT 함수는 범위에서 숫자가 포함된 셀의 개수를 구하는 함수이다.
② COUNTA 함수는 범위가 비어 있지 않은 셀의 개수를 구하는 함수이다.
③ SUMIF 함수는 주어진 조건에 의해 지정된 셀들의 합을 구하는 함수이다.
④ MATCH 함수는 배열에서 지정된 순서상의 지정된 값에 일치하는 항목의 상대 위치 값을 찾는 함수이다.

42 엑셀 함수

정답 ③

오답분석

①·② AND 함수는 인수의 모든 조건이 참(TRUE)일 경우에 성별을 구분하여 표시할 수 있으므로 적절하지 않다.
④ 함수식에서 "남자"와 "여자"가 바뀌었다.
⑤ 함수식에서 "2"와 "3"이 아니라 "1"과 "3"이 들어가야 한다.

43 정보 이해

정답 ②

ㄱ. 공용 서버 안의 모든 바이러스를 치료한 후에 접속하는 모든 컴퓨터를 대상으로 바이러스 검사를 하고 치료해야 한다.
ㄷ. 쿠키는 공용으로 사용하는 PC로 인터넷에 접속했을 때 개인정보 유출을 방지하기 위해 삭제한다.

오답분석

ㄴ. 다운로드한 감염된 파일을 모두 실행하면 바이러스가 더욱 확산된다.
ㄹ. 관계없는 조치사항이다.

44 엑셀 함수

정답 ②

MOD 함수는 어떤 숫자를 특정 숫자로 나누었을 때 나오는 나머지를 알려주는 함수로, 짝수 혹은 홀수를 구분할 때에도 사용할 수 있는 함수이다.

오답분석

① SUMIF 함수는 조건에 맞는 셀의 값들의 합을 알려주는 함수이다.
③ INT 함수는 실수의 소수점 이하를 제거하고 정수로 변경할 때 사용하는 함수이다.
④ NOW 함수는 현재의 날짜와 시간을 알려주는 함수이며, 인수는 필요로 하지 않는다.
⑤ VLOOKUP 함수는 특정 범위의 첫 번째 열에 입력된 값을 이용하여 다른 열에 있는 값을 찾을 때 사용하는 함수이다.

45 엑셀 함수

정답 ②

ISNONTEXT 함수는 값이 텍스트가 아닐 경우 논리값 'TRUE'를 반환한다. [A2] 셀의 값은 텍스트이므로 함수의 결괏값으로 'FALSE'가 산출된다.

오답분석

① (가) : ISNUMBER 함수는 값이 숫자일 경우 논리값 'TRUE'를 반환한다.
③ (다) : ISTEXT 함수는 값이 텍스트일 경우 논리값 'TRUE'를 반환한다.
④ (라) : ISEVEN 함수는 값이 짝수이면 논리값 'TRUE'를 반환한다.
⑤ (마) : ISODD 함수는 값이 홀수이면 논리값 'TRUE'를 반환한다.

46 엑셀 함수

정답 ②

VLOOKUP은 목록 범위의 첫 번째 열에서 세로 방향으로 검색하면서 원하는 값을 추출하는 함수이고, HLOOKUP은 목록 범위의 첫 번째 행에서 가로방향으로 검색하면서 원하는 값을 추출하는 함수이다. 즉, 첫 번째 열에 있는 '박지성'의 결석값을 찾아야 하므로 VLOOKUP 함수를 이용해야 한다. VLOOKUP 함수의 형식은 「=VLOOKUP(찾을 값,범위,열 번호,찾기 옵션)」이다. 범위는 절대참조로 지정해야 하며, 근사값을 찾고자 할 경우 찾기 옵션에 1 또는 TRUE를 입력하고 정확히 일치하는 값을 찾고자 할 경우 0 또는 FALSE를 입력해야 한다. 따라서 '박지성'의 결석 값을 찾기 위한 함수식은 「=VLOOKUP("박지성",$A$3:$D$5,4,0)」이다.

47 프로그램 언어(코딩)

정답 ④

반복문을 통해 배열의 요소를 순회하면서 각 요소들의 값을 더하여 tot 저장하는 프로그램이다. 요소들의 값이 누적되어 있는 tot의 값이 100보다 크거나 같다면 break문으로 인해 반복문을 종료하고 현재 tot 값을 출력한다.

따라서 10+37+23+4+8+71일 때 100보다 커져 반복문이 종료되므로 마지막에 더해진 값은 153이 된다.

48 프로그램 언어(코딩)

정답 ①

문자열 배열 str은 'h', 'e', 'l', 'l', 'o', ' ', 'w', 'o', 'r', 'l', 'd', '₩0'로 초기화되며, str[4]에 '₩0'을 넣게 되면 str[4]가 문자열 배열 str의 마지막을 가르키게 되므로 해당 배열을 출력하게 되면 'hell'까지만 출력하게 된다. 이때, 앞뒤로 'S'와 'E'를 붙여 출력하도록 하므로 출력되는 문자열은 'ShellE'이다.

49 품목 확정

정답 ②

각 업체의 정비 1회당 수질개선효과, 분기별 정비횟수, 1년 정비비용을 구한 후, 이에 따라 수질개선점수를 도출하면 다음과 같다.

업체	정비 1회당 수질개선효과(점)	분기별 정비횟수(회)	1년 정비비용(만 원)	수질개선점수(점)
A	75+65+80=220	$\frac{2,050}{30}=68$	6,000−3,950=2,050	$\frac{220\times68}{100}\fallingdotseq149$
B	79+68+84=231	$\frac{1,800}{30}=60$	6,000−4,200=1,800	$\frac{231\times60}{100}\fallingdotseq138$
C	74+62+84=220	$\frac{1,200}{30}=40$	6,000−4,800=1,200	$\frac{220\times40}{100}=88$
D	80+55+90=225	$\frac{1,930}{30}=64$	6,000−4,070=1,930	$\frac{225\times64}{100}=144$
E	83+70+86=239	$\frac{900}{30}=30$	6,000−5,100=900	$\frac{239\times30}{100}\fallingdotseq71$

따라서 수질개선점수가 가장 높은 A업체와 D업체가 선정된다.

50 인원 선발

정답 ②

임유리 직원은 첫째 주 일요일 6시간, 넷째 주 토요일 5시간으로 월 최대 10시간 미만인 당직 규정에 어긋나므로 당직 일정을 수정해야 한다.

PART 2

51 인원 선발

정답 ②

시간대별 필요 간호인력 수 자료에 따라 필요한 최소 간호인력 수를 정리하면 다음과 같다.

근무조 \ 시간대	02:00 ~ 06:00	06:00 ~ 10:00	10:00 ~ 14:00	14:00 ~ 18:00	18:00 ~ 22:00	22:00 ~ 02:00	계
02:00 ~ 06:00 조	5명	5명					5명
06:00 ~ 10:00 조		15명	15명				15명
10:00 ~ 14:00 조			15명	15명			15명
14:00 ~ 18:00 조				0	0		0
18:00 ~ 22:00 조					50명	50명	50명
22:00 ~ 02:00 조	0					0	0
필요 간호인력 수	5명	20명	30명	15명	50명	10명	85명

따라서 K종합병원에 필요한 최소 간호인력 수는 85명이다.

52 인원 선발

정답 ②

02:00 ~ 06:00의 필요 간호인력을 20명으로 확충한다면, 필요한 최소 간호인력 85명에 15명을 추가 투입해야 하므로 최소 간호인력 수는 85+15=100명이다.

53 시간 계획

정답 ①

조건에 따라 K자동차를 대여할 수 없는 날을 표시하면 다음과 같다.

〈2월 달력〉

일	월	화	수	목	금	토
	1	2 × 짝수 날 점검	3	4 × 짝수 날 점검	5	6 × 짝수 날 점검
7	8	9 × 업무	10 × 업무	11 × 설 연휴	12 × 설 연휴	13 × 설 연휴
14	15 × 출장	16 × 출장	17	18	19	20
21	22	23	24 × C 대여 예약	25 × C 대여 예약	26 × C 대여 예약	27
28						

주말을 포함하여 대여하므로 K자동차를 대여할 수 있는 날은 18 ~ 20일, 19 ~ 21일, 20 ~ 22일, 21 ~ 23일이다. 따라서 수요일(17일)은 K자동차를 대여할 수 있는 첫날이 될 수 없다.

54 품목 확정

정답 ④

조건에 따르면 매주 일요일에 일괄구매한 B, C부품은 그 다음 주의 A제품 생산에 사용하며, 1개의 A제품 생산 시 B부품 2개와 C부품 4개가 사용된다.

- 1주 차에는 A제품의 주문량은 없고, B부품 50개와 C부품 100개의 재고가 있으므로, A제품 25개$\left(\because \frac{50}{2}=25,\ \frac{100}{4}=25\right)$를 만들어 재고로 남긴다.
- 2주 차에는 A제품 175개$\left(\because \frac{450}{2}=225,\ \frac{700}{4}=175\text{이므로 175개만 가능}\right)$를 생산하여, 1주 차의 재고 25개와 함께 총 175+25=200개의 제품을 주문량에 맞춰 모두 판매한다. 이때 B부품은 450−(175×2)=100개가 재고로 남는다.
- 3주 차에는 A제품 550개$\left(\because \frac{1,100}{2}=550,\ \frac{2,400}{4}=600\text{이므로 550개만 가능}\right)$를 생산할 수 있으며, 주문량에 따라 제품을 판매하면 550−500=50개의 재고가 남는다. 이때 C부품은 2,400−(550×4)=200개가 재고로 남는다.

따라서 3주 차 토요일 판매완료 후의 재고량은 A제품 50개, B부품 0개, C부품 200개이다.

PART 2

55 시간 계획

정답 ⑤

주어진 조건에 따르면 1팀, 2팀, 3팀은 팀별로 번갈아가며 모내기 작업을 하며, 팀별로 시간은 겹칠 수 없으며 한번 일을 하면 2시간 연속으로 해야 한다. 2팀의 경우 오전 9시~오후 12시, 오후 3시~6시 중에서 일손을 도울 수 있는데, 오전 10시에서 오후 12시에는 1팀이, 오후 2시에서 4시는 3팀이 일손을 돕기 때문에 2팀이 일손을 도울 수 있는 시간은 오후 4시에서 6시(16:00~18:00)이다.

시간	팀별 스케줄		
	1팀	2팀	3팀
09:00~10:00	상품기획 회의		시장조사
10:00~11:00	일손 돕기		
11:00~12:00			비품 요청
12:00~13:00	점심시간		
13:00~14:00			사무실 청소
14:00~15:00	업무지원	상품기획 회의	일손 돕기
15:00~16:00			
16:00~17:00	경력직 면접	일손 돕기	마케팅 전략 회의
17:00~18:00			

56 품목 확정

정답 ③

교통편 종류별 왕복 교통비용을 구하면 다음과 같다.

- 일반버스 : 24,000×2=48,000원
- 우등버스 : 32,000×2×0.99=63,360원
- 무궁화호 : 28,000×2×0.85=47,600원
- 새마을호 : 36,000×2×0.8=57,600원
- KTX : 58,000원

따라서 무궁화호가 47,600원으로 가장 저렴하다.

57 비용 계산

정답 ④

고객의 요청을 참고하여 수리가 필요한 항목을 정리하면 다음과 같다.

- 네트워크 관련 작업 : 20,000원
- 펌웨어 업그레이드 : 20,000원
- 하드 디스크 점검 : 10,000원

따라서 고객에게 안내하여야 할 수리비용은 20,000+20,000+10,000=50,000원이다.

58 비용 계산

정답 ⑤

A/S 점검표에 따른 비용을 계산하면 다음과 같다.

- 전면 유리 파손 교체 : 3,000원
- 전원 배선 교체 : 8,000원
- 41만 화소 IR 교체 : 30,000원
- 추가 CCTV 제품비 : 80,000원
- 추가 CCTV 건물 내부(로비) 설치 : 10,000원

따라서 고객에게 청구하여야 할 비용은 3,000+8,000+30,000+80,000+10,000=131,000원이다.

59 품목 확정

정답 ③

유동인구가 가장 많은 마트는 3월에 현수막을 설치할 수 없고, 나머지 장소는 설치가 가능하다. 유동인구가 많은 순서대로 살펴보면 공사 본부, 주유소, 우체국, 주민센터 순서이지만, 주유소는 우체국과 유동인구가 20명 이상 차이가 나지 않으므로 게시기간이 더 긴 우체국(30 ~ 31일)에 설치한다. 따라서 안내 현수막을 설치할 장소는 공사 본부와 우체국이다.

60 품목 확정

정답 ④

장소별 설치비용과 게시비용만 산정하면 다음과 같다.

구분	주민센터	공사 본부	우체국	주유소	마트
설치비용	200만 원	300만 원	250만 원	200만 원	300만 원
하루 게시비용	10만 원	8만 원	12만 원	12만 원	7만 원
게시기간	16일	21일	10일	9일	24일
합계비용(만 원)	200+(10×16) =360	300+(8×21) =468	250+(12×10) =370	200+(12×9) =308	300+(7×24) =468

따라서 주유소에 설치하는 것이 308만 원으로 가장 저렴하다.

제 2 회 최종점검 모의고사

01	02	03	04	05	06	07	08	09	10	11	12	13	14	15	16	17	18	19	20
②	④	④	③	④	④	③	④	④	④	④	⑤	②	⑤	⑤	②	④	②	②	②
21	22	23	24	25	26	27	28	29	30	31	32	33	34	35	36	37	38	39	40
②	④	⑤	③	④	⑤	④	②	③	③	④	③	④	①	④	①	②	④	①	④
41	42	43	44	45	46	47	48	49	50	51	52	53	54	55	56	57	58	59	60
②	②	④	①	④	①	①	①	③	①	④	④	④	③	⑤	④	④	③	⑤	⑤

01 문서 내용 이해 정답 ②

제시문에 따르면 개념에 대해 충분히 이해하면서도 개념의 사례를 제대로 구별하지 못할 수 있다. 따라서 비둘기와 참새를 구별하지 못했다고 해서 비둘기의 개념을 이해하지 못하고 있다고 평가할 수는 없다.

오답분석

①·④ 개념을 이해하는 능력이 개념의 사례를 식별하는 능력을 함축하는 것은 아니므로 개념을 이해했다고 해서 개념의 사례를 완벽하게 식별할 수 있는 것은 아니다.

③ 개념을 충분히 이해하면서도 개념의 사례를 제대로 구별하지 못할 수 있으므로 개념의 사례를 구별하지 못했다고 해서 개념을 충분히 이해하지 못하고 있다고 볼 수는 없다.

⑤ 개념의 사례를 식별하는 능력이 개념을 이해하는 능력을 함축하는 것은 아니므로 정사각형을 구별했다고 해서 정사각형의 개념을 이해하고 있다고 볼 수는 없다.

02 문서 내용 이해 정답 ④

오답분석

① 팔은 눈에 띄지 않을 만큼 작다.

② 빌렌도르프 지역에서 발견되었다.

③ 모델에 대해서는 밝혀진 것이 없다.

⑤ 출산, 다산의 상징이라는 의견이 지배적이다.

03 어휘 정답 ④

제시문과 ④에서는 '식사나 먹는 것 따위가 부담이 없고 간단하다.'의 의미로 쓰였다.

오답분석

① 옷차림 등이 가뿐하고 활동하기 편하다.

② 생각이나 언행이 신중하지 못하고 경솔하다.

③ 죄나 병 따위가 심각하지 않다.

⑤ 재빠르고 경쾌하다.

04 어휘

정답 ③

• 사임 : 맡아보던 일자리를 스스로 그만두고 물러남
• 취임 : 새로운 직무를 수행하기 위하여 맡은 자리에 처음으로 나아감

오답분석

① 퇴임 : 비교적 높은 직책이나 임무에서 물러남
② 퇴진 : 진용을 갖춘 구성원 전체나 그 책임자가 물러남
④ 사직 : 맡은 직무를 내놓고 물러남
⑤ 퇴각 : 뒤로 물러남

05 글의 주제

정답 ④

제시문의 두 번째 문단에서 전기자동차 산업이 확충되고 있음을 언급하면서 구리가 전기자동차의 배터리를 만드는 데 핵심 재료임을 설명하고 있기 때문에 ④가 글의 핵심 내용으로 가장 적절하다.

오답분석

①·⑤ 제시문에서 언급하고 있는 내용이기는 하나 핵심 내용으로 보기는 어렵다.
② 제시문에서 '그린 열풍'을 언급하고 있으나, 그 현상의 발생 원인은 제시되어 있지 않다.
③ 제시문에서 산업금속 공급난이 우려된다고 언급하고 있으나, 그로 인한 문제는 제시되어 있지 않다.

06 빈칸 삽입

정답 ④

보기의 문장은 홍차가 귀한 취급을 받았던 이유에 대하여 구체적으로 설명하고 있다. 따라서 '홍차의 가격이 치솟아 무역적자가 심화되자, 영국 정부는 자국 내에서 직접 차를 키울 수는 없을까 고민하지만 별다른 방법을 찾지 못했고, 홍차의 고급화는 점점 가속화됐다.'의 뒤, 즉 (라)에 위치하는 것이 가장 적절하다.

07 문단 나열

정답 ③

첫 번째로 1965년 노벨상 수상자인 게리 베커에 대한 내용으로 이야기를 도입하며 베커가 주장한 '시간의 비용' 개념을 소개하는 (라)가 위치하고, (라)를 보충하는 내용으로 베커의 '시간의 비용이 가변적'이라는 개념을 언급한 (가), 베커와 같이 시간의 비용이 가변적이라고 주장한 경제학자 린더의 주장을 소개한 (다), 마지막으로 베커와 린더의 공통적 전제인 사람들에게 주어진 시간이 고정된 양이라는 사실과 기대수명이 늘어남으로써 시간의 가치가 달라질 것이라는 내용의 (나)가 순서대로 연결된다. 따라서 (라) – (가) – (다) – (나) 순으로 나열해야 한다.

08 문서 내용 이해

정답 ④

온건한 도덕주의는 일부 예술작품만 도덕적 판단의 대상이 된다고 보고, 극단적 도덕주의는 모든 예술작품이 도덕적 판단의 대상이 된다고 본다. 따라서 온건한 도덕주의에서 도덕적 판단의 대상이 되는 예술작품은 극단적 도덕주의에서도 도덕적 판단의 대상이다.

오답분석

① 자율성주의는 예술작품의 미적 가치와 도덕적 가치가 서로 자율성을 유지한다고 보며, 미적 가치가 도덕적 가치보다 우월한 것으로 본다고 할 수는 없다.
② 온건한 도덕주의에서는 예술작품 중 일부에 대해서 긍정적 또는 부정적 도덕적 가치판단이 가능하다고 하였으며, 미적 가치와 도덕적 가치의 독립적인 지위를 인정해야 한다는 언급은 없다.
③ 자율성주의는 모든 예술작품이 도덕적 가치판단의 대상이 될 수 없다고 본다.
⑤ 두 번째 문단에서 톨스토이는 극단적 도덕주의의 입장을 대표한다고 하였다.

09 내용 추론

정답 ④

ㄴ. 유충호르몬은 유충의 특성이 남아 있게 하는 역할만 수행하므로 유충호르몬의 분비를 촉진하는 알로트로핀을 변태 과정 중에 있는 곤충에게 주입한다면, 유충의 특성을 갖게 되어 성체로 변태하지 않을 수 있다.

ㄷ. 유충호르몬은 탈피 촉진과 무관하므로 유충호르몬이 없더라도 탈피호르몬이 분비되면 탈피가 시작될 수 있다.

오답분석

ㄱ. 먹이 섭취 활동과 관련된 자극이 유충의 뇌에 전달되면 전흉선자극호르몬의 분비를 촉진하고, 이 호르몬이 전흉선으로 이동하여 탈피호르몬이 분비되도록 한다. 즉, 유충의 전흉선은 탈피호르몬을 분비하는 역할을 할 뿐, 먹이 섭취 활동과 관련된 자극을 전달하는 역할을 하는 것은 아니다.

10 내용 추론

정답 ④

ㄴ. ㉠에 따르면 성체가 된 이후 탈피하지 않는 곤충들의 경우, 마지막 탈피가 끝난 다음 탈피호르몬이 없어지며, 결과 2에 따르면 최종 탈피가 일어날 때까지는 탈피호르몬이 존재한다. 즉, ㉠과 결과 2를 통해 최종 탈피가 일어날 때까지 존재하던 탈피호르몬은 최종 탈피 이후 없어진다는 것을 알 수 있다. 따라서 최종 탈피가 끝난 후 탈피호르몬을 분비하는 전흉선이 파괴되어 사라진다는 것은 결과 2와 ㉠을 동시에 설명할 수 있다.

ㄷ. 결과 1에 따르면 유충호르몬은 성체가 되는 동안 점점 감소하며, 결과 2에 따르면 성체로의 최종 탈피가 일어날 때까지 존재하는 탈피호르몬의 혈중 농도는 변화하지 않는다. 따라서 결과 1과 결과 2를 통해 변태 과정에 있는 곤충의 경우 탈피호르몬의 양은 변하지 않으나, 유충호르몬의 양은 줄어들고 있음을 알 수 있으므로 탈피호르몬 대비 유충호르몬의 비율이 작아질수록 성체의 특성이 두드러진다는 가설을 지지할 수 있다.

오답분석

ㄱ. 유충호르몬에스터라제는 유충호르몬을 분해하는 효소로 혈중 유충호르몬의 농도를 낮아지게 한다. 따라서 결과 1에 따라 유충호르몬 혈중 농도가 유충기에 가장 높고 성체가 될 때까지 점점 감소한다면, 혈중 유충호르몬에스터라제의 양은 오히려 유충기에 가장 적고 성체기에 가장 많을 것이다.

11 빈칸 삽입

정답 ④

빈칸의 뒤에 나오는 내용을 살펴보면 양안시에 대해 설명하면서 양안시차를 통해 물체와의 거리를 파악한다고 하였으므로 빈칸에 거리와 관련된 내용이 나왔음을 짐작해 볼 수 있다. 따라서 빈칸에 들어갈 내용은 ④가 가장 적절하다.

12 글의 제목

정답 ⑤

제시문은 부모 사망 시 장애인 자녀의 안정적인 생활을 위해 가입할 수 있는 보험과 그와 관련된 세금 혜택, 그리고 부모 및 그 밖의 가족들의 재산 증여 시 받을 수 있는 세금 혜택에 대해 다루고 있으므로 ⑤가 글의 제목으로 가장 적절하다.

오답분석

① 제시문은 부모 사망 시 장애인 자녀가 직면한 상속의 어려움에 대해 언급하고 있지만, 구체적으로 유산 상속 과정을 다루고 있지는 않다.

② 제시문은 부모 사망 시 장애인 자녀가 받을 수 있는 세금 혜택을 다루고는 있으나, 단순히 '혜택'이라고 명시하기에는 글의 제목이 포괄적이므로 적절하지 않다.

③ 제시문은 부모 사망 시 장애인 자녀가 직면한 상속의 어려움과 생활 안정 방안에 대해 다루고 있으므로 '사회적 문제'는 전체적인 글의 제목으로 보기에는 적절하지 않다.

④ 제시문은 부모 사망 시 장애인 자녀가 받는 보험 혜택과 증여세 혜택보다는 수령하는 보험금에 있어서의 세금 혜택과 보험금을 어떻게 수령하여야 장애인 자녀의 생활 안정에 유리한지, 상속세 및 증여세법에 의해 받는 세금 혜택이 무엇인지에 대해 다루고 있으므로 글의 내용 전체를 담고 있지 않아 적절하지 않다.

13 자료 해석

정답 ②

D사원의 출장 기간은 4박 5일로, 숙박 요일은 수·목·금·토요일이다. 숙박비를 계산하면 120+120+150+150=USD 540이고, 총 숙박비의 20%를 예치금으로 지불해야 하므로 예치금은 540×0.2=USD 108이다. 이때 일요일은 체크아웃하는 날이므로 숙박비가 들지 않는다.

14 자료 해석

정답 ⑤

D사원의 출장 출발일은 호텔 체크인 당일이다. 체크인 당일 취소 시 환불이 불가능하므로 D사원은 환불받을 수 없다.

15 명제 추론

정답 ⑤

주어진 조건에 따라 자물쇠를 열 수 없는 열쇠를 정리하면 다음과 같다.

구분	1번 열쇠	2번 열쇠	3번 열쇠	4번 열쇠	5번 열쇠	6번 열쇠
첫 번째 자물쇠			×	×	×	×
두 번째 자물쇠			×			×
세 번째 자물쇠	×	×	×			×
네 번째 자물쇠			×	×		×

따라서 3번 열쇠로는 어떤 자물쇠도 열지 못하는 것을 알 수 있다.

오답분석

① 첫 번째 자물쇠는 1번 또는 2번 열쇠로 열릴 수 있다.
② 두 번째 자물쇠가 2번 열쇠로 열리면, 세 번째 자물쇠는 4번 열쇠로 열린다.
③ 세 번째 자물쇠가 5번 열쇠로 열리면, 네 번째 자물쇠는 1번 또는 2번 열쇠로 열린다.
④ 네 번째 자물쇠가 5번 열쇠로 열리면, 두 번째 자물쇠는 1번 또는 2번 열쇠로 열린다.

16 규칙 적용

정답 ②

오답분석

① 숫자 0을 다른 숫자와 연속해서 나열했고(세 번째 조건 위반), 영어 대문자를 다른 영어 대문자와 연속해서 나열했다(네 번째 조건 위반).
③ 특수기호를 첫 번째로 사용했다(마지막 조건 위반).
④ 영어 대문자를 사용하지 않았다(두 번째 조건 위반).
⑤ 영어 소문자를 사용하지 않았고(두 번째 조건 위반), 영어 대문자를 연속해서 나열했다(네 번째 조건 위반).

17 명제 추론

정답 ④

(마)에 의해 대호는 B팀에 가고, (바)에 의해 A팀은 외야수를 선택해야 한다. 또한, (라)에 의해 민한이는 투수만 가능하고, C팀이 투수만 스카우트한다고 했으므로 나머지 B, D팀은 포수와 내야수 중 선택해야 한다. (사)에 의해 성흔이가 외야수(A팀)에 간다면 주찬이는 D팀에 갈 수밖에 없으며, 이는 (아)에 어긋난다. 따라서 성흔이는 포수를 선택하여 D팀으로 가고, (자)에 의해 주찬이는 외야수로 A팀으로 간다.

18 명제 추론

정답 ②

주어진 조건을 표로 정리하면 다음과 같다.

구분	아메리카노	카페라테	카푸치노	에스프레소
호동	○	×	×	×
수근				○
지원				×

따라서 호동이는 아메리카노를 좋아한다.

오답분석

①·⑤ 주어진 조건만으로는 지원이가 좋아하는 커피를 알 수 없다.

③ 수근이는 에스프레소를 좋아하지만, 지원이는 에스프레소를 좋아하지 않는다.

④ 호동이와 수근이는 좋아하는 커피가 다르다고 했으므로, 호동이는 에스프레소를 좋아하지 않는다. 또한 주어진 조건에서 카페라테와 카푸치노도 좋아하지 않는다고 했으므로 호동이가 좋아하는 커피는 아메리카노이다.

PART 2

19 자료 해석

정답 ②

두 번째 문단의 '달러화의 약세 전환에도 불구하고'라는 말을 통해 달러화의 약세 매출에 부정적 영향을 미친다는 것을 알 수 있다. 따라서 달러화의 강세는 반대로 매출액에 부정적 영향이 아니라 긍정적 영향을 미칠 것임을 알 수 있으므로 옳지 않은 설명이다.

오답분석

① 세 번째 문단에 따르면 K기업은 낸드플래시 시장에서 고용량화 추세가 확대될 것으로 보고 있으므로 시장에서의 수요에 대응하기 위해 고용량 낸드플래시 생산에 대한 투자를 늘릴 것이다.

③ 두 번째 문단에 따르면 기업이 신규 공정으로 전환하는 경우, 이로 인해 원가 부담이 발생한다는 내용이 나와 있다. 기업 입장에서 원가 부담은 원가의 상승을 나타내므로 옳은 설명이다.

④ 첫 번째 문단에서 매출액은 26조 9,907억 원이고, 영업이익은 2조 7,127억 원이다. 따라서 영업이익률은 $\frac{27,127}{269,907} \times 100 \fallingdotseq$ 10%이다.

⑤ 두 번째 문단에 따르면 2023년 4분기 영업이익은 직전 분기 대비 50% 감소했다고 했으므로 3분기 영업이익은 4분기 영업이익의 2배이다.

20 규칙 적용

정답 ②

분류코드에서 알 수 있는 정보를 앞에서부터 순서대로 나열하면 다음과 같다.

- 발송코드 : c4 → 충청지역에서 발송
- 배송코드 : 304 → 경북지역으로 배송
- 보관코드 : HP → 고가품
- 운송코드 : 115 → 15톤 트럭으로 배송
- 서비스코드 : 01 → 당일 배송서비스 상품

21 규칙 적용

정답 ②

제품 A의 분류코드는 수도권인 경기도에서 발송되었으므로 a1, 울산지역으로 배송되므로 062, 냉동보관이 필요하므로 FZ, 5톤 트럭으로 운송되므로 105, 배송일을 7월 7일로 지정하였으므로 02이다. 따라서 분류코드를 순서대로 나열하면 'a1062FZ10502'이다.

22 자료 해석

정답 ④

예산이 가장 많이 드는 B사업과 E사업은 사업기간이 3년이므로 최소 1년은 겹쳐야 한다. 이를 바탕으로 정리하면 다음과 같다.

연도 / 예산 / 사업명	1차	2차	3차	4차	5차
예산	20조 원	24조 원	28.8조 원	34.5조 원	41.5조 원
A	–	1조 원	4조 원	–	–
B	–	15조 원	18조 원	21조 원	–
C	–	–	–	–	15조 원
D	15조 원	8조 원	–	–	–
E	–	–	6조 원	12조 원	24조 원
연도별 사용예산 합계	15조 원	24조 원	28조 원	33조 원	39조 원

따라서 D사업을 첫해에 시작해야 한다.

23 자료 해석

정답 ⑤

강좌 1회당 수강료는 플라잉 요가가 $\frac{330,000}{20}$=16,500원이고, 가방 공방은 $\frac{360,000}{12}$=30,000원이다. 따라서 플라잉 요가는 가방 공방보다 강좌 1회당 수강료가 30,000−16,500=13,500원 저렴하다.

오답분석

① 운동 프로그램인 세 강좌는 모두 오전 시간에 신청할 수 있으며, 공방 프로그램의 강좌시간은 모두 오후 1시 이후에 시작하므로 가능하다.
② 가방 공방의 강좌시간은 2시간 30분이며, 액세서리 공방은 2시간이므로 가방 공방 강좌시간이 30분 더 길다.
③ 공방 중 하나를 수강하는 경우 오후 1시 이전에 수강이 가능한 필라테스와 플라잉 요가를 모두 들을 수 있으므로 최대 두 프로그램을 들을 수 있다.
④ 프로그램을 최대로 수강하는 경우는 필라테스와 플라잉 요가를 오전에 수강하고, 오후에는 액세서리 공방, 가방 공방, 복싱 중 한 강좌를 듣는 것이다. 따라서 세 강좌 중 가장 비싼 수강료는 가방 공방이므로 총 수강료가 가장 비싼 경우는 가방 공방을 수강하는 것이다.

24 자료 해석

정답 ③

제시된 조건을 항목별로 정리하면 다음과 같다.

• 부서배치
 – 성과급 평균은 48만 원이므로, A는 영업부 또는 인사부에서 일한다.
 – B와 D는 비서실, 총무부, 홍보부 중에서 일한다.
 – C는 인사부에서 일한다.
 – D는 비서실에서 일한다.
 따라서 A – 영업부, B – 총무부, C – 인사부, D – 비서실, E – 홍보부에서 일한다.
• 휴가
 – A는 D보다 휴가를 늦게 간다.
 따라서 C – D – B – A 또는 D – A – B – C 순으로 휴가를 간다.
• 성과급
 – D사원 : 60만 원
 – C사원 : 40만 원

오답분석

① A는 20만×3=60만 원이고, C는 40만×2=80만 원이다. 따라서 A의 3개월 치 성과급은 C의 2개월 치 성과급보다 적다.
② C가 제일 먼저 휴가를 갈 경우, A가 제일 마지막으로 휴가를 가게 된다.
④ 휴가를 가지 않은 E는 두 배의 성과급을 받기 때문에 총 120만 원의 성과급을 받게 되고, D의 성과급은 60만 원이기 때문에 두 사람의 성과급 차이는 두 배이다.

⑤ C가 제일 마지막에 휴가를 갈 경우, B는 A보다 휴가를 늦게 출발한다.

25 조직 구조 **정답** ④

항공보안교육에 반드시 이수해야 하는 교육대상자는 보안검색감독자, 보안검색요원, 장비유지보수요원이다. 보안검색팀의 경우 보안검색 협력사를 관리하고, 보안검색을 감독하는 업무를 담당하고 있으므로 보안검색요원은 보안검색요원교육을, 보안검색감독자는 보안검색감독자교육을 반드시 이수해야 한다. 또한, 보안장비팀은 항공보안장비를 구매하고 유지·관리하는 업무를 담당하므로 장비유지보수요원은 반드시 장비유지보수교육을 이수해야 한다. 따라서 항공보안교육을 반드시 이수해야 하는 팀은 보안검색팀과 보안장비팀이다.

26 조직 구조 **정답** ⑤

조직문화는 조직의 안정성을 가져오므로 많은 조직들은 그 조직만의 독특한 조직문화를 만들기 위해 노력한다.

27 업무 종류 **정답** ④

필기전형 합격자의 조 구성은 은경씨가 하지만, 합격자에게 몇 조인지 미리 공지하는지는 알 수 없다.

28 조직 구조 **정답** ②

각종 위원회 위원 위촉에 관한 전결규정은 없다. 따라서 정답은 ②가 된다. 단, 대표이사의 부재중에 부득이하게 위촉을 해야 하는 경우가 발생했다면 차하위자(전무)가 대결을 할 수는 있다.

29 경영 전략 **정답** ③

제시된 사례의 쟁점은 재고 처리이며, 여기서 김봉구 씨는 G사에 대하여 경쟁전략(강압전략)을 협상전략으로 사용하고 있다. 강압전략은 'Win-Lose' 전략으로, 내가 승리하기 위해서 당신은 희생되어야 한다는 전략인 'I Win, You Lose' 전략이다. 이 전략은 명시적 또는 묵시적으로 강압적 위협이나 강압적 설득, 처벌 등의 방법으로 상대방을 굴복시키거나 순응시키는 방법이다. 자신의 주장을 확실하게 상대방에게 제시하고 상대방에게 이를 수용하지 않으면 보복이 있을 것이며 협상이 결렬될 것이라는 등의 위협을 가하는 것이다. 즉, 강압전략은 일방적인 의사소통으로 일방적인 양보를 받아내려는 것이다.

30 경영 전략 **정답** ③

경영전략 추진과정

1. 전략목표 설정 : 비전설정, 미션설정
2. 환경분석 : 내부 환경분석, 외부 환경분석
3. 경영전략 도출 : 조직전략, 사업전략 등
4. 경영전략 실행 : 경영목적 달성
5. 평가 및 피드백 : 경영전략 결과, 전략목표 및 경영전략 재조정

31 조직 구조 **정답** ④

오답분석

①·⑤ 수신 2명, 참조 1명, 비밀참조 1명으로 모두 4명이 전자우편을 받게 된다.
②·③ 한상민 사장은 비밀참조이므로 김영철 상무와 전무이사는 그 사실을 알 수 없다.

32 업무 종류

정답 ③

비품은 회사 업무상에 사용되는 물품을 의미하며, 대체로 기업에서는 사전에 품목을 정해 놓고 보급한다. 만약 품목에 해당하지 않는 비품이 필요할 경우에는 그 사용 용도가 명확하고 업무에 필요한 것인지를 먼저 판단한 후, 정해진 예산을 고려하여 구매하는 것이 적절한 처리 과정이다. ③과 같이 단순히 품목에 없다는 이유로 제외하는 것은 적절하지 않다.

33 업무 종류

정답 ④

제시된 분장업무는 영리를 목적으로 하는 영업과 관련된 업무로 볼 수 있다. 따라서 영업부가 가장 적절하다.

오답분석

① 총무부 : 전체적이며 일반적인 행정 실무를 맡아보는 부서로, 분장업무로는 문서 및 직인관리, 주주총회 및 이사회개최 관련 업무, 의전 및 비서업무, 사무실 임차 및 관리, 사내외 행사 관련 업무, 복리후생 업무 등을 볼 수 있다.
② 인사부 : 구성원들의 인사, 상벌, 승진 등의 일을 맡아보는 부서로, 분장업무로는 조직기구의 개편 및 조정, 업무분장 및 조정, 인력수급계획 및 관리, 노사관리, 상벌관리, 인사발령, 평가관리, 퇴직관리 등을 볼 수 있다.
③ 기획부 : 조직의 업무를 계획하여 일을 맡아보는 부서로, 분장업무로는 경영계획 및 전략 수립·조정, 전사기획업무 종합 및 조정, 경영정보 조사 및 기획 보고, 종합예산수립 및 실적관리, 사업계획, 손익추정, 실적관리 및 분석 등을 볼 수 있다.
⑤ 자재부 : 필요한 재료를 구입하고 마련하는 일을 맡아보는 부서로, 구매계획 및 구매예산의 편성, 시장조사 및 구입처 조사 검토, 견적의뢰 및 검토, 구입계약 및 발주, 재고조사 및 재고통제, 보관 및 창고관리 등의 업무를 볼 수 있다.

34 경영 전략

정답 ①

피터의 법칙(Peter's Principle)이란 무능력이 개인보다는 위계조직의 메커니즘에서 발생한다고 보는 이론이다. 우리 사회에서 많이 볼 수 있는 무능력, 무책임으로 인해 우리는 많은 불편을 겪으며 막대한 비용을 지출하게 된다. 그렇지만 이러한 현상은 사라지지 않고 있으며, 오히려 무능한 사람들이 계속 승진하고 성공하는 모순이 발생하고 있다. 대부분의 사람은 무능과 유능이 개인의 역량에 달려 있다고 생각하기 쉽다. 그러나 로런스 피터(Laurence J. Peter)와 레이먼드 헐(Raymond Hull)은 우리 사회의 무능이 개인보다는 위계조직의 메커니즘에서 발생한다고 주장하였다.

35 업무 종류

정답 ④

㉠ : Q1, Q8
㉡ : Q5, Q6, Q7, Q9

36 업무 종류

정답 ①

B씨는 남은 수강일과 동영상 강의 및 도서 환불에 대해 문의하고 있으므로, Q1, Q6, Q8을 통해 궁금증을 해결할 수 있다.

37 엑셀 함수

정답 ②

- [D11] 셀에 입력된 COUNTA 함수는 범위에서 비어있지 않은 셀의 개수를 구하는 함수이다. [B3:D9] 범위에서 비어있지 않은 셀의 개수는 숫자 '1' 10개와 '재제출 요망'으로 입력된 텍스트 2개로, 「=COUNTA(B3:D9)」의 결괏값은 12이다.
- [D12] 셀에 입력된 COUNT 함수는 범위에서 숫자가 포함된 셀의 개수를 구하는 함수이다. [B3:D9] 범위에서 숫자가 포함된 셀의 개수는 숫자 '1' 10개로, 「=COUNT(B3:D9)」의 결괏값은 10이다.
- [D13] 셀에 입력된 COUNTBLANK 함수는 범위에서 비어있는 셀의 개수를 구하는 함수이다. [B3:D9] 범위에서 비어있는 셀의 개수는 9개이므로 「=COUNTBLANK(B3:D9)」의 결괏값은 9이다.

38 엑셀 함수

정답 ④

LARGE 함수는 데이터 집합에서 N번째로 큰 값을 구하는 함수이다. 따라서 ④를 입력하면 [D2:D9] 범위에서 두 번째로 큰 값인 20,000이 출력된다.

오답분석

① MAX 함수는 최댓값을 구하는 함수이다.
② MIN 함수는 최솟값을 구하는 함수이다.
③ MID 함수는 문자열의 지정 위치에서 문자를 지정한 개수만큼 돌려주는 함수이다.
⑤ INDEX 함수는 범위 내에서 값이나 참조 영역을 구하는 함수이다.

39 엑셀 함수

정답 ①

SUMIF 함수는 주어진 조건에 의해 지정된 셀들의 합을 구하는 함수이며, 「=SUMIF(조건 범위,조건,계산할 범위)」로 구성된다. 따라서 ①을 입력하면 계산할 범위 [C2:C9] 안에서 [A2:A9] 범위 안의 조건인 [A2](의류)로 지정된 셀들의 합인 42가 출력된다.

오답분석

② COUNTIF 함수는 지정한 범위 내에서 조건에 맞는 셀의 개수를 구하는 함수이다.
③ VLOOKUP 함수는 목록 범위의 첫 번째 열에서 세로 방향으로 검색하면서 원하는 값을 추출하는 함수이다.
④ HLOOKUP 함수는 목록 범위의 첫 번째 행에서 가로 방향으로 검색하면서 원하는 값을 추출하는 함수이다.
⑤ AVERAGEIF 함수는 주어진 조건에 따라 지정되는 셀의 평균을 구하는 함수이다.

40 정보 이해

정답 ④

운영체제의 기능에는 프로세스 관리, 메모리 관리, 기억장치 관리, 파일 관리, 입출력 관리, 리소스 관리 등이 있다.

41 엑셀 함수

정답 ②

- 「=SMALL(B3:B9,2)」은 [B3:B9] 범위에서 2번째로 작은 값을 구하는 함수이므로 7이 출력된다.
- 「=MATCH(7,B3:B9,0)」는 [B3:B9] 범위에서 7의 위치 값을 나타내므로 4가 출력된다.

따라서 「=INDEX(A3:E9,4,5)」의 결괏값은 [A3:E9]의 범위에서 4행, 5열에 위치한 대전이다.

42 정보 이해

정답 ②

인쇄 중인 문서를 일시 정지시킬 수 있으며 일시 정지된 문서를 다시 이어서 출력할 수도 있지만, 다른 프린터로 출력하도록 할 수는 없다. 다른 프린터로 출력을 원할 경우 처음부터 다른 프린터로 출력해야 한다.

43 정보 이해

정답 ④

비교적 가까운 거리에 흩어져 있는 컴퓨터들을 서로 연결하여 여러 가지 서비스를 제공하는 네트워크는 근거리 통신망에 해당한다. 근거리 통신망의 작업 결과를 공유하기 위해서는 네트워크상의 작업 그룹명을 동일하게 해야 한다.

44 정보 이해

정답 ①

쿠키는 웹에 접속할 때 자동적으로 만들어지는 임시 파일로 이용자의 ID, 비밀번호 등의 정보가 담겨 있다. 특정 웹사이트에서는 사용자 컴퓨터의 정보 수집을 위해 사용되며, 해당 업체의 마케팅에 도움이 되기는 하지만 개인정보의 침해 소지가 있다. 따라서 주기적으로 삭제하는 것이 개인정보가 유출되지 않도록 하는 방법이다.

45 프로그램 언어(코딩)

정답 ④

1부터 100까지의 값은 변수 x에 저장한다. 1, 2, 3, …에서 초기값은 1이고, 최종값은 100이며, 증분값은 1씩 증가시키면 된다. 즉, 1부터 100까지를 덧셈하려면 99단계를 반복 수행해야 하므로 결과는 5050이 된다.

46 프로그램 언어(코딩)

정답 ①

i=100/300의 실수 변수는 0.0

j=VALUE1 & VALUE2는 비트 연산 AND이므로

	0001
AND	0010
	0000

→ j=0

k=VALUE1 | VALUE2는 비트 연산 OR이다.

	0001	
OR	0010	
	0011	(이진수)=3(십진수)

→ k=3

if (j && k || i) m = i+j;

else m = j+k;

→ j와 k의 논리 연산 AND의 결과와 i와의 논리 연산 OR의 결과가 참이면 m = i+j를 실행하고, 거짓이면 m = j+k를 실행한다. 우선 j&&k(0&&3이 되면 그 결과는 0)가 되고 0 || i의 결과는 0이므로 거짓이다. 따라서 m = j+k를 실행하게 되며 m은 3이 된다.

printf("i = %.1f j = %d k = %d m = %03d\n", i,j,k,m);

→ i는 소수점 첫째 자리까지 j, k는 10진수를 출력, m은 세 자리를 확보하여 값을 오른쪽 정렬하여 출력하는데 빈칸은 0으로 채우라는 뜻이므로 m은 003이 출력된다.

47 정보 이해

정답 ①

피벗테이블 결과가 표시되는 장소는 다른 시트도 가능하다.

48 엑셀 함수

정답 ①

「=VLOOKUP(SMALL(A2:A10,3),A2:E10,4,0)」에서 SMALL(A2:A10,3)의 함수는 [A2:A10]의 범위에서 3번째로 작은 숫자이므로 그 값은 '3'이 된다. VLOOKUP 함수는 VLOOKUP(첫 번째 열에서 찾으려는 값,찾을 값과 결과로 추출할 값들이 포함된 데이터 범위,값이 입력된 열의 열 번호,일치 기준)으로 구성되므로 VLOOKUP(3,A2:E10,4,0) 함수는 A열에서 값이 3인 4번째 행의 4번째 열에 위치한 '82'가 출력된다.

49 비용 계산

정답 ③

고객 A는 제품을 구입한 지 1년이 지났으므로 수리비 2만 원을 부담해야 하며, A/S 서비스가 출장 서비스로 진행되어 출장비를 지불해야 하는데, 토요일 오후 3시는 A/S 센터 운영시간이 아니므로 3만 원의 출장비를 지불해야 한다. 또한 부품을 교체하였으므로 고객 A는 부품비 5만 원까지 합하여 총 10만 원의 A/S 서비스 비용을 지불해야 한다.

50 인원 선발

정답 ①

평가지표 결과와 평가지표별 가중치를 이용하여 지원자들의 최종 점수를 계산하면 다음과 같다.

- A지원자 : (3×3)+(3×3)+(5×5)+(4×4)+(4×5)+5=84점
- B지원자 : (5×3)+(5×3)+(2×5)+(3×4)+(4×5)+5=77점
- C지원자 : (5×3)+(3×3)+(3×5)+(3×4)+(5×5)=76점
- D지원자 : (4×3)+(3×3)+(3×5)+(5×4)+(4×5)+5=81점
- E지원자 : (4×3)+(4×3)+(2×5)+(5×4)+(5×5)=79점

따라서 K공사에서 올해 채용할 지원자는 A, D지원자이다.

51 시간 계획

정답 ④

체육대회는 주말에 한다고 하였으므로 평일과 비가 오는 장마기간은 제외한다. 12일과 13일에는 사장이 출장으로 자리를 비우고, 마케팅팀이 출근해야 하므로 적절하지 않다. 19일은 서비스팀이 출근해야 하며, 26일은 마케팅팀이 출근해야 한다. 또한, ○○운동장은 둘째, 넷째 주말엔 개방하지 않으므로 27일을 제외하면 남은 날은 20일이다.

52 비용 계산

정답 ④

제품별 지급해야 할 보관료는 다음과 같다.

- A제품 : 300억×0.01=3억 원
- B제품 : 2,000CUBIC×20,000=4천만 원
- C제품 : 500톤×80,000=4천만 원

따라서 K기업이 보관료로 지급해야 할 총금액은 3억+4천만+4천만=3억 8천만 원이다.

53 인원 선발

정답 ④

우선 동료 평가에서 '하'를 받은 E와 I를 제외한다. 승진시험 성적은 100점 만점이므로 제시된 점수를 그대로 반영하고 영어 성적은 5를 나누어서 반영한다. 성과 평가의 경우는 2를 나누어서 반영해 합산점수를 구하면 다음과 같이 나온다.

구분	A	B	C	D	E	F	G	H	I	J	K
합산점수	220	225	225	200	제외	235	245	220	제외	225	230

따라서 F, G가 승진 대상자가 된다.

54 비용 계산

정답 ③

첫 번째 조건에 의하면 내구연한이 8년 이상인 소화기는 폐기처분하여야 한다. 2024년 1월 1일을 기준으로 하였을 때, 제조연도가 2014년, 2015년인 소화기는 처분대상이 되므로 총 39개이며, 폐기처분비용은 10,000×39=39만 원이 발생된다.

두 번째 조건에 의하면 지시압력계가 노란색이거나 빨간색이면 신형 소화기로 교체처분을 하여야 한다. 2015 ~ 2017년까지 노란색으로 표시된 소화기는 총 5개이며, 빨간색으로 표시된 소화기는 3개이다. 따라서 교체비용은 50,000×(5+3)=40만 원이 발생된다.

세 번째 조건에 의하면 소화기는 최소한 60개 이상 보유하여야 한다. 2016 ~ 2018년의 소화기 총계가 51개이므로 9개의 신형 소화기를 새로 구매하여야 한다. 따라서 구매비용은 50,000×9=45만 원이 발생된다.

그러므로 최종적으로 발생된 전체비용은 39만+40만+45만=124만 원이다.

55 품목 확정

정답 ⑤

김과장이 회의 장소까지 대중교통을 이용해 이동할 수 있는 경우는 각각 버스·지하철·택시만 이용하는 경우와 버스 – 지하철을 이용하는 경우, 버스 – 택시를 이용하는 경우 총 5가지이다.

• 버스만 이용할 경우
 – 교통비 : 1,000원
 – 대기요금(5분) : 200×5=1,000원
 ∴ 1,000+1,000=2,000원
• 택시만 이용할 경우
 – 교통비 : 2,000+400=2,400원
 – 대기요금(15분) : 200×15=3,000원
 ∴ 2,400+3,000=5,400원
• 지하철만 이용할 경우
 – 교통비 : 1,000원
 – 대기요금(10분) : 200×10=2,000원
 ∴ 1,000+2,000=3,000원
• 버스와 지하철을 환승하여 이동할 경우
 – 교통비 : 1,000원
 – 환승비용 : 450×2=900원
 – 대기요금(4분) : 200×4=800원
 ∴ 1,000+900+800=2,700원
• 버스와 택시를 환승하여 이동할 경우
 – 교통비 : 1,000+2,000=3,000원
 – 환승비용 : 450×2=900원
 – 대기요금(5분) : 200×5=1,000원
 ∴ 3,000+900+1,000=4,900원

따라서 버스와 택시를 환승하여 이동하는 경우가 두 번째로 많은 비용이 든다.

56 비용 계산

정답 ④

통화내역을 통해 국내통화인지 국제통화인지 구분한다.

• 국내통화 : 4/5(화), 4/6(수), 4/8(금)
 → 10분+30분+30분=70분
• 국제통화 : 4/7(목) → 60분

∴ 70분×15원+60분×40원=3,450원

57 인원 선발

정답 ④

구분	월	화	수	목	금	토	일
오전	공주원 지한준 김민정	이지유 최유리 이건율	이영유 강리환	공주원 강리환 이건율	이지유 지한준	최민관 강지공 김민정	최민관 이건율
오후	최민관 이지유	최민관 이영유 강지공	공주원 지한준 강지공 김민정	최유리	이영유 강지공	이영유 강리환 최유리	이지유 김민정

당직 근무 규칙에 따르면 오후 당직의 경우 최소 2명이 근무해야 한다. 그러나 목요일 오후에 최유리 1명만 근무하므로 최소 1명의 근무자가 더 필요하다. 이때, 한 사람이 같은 날 오전·오후 당직을 모두 할 수 없으므로 목요일 오전 당직 근무자인 공주원, 강리환, 이건율은 제외된다. 또한 당직 근무는 주당 5회 미만이므로 이번 주에 4번의 당직 근무가 예정된 근무자 역시 제외된다. 따라서 지한준의 당직 근무 일정을 추가해야 한다.

58 비용 계산

정답 ③

먼저 A씨의 퇴직금을 구하기 위해서는 1일 평균임금을 구해야 한다.

3개월간 임금 총액은 6,000,000+720,000=6,720,000원이고, 1일 평균임금은 6,720,000원÷80=84,000원이다.

따라서 퇴직금은 84,000원×30일×(730÷365)=5,040,000원이다.

59 인원 선발

정답 ⑤

- A : 2024년 4월부터 2025년 3월까지의 기간에서 연금보험료를 내지 않은 3개월을 제외하므로 A의 가입기간은 총 12−3=9개월이다. A는 지역가입자이므로 제17조 제2항의 예외조항에 해당되지 않음을 유의한다.
- B : 2023년 11월부터 2024년 8월까지이므로 총 10개월이다.
- C : 가입자 자격을 취득한 날이 5월 1일이므로 C의 가입기간은 2024년 5월부터 2025년 2월까지로 총 10개월이다.
- D : 2023년 4월부터 2023년 5월까지의 가입기간과 2023년 6월부터 2024년 2월까지의 가입기간을 계산하면 D의 가입기간은 총 2+9=11개월이다.
- E : 2024년 1월부터 2024년 12월까지이므로 총 12개월이다.

따라서 가입기간이 가장 긴 사람은 E이다.

60 품목 확정

정답 ⑤

각 업체의 선정점수를 항목별로 동일한 가중치로 합산하여 계산하면 다음과 같다.

(단위 : 점)

구분	A업체	B업체	C업체	D업체	E업체
선정점수	67	75	72	72	73

세 번째 조건에 따라 건축안정성 점수가 17점 미만인 업체는 없으므로 이로 인해 제외되는 업체는 없고, 네 번째 조건에 따라 입찰가격 점수가 10점 미만인 B업체는 제외된다. 또한, 마지막 조건에 따라 C업체는 내진설계를 포함하지 않아 제외된다. 따라서 나머지 업체인 A, D, E업체 중 선정점수가 가장 높은 E업체가 선정된다.

PART 2

제 3 회 최종점검 모의고사

01	02	03	04	05	06	07	08	09	10	11	12	13	14	15	16	17	18	19	20
③	①	④	⑤	②	⑤	②	④	④	④	④	③	⑤	③	②	③	③	②	①	⑤
21	22	23	24	25	26	27	28	29	30	31	32	33	34	35	36	37	38	39	40
③	④	②	③	③	⑤	⑤	④	③	②	③	④	③	②	③	④	③	②	④	①
41	42	43	44	45	46	47	48	49	50	51	52	53	54	55	56	57	58	59	60
②	③	④	③	②	③	①	②	③	③	③	④	②	②	④	③	④	③	④	②

01 문서 내용 이해

정답 ③

사람은 한쪽 눈으로 얻을 수 있는 단안 단서만으로도 이전의 경험으로부터 추론에 의하여 세계를 3차원으로 인식할 수 있다. 즉, 사고로 한쪽 눈의 시력을 잃어도 남은 한쪽 눈에 맺히는 2차원의 상들은 다양한 실마리를 통해 입체 지각이 가능하다.

02 문단 나열

정답 ①

제시문은 아리스토텔레스 목적론의 논쟁에 대해 설명하는 글이다. 따라서 (가) 근대에 등장한 아리스토텔레스의 목적론에 대한 비판 → (나) 근대 사상가들의 구체적인 비판 → (라) 근대 사상가들의 비판에 대한 반박 → (다) 근대 사상가들의 비판에 대한 현대 학자들의 비판 순으로 나열해야 한다.

03 어휘

정답 ④

포상(褒賞) : 1. 칭찬하고 장려하여 상을 줌
2. 각 분야에서 나라 발전에 뚜렷한 공로가 있는 사람에게 정부가 칭찬하고 장려하여 상을 줌. 또는 그 상

오답분석

① 보훈(報勳) : 공훈에 보답함
② 공훈(功勳) : 나라나 회사를 위하여 두드러지게 세운 공로
③ 공로(功勞) : 일을 마치거나 목적을 이루는 데 들인 노력과 수고. 또는 일을 마치거나 그 목적을 이룬 결과로서의 공적
⑤ 공적(功績) : 노력과 수고를 들여 이루어 낸 일의 결과

04 문서 내용 이해 정답 ⑤

택견이 내면의 아름다움을 중시한다는 내용은 제시문에 나와 있지 않다.

오답분석

① 두 번째 문단에서 진정한 고수는 상대를 다치게 하지 않으면서도 물러나게 하는 법을 안다는 내용과 세 번째 문단에서 택견은 상대에 대한 배려와 수비 기술을 더 많이 가르친다는 내용을 통해 알 수 있다.
② 마지막 문단에서 걸고 차는 다양한 기술을 통해 공격과 방어의 조화를 이루는 실질적이고 통합된 무술이라고 설명하고 있다.
③ 첫 번째 문단에 택견 전수자는 우아한 몸놀림으로 움직이며 부드러운 곡선을 만들어 내지만, 이를 통해 유연성뿐만 아니라 힘도 보여준다는 내용을 통해 알 수 있다.
④ 마지막 문단에서 택견의 특징 중 하나가 자연스럽고 자발적인 무술이라고 설명하고 있다.

05 글의 주제 정답 ②

제시문의 마지막 문단에서 말이란 결국 생각의 일부분을 주워 담는 작은 그릇이며, 말을 통하지 않고는 생각을 전달할 수가 없는 것이라고 하며 말은 생각을 전달하기 위한 수단임을 주장하고 있다.

06 문서 내용 이해 정답 ⑤

근시안적인 자세를 가지고 행동하는 것, 즉 '나무는 보되 숲은 보지 못하는' 관점의 관리문화는 현재 우리나라의 관리문화를 말하고 있는 것이다. 따라서 ⑤는 적절하지 않다.

07 글의 주제 정답 ②

제시문은 환경오염이 급격한 기후변화의 촉매제 역할을 하고 있으며, 농어촌과 식량 자원에 악영향을 끼치고 있다고 이야기하고 있다. 따라서 ②가 글의 주제로 가장 적절하다.

08 내용 추론 정답 ④

충전지를 최대 용량을 넘어서 충전할 경우 발열로 인한 누액이나 폭발의 위험이 있다. 충전지를 충전하는 과정에서 충전지의 온도가 과도하게 상승한다면 최대 용량을 넘은 과충전을 의심할 수 있으므로 충전을 중지하는 것이 좋다.

오답분석

① 충전기의 전원 전압은 충전지의 공칭 전압보다 높아야 한다. 이때, 용량과 관계없이 리튬 충전지의 공칭 전압은 3.6V이므로 전원 전압이 3.6V보다 높은 충전기를 사용해야 한다.
② 충전지를 크게 만들면 충전 용량과 방전 전류 세기를 증가시킬 수 있으나, 전극의 물질을 바꾸지 않는 한 공칭 전압은 변하지 않는다.
③ 충전지를 방전 하한 전압 이하까지 방전시키면 충전지의 수명이 줄어들기 때문에 오래 사용하기 위해서는 방전 하한 전압 이하까지 방전시키지 않는 것이 좋으나, 니켈카드뮴 충전지의 경우 메모리 효과로 인해 완전히 방전되기 전 충전을 반복하면 충・방전 용량이 줄어든다.
⑤ 충전기로 리튬 충전지를 충전할 경우 만충전 전압에 이르면 정전압 회로로 전환하여 정해진 시간 동안 충전지에 공급하는 전압을 일정하게 유지한다. 그러나 공칭 전압은 변화하는 단자 전압의 평균일 뿐이므로 리튬 충전지의 만충전 전압이 3.6V인 것은 아니다.

09 빈칸 삽입

정답 ④

탄소배출권거래제는 의무감축량을 초과 달성했을 경우 초과분을 거래할 수 있는 제도이다. 따라서 온실가스의 초과 달성분을 구입 혹은 매매할 수 있음을 추측할 수 있으며, 빈칸 이후 문단에서도 탄소배출권을 일종의 현금화가 가능한 자산으로 언급함으로써 이러한 추측을 돕고 있다. 따라서 ④가 빈칸에 들어갈 말로 가장 적절하다.

10 맞춤법

정답 ④

'투영하다'는 '어떤 상황이나 자극에 대한 해석, 판단, 표현 따위에 심리 상태나 성격을 반영하다.'의 의미이다. 따라서 '투영하지'가 적절하다.

11 빈칸 삽입

정답 ④

보기의 단락은 아쿠아포닉스의 단점에 대해 설명하고 있다. 따라서 보기의 단락 앞에는 아쿠아포닉스의 장점이 설명되고, 단락 뒤에는 단점을 해결하는 방법이나 추가적인 단점 등이 오는 것이 옳다. 또한, 세 번째 문단의 '이러한 수고로움'이 앞에 제시되어야 하므로, 보기가 들어갈 곳으로 가장 적절한 것은 (라)이다.

12 문단 나열

정답 ③

제시된 단락에서 미적 판단에 대한 논쟁이 있었음을 밝히고 있으므로 실재론자 또는 반실재론자의 주장이 이어지는 것이 가장 적절하다. 따라서 (다) 미적 판단의 객관성을 지지하는 실재론자들 → (가) 주장에 대한 실재론자들의 근거 → (나) 실재론자의 주장에 반박하는 반실재론자들 → (라) 주장에 대한 반실재론자들의 근거 순으로 나열해야 한다.

13 자료 해석

정답 ⑤

글피인 15일에는 흐리지만 비는 내리지 않고, 최저기온은 영하이다.

오답분석

① 12 ~ 15일의 일교차(최고기온과 최저기온의 차)를 구하면 다음과 같다.

- 12일 : 11−0=11℃
- 13일 : 12−3=9℃
- 14일 : 3−(−5)=8℃
- 15일 : 8−(−4)=12℃

따라서 일교차가 가장 큰 날은 15일이다.

② 주어진 자료에서 미세먼지에 관한 내용은 확인할 수 없다.

③ 14일의 경우 비가 예보되어 있지만 낙뢰에 관한 예보는 확인할 수 없다.

④ 14일의 최저기온은 영하이지만 최고기온은 영상이다.

14 자료 해석

정답 ③

제시된 투표결과를 정리하면 다음과 같다.

(단위 : 표)

여행상품	1인당 비용(원)	총무팀	영업팀	개발팀	홍보팀	공장1	공장2	합계
A	500,000	2	1	2	0	15	6	26
B	750,000	1	2	1	1	20	5	30
C	600,000	3	1	0	1	10	4	19
D	1,000,000	3	4	2	1	30	10	50
E	850,000	1	2	0	2	5	5	15
합계		10	10	5	5	80	30	140

㉠ 가장 인기가 많은 여행상품은 D이다. 그러나 공장1의 고려사항은 회사에 손해를 줄 수 있으므로, 2박 3일 여행상품이 아닌 1박 2일 여행상품 중 가장 인기 있는 B가 선택된다. 따라서 750,000×140=105,000,000원이 필요하므로 옳다.

㉢ 공장1의 A, B 투표결과가 바뀐다면 여행상품 A, B의 투표수가 각각 31, 25표가 되어 선택되는 여행상품이 A로 변경된다.

오답분석

㉡ 가장 인기 높은 여행상품은 D이므로 옳지 않다.

15 자료 해석

정답 ②

각각의 주택에 도달하는 빛의 조도를 계산하면 다음과 같다.

A	(36÷2)+(24÷8)+(48÷12)=25
B	(36÷2)+(24÷4)+(48÷8)=30
C	(36÷4)+(24÷2)+(48÷6)=29
D	(36÷8)+(24÷2)+(48÷2)=40.5
E	(36÷12)+(24÷6)+(48÷2)=31

따라서 주택에서 예측된 빛의 조도가 30을 초과하는 곳은 D, E 두 곳이므로, 관리대상주택은 총 2채이다.

16 명제 추론

정답 ③

주어진 진술을 정리하면 다음과 같다.

증인	A	B	C	D	E	F	G
1	×	×					×
2					×	×	×
3			○				
4			○				
5			○	○			

따라서 시위주동자는 C, D이다.

PART 2

17 명제 추론

정답 ③

주어진 조건에 의하면 D면접자와 E면접자는 2번과 3번 의자에 앉아 있고, A면접자는 1번과 8번 의자에 앉을 수 없다. B면접자는 6번 또는 7번 의자에 앉을 수 있다는 점과 A면접자와 C면접자 사이에는 2명이 앉는다는 조건까지 모두 고려하면 A면접자와 B면접자가 서로 이웃해 있을 때, 다음과 같은 두 가지 경우를 확인할 수 있다.

• B면접자가 6번에 앉을 경우

구분	1	2	3	4	5	6	7	8
경우 1		D	E		A	B		C
경우 2		D	E	C		B	A	
경우 3		D	E	A		B	C	
조건	A(×) C(×)							A(×)

• B면접자가 7번에 앉을 경우

구분	1	2	3	4	5	6	7	8
경우 1		D	E	C(×)		A	B	
경우 2		D	E			A	B	C(×)
경우 3		D	E		A		B	C
조건	A(×) C(×)							A(×)

→ B면접자가 7번에 앉는 경우 1과 경우 2에서는 A면접자와 C면접자 사이에 2명이 앉는다는 조건이 성립되지 않는다.

따라서 A면접자와 B면접자가 서로 이웃해 앉는다면 C면접자는 4번 또는 8번 의자에 앉을 수 있다.

오답분석

① 주어진 조건을 살펴보면 A면접자는 1번, 8번 의자에 앉지 않는다고 하였고 2번과 3번 의자는 D면접자와 E면접자로 확정되어 있다. 그리고 C면접자와의 조건 때문에 6번 의자에도 앉을 수 없다. 따라서 A면접자는 4번, 5번, 7번 의자에 앉을 수 있다. 따라서 A면접자가 4번에 앉는 것이 항상 옳다고 볼 수 없다.

② 주어진 조건에서 C면접자는 D면접자와 이웃해 앉지 않는다고 하였다. D면접자는 2번 의자로 확정되어 있으므로 C면접자는 1번 의자에 앉을 수 없다.

④ B면접자가 7번 의자에 앉고 A면접자와 B면접자 사이에 2명이 앉도록 하면, A면접자는 4번 의자에 앉아야 한다. 그런데 A면접자와 C면접자 사이에 2명이 앉는다는 조건이 성립되려면 C면접자는 1번 의자에 앉아야 하는데, C면접자는 D면접자와 이웃해 있지 않다고 하였으므로 옳지 않다.

⑤ C면접자가 8번에 앉는 것과는 상관없이 B면접자는 6번 또는 7번 의자에 앉을 수 있다. 따라서 B면접자가 6번에 앉는다는 것은 항상 옳다고 볼 수 없다.

18 규칙 적용

정답 ②

서울 지점의 B씨에게 배송할 제품과 경기남부 지점의 P씨에게 배송할 제품에 대한 기호를 모두 기록해야 한다.

• B씨 : MS11EISS
  - 재료 : 연강(MS)
  - 판매량 : 1box(11)
  - 지역 : 서울(E)
  - 윤활유 사용 : 윤활작용(I)
  - 용도 : 스프링(SS)

• P씨 : AHSS00SSST
  - 재료 : 초고강도강(AHSS)
  - 판매량 : 1set(00)
  - 지역 : 경기남부(S)
  - 윤활유 사용 : 밀폐작용(S)
  - 용도 : 타이어코드(ST)

따라서 Q씨가 기록한 코드는 ②이다.

19 자료 해석

정답 ①

우선 대전본부, 울산본부, 부산본부에 방문하기 위한 경우의 수는 여러 가지가 있지만, 시간외근무수당을 가장 적게 하기 위해서는 열차이용 시간을 최소화하는 것이 중요하다. 따라서 서울 – 대전 – 울산 – 부산 – 서울 또는 서울 – 부산 – 울산 – 대전 – 서울을 먼저 고려해야 한다.

• 경우 1) 서울 – 대전 – 울산 – 부산 – 서울

시간	일정	시간	일정	시간	일정
09:00 ~ 09:15	회사 → 서울역	12:20 ~ 13:40	대전역 → 울산역	16:20	부산본부 도착
09:20 ~ 10:20	서울역 → 대전역	13:50	울산본부 도착	16:30 ~ 18:00	회의
10:30	대전본부 도착	14:00 ~ 15:30	회의	18:10	부산역 도착
10:30 ~ 12:00	회의	15:40	울산역 도착	18:20 ~ 21:10	부산역 → 서울역
12:10	대전역 도착	15:40 ~ 16:10	울산역 → 부산역	–	–

• 경우 2) 서울 – 부산 – 울산 – 대전 – 서울

시간	일정	시간	일정	시간	일정
09:00 ~ 09:15	회사 → 서울역	14:20 ~ 14:50	부산역 → 울산역	18:10	대전본부 도착
09:20 ~ 12:10	서울역 → 부산역	15:00	울산본부 도착	18:30 ~ 20:00	회의
12:20	부산본부 도착	15:00 ~ 16:30	회의	20:10	대전역 도착
12:30 ~ 14:00	회의	16:40	울산역 도착	20:20 ~ 21:20	대전역 → 서울역
14:10	부산역 도착	16:40 ~ 18:00	울산역 → 대전역	–	–

지역별 회의는 정규 근무시간 내에 이뤄져야 하므로 경우 2는 제외해야 한다. 따라서 경우 1에 의하면 09:00에 출발하여 21:10에 서울역에 도착한다. 정규 근무시간 외 초과 근무한 시간은 총 (21:10)−(18:00)=3시간 10분으로, 총 3시간에 대한 시간외근무수당은 [(H대리 수당)+(K사원 수당)]×3=(20,000+15,000)×3=105,000원이다.

20 규칙 적용

정답 ⑤

기업 대표이지만 VIP고객이므로 고객구분은 ㄷ, 대출신청을 하였으므로 업무는 Y, 업무내용은 B가 적절하며, 접수창구는 VIP실인 00이 된다. 따라서 기록 현황에 기재할 내용은 'ㄷYB00'이다.

21 규칙 적용

정답 ③

기록 현황을 정리하면 다음과 같다.

ㄱXa10	ㄴYA05	ㄴYB03	ㄱXa01	ㄱYB03
10번 창구 없음 잘못된 기록	기업고객 대부계 대출상담 5번창구	기업고객 대부계 대출신청 3번창구	개인고객 수신계 예금 1번창구	개인고객 대부계 대출신청 3번창구
ㄱXab02	ㄷYC00	ㄴYA01	ㄴYA05	ㄴYAB03
개인고객 수신계 예금·적금 2번창구	VIP고객 대부계 대출완료 VIP실	기업고객 대부계 대출상담 1번창구	기업고객 대부계 대출상담 5번창구	기업고객 대부계 대출상담·신청 3번창구
ㄱYAB00	ㄱYaA04	ㄱXb02	ㄷYB0	ㄱXa04
개인 – VIP실 불가 잘못된 기록	대부계 – 예금 불가 잘못된 기록	개인고객 수신계 적금 2번창구	0번 창구 없음 잘못된 기록	개인고객 수신계 예금 4번창구

따라서 잘못된 기록은 총 4개이다.

22 자료 해석

정답 ④

정보공개 대상별 정보공개 방법 및 수수료 자료를 바탕으로 각 보기의 정보 열람인들이 지급할 금액을 정리하면 다음과 같다. 이때, A가 열람한 문서는 각 1일 1시간 이내는 무료이고 출력한 문서도 첫 장의 가격만 다르다는 점, C가 열람한 사진필름은 첫 장은 200원, 두 번째 장부터 50원이라는 점, D가 출력한 문서는 첫 장의 가격만 다르며, 열람한 사진필름에 대해서도 첫 장만 가격이 다르다는 점에 주의한다.

구분	정보공개수수료
A	(5×1,000)×2+{300+(25−1)×100}=12,700원
B	2,000+(13×200)+(6×3,000)=22,600원
C	(2×1,000)+(3×5,000)+{200+(8−1)×50}=17,550원
D	{250+(35−1)×50}+{200+(22−1)×50}=3,200원

따라서 지급할 정보공개 수수료가 많은 사람부터 순서대로 나열하면 'B−C−A−D' 순서이다.

23 명제 추론

정답 ②

네 번째 조건에서 갑의 점수가 될 수 있는 경우는 빨강 2회, 노랑 2회, 검정 1회이거나 빨강 1회, 노랑 2회, 파랑 2회로 2가지이다. 병의 점수가 될 수 있는 경우를 정리하면 다음과 같다.

구분	빨강	노랑	파랑	검정
경우 1	−	−	1	4
경우 2	−	1	−	4
경우 3	1	−	−	4
경우 4	−	−	2	3

을의 점수는 갑의 점수보다 높아야 하므로 빨강, 노랑에 각각 2회, 파랑에 1회로 41점인 경우가 된다. 그러나 나머지 경우는 빨강 또는 노랑에 3회를 맞혀야 하므로 마지막 조건에 부합하지 않는다. 따라서 갑, 을, 병의 결과로 가능한 경우의 수는 총 2×4×1=8가지이다.

24 명제 추론

정답 ③

다음의 논리 순서를 따라 주어진 조건을 정리하면 쉽게 접근할 수 있다.

- 첫 번째 조건 : 대우(B 또는 C가 위촉되지 않으면, A도 위촉되지 않는다)에 의해 A는 위촉되지 않는다.
- 두 번째 조건 : A가 위촉되지 않으므로 D가 위촉된다.
- 마지막 조건 : D가 위촉되므로 F도 위촉된다.
- 세 번째·네 번째 조건 : D가 위촉되었으므로 C와 E는 동시에 위촉될 수 없다.

따라서 위촉되는 사람은 C 또는 E 중 1명과 D, F로 총 3명이다.

25 경영 전략

정답 ③

경영은 경영목적, 인적자원, 자금, 전략의 4요소로 구성된다.

ㄱ. 경영목적
ㄴ. 인적자원
ㅁ. 자금
ㅂ. 전략

오답분석

ㄷ. 마케팅
ㄹ. 회계

26 조직 구조

정답 ⑤

리더와 부하 간 상호관계는 조직문화의 구성요소 중 리더십 스타일에 대한 설명이다. 관리시스템은 조직문화의 구성요소로서 장기 전략 목적 달성에 적합한 보상제도와 인센티브, 경영정보와 의사결정시스템, 경영계획 등 조직의 목적을 실제로 달성하는 모든 경영관리제도와 절차를 의미한다.

27 경영 전략

정답 ⑤

세계적 기업인 맥킨지에 의해 개발된 7S 모형은 조직의 내부역량을 분석하는 도구이다. 조직문화를 구성하고 있는 7S는 전략, 공유가치, 관리기술, 시스템, 스태프, 스타일, 조직 구조를 말한다. 7S 모형은 기업, 부서나 사업뿐만 아니라 지방자치단체, 국가 등 큰 조직을 진단하고 변혁할 때도 사용된다.

7S 모형

- 3S : 경영 전략의 목표와 지침이 되는 항목
  - 시스템(System) : 조직 운영의 의사결정과 일상 운영의 틀이 되는 각종 시스템
  - 조직 구조(Structure) : 조직의 전략을 수행하는 데 필요한 틀로서 구성원의 역할과 그들 간의 상호관계를 지배하는 공식 요소
  - 전략(Strategy) : 조직의 장기적인 목적과 계획 그리고 이를 달성하기 위한 장기적인 행동지침
- 4S : 상위 3S를 지원하는 하위 지원 요소
  - 스태프(Staff) : 조직의 인력 구성, 구성원들의 능력과 전문성 · 가치관과 신념 · 욕구와 동기 · 지각과 태도 · 행동패턴
  - 스타일(Style) : 구성원들을 이끌어 나가는 전반적인 조직관리 스타일
  - 공유가치(Shared Value) : 조직 구성원들의 행동이나 사고를 특정 방향으로 이끌어 가는 원칙이나 기준
  - 관리기술(Skill) : 하드웨어는 물론 이를 사용하는 소프트웨어 기술을 포함하는 요소

28 조직 구조

정답 ④

교육 내용은 R&D 정책, 사업 제안서, 지식재산권 등 모두 R&D 사업과 관련된 내용이다. 따라서 기상산업 R&D 사업 관리를 총괄하는 산업연구지원실이 제시된 교육 내용과 가장 관련이 높은 부서이다.

29 조직 구조

정답 ③

기상상담실은 기상예보 해설 및 상담업무 지원, 기상상담실 상담품질관리, 대국민 기상상담 등의 업무를 수행하므로 기상예보 해설 PPT 및 보도자료 결과보고와 밀접하게 관련이 있다.

30 경영 전략

정답 ②

시각, 청각, 후각, 촉각, 미각의 다섯 가지 감각을 통해 만들어진 감각 마케팅의 사례로, 개인화 마케팅의 사례로 보기는 어렵다.

오답분석

① 고객들의 개인적인 사연을 기반으로 광고 서비스를 제공함으로써 개인화 마케팅의 사례로 적절하다.
③ 고객들이 자신이 직접 사과를 받는 듯한 효과를 얻게 됨으로써 개인화 마케팅의 사례로 적절하다.
④ 댓글 작성자의 이름을 기반으로 이벤트를 진행함으로써 개인화 마케팅의 사례로 적절하다.
⑤ 고객의 이름을 불러주는 서비스를 제공함으로써 개인화 마케팅의 사례로 적절하다.

31 업무 종류

정답 ③

오전 반차를 사용한 이후 14시부터 16시까지 미팅 업무가 있는 J대리는 택배 접수 마감 시간인 16시 이전에 행사 용품 오배송건 반품 업무를 진행할 수 없다.

오답분석

① A부장은 G과장에게 부서장 대리로서 회의에 참석해 달라고 하였다.
② ○○프로젝트 보고서 초안 작성 업무는 해당 프로젝트 회의에 참석하는 G과장이 담당하는 것이 적절하다.
④·⑤ 사내 교육 프로그램 참여 이후 17시 전까지 주요 업무가 없는 L사원과 O사원은 우체국 방문 및 등기 발송 업무나 사무비품 주문서 작성 업무를 담당할 수 있다.

32 업무 종류

정답 ④

재무분석은 회계감사 분야의 직무내용으로 인사팀이 아닌 재무회계팀이 담당하는 업무이다.

33 업무 종류

정답 ③

예산편성 및 원가관리 개념은 경영기획 분야에서 필요로 하는 지식으로, 경영기획 분야에서는 주로 사업 환경을 분석하고, 사업별 투자와 예산, 경영 리스크 등을 관리한다.

오답분석

①·②·④·⑤ 마케팅전략 계획 수립과 신상품 기획 등의 직무를 수행하는 마케팅전략기획 분야에서 필요로 하는 지식·기술·태도이다.

34 조직 구조

정답 ②

자료에 따르면 위원회는 1명의 위원장과 3명의 위원으로 구성되어 있을 뿐, 위원장 선출방식은 나타나 있지 않다.

35 경영 전략

정답 ③

③의 국제경쟁입찰의 과열 경쟁 심화와 컨소시엄 구성 시 민간기업과 업무배분, 이윤추구성향 조율의 어려움 등은 문제점에 대한 언급이기 때문에 추진 방향으로 적절하지 않다.

36 조직 구조

정답 ④

영리조직의 사례로는 이윤 추구를 목적으로 하는 다양한 사기업을 들 수 있으며, 비영리조직으로는 정부조직, 병원, 대학, 시민단체, 종교단체 등을 들 수 있다.

37 정보 이해

정답 ③

정보화 사회의 심화로 정보의 중요성이 높아지면, 그 필요성에 따라 정보에 대한 요구가 폭증한다. 또한 방대한 지식을 토대로 정보 생산 속도도 증가하므로 더 많은 정보가 생성된다. 따라서 이러한 정보들을 토대로 사회의 발전 속도는 더욱 증가하므로 정보의 변화 속도도 증가한다.

오답분석

① 개인 생활을 비롯하여 정치, 경제, 문화, 교육, 스포츠 등 거의 모든 분야의 사회생활에서 정보에 의존하는 경향이 점점 더 커지기 때문에 정보화 사회는 정보의 사회적 중요성이 가장 많이 요구된다.
② 정보화의 심화로 인해 정보 독점성이 더욱 중요한 이슈가 되어 국가 간 갈등이 발생할 수 있지만, 이보다는 실물 상품뿐만 아니라 노동, 자본, 기술 등의 생산 요소와 교육과 같은 서비스의 국제 교류가 활발해서 세계화가 진전된다.

④ 정보관리주체들이 존재하지만, 정보이동 경로가 다양화되는 만큼 개인들에게는 개인정보 보안, 효율적 정보 활용 등을 위해 정보관리의 필요성이 더욱 커진다.
⑤ 정보화 사회는 지식정보와 관련된 산업이 부가가치를 높일 수 있는 산업으로 각광받으나, 그렇다고 해서 물질이나 에너지 산업의 부가가치 생산성이 저하되지 않는다. 오히려 풍부한 정보와 지식을 토대로 다른 산업의 생산성이 증대될 수 있다.

38 정보 이해

정답 ②

ㄱ. 반복적인 작업을 간단히 실행키에 기억시켜 두고 필요할 때 빠르게 바꾸어 사용하는 기능은 매크로이다.
ㄷ. 같은 내용의 편지나 안내문 등을 여러 사람에게 보낼 때 쓰이는 기능은 메일 머지이다.

39 정보 이해

정답 ④

윈도우에서 현재 사용하고 있는 창을 닫을 때는 '〈Ctrl〉+〈W〉'를 눌러야 한다.

40 엑셀 함수

정답 ①

원하는 행 전체에 서식을 넣고 싶다면 [열 고정] 형태로 조건부 서식을 넣어야 한다. [A2:D9]까지 영역을 잡고 조건부 서식 → 새 규칙 → 수식을 사용하여 서식을 지정할 셀 결정까지 들어간 다음 「=$D2<3」식을 넣고 서식을 넣으면 적용된다.

41 엑셀 함수

정답 ②

'$'가 붙으면 절대참조로 위치가 변하지 않고, 붙지 않으면 상대참조로 위치가 변한다. 「$A$1」은 무조건 [A1] 위치로 고정이며 「$A2」는 [A] 열은 고정이지만 행은 변한다는 것을 의미한다. [A7] 셀을 복사했을 때 열이 오른쪽으로 2칸 움직였지만 고정이기에 의미는 없고, 행이 7에서 8로 1행만큼 이동하였기 때문에 [A1]+[A3]의 값이 [C8] 셀이 된다. 따라서 1+3=4이다.

42 엑셀 함수

정답 ③

사용자 지정 형식에서 엑셀 날짜 서식은 다음과 같다.

구분	표시 결과
yyyy	네 자리 연도 표현
yy	두 자리 연도 표현
mmmm	달을 긴 영문으로 표시(예 December)
mmm	달을 짧은 영문으로 표시(예 Dec)
mm	달을 두 자리 숫자로 표시(예 1월은 '01', 12월은 '12')
m	달을 한 자리 또는 두 자리 숫자로 표시(예 1월은 '1', 12월은 '12')
dddd	일을 긴 영문으로 표시(예 Monday)
ddd	일을 짧은 영문으로 표시(예 Mon)
dd	일을 두 자리 숫자로 표시(예 1일은 '01', 12일은 '12')
d	일을 한 자리 또는 두 자리 숫자로 표시(예 1일은 '1', 12일은 '12')
aaaa	요일을 길게 표시(예 월요일)
aaa	요일을 짧게 표시(예 월)

따라서 ③이 정답이다.

43 엑셀 함수

정답 ④

ROUND 함수, ROUNDUP 함수, ROUNDDOWN 함수의 기능은 다음과 같다.

• ROUND(인수, 자릿수) 함수 : 인수를 지정한 자릿수로 반올림한 값을 구한다.
• ROUNDUP(인수, 자릿수) 함수 : 인수를 지정한 자릿수로 올림한 값을 구한다.
• ROUNDDOWN(인수, 자릿수) 함수 : 인수를 지정한 자릿수로 내림한 값을 구한다.

함수에서 단위별 자릿수는 다음과 같다.

만 단위	천 단위	백 단위	십 단위	일 단위	소수점 첫째 자리	소수점 둘째 자리	소수점 셋째 자리
−4	−3	−2	−1	0	1	2	3

[B9] 셀에 입력된 1,260,000 값은 [B2] 셀에 입력된 1,252,340의 값을 만 단위로 올림하여 나타낸 것임을 알 수 있다. 따라서 [B9] 셀에 입력된 함수는 ROUNDUP 함수로 볼 수 있으며, 만 위를 나타내는 자릿수는 −4이다. 따라서 ④가 옳다.

44 정보 이해

정답 ③

〈Shift〉+〈Insert〉는 선택한 항목을 붙여 넣는다.

45 엑셀 함수

정답 ②

RANK 함수는 범위에서 특정 데이터의 순위를 구할 때 사용하는 함수이다. RANK 함수의 형식은 「=RANK(인수,범위,논리값)」인데, 논리값의 경우 0이면 내림차순, 1이면 오름차순으로 나타나게 된다. 발전량이 가장 높은 곳부터 순위를 매기려면 내림차순으로 나타내야 하므로 (B) 셀에는 「=RANK(F5,$F$5:$F$12,0」를 입력해야 한다.

46 엑셀 함수

정답 ③

㉠ 영어점수가 평균을 초과하는 것을 뽑을 때는 AVERAGE 함수의 범위에 반드시 절대참조가 들어가야 한다.
㉡ 성명의 두 번째 문자가 '영'인 데이터를 추출해야 하므로 '?영*'이 되어야 한다.

47 프로그램 언어(코딩)

정답 ①

오답분석

②·③·④ float, double, long double은 실수형으로, i의 값이 00000으로 출력된다.
⑤ void는 포인터이다.

48 프로그램 언어(코딩)

정답 ②

i를 정수로 정의하고 프로그램을 실행하면 '12345'가 출력된다.

```
#include <stdio.h>
void main()
{
    int num = 5;
    int i;
    for (i = 0; i < num; i++)
    {
        printf("%d", i + 1);
    }
}
```

49 시간 계획

정답 ③

엘리베이터는 한 번에 최대 세 개 층을 이동할 수 있으며, 올라간 다음에는 반드시 내려와야 한다는 조건에 따라 청원경찰이 최소 시간으로 6층을 순찰하고, 다시 1층으로 돌아올 수 있는 방법은 다음과 같다.

1층 → 3층 → 2층 → 5층 → 4층 → 6층 → 3층 → 4층 → 1층

이때, 이동에만 소요되는 시간은 총 2+1+3+1+2+3+1+3=16분이다.

따라서 청원경찰이 6층을 모두 순찰하고 1층으로 돌아오기까지 소요되는 시간은 총 60(=10분×6층)+16=76분=1시간 16분이다.

50 품목 확정

정답 ③

제시된 자료를 보면 재배가능 최저 온도는 0℃, 최고 온도는 55℃이다. 0℃에서 55℃까지 5℃씩 나누어 온도별 재배 가능 식물과 온도별 상품가치의 합을 구하면 다음과 같다. 이때 최고 온도는 55℃이지만, 35℃ 이상인 것은 C식물밖에 없으므로, 35℃까지만 체크해보면 된다.

• 온도별 재배 가능 식물

온도(℃)	0	5	10	15	20	25	30	35 이상
식물종류	A	A, B	A, B	A, B, D, E	A, D, E	C, D, E	C, D	C

따라서 가장 많은 식물을 재배할 수 있는 온도는 15℃이다.

• 온도별 상품가치

온도(℃)	0	5	10	15	20	25	30	35 이상
상품가치(원)	10,000	35,000	35,000	85,000	60,000	100,000	65,000	50,000

따라서 상품가치의 총합이 가장 큰 온도는 25℃이다.

51 비용 계산

정답 ③

네 번째 조건에서 남자는 B등급 이상인 호텔을 선호한다고 하였으므로, K·M·W호텔이 이에 해당한다. 여기서 M호텔은 2인실이 없으므로 제외된다. K·W호텔 숙박비와 식비(조식1, 중식2, 석식1)는 K호텔의 경우 17만 원×3팀+1만 원×3×6명=69만 원이고, W호텔의 경우 15만 원×3팀+7,500원×4×6명=63만 원이다. 따라서 가장 저렴한 W호텔에서 숙박하며, 비용은 63만 원이다. 마지막 조건에서 여자도 B등급 이상인 호텔을 선호한다고 했으므로 K·M·H호텔이 이에 해당하며, M호텔은 2인실이 없으므로 제외된다. K·H호텔 중 역에서 거리가 가까운 호텔은 K호텔이다. 따라서 K호텔의 비용은 17만 원×2팀+1만 원×3×4명=46만 원이다.

52 비용 계산

정답 ④

B씨는 15t 화물트럭을 이용하므로 B씨의 차종은 4종에 해당하며, 4종의 km당 주행요금은 62.9원이다. 이를 바탕으로 B씨의 고속도로 통행요금을 구하면 다음과 같다.

• 서울 → 영천
  - 개방식 6차로 비용 : 720+180×(62.9×1.2)=14,306.4≒14,306원
  - 폐쇄식 4차로 비용 : 900+150.4×62.9=10,360.16원≒10,360원

• 영천 → 부산
  (900×0.5)+44.4×(62.9×0.5)=1846.38≒1,846원

따라서 B씨가 지급해야 할 고속도로 통행요금은 14,306+10,360+1,846=26,512원이다.

53 인원 선발

정답 ②

주어진 자료를 토대로 모델별 향후 1년 동안의 광고효과를 계산하면 다음과 같다.

(단위 : 백만 원, 회)

모델	1년 광고비	1년 광고횟수	1회당 광고효과	총 광고효과
A	180－120=60	60÷2.5=24	140+130=270	24×270=6,480
B	180－80=100	100÷2.5=40	80+110=190	40×190=7,600
C	180－100=80	80÷2.5=32	100+120=220	32×220=7,040
D	180－90=90	90÷2.5=36	80+90=170	36×170=6,120
E	180－70=110	110÷2.5=44	60+80=140	44×140=6,160

따라서 광고효과가 가장 높은 B가 TV광고 모델로 적합하다.

54 시간 계획

정답 ②

하루에 6명 이상 근무해야 하기 때문에 2명까지만 휴가를 중복으로 쓸 수 있다. G사원이 4일 동안 휴가를 쓰면서 최대 휴가 인원이 2명만 중복되게 하려면 6 ~ 11일만 가능하다.

오답분석

① G사원은 4일 이상 휴가를 사용해야 하기 때문에 3일인 5 ~ 7일은 불가능하다.
③·④·⑤ 4일 이상 휴가를 사용하지만 하루에 6명 미만의 인원이 근무하게 되어 불가능하다.

55 품목 확정

정답 ④

먼저 B안마의자는 색상이 블랙이 아니고, C안마의자는 가격이 최대 예산을 초과하며, E안마의자는 온열기능이 없으므로 고려 대상에서 제외한다. 남은 A안마의자와 D안마의자 중 프로그램 개수가 많으면 많을수록 좋다고 하였으므로, K공사는 D안마의자를 구매할 것이다.

56 비용 계산

정답 ③

급여지급계는 지급내역의 총합이므로 1,800,000+70,000+100,000=1,970,000원이다.
공제내역별 계산방법을 참고하여 각 빈칸의 공제액을 계산하면 다음과 같다.

- 건강보험료
  - 전체 : 1,800,000×0.0612=110,160원
  - 명세서에 기입될 건강보험료 : 110,160×0.5=55,080원
- 고용보험료
  - 전체 : 1,800,000×0.013=23,400원
  - 명세서에 기입될 고용보험료 : 23,400×0.5=11,700원
- 국민연금액
  - 전체 : 1,800,000×0.09=162,000원
  - 명세서에 기입될 국민연금액 : 162,000×0.5=81,000원
- 장기요양보험료
  - 전체 : 110,160×0.065=7,160.4≒7,200원
  - 명세서에 기입될 장기요양보험료 : 7,200×0.5=3,600원
- 공제총액 : 15,110+55,080+11,700+81,000+3,600+1,510+20,000=188,000원

따라서 실수령액은 1,970,000－188,000=1,782,000원이다.

57 품목 확정

정답 ④

C계장은 목적지까지 3시간 내로 이동하여야 한다. 택시를 타고 대전역까지 15분, 열차대기 15분, KTX / 새마을호 이동시간 2시간, 환승 10분, 목포역에서 미팅장소까지 택시 20분이 소요된다. 따라서 총 3시간이 걸리므로 적절하다. 비용은 택시 6,000원, KTX 20,000원, 새마을호 14,000원, 택시 9,000원으로 총 49,000원이다. 출장지원 교통비 한도 이내이므로 적절하다.

오답분석

①·② 이동시간이 3시간이 넘어가므로 적절하지 않다.
③·⑤ 이동시간은 3시간 이내이지만, 출장지원 교통비 한도를 넘기 때문에 적절하지 않다.

58 비용 계산

정답 ③

ㄱ. • 검수대상 : 1,000×0.1=100건(∵ 검수율 10%)
- • 모조품의 적발개수 : 100×0.01=1건
- • 평균 벌금 : 1,000×1=1,000만 원
- • 인건비 : 30×10=300만 원
- ∴ (평균 수입)=1,000−300=700만 원

ㄴ. • 전수조사 시 검수율 : 100%
- • 조사인력 : 10+20×9=190명
- • 인건비 : 30×190=5,700만 원
- • 모조품의 적발개수 : 1,000×0.01=10건
- • 벌금 : 1,000×10=1억 원
- • 수입 : 1−5,700=4,300만 원

따라서 전수조사를 할 때 수입보다 인건비가 더 크다.

ㄹ. • 검수율이 30%일 때
- − 조사인력 : 10+20×2=50명
- − 인건비 : 30×50=1,500만 원
- − 검수대상 : 1,000×0.3=300건
- − 모조품의 적발개수 : 300×0.01=3건
- − 벌금 : 1,000×3=3,000만 원
- − 수입 : 3,000−1,500=1,500만 원

• 검수율을 10%로 유지한 채 벌금을 2배 인상하는 방안
- − 검수대상 : 1,000×0.1=100건
- − 모조품의 적발개수 : 100×0.01=1건
- − 벌금(2배) : 1,000×2×1=2,000만 원
- − 인건비 : 30×10=300만 원
- − 수입 : 2,000−300=1,700만 원

따라서 벌금을 인상하는 방안의 1일 평균 수입이 더 많다.

오답분석

ㄷ. 검수율이 40%일 때
- • 조사인력 : 10+20×3=70명
- • 인건비 : 30×70=2,100만 원
- • 검수대상 : 1,000×0.4=400건
- • 모조품의 기대개수 : 400×0.01=4건
- • 벌금 : 1,000×4=4,000만 원
- • 수입 : 4,000−2,100=1,900만 원

따라서 현재 수입은 700만 원이므로 검수율이 40%일 때 1일 평균 수입은 현재의 1,900÷700≒2.71배이다.

59 비용 계산

정답 ④

A～E씨의 진료 날짜를 2024년 1월 이후를 기준으로 구분한 후, 현행 본인부담금 제도와 개선된 본인부담금 제도를 적용하여 본인부담금을 계산하면

- A씨 : 17,000×0.3(∵ 현행)=5,100원
- B씨 : 1,500원(∵ 진료비 1만 5천 원 이하)
- C씨 : 23,000×0.2(∵ 개선)=4,600원
- D씨 : 24,000×0.3(∵ 현행)=7,200원
- E씨 : 27,000×0.3(∵ 개선)=8,100원

따라서 A～E씨의 본인부담금의 합은 5,100+1,500+4,600+7,200+8,100=26,500원이다.

60 품목 확정

정답 ②

갑, 을, 병, 정 학생의 맞힌 개수와 틀린 개수를 다음과 같이 문자로 가정하자.

(단위 : 개)

구분	맞힌 개수	틀린 개수
갑 학생	a	a'
을 학생	b	b'
병 학생	c	c'
정 학생	d	d'

갑, 을, 병, 정 학생이 맞힌 개수를 모두 합하면 36문제이므로 학생들이 맞힌 개수는 총 $a+b+c+d=36$개이며, 각각의 점수를 나타내면 다음과 같다.

$10a-5a'=65$ … ㉠

$10b-5b'=70$ … ㉡

$10c-5c'=30$ … ㉢

$10d-5d'=35$ … ㉣

세 번째 조건에서 정 학생은 맞힌 개수와 틀린 개수가 같으므로

㉣에서 구하면 $10d-5d'=35 \rightarrow 10d-5d=5d=35 \rightarrow d=7$이 되며 정 학생은 14번 버저를 누른 것을 알 수 있다.

두 번째 조건에서 갑 학생과 정 학생의 버저 누른 횟수가 같다고 했으므로

㉠은 $10a-5a'=65 \rightarrow 10a-5(14-a)=15a-70=65 \rightarrow 15a=135 \rightarrow a=9$가 되고, 틀린 횟수는 $a'=14-a=14-9=5$이다.

갑 학생과 정 학생의 맞힌 개수(16개)를 알았으므로 을 학생과 병 학생이 맞힌 개수는 $b+c=20$이다.

네 번째 조건에서 을 학생과 병 학생의 틀린 개수가 같다고 했으므로 ㉢을 b와 b'에 대한 식으로 바꾸면

$10c-5c'=30 \rightarrow 10(20-b)-5b'=30 \rightarrow 10b+5b'=170$이 된다.

방정식 $10b+5b'=170$과 ㉡을 연립해서 풀면

$(10b-5b')+(10b+5b')=70+170 \rightarrow 20b=240 \rightarrow b=12$,

$10\times12-5b'=70 \rightarrow b'=10$이 나온다.

마지막으로 병 학생이 맞힌 개수는 $b+c=20 \rightarrow c=8$, 틀린 개수는 $c'=b'=10$이다.

갑, 을, 병, 정 학생들의 버저 누른 횟수를 정리하면 다음과 같다.

구분	갑 학생	을 학생	병 학생	정 학생
맞힌 횟수	9번	12번	8번	7번
틀린 횟수	5번	10번	10번	7번
총횟수	14번	22번	18번	14번

따라서 4명의 학생이 부저를 누른 횟수는 총 14+22+18+14=68번임을 알 수 있다.

한국도로공사서비스 필기전형 답안카드

성 명

지원 분야

문제지 형별기재란	
(　　　)형	Ⓐ Ⓑ

수 험 번 호						
⓪	⓪	⓪	⓪	⓪	⓪	⓪
①	①	①	①	①	①	①
②	②	②	②	②	②	②
③	③	③	③	③	③	③
④	④	④	④	④	④	④
⑤	⑤	⑤	⑤	⑤	⑤	⑤
⑥	⑥	⑥	⑥	⑥	⑥	⑥
⑦	⑦	⑦	⑦	⑦	⑦	⑦
⑧	⑧	⑧	⑧	⑧	⑧	⑧
⑨	⑨	⑨	⑨	⑨	⑨	⑨

감독위원 확인
㊞ 인

1	①	②	③	④	⑤	21	①	②	③	④	⑤	41	①	②	③	④	⑤
2	①	②	③	④	⑤	22	①	②	③	④	⑤	42	①	②	③	④	⑤
3	①	②	③	④	⑤	23	①	②	③	④	⑤	43	①	②	③	④	⑤
4	①	②	③	④	⑤	24	①	②	③	④	⑤	44	①	②	③	④	⑤
5	①	②	③	④	⑤	25	①	②	③	④	⑤	45	①	②	③	④	⑤
6	①	②	③	④	⑤	26	①	②	③	④	⑤	46	①	②	③	④	⑤
7	①	②	③	④	⑤	27	①	②	③	④	⑤	47	①	②	③	④	⑤
8	①	②	③	④	⑤	28	①	②	③	④	⑤	48	①	②	③	④	⑤
9	①	②	③	④	⑤	29	①	②	③	④	⑤	49	①	②	③	④	⑤
10	①	②	③	④	⑤	30	①	②	③	④	⑤	50	①	②	③	④	⑤
11	①	②	③	④	⑤	31	①	②	③	④	⑤	51	①	②	③	④	⑤
12	①	②	③	④	⑤	32	①	②	③	④	⑤	52	①	②	③	④	⑤
13	①	②	③	④	⑤	33	①	②	③	④	⑤	53	①	②	③	④	⑤
14	①	②	③	④	⑤	34	①	②	③	④	⑤	54	①	②	③	④	⑤
15	①	②	③	④	⑤	35	①	②	③	④	⑤	55	①	②	③	④	⑤
16	①	②	③	④	⑤	36	①	②	③	④	⑤	56	①	②	③	④	⑤
17	①	②	③	④	⑤	37	①	②	③	④	⑤	57	①	②	③	④	⑤
18	①	②	③	④	⑤	38	①	②	③	④	⑤	58	①	②	③	④	⑤
19	①	②	③	④	⑤	39	①	②	③	④	⑤	59	①	②	③	④	⑤
20	①	②	③	④	⑤	40	①	②	③	④	⑤	60	①	②	③	④	⑤

※ 본 답안지는 마킹연습용 모의 답안지입니다.

〈절취선〉

한국도로공사서비스 필기전형 답안카드

성 명

지원 분야

문제지 형별기재란	
(　　　)형	Ⓐ Ⓑ

수 험 번 호						
⓪	⓪	⓪	⓪	⓪	⓪	⓪
①	①	①	①	①	①	①
②	②	②	②	②	②	②
③	③	③	③	③	③	③
④	④	④	④	④	④	④
⑤	⑤	⑤	⑤	⑤	⑤	⑤
⑥	⑥	⑥	⑥	⑥	⑥	⑥
⑦	⑦	⑦	⑦	⑦	⑦	⑦
⑧	⑧	⑧	⑧	⑧	⑧	⑧
⑨	⑨	⑨	⑨	⑨	⑨	⑨

감독위원 확인
(인)

1	① ② ③ ④ ⑤	21	① ② ③ ④ ⑤	41	① ② ③ ④ ⑤
2	① ② ③ ④ ⑤	22	① ② ③ ④ ⑤	42	① ② ③ ④ ⑤
3	① ② ③ ④ ⑤	23	① ② ③ ④ ⑤	43	① ② ③ ④ ⑤
4	① ② ③ ④ ⑤	24	① ② ③ ④ ⑤	44	① ② ③ ④ ⑤
5	① ② ③ ④ ⑤	25	① ② ③ ④ ⑤	45	① ② ③ ④ ⑤
6	① ② ③ ④ ⑤	26	① ② ③ ④ ⑤	46	① ② ③ ④ ⑤
7	① ② ③ ④ ⑤	27	① ② ③ ④ ⑤	47	① ② ③ ④ ⑤
8	① ② ③ ④ ⑤	28	① ② ③ ④ ⑤	48	① ② ③ ④ ⑤
9	① ② ③ ④ ⑤	29	① ② ③ ④ ⑤	49	① ② ③ ④ ⑤
10	① ② ③ ④ ⑤	30	① ② ③ ④ ⑤	50	① ② ③ ④ ⑤
11	① ② ③ ④ ⑤	31	① ② ③ ④ ⑤	51	① ② ③ ④ ⑤
12	① ② ③ ④ ⑤	32	① ② ③ ④ ⑤	52	① ② ③ ④ ⑤
13	① ② ③ ④ ⑤	33	① ② ③ ④ ⑤	53	① ② ③ ④ ⑤
14	① ② ③ ④ ⑤	34	① ② ③ ④ ⑤	54	① ② ③ ④ ⑤
15	① ② ③ ④ ⑤	35	① ② ③ ④ ⑤	55	① ② ③ ④ ⑤
16	① ② ③ ④ ⑤	36	① ② ③ ④ ⑤	56	① ② ③ ④ ⑤
17	① ② ③ ④ ⑤	37	① ② ③ ④ ⑤	57	① ② ③ ④ ⑤
18	① ② ③ ④ ⑤	38	① ② ③ ④ ⑤	58	① ② ③ ④ ⑤
19	① ② ③ ④ ⑤	39	① ② ③ ④ ⑤	59	① ② ③ ④ ⑤
20	① ② ③ ④ ⑤	40	① ② ③ ④ ⑤	60	① ② ③ ④ ⑤

※ 본 답안지는 마킹연습용 모의 답안지입니다.

한국도로공사서비스 필기전형 답안카드

성 명

지원 분야

문제지 형별기재란	
( )형	Ⓐ Ⓑ

수 험 번 호						
⓪	⓪	⓪	⓪	⓪	⓪	⓪
①	①	①	①	①	①	①
②	②	②	②	②	②	②
③	③	③	③	③	③	③
④	④	④	④	④	④	④
⑤	⑤	⑤	⑤	⑤	⑤	⑤
⑥	⑥	⑥	⑥	⑥	⑥	⑥
⑦	⑦	⑦	⑦	⑦	⑦	⑦
⑧	⑧	⑧	⑧	⑧	⑧	⑧
⑨	⑨	⑨	⑨	⑨	⑨	⑨

감독위원 확인
인

1	① ② ③ ④ ⑤	21	① ② ③ ④ ⑤	41	① ② ③ ④ ⑤
2	① ② ③ ④ ⑤	22	① ② ③ ④ ⑤	42	① ② ③ ④ ⑤
3	① ② ③ ④ ⑤	23	① ② ③ ④ ⑤	43	① ② ③ ④ ⑤
4	① ② ③ ④ ⑤	24	① ② ③ ④ ⑤	44	① ② ③ ④ ⑤
5	① ② ③ ④ ⑤	25	① ② ③ ④ ⑤	45	① ② ③ ④ ⑤
6	① ② ③ ④ ⑤	26	① ② ③ ④ ⑤	46	① ② ③ ④ ⑤
7	① ② ③ ④ ⑤	27	① ② ③ ④ ⑤	47	① ② ③ ④ ⑤
8	① ② ③ ④ ⑤	28	① ② ③ ④ ⑤	48	① ② ③ ④ ⑤
9	① ② ③ ④ ⑤	29	① ② ③ ④ ⑤	49	① ② ③ ④ ⑤
10	① ② ③ ④ ⑤	30	① ② ③ ④ ⑤	50	① ② ③ ④ ⑤
11	① ② ③ ④ ⑤	31	① ② ③ ④ ⑤	51	① ② ③ ④ ⑤
12	① ② ③ ④ ⑤	32	① ② ③ ④ ⑤	52	① ② ③ ④ ⑤
13	① ② ③ ④ ⑤	33	① ② ③ ④ ⑤	53	① ② ③ ④ ⑤
14	① ② ③ ④ ⑤	34	① ② ③ ④ ⑤	54	① ② ③ ④ ⑤
15	① ② ③ ④ ⑤	35	① ② ③ ④ ⑤	55	① ② ③ ④ ⑤
16	① ② ③ ④ ⑤	36	① ② ③ ④ ⑤	56	① ② ③ ④ ⑤
17	① ② ③ ④ ⑤	37	① ② ③ ④ ⑤	57	① ② ③ ④ ⑤
18	① ② ③ ④ ⑤	38	① ② ③ ④ ⑤	58	① ② ③ ④ ⑤
19	① ② ③ ④ ⑤	39	① ② ③ ④ ⑤	59	① ② ③ ④ ⑤
20	① ② ③ ④ ⑤	40	① ② ③ ④ ⑤	60	① ② ③ ④ ⑤

※ 본 답안지는 마킹연습용 모의 답안지입니다.

〈절취선〉

한국도로공사서비스 필기전형 답안카드

성 명

지원 분야

문제지 형별기재란	
(　　　)형	Ⓐ Ⓑ

수 험 번 호						
⓪	⓪	⓪	⓪	⓪	⓪	⓪
①	①	①	①	①	①	①
②	②	②	②	②	②	②
③	③	③	③	③	③	③
④	④	④	④	④	④	④
⑤	⑤	⑤	⑤	⑤	⑤	⑤
⑥	⑥	⑥	⑥	⑥	⑥	⑥
⑦	⑦	⑦	⑦	⑦	⑦	⑦
⑧	⑧	⑧	⑧	⑧	⑧	⑧
⑨	⑨	⑨	⑨	⑨	⑨	⑨

감독위원 확인
인

1	①	②	③	④	⑤	21	①	②	③	④	⑤	41	①	②	③	④	⑤
2	①	②	③	④	⑤	22	①	②	③	④	⑤	42	①	②	③	④	⑤
3	①	②	③	④	⑤	23	①	②	③	④	⑤	43	①	②	③	④	⑤
4	①	②	③	④	⑤	24	①	②	③	④	⑤	44	①	②	③	④	⑤
5	①	②	③	④	⑤	25	①	②	③	④	⑤	45	①	②	③	④	⑤
6	①	②	③	④	⑤	26	①	②	③	④	⑤	46	①	②	③	④	⑤
7	①	②	③	④	⑤	27	①	②	③	④	⑤	47	①	②	③	④	⑤
8	①	②	③	④	⑤	28	①	②	③	④	⑤	48	①	②	③	④	⑤
9	①	②	③	④	⑤	29	①	②	③	④	⑤	49	①	②	③	④	⑤
10	①	②	③	④	⑤	30	①	②	③	④	⑤	50	①	②	③	④	⑤
11	①	②	③	④	⑤	31	①	②	③	④	⑤	51	①	②	③	④	⑤
12	①	②	③	④	⑤	32	①	②	③	④	⑤	52	①	②	③	④	⑤
13	①	②	③	④	⑤	33	①	②	③	④	⑤	53	①	②	③	④	⑤
14	①	②	③	④	⑤	34	①	②	③	④	⑤	54	①	②	③	④	⑤
15	①	②	③	④	⑤	35	①	②	③	④	⑤	55	①	②	③	④	⑤
16	①	②	③	④	⑤	36	①	②	③	④	⑤	56	①	②	③	④	⑤
17	①	②	③	④	⑤	37	①	②	③	④	⑤	57	①	②	③	④	⑤
18	①	②	③	④	⑤	38	①	②	③	④	⑤	58	①	②	③	④	⑤
19	①	②	③	④	⑤	39	①	②	③	④	⑤	59	①	②	③	④	⑤
20	①	②	③	④	⑤	40	①	②	③	④	⑤	60	①	②	③	④	⑤

※ 본 답안지는 마킹연습용 모의 답안지입니다.

한국도로공사서비스 필기전형 답안카드

성 명

지원 분야

문제지 형별기재란	
( )형	Ⓐ Ⓑ

수 험 번 호						
⓪	⓪	⓪	⓪	⓪	⓪	⓪
①	①	①	①	①	①	①
②	②	②	②	②	②	②
③	③	③	③	③	③	③
④	④	④	④	④	④	④
⑤	⑤	⑤	⑤	⑤	⑤	⑤
⑥	⑥	⑥	⑥	⑥	⑥	⑥
⑦	⑦	⑦	⑦	⑦	⑦	⑦
⑧	⑧	⑧	⑧	⑧	⑧	⑧
⑨	⑨	⑨	⑨	⑨	⑨	⑨

감독위원 확인
인

1	①	②	③	④	⑤	21	①	②	③	④	⑤	41	①	②	③	④	⑤
2	①	②	③	④	⑤	22	①	②	③	④	⑤	42	①	②	③	④	⑤
3	①	②	③	④	⑤	23	①	②	③	④	⑤	43	①	②	③	④	⑤
4	①	②	③	④	⑤	24	①	②	③	④	⑤	44	①	②	③	④	⑤
5	①	②	③	④	⑤	25	①	②	③	④	⑤	45	①	②	③	④	⑤
6	①	②	③	④	⑤	26	①	②	③	④	⑤	46	①	②	③	④	⑤
7	①	②	③	④	⑤	27	①	②	③	④	⑤	47	①	②	③	④	⑤
8	①	②	③	④	⑤	28	①	②	③	④	⑤	48	①	②	③	④	⑤
9	①	②	③	④	⑤	29	①	②	③	④	⑤	49	①	②	③	④	⑤
10	①	②	③	④	⑤	30	①	②	③	④	⑤	50	①	②	③	④	⑤
11	①	②	③	④	⑤	31	①	②	③	④	⑤	51	①	②	③	④	⑤
12	①	②	③	④	⑤	32	①	②	③	④	⑤	52	①	②	③	④	⑤
13	①	②	③	④	⑤	33	①	②	③	④	⑤	53	①	②	③	④	⑤
14	①	②	③	④	⑤	34	①	②	③	④	⑤	54	①	②	③	④	⑤
15	①	②	③	④	⑤	35	①	②	③	④	⑤	55	①	②	③	④	⑤
16	①	②	③	④	⑤	36	①	②	③	④	⑤	56	①	②	③	④	⑤
17	①	②	③	④	⑤	37	①	②	③	④	⑤	57	①	②	③	④	⑤
18	①	②	③	④	⑤	38	①	②	③	④	⑤	58	①	②	③	④	⑤
19	①	②	③	④	⑤	39	①	②	③	④	⑤	59	①	②	③	④	⑤
20	①	②	③	④	⑤	40	①	②	③	④	⑤	60	①	②	③	④	⑤

※ 본 답안지는 마킹연습용 모의 답안지입니다.

〈절취선〉

한국도로공사서비스 필기전형 답안카드

성 명

지원 분야

문제지 형별기재란	
( )형	Ⓐ Ⓑ

수 험 번 호						
⓪	⓪	⓪	⓪	⓪	⓪	⓪
①	①	①	①	①	①	①
②	②	②	②	②	②	②
③	③	③	③	③	③	③
④	④	④	④	④	④	④
⑤	⑤	⑤	⑤	⑤	⑤	⑤
⑥	⑥	⑥	⑥	⑥	⑥	⑥
⑦	⑦	⑦	⑦	⑦	⑦	⑦
⑧	⑧	⑧	⑧	⑧	⑧	⑧
⑨	⑨	⑨	⑨	⑨	⑨	⑨

감독위원 확인
인

1	① ② ③ ④ ⑤	21	① ② ③ ④ ⑤	41	① ② ③ ④ ⑤
2	① ② ③ ④ ⑤	22	① ② ③ ④ ⑤	42	① ② ③ ④ ⑤
3	① ② ③ ④ ⑤	23	① ② ③ ④ ⑤	43	① ② ③ ④ ⑤
4	① ② ③ ④ ⑤	24	① ② ③ ④ ⑤	44	① ② ③ ④ ⑤
5	① ② ③ ④ ⑤	25	① ② ③ ④ ⑤	45	① ② ③ ④ ⑤
6	① ② ③ ④ ⑤	26	① ② ③ ④ ⑤	46	① ② ③ ④ ⑤
7	① ② ③ ④ ⑤	27	① ② ③ ④ ⑤	47	① ② ③ ④ ⑤
8	① ② ③ ④ ⑤	28	① ② ③ ④ ⑤	48	① ② ③ ④ ⑤
9	① ② ③ ④ ⑤	29	① ② ③ ④ ⑤	49	① ② ③ ④ ⑤
10	① ② ③ ④ ⑤	30	① ② ③ ④ ⑤	50	① ② ③ ④ ⑤
11	① ② ③ ④ ⑤	31	① ② ③ ④ ⑤	51	① ② ③ ④ ⑤
12	① ② ③ ④ ⑤	32	① ② ③ ④ ⑤	52	① ② ③ ④ ⑤
13	① ② ③ ④ ⑤	33	① ② ③ ④ ⑤	53	① ② ③ ④ ⑤
14	① ② ③ ④ ⑤	34	① ② ③ ④ ⑤	54	① ② ③ ④ ⑤
15	① ② ③ ④ ⑤	35	① ② ③ ④ ⑤	55	① ② ③ ④ ⑤
16	① ② ③ ④ ⑤	36	① ② ③ ④ ⑤	56	① ② ③ ④ ⑤
17	① ② ③ ④ ⑤	37	① ② ③ ④ ⑤	57	① ② ③ ④ ⑤
18	① ② ③ ④ ⑤	38	① ② ③ ④ ⑤	58	① ② ③ ④ ⑤
19	① ② ③ ④ ⑤	39	① ② ③ ④ ⑤	59	① ② ③ ④ ⑤
20	① ② ③ ④ ⑤	40	① ② ③ ④ ⑤	60	① ② ③ ④ ⑤

※ 본 답안지는 마킹연습용 모의 답안지입니다.

한국도로공사서비스 필기전형 답안카드

성 명

지원 분야

문제지 형별기재란	
( )형	Ⓐ Ⓑ

수 험 번 호						
⓪	⓪	⓪	⓪	⓪	⓪	⓪
①	①	①	①	①	①	①
②	②	②	②	②	②	②
③	③	③	③	③	③	③
④	④	④	④	④	④	④
⑤	⑤	⑤	⑤	⑤	⑤	⑤
⑥	⑥	⑥	⑥	⑥	⑥	⑥
⑦	⑦	⑦	⑦	⑦	⑦	⑦
⑧	⑧	⑧	⑧	⑧	⑧	⑧
⑨	⑨	⑨	⑨	⑨	⑨	⑨

감독위원 확인
ⓘ인

1	①	②	③	④	⑤	21	①	②	③	④	⑤	41	①	②	③	④	⑤
2	①	②	③	④	⑤	22	①	②	③	④	⑤	42	①	②	③	④	⑤
3	①	②	③	④	⑤	23	①	②	③	④	⑤	43	①	②	③	④	⑤
4	①	②	③	④	⑤	24	①	②	③	④	⑤	44	①	②	③	④	⑤
5	①	②	③	④	⑤	25	①	②	③	④	⑤	45	①	②	③	④	⑤
6	①	②	③	④	⑤	26	①	②	③	④	⑤	46	①	②	③	④	⑤
7	①	②	③	④	⑤	27	①	②	③	④	⑤	47	①	②	③	④	⑤
8	①	②	③	④	⑤	28	①	②	③	④	⑤	48	①	②	③	④	⑤
9	①	②	③	④	⑤	29	①	②	③	④	⑤	49	①	②	③	④	⑤
10	①	②	③	④	⑤	30	①	②	③	④	⑤	50	①	②	③	④	⑤
11	①	②	③	④	⑤	31	①	②	③	④	⑤	51	①	②	③	④	⑤
12	①	②	③	④	⑤	32	①	②	③	④	⑤	52	①	②	③	④	⑤
13	①	②	③	④	⑤	33	①	②	③	④	⑤	53	①	②	③	④	⑤
14	①	②	③	④	⑤	34	①	②	③	④	⑤	54	①	②	③	④	⑤
15	①	②	③	④	⑤	35	①	②	③	④	⑤	55	①	②	③	④	⑤
16	①	②	③	④	⑤	36	①	②	③	④	⑤	56	①	②	③	④	⑤
17	①	②	③	④	⑤	37	①	②	③	④	⑤	57	①	②	③	④	⑤
18	①	②	③	④	⑤	38	①	②	③	④	⑤	58	①	②	③	④	⑤
19	①	②	③	④	⑤	39	①	②	③	④	⑤	59	①	②	③	④	⑤
20	①	②	③	④	⑤	40	①	②	③	④	⑤	60	①	②	③	④	⑤

※ 본 답안지는 마킹연습용 모의 답안지입니다.

〈절취선〉

한국도로공사서비스 필기전형 답안카드

성 명

지원 분야

문제지 형별기재란	
(　　　)형	Ⓐ Ⓑ

수 험 번 호						
⓪	⓪	⓪	⓪	⓪	⓪	⓪
①	①	①	①	①	①	①
②	②	②	②	②	②	②
③	③	③	③	③	③	③
④	④	④	④	④	④	④
⑤	⑤	⑤	⑤	⑤	⑤	⑤
⑥	⑥	⑥	⑥	⑥	⑥	⑥
⑦	⑦	⑦	⑦	⑦	⑦	⑦
⑧	⑧	⑧	⑧	⑧	⑧	⑧
⑨	⑨	⑨	⑨	⑨	⑨	⑨

감독위원 확인
㊞ 인

1	①	②	③	④	⑤	21	①	②	③	④	⑤	41	①	②	③	④	⑤
2	①	②	③	④	⑤	22	①	②	③	④	⑤	42	①	②	③	④	⑤
3	①	②	③	④	⑤	23	①	②	③	④	⑤	43	①	②	③	④	⑤
4	①	②	③	④	⑤	24	①	②	③	④	⑤	44	①	②	③	④	⑤
5	①	②	③	④	⑤	25	①	②	③	④	⑤	45	①	②	③	④	⑤
6	①	②	③	④	⑤	26	①	②	③	④	⑤	46	①	②	③	④	⑤
7	①	②	③	④	⑤	27	①	②	③	④	⑤	47	①	②	③	④	⑤
8	①	②	③	④	⑤	28	①	②	③	④	⑤	48	①	②	③	④	⑤
9	①	②	③	④	⑤	29	①	②	③	④	⑤	49	①	②	③	④	⑤
10	①	②	③	④	⑤	30	①	②	③	④	⑤	50	①	②	③	④	⑤
11	①	②	③	④	⑤	31	①	②	③	④	⑤	51	①	②	③	④	⑤
12	①	②	③	④	⑤	32	①	②	③	④	⑤	52	①	②	③	④	⑤
13	①	②	③	④	⑤	33	①	②	③	④	⑤	53	①	②	③	④	⑤
14	①	②	③	④	⑤	34	①	②	③	④	⑤	54	①	②	③	④	⑤
15	①	②	③	④	⑤	35	①	②	③	④	⑤	55	①	②	③	④	⑤
16	①	②	③	④	⑤	36	①	②	③	④	⑤	56	①	②	③	④	⑤
17	①	②	③	④	⑤	37	①	②	③	④	⑤	57	①	②	③	④	⑤
18	①	②	③	④	⑤	38	①	②	③	④	⑤	58	①	②	③	④	⑤
19	①	②	③	④	⑤	39	①	②	③	④	⑤	59	①	②	③	④	⑤
20	①	②	③	④	⑤	40	①	②	③	④	⑤	60	①	②	③	④	⑤

※ 본 답안지는 마킹연습용 모의 답안지입니다.

2025 최신판 시대에듀 한국도로공사서비스
NCS + 최종점검 모의고사 5회 + 무료NCS특강

개정1판2쇄 발행	2024년 11월 05일 (인쇄 2024년 10월 30일)
초 판 발 행	2023년 10월 10일 (인쇄 2023년 09월 07일)
발 행 인	박영일
책 임 편 집	이해욱
편 저	SDC(Sidae Data Center)
편 집 진 행	김재희 · 윤소빈
표지디자인	박수영
편집디자인	김경원 · 장성복
발 행 처	(주)시대고시기획
출 판 등 록	제10-1521호
주 소	서울시 마포구 큰우물로 75 [도화동 538 성지 B/D] 9F
전 화	1600-3600
팩 스	02-701-8823
홈 페 이 지	www.sdedu.co.kr

I S B N	979-11-383-7352-4 (13320)
정 가	24,000원